Carlo Antonio Pilati, Johann Friedel

Briefe aus Berlin über verschiedene Paradoxe dieses Zeitalters

An den Verfasser der Briefe aus Wien an einen Freund in Berlin

Carlo Antonio Pilati, Johann Friedel

Briefe aus Berlin über verschiedene Paradoxe dieses Zeitalters
An den Verfasser der Briefe aus Wien an einen Freund in Berlin

ISBN/EAN: 9783743497627

Hergestellt in Europa, USA, Kanada, Australien, Japan

Cover: Foto ©ninafisch / pixelio.de

Weitere Bücher finden Sie auf **www.hansebooks.com**

Briefe aus Berlin

über

verschiedne Paradoxe dieses Zeitalters.

An den Verfasser

der

Briefe aus Wien

an

einen Freund in Berlin.

Fünfte mit einer besondern Vorrede und mit kritischen Anmerkungen stark vermehrte Auflage.

Berlin und Wien,
1784

D'ordinaire, il fe trouve, que les chofes font bien autres, qu'elles ne paroiffoient : & l'Ignorance, qui n'avoit regadé qu'à l'écorce, fe detrompe, dès qu'elle va au dedans.

Graciam. Mex. 146.

Vorrede des Herausgebers.

Der Verleger gegenwärtigen Buches hatte
den heilsamen Gedanken, die Briefe
aus Berlin bey dieser Ausgabe mit Noten versehen zu lassen, die das Gegengift des Haupt-
textes enthalten sollten. Ich wurde dazu aufgefordert, und will gleichfalls wie der Berliner — als Patriot meine Noten verfassen;
aber gewiß auch ohne jenen überspannten Patriotismus, der uns das Grosse und Edle in
Handlungen verkennen läßt. Kurz, meine
Pflichten sollen die nämlichen seyn, die sich der
Verfasser dieser Briefe selbst in seiner Vorer-
innerung vorgeschrieben hat; nur wird es mir
wahrscheinlich an jener giftigen Bitterkeit man-
geln, an jener Tinte voll frommer Galle, die
auf jeder Seite der Berliner Briefe wahrgenommen wird, und der Maske des Kosmopoli-

A 2 ten,

ten, in welcher der Verfaſſer erſcheint, Bocks-
füſſe anſetzet, die der lange Mantel von Ehrfurcht für die Kaiſerliche Majeſtät und von
Menſchenliebe zu bedecken, auſſer Stande iſt.

Hier könnt ich nun von meinen Leſern
ruhig ſcheiden, ohne Furcht, daß man meiner
la Baumeliſchen Unternehmung la Bau-
meliſche Abſichten zumuthen werde; wenn
nicht bereits Schriften erſchienen wären, deren
Exiſtenz ich um ſo weniger ignoriren darf,
weil ſie meinen Gegenſtand berührt und gleichſam pro Domo mea geredet haben.

Der erſte dieſer Sprecher, welcher pro
roſtris erſchien — war, wie man allgemein wiſſen will, Herr H** —. Er ſagte, was er
zu ſagen wußte, in zehen Briefen aus Oeſterreich. Ich erwartete von ſeiner Vorrede (wo
er ſich der kühnſten Ausdrücke bediente, indem
er verſicherte, daß er das von den Berliner
Briefen erregte Feuer dämpfen wolle, und
nicht blos für *) die Langeweile und zum Zeit-
vertreib ſchreibe) — was man von Großſpre-
chern

_____

*) Vor die Langeweile ſteht im Original; allein
es ſtehen mehrere grammatikaliſche Fehler darinnen,

Hern erwarten darf — dummes Zeug. So
kams auch; mit jedem Blatt ward ich reichlich damit beschenket, und hiedurch beruhigt.
Beruhigt? Ja. Im erſten Augenblicke,
als mir dieſer Gedanke entwiſchte — dachte
ich — — kannſt wohl dem Manne Unrecht
gethan haben! Seine Seele, groſſer Dinge voll,
hatte ſich gefühlt — — und dieſe Aeuſſerungen
groſſer Gefühle, ſind keine Großſprechereyen;
bitte ihm ab — und übereile dich künftig in
deinem Urtheile nicht. So dacht ich und las
beſchämt weiter, und ward beruhigt. —

Gefühlt hatte ſich wirklich ſeine Seele —
wenigſtens einen Augenblick: — aber wie bald
ſind nicht Augenblicke vorüber! — Gefühlt
hatte ſich dieſe Seele, indem ſie ſprach: von
Witz wird man überhaupt nicht viel antreffen. Das iſt wahr; das kann ihm jedermann auf ſein Wort glauben. Es iſt kein
witziger Gedanke im ganzen Buch. Wenn ſeine
Eigenliebe geſtattet hätte, daß er ſich noch ei-

nen

nen, — die groſſen Geiſtern leicht entwiſchet.
Vor und für, vor mir war Sempronius da,
und für mich war er da — — iſt eine Kleinigkeit; iſt kein Unterſchied, thut nichts, Genie
bleibt Genie.

nen Augenblick hätte fühlen können, so würde
er hinzugesetzt haben, von Vernunft wird
man auch überhaupt nicht viel antreffen.
Noch einen Augenblick, und er würde gebeichtet haben: Ich mußte eine Widerlegung schreiben, sey darin was da wolle, ich mußte der
erste damit fertig seyn, sie sey geschrieben, wie
sie wolle. Darum hab ich ein Paar Predigten geplündert, darum hab' ich den ganzen
Prozeß von Migazzi mit Haaren herbey gezogen, darum hab ich die Zwerglein von Breßlau hergenommen und beschimpft — damit die
Bogen je eher je lieber voll werden. Ich
mußte um meines Verlegers Nutzen willen,
der erste fertig seyn, und ihr wißt es ja, liebe
Gönner, die ihr euere zehen Groschen für zehen Bogen, ohne Witz und Verstand bezahlt habt, daß ich der Mann nicht gewesen
sey, den Berliner Autor zu widerlegen. Ihr
wißt es auch, daß der Krüppel überall vertan-
zen wolle.

Wenn Sie sich nun, lieber Herr H * *
dergestalt gefühlt hätten, so würde auch das
Wiener Publikum, das gutherzigste von der
Welt, erwiedert haben: der arme Narr, er
will

will doch auch leben! Wems nicht von oben
gegeben iſt, der kaufts in der Apotheke nicht.
Er hat ſein Beßtes gethan; laßt ihn die
zehen Groſchen in Frieden verzehren. Haben
wir ſo lange Geduld mit ihm gehabt, ſo mag
er fortſkribeln per omnia secula seculorum.

Da Sie nun aber, lieber Herr H * *
auf dieſem Wege der Selbſterkenntniß nicht
lange genug geblieben ſind, ſo will ich Sie wieder
darauf leiten. Der ſchriftſtelleriſche Wind,
Ihre Prahlerey, hat ſich (was man tagtäglich
lügt, glaubt man am Ende ſelbſt) in die Se-
gel ihrer Eigenliebe ſo ſtark gelegt, daß Sie in
die oberſte Zelle des litterariſchen Tollhauſes
unverſehens hingeworfen wurden, wo Sie ſich
nun ungehindert für den Pabſt, Kaiſer oder
Leſſing ausgeben können. Das beweiſe man! —
rufen Sie. — Sie haben Recht: es ſoll bewieſen werden. In dem erſten Brief iſt eine
bloße Deklamation über das paſquillirende
Perſonalweſen, das täglich eine immer
weiter reiſſende Seuche zu werden ſcheine.
So tritt in einem ernſthaften Schauſpiel
Hanswurſt hervor, burleſkirt platte Narr-
heiten, perſonalſirt in ſatyriſchen Ungezogenheiten

heiten über das Parterr, und verhunzt das ganze Stück zur elenden Farce. Welche Tautologien! Pasquillirendes Personalwesen, personalisirt in Ungezogenheiten ꝛc. welche unbestimmte tollsinnige Ausdrücke! —

Das ist Genie.

Hiernächst werden die Schriften angeführt, die an diesem Personalwesen gearbeitet haben; oder, wie Herr H * * sich abermals ganz neu und eigen darüber ausdrückt, welche die Oesterreichische Nazion mit eitel Personalinjurien von Zeit zu Zeit beleidigen; nämlich Briefe, Damenjournale, Offenbarungen über Deutschland, Reisebeschreibungen ꝛc. ꝛc. Leute die sich im Schimpfen und Hohnlachen erschöpfen, damit sie dem Volk die Herzen vergiften, und dieses Gift in klingender Münze in ihre Säckel schieben können. Mein Gott, wie kann das Gift, das man, um zu vergiften ausstreuen muß, in klingender Münze in Säckel wieder geschoben werden? *) So gehts, wenn Klötze witzig seyn wollen.

Er

*) Ein anderer würde gesagt haben, das Geld, was sie für das verkaufte Gift lösen, schieben sie in
ihre

Er schimpft über Schimpf und Hohnlachen, und beschimpft und behohnlacht eine
ganze Menge von Schriftstellern in dem nämlichen Augenblick. Man muß beweisen was
man schreibt; aber eben das Beweisen ists,
was unsere Genies nicht können! — Wer
wird auch den Leser mit lauter Beweisen er-
müden wollen? Nur brav metaphorirt; brav
pasquillirendes Personalwesen, personalisirte Ungezogenheiten und eitel Personalinjurien untereinander gehackt — da ists hinlänglich bewiesen; denn dasjenige ist bewiesen, was nicht ge-
leugnet werden kann; und wer ist im Stande
dasjenige zu leugnen, was er nicht versteht?
Der Autor beschließt diese eitel Deklamazion
mit dem Versprechen, daß er nicht die persi-
flirende Anspielungen und Anekdotenkram, womit der Kaiser angegriffen ward, sichten wolle,
weil es wider seine Achtung wäre, die er dem
Kaiser schuldig ist — — daß er es fähig, daß
er es ganz gewiß im Stande gewesen wäre —
daran zweifelt Er keinen Augenblick. —

Im

---

ihre Säckel. — Allein das wär blos ein schlich-
ter Menschenverstand und kein Geniezug gewesen!
dieses Gift in klingender Münze! das klingt
anders!

Im zweyten Brief mokirt sich Herr H — n über so mancherley Schnickschnack, womit sich der Berliner Briefsteller über die aufgehobenen Klöster, Quießirung verschiedener Beamten ꝛc. ꝛc. mokirt hat. Beschreibt die Schädlichkeit der Mönche, wie man das Ding seit Anno 1780 schon hundertmal besser und gründlicher gelesen hat, gesteht indessen auf der 9. Seite zu, daß er ins Abgeschmackte falle; nimmt es sehr übel dem König Friedrich, daß er die Mönche dulde: dergestalt, daß er auszurufen nicht unterläßt: Und nun dann Weisheit des Philosophen Friedrichs wo bist du? Hierauf Seite 20 drängt sich ihm ein erschrecklicher Gedanke auf, den er nicht unterdrücken kann; nämlich: Ist etwa Ihre gelobte Weisheit, jene Weisheit, die sich solche Lanzenknechte (Mönche) miethet, daß sie der Vernunft die Augen ausschlagen, damit der Despot und seine Helfershelfer bequem rauben und brandschätzen können?

Ich sehe den armen König Friedrich, wie er den Verlust seiner Lorbeer beweint, die ihm Herr H — n abgerissen hat. Es wird nichts helfen, wenn er sich entschuldigt, und sagt: daß

miethen

miethen und dulden zweyerley sey, daß er mit
blauen Lanzknechten versehen, keiner grauen und
schwarzen mit oder ohne Stricke bedürfe, um
seine Befehle der aufgeklärten oder dummen
Nazion geltend zu machen; daß er kein De-
kret verfaßt habe, wodurch die Mönche zur
Ausschlagung der Augen der Vernunft berech-
tigt oder aufgefordert worden wären, daß er
vielmehr die Preßfreyheit eingeführt, und selbst
als ein feiner Naturalist die Grundfeste der
christlichen Religion untergraben hat; daß ein
philosophischer König indessen seine Meynungen
niemanden aufdringen dürfe, und dadurch, daß
er alles duldet, am allerwenigsten der An-
hänglichkeit an Mönche beschuldigt werden könne. — — Allein, das wird nichts helfen;
Friedrich wird unrecht behalten müssen, denn
er hats mit H—n zu thun, und H—n ist
ein Genie!

Im dritten Briefe widerlegt Herr H—n
den Berliner Briefsteller mit einem 8 Seiten
starken Auszuge aus einer am 20. August
1781 in der Cisterziensernonnenkirche zu Treb-
nitz gehaltenen Predigt, daß nicht in Schlesien
lauter gute Predigten gehalten werden, welches

ches der Berliner gar nicht beweisen wollen;
davon der Berliner gar keine Meldung gemacht! allein, da H — n nicht widerlegen konnte, was der Berliner gesagt hat, so wollte er
doch widerlegen, was er nicht gesagt hat.

Wahrscheinlich hat er das eitel Scho-
felste aus dieser Predigt gezogen, und sollte
man glauben, daß es wahrhaftig gar kein eitel
schofel Zeug sey? Wollte Gott, man predigte
nirgend abgeschmackter! Hiernächst werden
einige eitel Personalinjurien gegen Haberkorn,
Schmiedel, Joseph Pezelt und andere einge-
schaltet, dann folgt wieder ein Auszug aus einer andern Lobrede auf Friedrich den Zweyten, die ein gewisser Exjesuit Matthäus Wlocka
hielt, abermals 9 Seiten stark, und hiemit sind
3 Bogen vollgeschrieben, einige Schlesier beschimpft und behohnlacht; aber kein einziger
Gedanke des Berliner Briefstellers widerlegt!
Allein da steckts eben! — Eine Stunde lang
zu schwatzen und nichts zu sagen — welch ein
Genie!

Im vierten Briefe macht Herr H — n
die Mine, den in so mancher Rücksicht wahrhaft grossen Mann Lascy gegen den persifliren-

den

den Spott des Berliner Autors in Schutz zu
nehmen. Wohl dem grossen Manne, daß ihn
H — n nicht fallen läßt! Allein wie fängt
ers damit an? Bringt er Fakta gegen Fakta, Gründe gegen Gründe, Persiflage gegen
Persiflage? — Nein. Er wißelt über den
elenden Zustand des Preußischen Kriegers; er
faselt über die zu strenge Subordination, die so
weit gehe, daß der Soldat kein finsteres Ge-
sicht gegen den Offizier, seinen Tyrann, machen darf. Er führt einige Mishandlungen
des gemeinen Mannes an, nennt den General
Lettow in Berlin, der, als er noch Obrister
war, einen Soldaten sechs Zähne in den Hals
hineingeprügelt hat, weil dieser den Kopf nicht
so gerade halten konnte, als der Herr Obriste
wollte. Man darf nicht zweifeln, ob er sich
in der angegebenen Zahl der ausgeschlagenen
Zähne nicht um ein Paar verzählt haben
könnte? weil Herr H** selbst ein Augenzeuge
dieser Mishandlung gewesen ist. Wenns also
auch wahr ist, — so beweiset es erst nichts anders als daß — — Nun was beweißt es
denn? Für Lasey doch nichts? Bey uns darf
der Soldat auch nicht räsoniren, ohne Schläge

zu

zu bekommen; und in dem Preußischen Regle-
ment steht kein Wort davon, daß man dem
gemeinen Soldaten die Zähne in den Hals
prügeln darf, die er so nöthig braucht, die Pa-
tronen aufzubeissen. Hierauf bemerkt Herr
H—n, daß in Schlesien stark rekrutirt wird,
und nennt den General Rothkirch in Neiß, einen Menschenfeind; weil er auf Vorbitte seiner Frau einen Rekruten nicht loslassen wollte;
daß sogar die Schulen zum Vortheil der Re-
gimenter geplündert worden sind! — Und dadurch will er beweisen, daß Josephs und Lascys
Theorie gegen die preußische Praxis zur Zeit
des Friedens absticht. Wenn eine Armee von
200100 Mann beynah so stark wie die Oesterreichische in Preussen erhalten werden soll, so
muß freilich die Rekrutirung verhältnißmäßig
dort stärker und dem Staate empfindlicher seyn,
wo die Bevölkerung um so viel geringer als
die Oesterreichische ist. Schade nur, daß Herr
H—n nicht eine neue Theorie für Preussen
entworfen hat, wodurch die starke Armee in
statu quo ohne aller Rekrutirung könnte erhalten werden! Schade, daß er den alten König
zu belehren nicht gewürdigt hat, wie er das
Gleich-

Gleichgewicht von Norden mit dem Drittel seiner Armee, oder die große Armee ohne Rekrutirung im Lande erhalten könne? —

Ich mag, (ſagt hierauf Herr H — n) ich will nicht das hämiſch alberne Gewäſch berühren, daß ſie über den Bayeriſchen Schattenkrieg machen. Alſo ſehen ſie, Herr H — n will nur nicht; — denn ſonſt — — Sie können vom Glücke reden, daß er nicht will! denn ſonſt — — zittern ſie, wenn er ſich noch entſchließen ſollte, zu wollen!

Dann ſchreibt er wieder, weil er ohne abzuſchreiben zehen Bogen nicht frühzeitig genug vollzukleksen wußte, ein Paar Gedichte ab, und geſteht am Ende des Briefes, daß es nicht ſein Geſchäft ſey, kriegsgelehrte Diſputation zu halten. Aber ſonſt gelehrte? — Ja!

Den fünften Brief fängt er mit der alten Sage an, ein ſchlechter Vertheidiger ſey ſchädlicher, als ein offenbarer Ehrabſchneider. Wird H — n nicht roth, wenn er auf ſeine Vertheidigung des General Laſcy denkt? Dann folgen verſchiedene Auszüge aus allerley Broſchüren, dann einige Briefe des Kardinal Miſazzi, und ein Hagel von Schimpf und Hohn

über

über diesen ehrlichen Mann, dessen einziges
Verbrechen ist, daß er einen rothen Huth trägt,
und H — n einen grünen. Dieser Verschiedenheit der Hüthe klebt die Verschiedenheit der
Rollen an. Migazzi spielt den Kardinal im
strengsten Verstande, und H — n — den Haus-
wurst —. Damit sind nun drey Briefe und
vier ganze Bogen angefüllt — und der Berliner Briefsteller fast gar nicht angegriffen,
und zuverlässig in keinem wichtigen Punkte widerlegt.

Im achten Briefe kommen einige Aus-
rufungen über Jesuiten vor; diesen folgt eine
Muthmaßung, daß die Briefe aus Berlin von
Jesuiten geschrieben wurden.

Im neunten tummelt sich der Autor auf
Gemeinplätzen, die Nothwendigkeit und Nutzen
der Preßfreyheit zu erweisen. Er begeht darin aber einen gewaltigen Schnitzer, indem er
glaubt, daß die österreichische Aufklärung aus
den Broschüren seit 1780 entstanden — da
doch unter der Regierung Marien Theresiens, seit
Sonnenfels den Mann ohne Vorurtheil
schrieb, viel gelesen, verbotener Bücher mehr
als itzt angeschafft, und die Vernunft, welche

itzt

ißt öffentlich auftreten darf, damals nur versteckt gewesen ist. Sollten unsere aufgeklärten
Staatsbeamte, unsere jungen Männer von 30
und 35 Jahren, die sich gegenwärtig so rühmlich distinguiren, sollten die seit 1780 erst er-
leuchtet worden seyn? wodurch? durch Blumauers Travestirung der Aeneide? oder, wie
Herr H — n auf der 163 Seite glaubt, durch
Wahrheiten über die Prediger? welche in
Wien seit zwey Jahren mehr wahren und
reellen Nutzen bey uns gestiftet haben, als
die allgemeine Bibliothek in Berlin oder
in Deutschland? Wer spricht hier? Schämt
sich nicht H — n — von seinem eigenen Werke
so zu schreiben? Stinkt nicht mehr Eigenlob?
Den Genienasen nicht? Grosse Männer dürfen das Bewußtseyn ihrer Grösse behalten,
auch äussern, wenn es ihren Nieren kützelt.

.   Endlich komm ich zu dem letzten und dem
kürzesten Briefe. Das wenige, sagt Herr
H — n, was ich über den Zustand unserer Litteratur zu sagen habe — — (zu sagen weis,
wäre der wahre Ausdruck gewesen,) mag sich
meistens nur auf einige Aphorismen beschrän-
ken. Hierauf folgt eine Jeremiade, daß die

B   armen

armen Skribler nicht genugsam unterstützt würden. Diese Jeremiade erinnert mich auf die Jeremiaden in Wilmar, wo der Verfasser selbst der Held des Romanes zu seyn scheint; den alle Leute verkennen, dem die Welt nicht genug Obligation dafür soll haben können, daß es ihm darinn zu existiren beliebt; und an andern Jeremiaden in andern H — nschen Broschüren. Ueberall herrscht der klägliche Jammerthon: ach! ich bin ja ein Genie, hab durch die Predigerwahrheiten zwey Jahre mir und dem Publikum genützt; ihr wärt Stockfische ohne meine Hilfe geblieben, versorgt mich doch einmal ums Himmelswillen, erbarmet euch meiner! — ihr seyd es mir schuldig! In jeder seiner Broschüren verlangt der hochmüthige Bettler Almosen von Rechtswegen! Weg da mit seinen zehen Briefen! Weg da mit allen seinen Schmieralien! Es ist nothwendig, einen hämischen Skribler zu demüthigen, der mit frecher Stirne die würdigsten Männer verleumdet, weil sie ihm hier nicht beykommen können, und er nicht viel Lust haben mag, je wieder nach Schlesien zu reisen; einen Wahnsinnigen von seinem Bauernstolze zu heilen, der im Angesicht

geſicht vom ganzen Publikum, ſeine Schriften
hochpreiſet, und alle andere Schriftſteller als
giftige Mitglieder der gelehrten Republiken ver-
ſchreiet. Ich hoffe, daß er ſich beſſern, etwas
beſcheidener von ſich ſelbſt urtheilen, — und es
nicht darauf ankommen laſſen wird, — ihm
vollends die Larve abzuziehen. Schreien kann
er nun auch ſoviel er will; dies muß man
dem muthwilligen Knaben zu Gute halten, der
da mit Ruthen geſtrichen wird. Es ſollte mir
leid ſeyn, wenn er ſo unempfindſam wär, und
gar nicht ſchriee. Wenigſtens hoffe ich in ſeinen Schriften zu leſen: — „ich will dieſes
Paßquill mit Stillſchweigen übergehen!
denn wenn ich mich erniedrigen wollte!
Ha! was könnt' ich da nicht ſagen!
Allein ich verachte es, und ſchweige.

Der zweyte und bisher der letzte Wi-
derleger iſt Herr R * *. Er ließ eine Beylage zu den Briefen aus Berlin drucken, die
neun Briefe und 88 Seiten enthält. Da ich
Gelegenheit haben werde, ſie öfters anzuführen,
ſo will ich mich hier nicht einlaſſen, ſie zu zer-
gliedern. Soviel iſt gewiß, daß in einem Briefe dieſer Beylage mehr ſteckt, als in allen den

zehen

zehen Briefen des Herrn H — ns. Sie sind auch ohne Vergleich besser geschrieben. Nur hätte der Verfasser den Berliner Autor zuweilen mit mehr, zuweilen mit weniger Schärfe behandeln sollen. Auch tritt er Herr Friedeln zunahe, der freilich nicht in die Klasse unserer ersten Schriftsteller gehört, aber auch bey weitem das nicht ist, was R * * aus ihm macht. Man sieht, es ist die alte Wunde, die noch blutet, und verzeiht der Bitterkeit des Angreifenden, ohne deshalb von Friedels Talenten minder gut zu denken. Auch hat Herr Friedel diese Beylage, ungeachtet der bittern Ausfälle auf seine litterarischen Verdienste, selbst gelobt. Man ist sehr ungerecht, wenn man ein ganzes Buch wegwirft, weil ein Drittel davon auf der Kapelle nicht besteht. So behandelten der Verfasser der Briefe aus Berlin und Herr R * * den armen Friedel. Der erste aus preussischem Patriotismus, und der letztere — Doch da er soviel Gutes in seiner Beylage schrieb, mag über das andere der Schleyer hingeworfen werden.

Es ist endlich einmal Zeit der Vorrede ein Ende zu machen, die wenigstens soviel Nutzen haben wird, daß die Analysirung dieser zehen Briefe, meinen Lesern zehen Groschen ersparen wird, die er vielleicht der Verdorbenheit des Geschmacks mit beträchtlichen Nachwehen geopfert hätte!

Vorerin

Vorerinnerung.

Briefe bedürfen keiner Vorrede. Alles was ich etwa über die Veranlaſſung, und Abſicht der gegenwärtigen dem Leſer ſagen könnte, wird er ſich ſelbſt ſagen, wenn er die zwei erſten Briefe geleſen hat.

Daß ich als Patriot ſchreibe, läugne ich nicht: aber gewiß ohne jenem überſpannten Patriotismus, ohne jener kindiſchen National-eiferſucht, die uns das Große und Edle in Handlungen verkennen läßt, die jenſeits unſrer Gränzen zum Wohl und Ehre der Menſchheit geſchehen. Nach der Ueberzeugung, die ich von gewiſſen Paradoxen unſers ſo mancherley Epo-chen wirkenden Zeitalters habe, würde ich in

Boſton

Boston eben so, wie in Berlin, und selbst
an den Ufern der Donau — Dank Josephs
erweiterten Denk- und Preßfreiheit — nicht
anders als an den Ufern der Spree geschrieben haben. Leute, die nicht Parthei genommen, die etwas mehr als nur Zeitungsgefühl
haben, mögen urtheilen, in wiefern ich in Dingen, wo ich von der herrschenden Meynung ab-
gehe, der Wahrheit näher gekommen, oder sie
verfehlt habe.

Ich habe meine Gegenstände, je nachdem
sie mir eine Seite anboten, theils ernsthaft,
theils unterhaltend: aber in jedem Falle mit der
Aufrichtigkeit eines Mannes behandelt, der
entweder nicht schreibt, oder das schreibt, was
er denkt. Habe ich geirrt, oder eine Thorheit
gesagt, so steht meine Rechtfertigung im eilsten
Briefe. Ich dringe Niemanden meine Meynungen auf, und lasse mich eben so wenig durch
andere, wenn sie tausendmal der vorüberrau-
schende Beifall des großen Haufen begleitet,
in den meinigen irre machen.

Ob meine Mitbürger mit mir einstimmig
denken? Ist eine sehr unnöthige Frage: und
lautet

lautet gerade so, als wenn ich fragen wollte:
Ob alle Wiener so wie Faſt, Eibel oder Sonnenfels, denken? Ich glaube, die Herren ſind
nicht beſtimmt, die Dollmetſcher der Geſinnungen der geſammten Nation an das Publikum
zu ſeyn — und ich bin es auch nicht. Die
Berliner haben daher meine Meynungen,
Wahrheiten oder Irrthümer — wie ſie jedem
Leſer vorkommen dürften — eben ſo wenig bei
dem Publikum zu vertreten, als es die Wiener zu verantworten haben, daß einer ihrer
neueſten Schriftſteller ſich ſo manche Unver-
ſchämtheit gegen unſern Nationalkarakter, und
ſelbſt gegen den König erlaubt; ja — um das
Maaß ſeiner Sünden vollzumachen — ſogar
der allen Völkern unvergeßlichen großen Thereſia, ihren Feldherren, und ihrer Regierung
unter den Augen Joſephs und der Nation
Hohn geſprochen hat. Ich habe von Oeſterreichs Monarchen, ſo viel ich mir bewußt bin,
überall mit der gekrönten Häuptern gebühren-
den Hochachtung geſchrieben, ich habe Joſephen nicht zum Pigmäen erniedriget — ein Ausdruck, wovon man in meinen Briefen die Erklärung finden wird — ich habe ſeine Größe
bewun-

bewundert: aber auch die Schmeichler, die ihn
unablässig durch ihre Lobreden täuschen; manche armselige Anstalt in einem blendenden falschen Lichte zeigen, und eben dadurch die Absichten des Reformators vereitelen; die ihr eigenes und das fremde Publikum mit ungegrün-
deten Großsprechereien und Feenmährchen zu
unterhalten, sich erdreisten — diese Art von
Menschen habe ich eben so wenig geschont, und
sie durch den Anblick der ganz einfachen, nak-
ten Wahrheit zurechte zu weisen gesucht. Vernünftige Leser in Wien wie in Berlin werden
mich nicht unrecht verstehen, und der Tadel
jener Klasse, die nichts als die täuschende Oberfläche der Dinge kennt, wird mir jederzeit weit
schätzbarer, als selbst ihr lautester Beifall seyn.

Wenn deine Schrift dem Kenner nicht gefällt,
So ist es schon ein böses Zeichen:
Doch wenn sie gar der Narren Lob erhält,
Denn ist es Zeit — sie auszustreichen.

Berlin, den 20. Julii 1783.

Inhalt

Inhalt.

Erster Brief.

Herr Friedel verdient ein Kompliment wegen seiner Freymüthigkeit. Wird bedauert, daß seine Briefe in die Purgierzeit der österreichischen Schriftsteller fallen. Denkart der Berliner in Ansehung des Kaisers. Cranz und Sonnenfels im Gegensatze betrachtet. Müller Arnold wird auch vom Sonnenfels zur Schau getragen. Friedeln werden die Gränzen angewiesen, die die Landcharte bezeichnet.

Zweiter Brief.

Friedel der Prophet in den Tagen der österreichischen Reformation. Unwürdige Anspielung auf einen großen Monarchen wird gerügt. Joseph, der Größte unter den Habsburgern, wird von preußischen Unterthanen allgemein hochgeschätzt. Von historischer und moralischer Größe. Ueber die Absichten der Reformation in Oesterreich sind die Meynungen getheilt.

Dritter Brief.

Friedrich der Zweite macht nicht nur in dem Zirkel der Krieger Epoche. Friedels Werbersprache. Er, und Geißler der jüngere nobile par fratrum. Keiner von beiden hat das Talent Josephs Biograph zu seyn. Josephs Kindheit und Jugend nach der Erzählung österreichischer Patrioten. Erste Epoche seiner hervorstehende Größe.

Vierter Brief.

Franz der Erste, ein großer Regent, aber sein Geschichtschreiber kann nicht mehr melden,

als

als die Urkunden besagen. Legt Theressen seine
Staatsprojekte in den Armen der Liebe vor,
Theresia wird von ihrem Gemahl, Sohne, und
dem Staatsrathe getäuscht. Unanständige Ver-
kleinerung dieser großen Monarchin ist kein Kompliment für den Nachfolger. Josephs Reise nach
dem Bannat. Warum die österreichischen Philosophen davon geschwiegen. Etwas von Kronprinzen und Teufelsschlittenfahrten. Der Prager Erzbischof gab preußischen Unterthanen zur
Zeit der Theurung kein Brod — Falsche Beschul-
bigung dieses Prälaten. Friedrichs des Großen
väterliche Vorsorge.

Fünfter Brief.

Josephs Krieger als Gegenbild zu Theresiens Kriegern aufgestellt. Quellen, aus welchen
Oesterreich, nach Friedels Ausdruck, Gift saugte.
Thaten der Preussen unter Eugen. Kritik über
die neuesten österreichischen Militärschriften. Daun
und Lascy, jeder groß in seiner eigenen Art. Es
ist ungerecht den Ruhm des letztern auf Kosten
des erstern zu erhöhen.

Sechster Brief.

Lascy der österreichische Moriz genannt. Richtet die Militärökonomie ein. Daun disciplinirt
die Armee. Unterschied zwischen Lascy und Eugen. Ferner, zwischen einem großen Exercier-
meister und großen Generalen auf dem Schlachtfelde. Man schlug sich mit Oesterreich nie für
die Langeweile. Lascy'n gelang es im J. 1778
die Oesterreicher in Respekt zu setzen, und dem
Könige von Preussen ihre Ansprüche auf die baierische Erbfolge zu vereiteln. Militärchargenhan-
del. Hofkriegsrath ohne Allongeperücken. Die
Parallele zwischen Lascy und Aristides wird ihrer Seltenheit wegen, nach Plutarchs Anleitung,
etwas weitläuftiger geprüft.

Siebenter Brief.

Historisch-militärische Analyse des dreisten Sa-
tzes: Friedrich der Zweite sey ein sehr mittel-
mäßiger Belagerer.   Schicksale der Vestung
Schweidnitz im siebenjährigen Kriege.   Die bey
Plünderung dieser Stadt entdeckte Schätze des
königlichen Feldgeräthes.   Belagerung von Prag.
Des Königs auffallendster Fehler dabei. — Oll-
mütz, dessen gutes Glück in diesem und vorigem
Jahrhunderte. Oesterreichische Belagerungen, und
Quasibelagerungen.   Baierischer Erbfolgekrieg.
Politisch-militärische Paradoxe in Ansehung des
Verhaltens der Oesterreicher und Preussen. The-
resiens Größe.   Verdientes Lob ihrer Krieger,
Ascendant der preußischen Krieger seit des großen
Kurfürst Friedrich Wilhelms Zeiten.

Achter Brief.

Worinn das Zweckmäßige in dem Verhalten
der österreichischen Truppen im J. 1778 bestanden. Friedel und Veridicus militaris haben falsche Begriffe davon.   Wurmsers Winterexpedi-
tion mit den Folgen, die sie haben konnte, und
nicht hatte.   Friedels kalumnidses Nationalgemälde von Berlinern.   Durch ihn wird das Publikum avertirt: daß Joseph kein Saufer sey.
Eroberungen ohne Schwerdt.   Kabinetsmaxime
des Sardinischen Hofes.   Josephs Krieg wider
Rom und seine Klerisei.   Falscher Begrif von
dem Glück des Nebenmenschen.   Aufgedrungene
Wohlthat.   Gellerts Amtmann und seine Bauern,
eine belehrende Parabel in puncto Reformationis.

Neunter Brief.

Vergebliche Reformation des ägyptischen Apis.
Dieser heilige Ochse fällt von selbst durch die
überhandnehmende Aufklärung in der Nation.

Monar-

Monarchen sind gefährliche Reformatores. Friedrich hat nie reformirt. Ungekränkte Religions-
und Kirchengebräuche der Katholiken in seinen
Landen. Schutz der Klöster. Der Nichtrefor-
mirte und reformirte Katholike. Der Mönche
gute und schlimme Seite. Gesichtspunkt des
Volks bei Aufhebung der Klöster. Parallele zwischen Joseph und Luther ist unpassend. Sonnenfels sagt zu viel in seiner Parlamentsrede. Censur = und Preßfreiheit. Ihre langsame Wirkung
auf den Geist der ganzen Nation.

Zehnter Brief.

Warum Oesterreich bis jetzt so wenig Denker
gehabt? Die Büchercensur kann nicht allein
Schuld daran seyn. Ihre ehmalige Beschaffenheit. Oesterreichs altes Privilegium, Treu und
Glauben zu brechen, wird in Wien gedruckt.
Hallers Gedichte sind schon zu Theresiens Zeiten
daselbst aufgelegt worden. Des von Sonnenfels
geprängvolle Vorstellung von der jetzigen Preßfreiheit — Die Kehrseite dieser Medaille — Klagen der Gelehrten über Censurzwang. Auffallende Widersprüche in Absicht der erlaubten, und
nicht erlaubten Bücher. Pot aux roses wird in
Wien verkauft. Joseph und Luther nachgedruckt.
Jerusalem und Paßke stehen im Catal. Libr.
prohib. Josephs Endzweck bei der Censurfreiheit — wird nicht erreicht. Die Preßfreiheit
kommt den Oesterreichern noch 10 Jahre zu frühe. Ihre schädliche Wirkung auf den Geschmack
und Karakter der Nation.

Eilfter Brief.

Chesterfields Methode, kleine Broschüren zu
lesen, findet bei den 7 und 10 Kreuzerstücken statt.
Empfindlichkeit der Oesterreicher über die Kritik
der Ausländer. Deutschlands Norden ist nicht
eifer-

eifersüchtig auf ihre Größe. Sonnenfels und Anhang streuen das lieblose Vorurtheil wegen des berliner Nationalhasses aus. Wird zu rechte gewiesen. Privatschriftsteller sind keine Dolmetscher der Gesinnungen der Nation. Nähere Erklärung der Wirkung österreichischer Zeitbroschüren. Kompiliren ist den österreichischen Scribenten erlaubt — ist sogar lobenswürdig. Konstantin der Große. Leo der Bilderstürmer. Gregor der Zweite, jeder reformirte in seine Art. Methode den gemeinen Mann zu belehren was der Pabst ist. Friedels statistische Absurda in der Berechnung der Schätze des Pabstes. Oesterreichs Volksmenge wächst in zwei Jahren um 6 Millionen! Päbstliche Bullen. Hat der Pabst mehr Recht sie den Katholiken zu schicken, als der König von Preußen durch ein Patent einen österreichischen Generalen: oder der römische Kaiser einen Pascha von drei Roßschweifen in Konstantinopel zu creiren? Braschi und Josephs Betragen bei Aufhebung der Nonnenklöster. Wirkungen der österreichischen Verordnungen wegen des Aufgehobenen Nexus mit Rom. Raupenexorcismus in den Zeiten der Reformation des 18ten Jahrhunderts.

Zwölfter Brief.

Aufhebung der preußischen Jesuiten. Friedel macht seinen Landsleuten ganz erschreckliche Komplimente. Betragen der Wiener bei Anwesenheit des Pabstes. Farce mit dem päbstlichen Pantoffel. Sophistischer Unterschied zwischen Braschi und Pabst. Urban der Achte bediente sich dieser Art zu distinguiren in dem Streite über die unbefleckte Empfängniß, und das heilige Officium in Rom, um selbst den Pabst Odescalchi vor die Inquisitionen zu fordern. Pius des Sechstes Betragen in Wien. Migazzi's Verdienste um den österreichischen Staat. Friedel sollte den Greis

am Rande des Grabes ungeschoren lassen. Verfängliche Frage: ob ein Bischof zwei Beneficia
besitzen kann? Nutzen der starken Beneficien,
wenn der Cölibat aufhören, und ein Erzherzog
von Oesterreich dereinst Pabst werden sollte —
Aufhebung der Leibeigenschaft: ihr Nutzen auch
für die gegenwärtige Generation, nicht nur für
die freigebohrnen Enkel. Dohms moralisches
Steckenpferdchen. Ein österreichischer Kepler?
Friedels politische Rossinante: wie verhält sich
das Ding zur Judentoleranz?

Dreizehnter Brief.

Oesterreichs ehmalige Toleranz: ein Beweis
davon ist Wolstein, ein Schlesier. Wehrlins
Chronologen. Schirrachs Biographie Karl des
Vierten. Toleranz und Katholicismus der Hofleute. Neue österreichische Toleranzepoche. Intoleranz in Ungarn. Warum es daselbst mit der
Reformation des Kaisers nicht fort will. Reduktionen der Staatsbedienungen und Pensionen.
Friedels Talent in Karakterschilderungen. Vergleichung zwischen Wien und Berlin in Absicht
der Bauart. Dessen schimpflicher Vorschlag die
Schauspieler in Wien durch Stockschläge in Ordnung zu erhalten. Was uns Friedel, anstatt der
vielen Babiolen, von den wichtigen Reforma-
tionsanstalten und Verbesserung des österreichischen Staats unter Joseph dem Zweiten hätte
sagen sollen, und nicht gesagt hat. —

Briefe

über

verschiedene Paradoxe dieses Zeitalters.

Erster Brief.

Mein Herr!

Ob Sie Selbstverfasser, oder nur Herausgeber der aus Wien an einen Freund in Berlin geschriebenen Briefe sind; oder wohl gar — nach der unter Ihnen jezt überhand nehmenden Sitte — Ihren ehrlichen Namen, so wie Schmiebel den seinigen zu der calumniösen Schrift! Der dreizehnte Apostel betitelt, für Geld und gute Worte, einem fremden Verfasser vorgelehnt haben dürften — will ich jezt nicht untersuchen: Genug, der Name Friedel steht auf dem Titelblatte, gerade über der allegorischen Vignette, wo es scheint, als ob ein verschlagener Fuchs den schnatternden Gänsen ein historischpolitisches Kollegium, über den Werth der neuen österreichischen Reforme zum Besten geben, und sagen wollte: Gehet hin in alle Welt und prediget sie! Eben so wenig bekümmert es mich, ob Ihr angeblicher Freund in Berlin wirklich unter dem Monde existirt, oder ein blos willkürliches Geschöpf

schöpfst, das Phantasie, und Feder erzeugt ha=
ben — Alles dieses ist Aussenwerk, schriftstelleri=
scher Kleister, oder Köder eines Buchs, wodurch
die Leser angelockt, ihre Erwartungen in den
meisten Fällen getäuscht, und in den wenigsten
befriediget werden.

Wie dem sein mag : so sollen Sie mir auf
alle Fälle, Autor dieser Briefe seyn — und, da
ich ein gerader Mann bin, dem kleinstädtische
Etikette eben so wenig, als schielender Ton du
monde behagt ; so werde ich Ihnen ohne viele
Umstände, und Einkleidung, all' das Gute und
Böse darüber sagen, was ich, als ein ehrlicher
Berliner, nur immer auf meinem Herzen habe.
Im Ganzen betrachtet, waren mir Ihre Briefe
willkommen, Inhalt, und Auswahl der Gegen=
stände; ihre ungezwungene naive, und oft scharf=
sinnige Behandlung; die gröstentheils beobach=
tete Reinigkeit der Sprache, und ein gewisses
Air von Freimüthigkeit, und Wahrheitsliebe,
geben — wenigstens in meinen Augen — diesen
abermaligen Meteor der österreichischen Preßfrei=
heit, vor so manchen mit ihm verwandten Zeit=
broschüren, ein hervorstechendes Verdienst. Die=
ser, sagte ich bey mir selbst, ist in mancher Be=
trachtung — ein edler Deutscher, und freimüthi=
ger Wiener! Sind Sie nicht stolz, mein Herr,
auf dieses Geständniß, das Ihnen, wahrschein=
licherweise, noch mehr als ein Leser, Berliner,
und nicht Berliner ablegen, aber zu gleicher Zeit
beklagen wird, daß Sie sich bei diesem Ruhme
nicht zu erhalten, und das Kompliment, das ich
Ihnen allewell machte, nicht allemal zu verdienen
gesucht haben. Die Ursache davon sollen Sie
sogleich in diesem, und folgenden Briefen erfahren.
Daß Ihr litterardsches Produkt in die große
Purgierepoche der wienerischen Schriftsteller fällt
— einer

— einer Ihrer technischen Ausdrücke, den ich Ihnen, so widrig er auch meinen Ohren klinge, jetzt abborgen muß — war schon ein übles Omen. Sie wissen, bester Friedel, es kommt bei dem Helden, dem Staatsmann, Reformator und Schriftsteller, unendlich viel darauf an, in welchem Zeitraume sie auftreten — In diesem Gesichtspunkt bedaure ich Sie! warum ließen Sie die gegenwärtige Purgierzeit Ihrer Schriftsteller nicht vorüber gehen? warum warteten Sie nicht das Ende dieser mißlichen Periode ab, in welcher der Staat — seit der ihm durch Joseph verliehenen Wohlthat der Preßfreiheit — von epidemischen Diarrheen so barbarisch geplagt wird? welches, sonder Zweifel, auch die Ursache ist, daß Ihre politische und litterarische Erzeugnisse, die Sie so häufig zu Markte schicken, eben nicht den solidesten Geruch haben, und im Gegentheile eine durch innere Gährung verderbte Masse, Darmkrankheit, überhäufte Kruditäten, kurz, einen sehr kritischen Gesundheitszustand des Staatskörpers ganz offenbar anzeigen. Alle Autorsfedern purgirten, schreiben Sie in Ihrem eilften Briefe, wo Sie uns die großen Wirkungen der Censurfreiheit bekannt machen: das hat das Publikum freilich erfahren, und die österreichischen Büchercatalogi überführen uns zur Genüge davon; Aber — ein Friedel, und — ich hätte ihn, mit Ihrer Erlaubniß, zuerst nennen sollen — ein großer Sonnenfels, und andere gute Köpfe, die, wegen Ihres Verstandes und Geschmacks, unstreitig höhere Ansprüche haben, sollten doch meines Erachtens, um ihrer eigenen, und der Nation Ehre willen, auf diesen Zeitpunkt ein bisgen Rücksicht nehmen, und nicht so ungescheut, mit dem übrigen Haufen laxirender Ritter, ante faciem

C   omnium

omnium Populorum — zu Stuhle gehen. a)
Laſſen Sie uns izt abbrechen von dieſer häßli-
chen Allegorie, die Sie allein — weil ſie die
Geburt Ihrer Zirbeldrüſe iſt — bei dem Publikum zu verantworten, und darüber zu erröthen
haben, wenn ſie ihm mißfällt. —

Daß Ihnen Wien mehr, als Berlin, und
Friedrich II das nicht ſeyn kann, was Ihnen
Joſeph II iſt — iſt kein ungewöhnlicher patriotiſcher Zug, und ſcheint ſo ganz natürlich aus
der Lage, in der Sie ſchreiben, und aus den Abſichten,

a) Seht doch, wie unſer Herr Author hier halb Recht
und halb Unrecht hat. Recht blos durch die Al-
legori. Hat Hr. v. Sonnenfels mit dem Laxiren
den Haufen ante faciem omnium purgiret;
ſo iſt gegen die Allegorie nichts einzuwenden.
Wenn aber Sonnenfelſens Schriften, die er ſeit
1780 herausgegeben hat, eben ſo reichhaltig an
Wahrheit und Eleganz ſind, als ſeine vorigen,
deren Werth allgemein erkannt wurde, und dies
glaub'ich, könnte bewieſen werden, dann fällt
die ſchmuzige Allegorie vollends zu Boden. Die
Bitterkeit des Briefſtellers möchte wohl vielleicht
guten Grund in einer von dieſen Schriften haben;
denn, da nichts ohne hinreichende Urſache, ſeit-
dem die Logik in der Welt etablirt worden, angenommen werden kann, ſo iſt wahrſcheinlich der
Schlafrok, worinn die Jeſuiten auf die bitterſte
und zugleich gründlichſte Art hergenommen werden,
die ratio ſufficiens der Galle unſers Authors,
vielleicht auch zum größten Theil der Exiſtenz
dieſer Briefe ſelbſt. Die Beilage mag ſich immerhin in dem Manne, auf den ſie zielte, geirret
haben, — in der Gattung dieſer Männer — in
dem Orden, zu dem der unſchuldige mitgehört,
auf den R*** mit Fingern gezeigt hat, wenn er
ja noch ganz unſchuldig iſt, hat er ſich, darauf
könnte man was verwetten, nicht geirrt.

sichten, warum Sie geschrieben haben, erklärbar
zu seyn. Sollten Ihre Briefe jemals das Glück
haben, durch andere aus Berlin an einen Freund
in Wien parodirt zu werden — ein hübsches
Stückchen Arbeit für unsern launigten Cranz —
so sehen wir sicher die Dinge im umgekehrten
Verhältnisse. Das ist nun schon einmal der
Lauf der Welt, und die Folge des bei Ihren
Schriftstellern — vornehmlich seit dem Jahre
1778 — Mode gewordenen ewigen Parallelisi=
rens. Wir dürfen nie etwas besseres, als einen
Kram von Partheilichkeiten erwarten, so lange
Männer die Feder brauchen, die nur enthusiasti=
sche Patrioten, und nicht zugleich Weltbürger
sind. Berlin und sein Beherrscher haben in ih=
ner Art eine eigenthümliche Größe mit der von
allen menschlichen Dingen unzertrennlichen Mi=
schung von Unvollkommenheit: ein gleiches gilt
von Wien, Paris, Petersburg u. s. w. und ihren
Monarchen — Ohne meinem, und Ihrem Bei=
trage, lieber Friedel, hat das aufgeklärte Europa
schon lange Alle gewogen, und weiß, auf welcher
Seite die Schale sinkt — Die Stimme der En=
thusiasten, die überall unnöthige Apotheosen schmie=
den, verliert sich in ihrer eigenen Atmosphäre,
und — schallt nicht zur Nachwelt hinüber.

Daß wir aber auf all' das Gute, das Ihr
Landesvater weislich veranstaltet, auf den Zu=
wachs von Glückseligkeit, den Sie, durch die neuen
Staatsreformen, entweder wirklich erhalten,
oder pro tempore zu erhalten scheinen, eifersüch=
tig, und neidisch sind — ist mehr, als Irrthum,
ist schwarze Verläumdung, und niederträchtige
List, womit die Stribler, und Skribenten Ihrer
Nation gleichsam in die Wette, auf eine versteck=
te Art unsre Schwäche, und dagegen ihre her=
vorsprossende überwiegende Größe dem ganzen

C 2   Europa

Europa zu instituiren sich beeifern. Weit entfernt,
daß wir darum scheel sehen wollten; weil Ihnen
die Vorsehung so gut will — freuen wir uns
vielmehr theilnehmend über jeden Grad der Aufklärung und Glückseligkeit, die irgend einem Volke auf Gottes Erdboden zu Theile wird, und
segnen die Hand des Fürsten, er sey, wer er
wolle, der es darauf anlegt, der unterdrückten
Menschheit ihre längst entrissene Rechte wieder
zu geben. Dies ist, so weit ich unsre Staaten
kenne, die Gesinnung der ganzen Nation. Sie
können davon um so mehr überzeugt seyn, weil
es die wahre Gesinnung selbst des Monarchen,
und kein Volk in der Welt mehr, als das unsrige, die Gesinnungen seines Landesherrn anzunehmen, geneigt ist. Kleine Anekdoten beweisen
die Sache oft besser, als weitläuftige Urkunden.
Hier haben Sie deren eine, die gewiß schön in
ihrer Art, legal, und folglich beweisend ist.

Sie kennen den rüstigen Schriftsteller, der
einen Theil des hiesigen Lesepublikums durch
die Mannichfaltigkeit seiner in einem naiven, oft
ziemlich mordanten Ton geschriebenen Zeitbroschüren in Athem erhält; ich meine den, wegen
mancher guten Schriften, auf eine vortheilhafte
Art unter uns bekannten, und, in anderer Rücksicht, nur so, wie Silen und sein Esel, berüch-
tigten Cranz. Diesem wandelte, gegen Ende des
vorigen Jahres, in einer satyrischen Laune die
Lust an, das Publikum mit österreichischen Realitäten, und Charlatanerien über das neue Reformationswerk des Kaisers zu regaliren, und
um seines Handels gewiß zu seyn — sie im zweiten Stücke seiner Berliner Correspondenz auf
Pränumeration anzukündigen. Wenn Satyre,
wie Sie glauben, oder auch nur verzeihliche
Kraft, und Beleuchtung der gegenwärtigen öster-
reichi-

reichischen Scenen unter uns herrschender Ton
wäre, so würde die Erscheinung dieser angekün=
digten Zeitschrift Wonnegefühl erregt, oder we=
nigstens keinen Widerstand gefunden haben: sie
fand ihn — und wo meynen Sie wohl? da wo
er am meisten in die Augen fällt, wo er der de=
cisiveste Beweis von der Denkungsart der auf=
geklärtesten Männer des Staats, und ihres Be=
herrschers ist. Das ganze Ministerium wider=
setzte sich diesem Mißbrauch, der in unsern Lan=
den gewiß weiter, als in den Ihrigen, ausge=
breiteten Freiheit der Presse — Herzberg — ein
Mann, zu dessen Karakter man die Züge in den
Zeiten der Aristiden und Catonen aufsuchen muß
— Herzberg stellte dem König die Sache vor;
und der Erfolg war: daß Cranzen, durch einen
unmittelbaren königlichen Befehl, das allerhöchste
Misfallen des Souverains bekannt gemacht, der
öffentliche Widerruf bei schärfester Ahndung an=
befohlen, die angekündigte Schrift untersagt, und
die Censurfreiheit, die er zeither genossen, gänz=
lich aufgehoben wurde. b) Vergebens suchte der
berli=

b) Der Herr Verfasser ist entweder von diesem Faktum
   nicht hinlänglich genug unterrichtet, oder seine
   Absichten, es für das zu debitiren, was es zu
   sein scheinet, können keine andere sein, als Oe=
   sterreichern weiß zu machen, — man respektire
   daselbst unsren Hof, und erlaubt nicht, frei von
   ihm zu urtheilen. Es mag sein, daß man glaubet,
   unser Hof werde sich eben so sehr darum beküm=
   mern, was man denkt und spricht, als der
   Preußische, dessen Minister, wie man hört, bei
   dem Friedensschluß zu Teschen sogar die bittern
   Betrachtungen über den Sukzessionskrieg mit in
   den Anschlag hat bringen, und eine Staatsange=
   legenheit daraus machen wollen. Allein hier ist
   man so weit entfernt, die Briefe aus Berlin

berliner Correspondent sein Vorhaben durch die
öffentlich ausgestellte Erklärung zu rechtfertigen;
daß er unter Realitäten die weisen Verordnungen des Kaisers, unter Charlatanerien aber nur
die leidigen Machinationen der Priesterschaft an
Tag legen, nichts als notorische, durch das Wiener Diarium selbst bestätigte Data aufsammeln,
und in Zusammenhang habe bringen wollen. Der

zu

zu verbiethen, daß die österreichischen Realitäten
und Charletanerien, die nicht mokanter hätten
ausfallen können, gewis mit eben der Gleichgül-
tigkeit wären aufgenommen worden. Inzwischen
schonen die Berlinerpressen Oesterreich am allerwenigsten. Beweiß dessen sind diese Briefe aus
Berlin selbst, und fast alle Abhandlungen des H.
v. Herzberg, davon eine schielender ist, als die
andere, um Oesterreich herabzusetzen, und Preussen
zu erhöhen. Wem liegt was daran? Die Schriftsteller können mit einem Federstriche die Nazionen
zu den allerglüklichsten machen, ohne daß die Nazion eine Bohne reicher werde. Was Kranzens
Realitäten und Charletanerien vom Oesterreich
anbetrift, die in der berlinischen Korrespondenz
2tes Stük angekündigt und sogleich verboten
wurden, so ist das eine Kabale von einer ganz
andern Phisiognomie gewesen, und blos die Maske
davon war — Oesterreich zu schonen. Herr
Kriegsrath Cranz war der einzige, dem der
König erlaubte, ohne Censur seine Schriften dru-
ken zu lassen. Er grif besonders in seiner Gallerie
der Teufel, die Räthe und Minister an, und
man bemühte sich, ihm diese Freiheit, sobald als
möglich, wieder zu rauben. Das ist natürlich. Er hat es ihnen aber noch immer abge-
wonnen, sie kounten nie direkte gegen ihn agiren,
weil sie nichts anders mit Grunde gegen ihn
hätten vorbringen können, als, was die Politik
vorzubringen izt erlaubte, daß er ihnen bisweilen

herb

zu auffallende Titel der Schrift war unserm Könige, und seinem Staatsrathe schon hinreichend,
ein so verdächtiges Produkt, durch fiskalische Ahndung, noch in der Geburt zu ersticken.

Man könnte dieser feurigen Kohlen noch mehr
auf Ihr Haupt sammeln; aber wozu? Bei dem
Manne von Talent, der sich empfindet, w̄
schon dieser kleine Zug — der so unwiderspre-
lich

derb die Wahrheit sagt. Im ersten Stüke der
berlinerischen Korrespondenz hat es aber Herr
Kriegsrath Cranz zu toll gemacht. Er stellte das
Urtheil des Richters über den kleinen Messias
Rosenfeld in ein so komisches Licht, daß mit
einmal dieser respektable Page der Gerechtigkeit
zu Silens Reitpferde herabgesetzt ward. Das
ganze Kollegium nahm Theil an den langen Ohren,
die H. Cranz dem Richter aus der Perüke her-
vorgezogen hat, der keinen Begriff weder von der
eigentlichen Majestäts - Schändung noch einer
Gotteslästerung gehabt, indem er den kleinen
Messias und grossen Narren Rosenfeld dieser beiden
Verbrechen beschuldigt hatte. Hier wollte man
der Preßfreiheit des H. Cranz den Stab brechen;
man rekurirte nach Potsdam, man ließ in Schlözers
Staatsanzeigen ein Pasquill gegen Cranzen ein-
rüken, man vertheidigte den Richter in der
berlinischen Monatschrift, das ganze Berlin lachte
über den Richter, und über den kleinen Messias
und über die grossen Narren, die sich getroffen
fühlten — und der König ließ Cranzen die
Freiheit. Endlich erschien das zweite Stük, und
mit diesem die Ankündigung der Charletanerien
und Realitäten von Oesterreich. Hier machte man
alsogleich Vorstellungen, kämpfte gegen den
blossen Titel, zog gegen eine Feldmühle zu Felde,
und der König resolvirte, daß diese Schrift der
Censur müsse unterworfen werden. Man de̅te
diesen Befehl auf alle Schriften des Kriegsraths
Cranz

lich den Geist der Schonung, und der Achtung
gegen Ihre gute Unternehmungen bezeichnet —
jede Nerve durchzittern; und die Hausbacken Ihrer purgierender Schriftsteller färbt ohnedies keine
Scham mehr roth — Ich will mich jetzt nicht
dabei aufhalten, was hier und da ein Schwätzer
von Profession für dummdreistes Zeug gegen unsern Monarchen und sein Volk ins Gelag hin-
ein=

Cranz aus, er ernannte Dohmen zu seinem Censor,
und daß die Charletanerien selbst nicht nach der
Hand erschienen sind, beweiset ja noch nicht,
daß sie nicht haben erscheinen dürfen. Herr Cranz,
den ich persönlich kenne, den ich zu eben der
Zeit besuchte, und gesehen habe, was bereits
zu diesem Werke vorhanden gewesen ist, hatte noch
die Materealien nicht einmal beisammen, und wenn
er izt sonst noch im Stande wäre, das Werk zu
unternehmen, so würde sich zeigen, daß seine
Rechtfertigung keine Ausflüchte gewesen sind.
Der König hat nichts im Voraus des blossen
Titels wegen verboten, die Schriften haben erst
zensirt werden sollen; denn zu Berlin wird man
deshalb nicht gehangen, daß man Cartousch heißt,
wenn man nicht wirklich Cartousch ist. Der
Titel ist oft nur buchhändlerische Spekulation und
macht nichts zur Sache. Desto schlimmer, wenn
das nicht zu Berlin so wäre, wenn der blosse
Name, der blosse Titel das ganze Ministerium
und den König selbst in Harnisch bringen könnte.
Allein, daß dieses zu Berlin nicht so ist, beweißt
Herr v. L****, der den Schweis der Nation
gepachtet hat, und darum nicht aus dem Lande
getrieben wird, weil sein Namensverwandte der
Direkteur der Bastille von Linguet öffentlich ge=
brandtmarkt wurde. Ich fordere hier den H. v.
Herzberg und den Kriegsrath Cranz auf, das
Faktum so, wie ich es hier erzählt habe, zu
läugnen.

angeschrieben hat: diesen Auswurf empfiehlt man der Polizei — Nur sollten Ihre Matadors von Schriftstellern, die als Sterne der ersten Größe über Ihren, wie Sie selbst gestehen müssen, noch nicht ganz heitern c) Horizont, nach gerade herauf blinkern, der vernünftigen Welt dieses Aergerniß nicht geben. Ein Sonnenfels, der Mann von decidirten Verdiensten in so mancherlei Betrachtung, sollte sich nicht an die Spitze der Schmierer dieser Zeit setzen, und seine Feder, die er sonst zu gemeinnützigen Verbesserungen mit Anstand, und wahrem deutschen Muthe gebraucht hat, nicht so viel Unrath von Unbesonnenheit und Verläumbung ausschütten lassen. Möcht' er doch immer seinem Kaiser, seiner Nation, und — in der Stunde der Versuchung — sich und seiner Philautie eine Lobrede halten — Niemand hindert ihn daran; niemand verdenkt es ihm, wenn er seine rednerischen Talente bei Zergliederung der Nationalfähigkeiten — die nie ein vernünftiger Mann den Einwohnern österreichischer Staa-

‍• ten

c) Ihren — noch nicht ganz heiteren Horizont Der preußische ist nicht viel heiterer, am allerwenigsten ganz heiter. Der kleine Messias Rosenfeld hatte seine Gläubiger in Menge gefunden, und ist ein Beweiß, daß man nur einen geschikten Anführer braucht, um die Preußen, wo man immer hin will, ins gelobte Land zu führen. Selbst zu Berlin hat noch jüngst ein Prophet Pter, der noch immer prophezeiht, mit seinen Wahrsagen — an die 40,000 Rthler verdient. Die etwas auserwähltere, welche diesem Propheten nicht kontribuiren, beschäftigen sich mit Geistersehen, nach den Vorschriften ihres vielgeliebten Schwedenborg. Ei des heiteren Horizonts. Eheu, quam nigra est! rufen uns die Neger aus Norden zu.

ten streitig gemacht hat — chrienmäßig übt — wenn er in dem Anfalle einer patriotischen Fieberhitze den — wie selbst ein einsichtsvoller Neßer bemerkt hat — nur Rednern und Dichtern, aber nicht Philosophen und Geschichtschreibern erlaubten Satz behauptet: „ Man müsse für sein „Vaterland so partheyisch seyn, es physisch und „politisch für das Beste halten, das uns zu „theil werden könnte. " — Auch das übersieht man, und erlaubt ihm gern, von der Güte der Verfassung, die Oesterreichs Völker schützt; von den Gaben des Geistes, womit sie die Natur begünstiget; von der Offenherzigkeit ihrer Gemüthsart; der Anständigkeit ihrer Sitten; der Annehmlichkeit ihres gesellschaftlichen Umgangs, so viel zu schwatzen, als es ihm beliebt, und zuletzt das vorzügliche, den Wienern selbst bis jetzt noch unbekannt gebliebene Attribut zu entdecken: daß nämlich Bescheidenheit ein karakteristischer Zug in ihrer sittlichen Nationalphysiognomie sey. — Dergleichen Gemeinwörter werden Rednern und Dichtern überall zu Gute gehalten; wo nähme sonst der panegyristische Bettler, wenn er auf Brod und Beifall ausgehet, den Stoff zu seinen Oden und Lobreden her? Sonnenfels und seines Gleichen können also ganz sicher in dieser Hinsicht auf unsere Nachsicht rechnen. Hanc veniam — ruft von Sonnen Aufgang bis zum Niedergang, eine Nation der andern zu — petimusque, damusque vicissim. b)

Hier

b) Herr v. Sonnenfels kann ruhig schlafen. Seine Verdienste sind entschieden. Sei es doch der größte Fehler, den man ihm vorwerfen kann, daß er patriotisch gesinnt sei. Dafür verdient er nicht in die Klasse der Schmierer gesetzt zu werden, das fühlt jedermann, der es liest, und seine

Hier wär' aber auch die Gränzlinie für Schmeichelei, und überspannten Patriotismus zu ziehen.
Allein Sonnenfels kennt sie nicht! Er glaubt
sephen nicht genug erhöhen zu können, wenn
Friedrichen nicht zugleich erniedriget, und, indem
er vor dem von ihm selbst entworfenen Bilde nie-
derfällt, und die neuen Reformationswunder
singt, zu eben der Zeit dem Zuschauer überall den
Gegensatz in den preußischen Staaten, wie ein
Bänkelsänger mit seinem Stäbchen, bezeichnet.
Was dünkt Ihnen, lieber Friedel, thue ich etwa
dem Manne zu viel, von dem Sie selbst gestehen,
daß er keinen ehrlichen Mann loben kann, ohne
einem andern ehrlichen Manne auf den Fuß zu
treten —? Dem Manne, der mehr gegen Berlin,
und seine Verfassung schreibt, als wohl je ein
Cranz gegen Wien und seine Verfassung zu schreiben sich würde erlaubt haben? Wär' es nicht
wider den Endzweck dieser Briefe, so würde ich
aus den sämmtlichen Schriften dieses Vielschrei-
bers, einige hundert Stellen ausheben können,
wo er theils offenbar, theils versteckt die unbe-
scheidensten Ausfälle gegen unsern Monarchen,
sein Volk, und seine Regierungsform gewagt hat:
jener Afterkinder zu geschweigen, die er in der
Wildheit gezeugt, und, öffentlich ihres Vaters
Namen zu führen, nicht würdig geschätzt hat —
wahre Ausgeburten eines falschen Witzes! die
freilich Sonnenfels Talenten nicht mehr Ehre
ma-

seine Werke kennt. Auch wird er deshalb zu
Berlin nicht mishandelt worden sein, wenn zu
Wien der abscheuliche Schlafrok nicht erschienen
wäre. Man konnte darauf sicher so gut als auf
die Schlafmütze rechnen: denn wer die Jesuiten
einmal beleidigt, hat wenigstens doppelte Rache
zu gewärtigen.

chen, als der Pot aux roses den Talenten des
tministeralischen Redner Burke, wenn er anders,
e das Gericht sagt; Verfasser dieser niedrigen
oschüre ist.

Zur Probe will ich nur eine der meisterhaf-
n Schilderungen Ihres österreichischen Avisons
fstellen, die in der ersten Vorlesung seines 19ten
ihrganges paradirt. Es hat Leute gegeben, die
iese Vorlesung — vermuth'ich wegen des in dicken Nebel aufsteigenden Weihrauchs — als ein
Chef d'oeuvre der wienerischen Beredsamkeit,
und der Nazionalbescheidenheit angestaunt haben.
,, Wird der Rechtshandel des Müllers Arnold,
,, sind die Worte des Redners, gegen seinen Jun-
,, ker, wegen eines abgeleiteten Dachs, aufs neu
,, durchgesehen, und diese oder jene dabei unter-
,, gelaufene Unförmlichkeit mit einer eilfertigen
,, Härte berichtigt, die mit dem gelassenen Schritt
,, der Gerechtigkeit kaum verträglich scheint, und
,, daher in der Folge wider gemildert werden
,, muß: so kommen alle Gelehrten, und politi-
,, schen Zeitungsschreiber ausser Athem, das Glück
,, der Unterthanen zu preisen, die unter einer
,, solchen Reichsverwaltung leben. Und wie un-
,, endlich größer ist unser Glücke, wo durch die
,, Vorsorge der Gesetze, der Fall zu einer solchen
,, Berichtigung sogar unmöglich gemacht, und den
,, Unterthanen durch einen vom Staate aufge-
,, stellten Vertreter gegen ihre Herren, und, füg-
,, te es sich so, gegen den Regenten selbst, vor-
,, gesehen ist. '' Wie schielend, wie verächtlich,
wie stolz, aber auch wie seicht, und oberflächig
ist dieses Geschwäze? Der berichtige Rechtshandel des Müllers Arnold — man betrachte ihn in
welchem Lichte man wolle — ist, und bleibt ein
unverkennbarer Beweis von dem unermüdeten
Eifer, mit welchem unser Monarch noch in seinem
hohen

hohen Alter über die Handhabung der Rechte aller seiner Unterthanen wacht; ein Beweis, wie leicht auch dem geringsten im Volke der Zutritt zu seinem Landesvater sey, und wie sehr dieser Landesvater ohne Rücksicht auf Rang, Geburt und Titel, in jedem seiner Unterthanen die Menschheit ehre. — In diesem Gesichtspunkt — wenn ich nicht irre — hatten selbst die Ausländer die Sache betrachtet, und das an alle Justizcollegia liebreichen Vaters, und strengen Richters in die Feder dictirte Rescript des Königs, ihrer Aufmerksamkeit so würdig gefunden, daß es fast zu gleicher Zeit in unsern Provinzen, und im Auslande in deutscher, italienischer und französischer Sprache circulirte. Bei uns ist weder Gelehrter, noch Zeitungsschreiber dieserwegen ausser Athem gekommen e): man hat nichts, weder Gutes, noch

Böses

e) Man hat hier weder gutes noch böses darüber geschrieben. Das glaub' ich. Mich nimmts nur Wunder, daß Sie, ein so kluger feiner Preuße, Erwähnung davon machen. Wenn man es übrigens in der ganzen Welt ausposaunete, und selbst zu Wien auf den Dächern predigte — (folglich ist ja Wien eben so wenig blind für die Größe ihres Königs als seines Kaisers,) so ist es unsre Schuld nicht. Auch das glaub' ich. Denn die Berliner wissen es ja, oder sollten es doch wissen, wie übereilt dieser Rechtshandel des Müllers Arnold auf der Trommel entschieden wurde. Dieses ist nun kein Geheimnis mehr; allein sie sind so gütig, vorauszusetzen, daß die Oesterreicher die Sache, wenn schon Schützer sogar die Historie erzählt, noch immer nicht wissen werden. Wie sollten sich auch die Fresser in Oesterreich um den Müller Arnold bekümmern, ein Kerl, der so unschuldig in die Geschichte kommt, wie Pilatus ins Credo! Diese Stücke hätten Sie nicht berühren

Böses darüber geschrieben, denn es war ein Edikt des Landesherrn, das man, wie jedes andere, mit Ehrfurcht annimmt, und — schweigt. Wenn man es übrigens in Italien und Frankreich in die Landessprache übergetragen, in auswärtigen Zeitungen ausposaunt, und selbst in Wien auf den Dächern geprediget hat; so ist dies wohl eben so wenig unsre Schuld, als es die Ihrige ist, wenn man so viel Dicentes von dem Toleranzedikt des Kaisers, auch ausser seinen Erbstaaten, und selbst hier in Berlin gemacht hat. Sonnenfels scheint aber, indem er den schon bis zum Ekel, bald von diesem, bald von jenem zur Schau getragenen Müller Arnold — einen Kerl, der so unschuldig in die Geschichte, wie Pilatus ins Credo, kommt — wieder auf seine Achsel nimmt, eine doppelte Absicht zu haben: einmal will er uns dadurch im Angesicht des Publikums, wegen unsers Prahlen und Großsprechens, auf eine unwiderlegbare Weise beschämen — da doch nicht wir Ausländer von diesem Rechtsfalle großgesprochen haben, und dann gebraucht er ihn dazu, den Gegensatz von der überwiegenden Vortreflichkeit der österreichischen Gesetzgebung — in den Geschmack seines Antithesenspiels — geltend zu machen. Er sagt uns daher, daß, vermöge der weisen Vorsorge jener Gesetze, der Fall zu einer solchen Berichtigung sogar unmöglich gemacht wird. Wenn dies nach dem Buchstaben wahr, und der gegenwärtige Zustand der reformirten österreichischen Staaten so

ganz

rühren sollen. Hier sitzt Herr Sonnenfels so fest im Sattel, wie der Kerl Arnold in der Geschichte. Man hat mich zu Berlin auf gleiche Art wie Herr Sandern davon unterrichtet, dessen Reisebeschreibung hier, falls beliebig, nachzulesen empfohlen wird.

ganz paradiefifch ift, wer follte nicht verfucht wer=
den, dafelbft Hütten zu bauen? — Nur Schade,
daß diefes neuen Adifons Worte mehr Hyperbeln,
als Evangelien find.

Vermuthlich wafchen Sie M. H., Ihre Hän=
de in Unfchuld bei allen den gerechten Vorwürfen,
die ich bis jetzt ihren Schriftftellern überhaupt,
und Sonnenfelfen insbefondere gemacht habe —
Ich wünfchte fehr, daß ich Sie, wenigftens als
den reinften unter den unreinen, und als den
nüchternften unter den durch ihre Preßfreiheit
beraufchten Schriftftellern betrachten künnte. Aber
vergeben Sie mir, mein Herr Friedel, auch Ihre
Feder hat abfcheulich purgirt! Auch Sie konnten
dem Kitzel nicht widerftehen, theils offenbare, theils
verfteckte Ausfälle — zwar nicht im Sonnenfelfi=
fchen Gefchmack, aber doch nach feinen Grund=
fätzen — auf uns zu wagen. Das Zuverfichtliche,
das Freimüthige, das Sie in allen Ihren Wen=
dungen und Ausdrücken affektin, mag vielleicht
manchen Lefer glauben machen, daß Sie überall
Recht haben und felbft manch gutherziger, aber
kurzfichtiger *) Preuße dürfte leicht die Pille ver=
fchlucken, die fie fo vortreflich zu vergolden gewußt
haben. Ihre Methode ift einzig in ihrer Art:
einmal, fagen Sie Ihren Landsleuten, oder doch
Quafi Landsleuten — den ich weiß nicht, ob fie
ein wirklicher, oder nur ein gemachter Interims=
öfterreicher find — ein paar derbe Sottifen ins
Geficht, um mit mehr Anfchein von Unparthei=
lichkeit fich die Erlaubnis herauszunehmen, uns
                                    wer=

*) So gehts manchen kurzfichtigen Oefterreichern mit
    ihren Briefen, von welchen man nur mit mehr
    Rechte noch das nämliche fagen kann, was Sie
    von Friedels Briefen fagen.

en revanche funfzig andere dafür an Hals zu
werfen; ein andermal wissen Sie so artige, so
gut eingekleidete Prämissen voraus zu schicken, daß
nur Hannsdumm die nothwendig daraus sich er=
gebende Schlußfolgen verkennen kann.

Sie weitläuftig zu widerlegen, lohnt, wie
Sie selbst einsehen müssen, in der That nicht der
Mühe. Ein anderer, der etwa mehr Zeit, und
Geduld hat, mag sich mit Ihnen ennuiren, und
es mit Ihrem Briefwechsel halten, wie es ihm
gefällt: ich theile Ihnen gleichsam nur einige
Randglossen mit, die ich in dem Augenblicke, als
mir Ihre Briefe zu Händen kamen, flüchtig hin=
geschrieben habe. Möchten Sie doch dadurch
auf die Folgen Ihrer Unvorsichtigkeit ein wenig
aufmerksam, und zur Bescheidenheit, diesem karak=
teristischen Zug in Ihrer sittlichen Nationalphy=
siognomie, fähig gemacht werden. Was Sie etwa
von meinen Bemerkungen nicht gut aufnehmen
können, das nehmen Sie so übel, als Sie nur
immer wollen. Ich erlaube Ihnen böse, recht
böse zu seyn; aber — auf sich selbst, mein lieber
Friedel! Auf Ihren sträflichen Muthwillen, wo=
mit Sie die unschuldigen Berliner, die Ihnen
nichts in Weg gelegt hatten, die ganz ruhige Zu=
schauer Ihrer grossen, Geld, Glük und Verstand
bringenden Revolution sind, und ferner seyn wer=
den — gereizt, herabgewürdiget, und unter der
versteckten Maske der Unpartheilichkeit, wie der
gröbste Satyr behandelt haben. Sie gehen frei=
lich, in mancher Betrachtung, mit Ihrer eigenen
Nation, mit dem heiligen Vater, ja so gar mit
der uns, und aller Welt heiligen Asche der wür=
digsten Theresia nicht zum Besten um — Wie Sie
nun all' das Zeug vor Roms Altären, und dem
wienerischen Polizei-Areopag verantworten wer=
den — Da siehe du zu! Aber nur innerhalb der
Grän=

Gränzen geblieben, mein Herr, welche die Landcharte bezeichnet? Der Umfang, wo Sie als Lobredner auftreten, oder als Freund des Wahren
und des Guten die Geisel der Kritik, zum Besten
Ihrer Mitbürger führen können, ist groß genug:
reicht — welches beinahe in keinem Lande erlaubt,
und das Non plus ultra aller Preßfreiheit ist —
bis an den Thron. Wozu suchen Sie den Stoff
noch in andern Ländern und Regierungen auf,
da Ihr Vaterland mehr als zu viel mit dieser
Art Materialien überhäuft ist? Wandeln Sie immer, braver Friedel, wenn Sie sonst einen Beruf
dazu in sich fühlen, wandeln Sie, so lange es Ihnen vergönnt ist — denn die Gnadenzeit dürfte,
eh' man es vermuthet, ein Ende haben — als
Menschenfreund, Philosoph, und Volkslehrer unter den Ihrigen mit Segen herum: aber geben
Sie, wenn Sie anders Patriot seyn wollen, durch
Ihre Briefe keine fernere Veranlassung, Dinge
ans Tageslicht zu bringen, denen Nacht und Dun-
kelheit am beßten behagt. —

 Weiter hab' ich diesem ersten Sendschreiben
nichts beizufügen, als die Versicherung, daß ich
Sie für Ihre Person, auch unbekanterweise, aufrichtig hochschätze.

Zweiter Brief.

Sie erinnern sich doch, mein Herr, was ich in
meinem Letztern gesagt habe? daß ich es nämlich
mit Ihnen kurz machen, Sie nur über wenige,
meine Aufmerksamkeit am meisten erregende Stellen besprechen, und nur über die auffallendsten
Gegenstände Ihrer Briefe, gleichsam eine Sperla-
revüe halten will. Halten Sie mir diesen militärischen Ausdruck zu Gute: ich bin nicht Autor

D   genug,

genug, um einen schicklichern an die Stelle zu setzen;
und denn wissen Sie ja, wir Preussen sind schon
nicht anders — Was unter uns lebt, und schwebt,
denkt, handelt, und schreibt, ist — vom Zepter
bis auf den Hirtenstab — alles militärisch. *) Be=
sorgen Sie darum nichts ; ich werde es mir nie
erlauben, Ihre Schriftstellermuse so barsch zu be=
handeln, als Sie den Apoll und das ganze Mu=
senchor der Wiener=Schaubühne, wirklich contra
bonos mores, behandelt haben.   Gewiß nicht !
Autorsprache sollen Sie in diesen Briefen nicht
ganz vermissen: aber auch keine heuchlerische Hof=
sprache erwarten; denn wir sind ein kriegerisches
Völkchen, das alles so gerade heraussagt, wie
es ihm warm auf der Seele liegt.

Nun Ihr erster Brief? — ist, als Dekla=
mation betrachtet, vortrefflich.   Ich habe nichts
zu erinnern, wenn es Ihr Endzweck gewesen, zu
den Ihren Schriftstellern, in dieser Josephini=
schen Zeitstufe, so geläufigen Uebungsstücken der
Preßfreiheit und panegyrischen Wohlredenheit,
ein abermaliges Meisterstück zu liefern.   Da tha=
ten Sie wohl daran, beide Backen recht voll
zu nehmen, um, so gut es gelingen wollte,
mit einem Bombast von lautschallenden Worten
ein paar verrufene Gemeinplätze durchzupauken,
und Ihrer Nation zu sagen, was ihr, lange vor
Ihnen, schon viele Ihres gleichen gesagt hatten:
daß nämlich nicht alles Abglanz der Sonne sey,
wozu ein kühner Prometheus das Feuer vom
Olymp stahl: daß den grossen bewunderten Mä=
cen die Geschichte nach Jahrhunderten nur als
Pigmäen, und dann — kaum in einem kleinen
klei=

*) Daher mags auch rühren, daß sie es nicht ver=
tragen können, wenn man über sie raisonirt.
Das ist gegen die Subordination, die sich mit
keiner Freiheit verträgt.

kleinen Lichtstral noch erblicken, und das Ueber=
menschliche, was die Zeitgenossen eines Fürsten
an ihm oft wahrnehmen, in den Augen der spätern
Enkel zum Alltagswerk herabsinken wird — Auch
darüber will ich Ihnen keinen Vorwurf machen,
wenn Sie diese verjährten Gemeinörter nur etwa
in der frommen Absicht wiederkauen: um jungen
auffeimenden Alexandern das Handwerk zu ver=
eckeln, um die heillose, Völkerglück und Völker=
ruhm im Stillen unterminirende Vergrösserungs=
sucht in ihrer Brust zu ersticken. — Wenn Sie
vielleicht, bei so manchen in Ihrem Vaterlande
jetzt rauchenden Altären, und von dem Feuer der
Reformation auflodernden Klöstern und Tempeln,
aus Christenpflicht darauf ausgiengen: die Hän=
de der Herostraten noch zu rechter Zeit von eini=
gen abzuziehen; und ihnen die wahren Begriffe
von dieser abscheulichen Art von Unsterblichkeit
beizubringen. Gewiß viele tausende, die jetzt un=
ter einem neuen Religionsjoche seufzen, und —
was liegt daran, ob aus Unwissenheit oder Aber=
glauben, genug, ihr Herz blutet! — den Rest ihrer
Tage in ungewohnten Fesseln verleben müssen,
würden Ihnen heilige Thränen des Danks zollen.
Vielleicht war es auch prophetische Begeisterung,
in der sie gegen Eroberer und Herostraten S. 2.
die herrlichen Gedanken niederschrieben. f)

„Nicht

f) Genug, Ihr Herz blutet! Sie seufzen unter
einem neuen Religionsjoche. Genug, mein Herr!
Sie mögen wohl nicht richtig im Kopf, oder im
Herzen sein! Bei uns seufzt niemand unter einem
fremden Religionsjoche. Wo eine so ausgedehnte
Toleranz eingeführet ist, da hat man nicht nöthig
unter fremden Religionsjoche zu seufzen; da hat
man freie Wahl, sich zu dem oder einem andern
Glauben zu bekennen.

D 2

„ Nicht selten leben die Seufzer der unterdrükten
„ Nation erst in der Folgezeit auf, und ertönen
„ von Elende und Unterdrückung, von denen der
„ lebende Fürst nicht eine Spur entdecken konn=
„ te, weil der Weihrauch dummköpfiger Schmeich=
„ ler seine Atmosphäre mit solchen Nebelwolken
„ umzog, durch die er unmöglich spähen konnte,
„ — und vielleicht aus Selbstzufriedenheit und
„ Wohlbehagen nicht spähen wollte.“ So Et=
was könnte freilich, über kurz oder lang, noch
in Erfüllung gehen, und alsdann dürfen Sie bei
der Nachwelt auf nichts weniger, als eine Eh=
rensäule rechnen, mit der stark vergoldeten In=
schrift: Friedel, dem Propheten — in den Tagen
der österreichischen Reformation!

Aber, erlauben Sie, m. H., Sie sehen
mir eben nicht darnach aus, als ob Sie der Mann
wären, der es mit seinem Vaterlande so gut meynt
— wenigstens nicht mit seinen Zeitgenossen, um
die Sie sich — wie es aus Ihren Briefen von
einem Ende zum andern zur allzu sichtbar ist —
wenig bekümmern, ob es ihnen wohl, oder weh
thut, wenn der Arm des Reformators da ernd=
tet, wo er nicht gesäet, und anderwärts nieder=
reißt, wo er nicht gebauet hat. g) Ihnen scheint
das

g) Da erndtet, wo er nicht gesäet, und ander=
wärts niederreißt, wo er nicht gebauet hat.
Alle Stiftungen, sie mögen einen Namen haben, wel=
chen sie wollen, sind freiwillige Beiträge zum
Besten des Staats. Es kann z. E. Niemanden
erlaubt werden, eine Mördergrube zu stiften. Der
Staat oder der Monarch hat allein darüber zu
urtheilen, ob ihm diese Stiftung schädlich oder
nützlich sei? In den finsteren Jahrhunderten,
wo man sich für das bloße Gebet ungeheure Ver=
geltung vom Himmel versprochen hat, hat man
für sehr nützlich dem Staate geachtet, Stiftungen
von

das schon groß, und der Würde eines Beglückers der Nationen angemessen zu seyn: wenn aus dem gewissen h) Elende von zween Generationen das noch ungewisse Glück der dritten entspringt; jedoch man muß Ihnen nicht alles auf einmal an den Bart werfen; wir sprechen uns öfters. Jetzt wünscht' ich nur zu wissen, wo wir zur Schilderung Ihres Fürsten, des Eroberers und Mäcens, der in der Geschichte nach Jahrhunderten als Pigmae erscheinen wird; der dummköpfige Völker zertritt, die sich einbilden können, unter seinem Zepter glüklich zu seyn; der den Tempel der wahren Ehre verkennt, und seine Unterthanen bloß als Gehilfen ansieht, die er an seinen Triumphwagen spannt, so oft es ihm gefällt, u. s. w., wo wir, sage ich, zu dieser Schilderung das Original auffinden sollen? Der Mann im Monde kann es doch nicht seyn: denn wozu hätten Sie seine schwarzen Attribute überall mit schwabacher Schrift so auffallend ausgezeichnet? Und existirt Ihr Held in Rerum natura gar nicht — wie konnten Sie sich erdreisten, ihn als ein Ge=

genbild

von geweihten Müssiggängern zu machen, deren Schädlichkeit nun aber in unserm Jahrhunderte sonnenklar erwiesen ist. Die Stiftungsgelder sind einmal dem Wohl des Staates bestimmt worden. Der Staat kann sie also nach seiner Einsicht verwenden, und die baufälligen Gebäude vollends niederreissen, die man ihm mitten in den Weg hingepflanzt hat: ohne sich weiter um die schiefen Metaphoren von Berlin zu bekümmern.

h) Gewissen Elende von zwoen Generationen. Und das sagen sie so bestimmt? Wenn die Klöster nach und nach aufgehoben, die Geistlichen versorgt, die Andächtler von Beichtvätern nicht entblößt, und in ihrem Glauben nicht im geringsten gestört werden: — Wie? ums Himmelswillen! da sollen zwo Generationen deßhalb unglüklich werden?

genbild von der glüklichen Epoche Josephs II. aufzustellen? Wird er sich wohl viel damit wissen,
daß Sie ihm die Ehre geben, mit einem Wesen
zu kontrastiren, das keine Existenz, oder doch nur
eine donquixotische in Ihrem Gehirne hat? Ich
habe nicht das Glück, Ihren trauten Berlinerfreund
zu kennen, dem Sie es zutrauen, daß er Ihnen den Aufschluß ersparen, und ihn selbst hin-
zudenken werde. Es lohnte wohl der Mühe, diesen theuren Mann, der den Schlüssel zu Ihren
hieroglyphischen Pigmäen und Triumphwagen,
zu Ihrem Prometheus, der das Feuer vom Olymp
stahl, und allem übrigen hat, aufzusuchen, und
ihn bei der geheiligten Zahl zu beschwören, daß
er uns doch das Räthsel auflösen, und mit dem
Ungeheuer bekannt machen wollte, das mit Joseph II. als Gegenbild so seltsam figurirt. Jedoch, was sage ich? Es ist nicht so schwer, hier
Oedipus zu seyn: da Sie es nicht einmal der
Mühe werth gehalten, diesen Schlüssel sorgfältig
zu verwahren, sondern ihn in den deutlichen Worten zu Ende Ihres Briefes: „Sie verstehen mich,
was ich sagen will, beziehende Beispiele sind beleidigend“ — beinahe aller Welt vor Augen gelegt
haben. Ihr Freund kennt also diese Beispiele,
weiß ihre Beziehung, weiß vermuthlich, daß sie
aus keiner Feenwelt entlehnt, noch vom Hyder.
Aly abstrahirt worden sind, denn sonst würden
sie nicht beleidigend seyn. — Ja, ja, mein Herr,
nicht nur Ihr Freund, das ganze Publikum versteht, was Sie sagen wollen, und würde sich,
wenn Sie es auch nicht so plump daran erinnert
hätten, den Aufschluß von selbst hingedacht haben. Aber, guter Friebel! wie kann man in
Wien so denken und schreiben? und das zu einer Zeit, da wir von Ihrem angebeteten Joseph

so viel Gutes denken und sprechen †); da sich zu
seinem Ruhme alle unsre Stimmen darüber vereinigen: „daß er seinem Volke einen Monarchen
geben, wie es ihn unter den Habsburgern noch
nie gesehen hat?" — Wenn Sie, m. H., bei dieser sanften Erinnerung nicht mehr erröthen können; so muß ich es den Vernünftigen Ihres Volks
überlassen, die Folgen Ihrer beleidigenden Be-
ziehungen, und nur allzusehr ausgezeichneten höchst
injuriösen Anspielungen selbst zu beurtheilen, und
den unwürdigen Maasstab, womit Sie Josephen
und den zum Gegenbild aufgestellten Fürsten gemessen haben, über Ihrem Haupte zu zerbrechen
— Lassen Sie uns da geschwinde vorübergehen,
die Sache dürfte wohl sonst, bey einer schärfern
Analyse, eine schlimmere Wendung bekommen,
und das Brandmal, das Sie durch diese Unbe-
sonnen=

†) Wirklich? Sie dächten, sprächen so viel gutes von
dem angebeteten Kaiser; und schrieben doch so
von ihm? Nein; das ist unmöglich Ihr Ernst,
Herr Autor! Oder wenns mit dem Lobe bei
Ihnen Ernst ist: so ists mit Ihrem Tadel doch
wahrhaft auch kein Spaß! Oder ists wirklich einer,
so sind Sie seit Bernardon der erste Spaßmacher,
aus dem man nicht klug werden kann. Doch
könnte man klug aus Ihnen werden: sprächen
Sie überall nur mit einer Zunge, Guts oder Uebels
gleichviel! so wären Sie bei weitem so unterhaltend
nicht. Eben mit der Protheusgestalt, der Feinheit, Ihre Widersprüche zu verbinden; der Geschiklichkeit, auf dem Strikke sorglos zu tanzen,
den Sie geflochten zu haben schienen, um darauf
gehangen zu werden, zwingen Sie dem Publikum
lautes Händeklatschen ab. Man sieht Sie in
der Gefahr den Hals zu brechen, und Sie balan-
ziren indessen. — Wie? sollte man da nicht
klatschen? — Sehen Sie, daher die 4te Auflage!
daher der grosse Beifall!

sonnenheit Ihrer Schrift aufgedruckt haben, zu
Ihrer ewigen Schande, noch sichtbarer werden.

Noch Eines, Herr Friedel, und ich bin mit
Ihrem ersten Briefe fertig. S. 8. sagen Sie
uns in einer vielschimmernden Gemeinstelle:
„daß die Regierung eines Fürsten, so wie jede
Handlung des Bürgers, nur vom Innern ihren
Adel, und nur durch die Güte der Absicht, nicht
von dem Geräusche, das sie erweckt, ihren Glanz
und Größe erhält." Erlauben Sie mir, daß ich
Ihnen bei dieser Gelegenheit den Unterschied zwischen historischer und moralischer Fürstengröße,
— die, ob sie zwar oft mit einander verbunden
sind, zuweilen doch ganze Ewigkeiten von einander abstehen — ein Bißgen zu Gemüthe führen
darf. Sie scheinen mir diese Dinge mit einander verwechselt zu haben. Jeder Fürst — Eroberer, oder nicht Eroberer — der in der Auswahl zweckmäßiger Mittel sich vorsichtig und
weise, in der Ausführung muthvoll und standhaft
bezeigt; der in den verwickeltsten Lagen des
Reichs ruhige Seelengröße, in den äuffersten seinen Staat bedrohenden Gefahren Gegenwart des
Geistes, und unüberwindlichen Heldenmuth an
Tag legt; bei unvermeidlichen Kriegen selbst an
der Spitze seiner Völker erscheint, jede Last, jede
Gefahr mit dem Geringsten seiner Unterthanen
theilt, kurz der große Thaten — entweder als
Alexander oder Titus, das gilt hier gleichviel —
mit einer auszeichnenden Größe des Geistes ver-
richtet, hat, meines Erachtens, gegründeten Anspruch auf historische Größe in den Annalen der
Völker. In seinen Handlungen, ihrer mannich-
fachen Verbindung, Zusammenhang und Folgen
kann — oft erst nach einer langen Reihe von
Jahren — vielleicht das Auge des Beobachters
auch seine moralische Größe, oder, welches eins
ist,

ist, die Güte und Lauterkeit seiner Absichten der=
einst entdecken; ich sage vielleicht: denn wer sieht
in das Herz des Fürsten? wer unterscheidet da
die Triebfedern der reinsten Güte, von den Trieb=
federn des feinsten, immer unter der Hülle des
Wohlwollens sich versteckenden Ehr= oder Geld=
geizes? wie ungewiß und schwankend wird selbst
für den scharfsehendsten Forscher jederzeit eine
Entdeckung bleiben, die nur dem Wesen, das Her=
zen und Nieren der Menschen prüft, vorbehalten
ist? Die Fälle sind nicht so ganz selten, wo die
edelsten Bewegungsgründe oft schlimme Wirkun=
gen: und dagegen die unlautersten Absichten edle,
für die Menschheit interessante, merkwürdige Fol=
gen hervorgebracht haben.

Beziehende Beispiele sind, nach Ihrer Behaup=
tung, beleidigend: nicht immer; und nur alsdann,
wenn sie in der Art gegeben werden, wie Sie
uns welche zu geben gewohnt sind. Hier ist ei=
nes, das nicht, wie das Ihrige, aus den Schran=
ken tritt; nicht ruhmvolle Monarchen in politi=
sche Zwerge verwandelt, und selbst Joseph den
Menschenfreund, von dem es genommen ist, nicht
beleidigen kann. Wie freut sich nicht aller Or=
ten die Menschheit über all' das Gute, das die=
ser Monarch in seinen Staaten gethan hat?
Denker — Schriftsteller — Buchhändler und
Verleger preisen aus voller Brust, wegen der
geschenkten Preßfreiheit, den aufgeklärten, und
über die bisherigen Vorurtheile seines Haufens
erhabenen Fürsten. Der gutmüthige Protestant
weiß sich ganz glücklich in dem ihm verliehenen
Duldungsgesetze. Der Leibeigene küßt seine durch
Josephs Hand zerbrochenen Fessel, und wallfahr=
tet damit dankvoll zum Throne seines Erretters.
Das Volk jauchzt bei jedem Anblick des herab=
lassenden populären Landesvaters ihm sein Ho=
sianna

fianna entgegen, und glaubt nichts dabei zu verlieren, wenn sein Titus auf den Flügeln der Fama hoch in Wolken herumschwebt — wenigstens
so lange nicht, als es im Taumel seiner Freude,
über die Grösse seines Kaisers, Pabst, Mönche,
Klöster und Bruderschaften vergißt. Wer von
diesen wird nicht der Stimme jenes Schriftstellers beipflichten, die uns versichert: „Joseph der
„Zweite gleiche einer schaffenden Gottheit, die
„das alte Chaos mit Weisheit entwickelt, und zu
„den Finsternissen spricht: Es werde Licht!‟
Auch ich, lieber Friedel, segne Ihn, den der
Himmel ausersehen hat, die Scene eines für die
Menschheit so interessanten Schauspieles zu eröffnen. Aber werfen Sie nur auch einen Blick, ich
will nicht sagen, auf die auswärtigen Mächte —
denn diese könnte Ihnen der Handwerksneid etwa
verdächtig machen — nein! auf Ihren einhei-
mischen hohen und niedern Adel; auf die Fürsten und Knechte der geistlichen Hierarchie; auf
das in Quiescentenstand versezte, und nach Brod
schmachtende Personale; auf ein gewisses in den
ganzen Erblanden wehklagendes Publikum, selbst
auf das Volk, wenn es von dem vorüberrau-
schenden Taumel erwacht, und nach seinen veränderten Altären hinblickt — und Sie werden
da — wenige ausgenommen, die bei dem Refor-
mationsplane Nahrung für ihren Geist, oder bei
dem geistlichen Kommißionswerke Nahrung für ihren Körper finden — auf den niedergeschlagenen,
mit Unmuth erfüllten Gesichtern die unläugbaren
Beweise lesen: daß sie nichts weniger, als von
der Güte und Reinigkeit der Josephinischen Absichten überzeugt sind — Ob, und wie ferne nun
alle diese Menschen von so diversem Range, Alter, Erfahrung und Einsichten, Recht oder Unrecht haben, oder, ob sie wegen ihrer dicken, uns
über-

überwindlichen Unwissenheit auf der Stufenleiter
der Thiere insgesammt an ihren Halbbruder, den
Durang Outang, gränzen, kann ich, wegen Ent=
fernung des Standpunkts, auf dem ich mich be=
finde, nicht beurtheilen, und muß es den, bei der
k. k. böhmisch = österreichischen Hofkanzlei neuer=
dings aufgestellten 14 Herren Hofräthen über=
lassen, hierüber bei der nächsten Sitzung in Pleno
zu entscheiden. f)

Sehen Sie, m. H., wie schwer, wie beinahe
unmöglich es ist, von der Güte der Absichten,
und folglich von der wahren moralischen Größe
der

f) Dieser als Beispiel nur hingeworfene Spott, den
der Leser nehmen darf, wie er will, indessen
durch das Exempli gratia, auch Autoris gratia
bewerkstelliget werden soll, dieser Hohn, diese
Beziehung auf so viel unglükliche, diese Muth=
massung, ob die Oesterreicher vielleicht nicht an
ihren Halbbruder den Durang Outang gränzen?
Dieser Nationalstolz, von österreichischen Jesuiten
aufgeblasen, — verdient er widerlegt, oder ver=
achtet zu werden? Daß man sich überall unglük=
lich dünket, ist gar nicht zu läugnen; daß unsre
Quiescenten mit eben dem Rechte eines vormals
reichen, nunmehr nur knapp mit Lebensmitteln
versehen bankorotirten Kaufmanns klagen dürfen,
ist wahr. Sie haben nicht gelernt, sich einzu=
schränken, und haben (würdige Männer ausge=
nommen,) nicht gewußt, ihre Salarien zu ver=
dienen. Ob übrigens 14 oder 40 Hofräthe in
Pleno sitzen, ist, wenn die Sache nur übrigens
bestritten wird, einerlei für die Sache, für das
Geschäft; aber nicht einerlei für den Staat und
für den Monarchen. Der erstere wird von einer
größern Last gedrükt, der letztere hat diese Drü=
kung zu verantworten. Wo man sich über diese
beide Dinge mit philosophischem Raisonement
hinaussetzt, da kanns auch 100 nacheinander fol=
gende Jahre beim alten bleiben.

der Fürsten ein bestimmtes Urtheil zu fällen. Freylich hat man es schwarz auf weiß in allen ihren Mandaten und Rescripten, daß sie, „blos aus „allerhöchster landesväterlicher Gnade, aus Lie- „be zu ihren getreuen Unterthanen, und zum „allgemeinen wahren Beßten des Landes,„ so, und nicht anders handeln: aber das kann nicht einmal für den Bauer, der sonst ganz in seinem Köhlerglauben lebt, ein Glaubensartikel mehr seyn: weil er eben diese Curialien, auch alsdann noch aus dem allergnädigsten Befehle herausliest, wenn ihm ein Nero das Fell über die Ohren zieht. Nur der Allwissende liest die Wahrheit, nicht in dem Edikt, sondern in dem Herzen des Fürsten. Ich hätte Ihnen noch manches über diesen Artikel zu sagen, wenn es nicht beleidigend wäre, einem Manne von Ihren Talenten ein Kollegium über die ersten Anfangsgründe der Moral lesen zu wollen. Ich bin 2c.

Dritter Brief.

Aus dem Eingange Ihres zweiten Briefes lerne ich Sie, m. H., von einer neuen Seite kennen. In dem Ersten witterte ich zwar schon an Ihrem Prometheus und Ikarus den starken Mythologen; jetzt finde ich, daß Romane, Aesthetik und Witz, nicht weniger Ihre Sache sind. Sie holen sehr gelehrt bis in die Zeiten des K. Arthurs aus, krümmen sich, wie der Ritter von der traurigen Gestalt, um ein paar Windmühlen, Dulcineen und Drachenschwänze, an deren jeden zehn Köpfe
hangen,

hängen, recht artig herum, und lenken alsdann bei Ihren Freunden in Berlin wieder ein, um Z** und U** und P*** und allen samt und sonders zu sagen: „ daß sie so eifersüchtig auf ihre Freundschaft sind, als irgend ein Mädchen auf die Liebe ihres Adonis. " Der Ausdruck ist etwas hitzig, und so ziemlich in dem empfindsamen Jargon der warmen Brüder: indessen immer viel, recht viel Schönes in ein und einer halben Periode! Aber in dem Augenblicke, als ich mich von meiner Verwunderung über Ihren Witz und Empfindsamkeit erhole, stoße ich auf eine Stelle, die mich fast glauben macht, daß Sie und Ihr Freund übereingekommen sind, sich — tour à tour eine auffallende Thorheit zu schreiben: so sagt dieser z. B. S. 7. „ daß Joseph den Fürsten Europens zur neuen Epoche diene, wie Friedrich in dem Zirkel der Krieger." — Also nur in dem Zirkel der Krieger? Wie wenig muß doch Ihr angeblicher Freund unsern Friedrich kennen! Wie? ist er der einzige Fremdling unter uns, der nicht weiß, was unter der ruhmvollen 43 jährigen Regierung dieses großen Monarchen vorgefallen ist? Der Einzige, dem es unbekannt seyn kann, daß Friedrich allen Fürsten Europens das große Beyspiel der Toleranz, der vortreflichsten Finanzordnung und Polizirung eines Landes, der verbesserten Justizpflege u. s. w. schon längstens gegeben, und, auch außer dem Zirkel der Krieger, in so manchen Dingen, die jetzt in andern Staaten, als vom Himmel gefallene Neuheiten, angestaunt werden, Epoche gemacht hat?

Noch sonderbarer ist es, wenn Ihr Freund den ganz unerwarteten Wunsch äußert: „diesem men= „schenfreundlichen Fürsten (Joseph dem Zweyten) „anzugehören, um sich satt an ihm zu geniessen. "

Verges=

Vergeben Sie mir, mein Herr, Ihr Freund ist
kein Berliner, seine Sprache verräth ihn! — Ei=
nen Blik auf Friedrich den Großen, und seine
herrlichten Thaten! und einen zweiten in die
Zukunft auf Friedrich Wilhelm, den vielgeliebten
des Volks; und man wird gestehen, daß nie ei=
nes Preussens Brust der unpatriotische Wunsch
entsteigen können: einem fremden Fürsten anzu=
gehören. — I)

    „Mehrere, schreiben Sie S. 8., wünschen
   „sich dasselbe (nämlich Joseph anzugehö=
   „ren, um sich satt an ihm zu genießen)
   „und Unrecht haben Sie, und alle, die
   „dieser Wunsch belebt, wahrlich nicht. Er
                       verdient

I) Her Friedel hat als ein Oesterreicher gesprochen,
und dieser da spricht als Preuße. Wenn ich
mich nun dazwischen legen, und wieder als ein
Oesterreicher, aber im preußischen Tone, sprechen
wollte, so könnte ich mich der nämlichen Tirade
bedienen, womit der berlinische Briefsteller die
Schwierigkeit, Monarchens wahre Größe zu be=
urtheilen, erwiesen hat. Ich würde sagen: einen
Blik auf die Minister in Preußen, die unum=
schränkte Tirannen ihrer Untergeordneten und der
Unterthanen, Minister, die kein anders Gesez kennen,
als ihr Gefäll Jahr zu Jahr höher zu treiben,
und Plus zu machen; auf den gedrukten Unter=
than, der alle Kräfte anstrengen muß, um mit
zitternden Händen seinen König auf der einmal
erreichten Höhe zu erhalten; auf den bestechbaren
Beamten, die bettelnden Wachen, auf die über
der Trommel richtende Justiz, auf die Haber=
grützen und Wassersuppe — als politisch einge=
führte Diät durchs ganze Land — u. s. w., und
würde dann ausrufen: Sehen Sie, mein Herr!
wie schwer, wie beinahe unmöglich es ist, von
der Güte der Absichten und folglich von der
wahren moralischen Größe der Fürsten ein be=
stimmtes Urtheil zu fällen!

„verdient von allen geliebt — wir von
„allen beneidet zu werden. "

Wahrlich das ist Werbersprache! oder, auf das
gelindeste zu urtheilen, einer vom dem abgefeimten Gemeinplätzen, die die Zungen der Schmeichler von Nebucadnezars Zeiten, durch alle Jahrhunderte, und in allen Reichen der Welt, bis
auf den heutigen Tag, durchgedroschen haben.
Joseph ist ein Feind der Schmeichelcy, wie uns
alle Ihre neuern Schriftsteller versichern, und
demungeachtet fließen Ihrer aller Federn unaufhörlich davon über — Er verdient das Lob der
Nationen, verdient von allen geschätzt und geliebt
zu werden — wer läugnet das? Aber soll darüber ein anderer Patriot in Versuchung kommen,
an seinem Landesherrn zum Verräther zu werden?
Soll er aus dem Lande laufen, um Joseph anzugehören, und sich satt an ihm zu genießen?
Schon der bloße Wunsch brandmarkt in geheim
die unpatriotische Seele — wir schätzen und bewundern alle Häupter Europens, die wegen ihrer
großen Handlungen zum Wohl der Völker, unsre Bewunderung verdienen; wir wünschen jeder
Nation zu ihrem Regenten aufrichtig Glück; aber
— erlauben Sie, daß ich meinem Herzen durch
ein patriotisches Geständniß Luft mache, — so
lange uns der Himmel Friedriche und Wilhelme
schenkt, werden wir Oesterreich um keinen Joseph,
Frankreich um keinen Ludwig, Rußland um keine
Catharina, kurz, kein Land um seinen Regenten
beneiden dürfen.

Dank, recht großen Dank werden Ihnen gewisse Leser für die Skizzen wissen, die Sie, als
einen Beitrag zur Geschichte der Jugendjahre
Josephs, Ihrem Freunde mitgetheilt haben. Dieser Versuch verräth zwar auf allen Seiten, daß
Dieselben der Mann nicht sind, der zureickendes

Talent

Talent und Fähigkeit besitzt, Josephs Biograph, auch nur in seinen Kinderjahren zu seyn; indessen können solche Sächelchen noch immer unter den Neuigkeiten des Tages, neben den Reisen des Grafen von Falkenstein, und andern Toilettenanekdötchen, mit Beifall figuriren. Schade, Jammer schade! daß Herr Adam Friedrich Geißler der jüngere, Hörer des Staatsrechts, und der Geschichte in Leipzig, Verfasser der zwei letzten Reisen des Grafen von Falkenstein, und des heil. römischen Reichs Erzstoppler ꝛc. Ihre Nachrichten nicht habe nutzen können, um seine im Jahr 1783. (Halle bei Joh. Christ. Hendel) herausgegebene Skizzen aus dem Karakter und Handlungen Joseph des Zweiten jetztregierenden Kaisers der Deutschen, als Beiträge zu einer einstigen, vollständigen Lebens - und Regierungsgeschichte dieses Monarchen, zu verschönern, und vollständiger zu machen. Freilich würde dadurch sein schriftstellerisches Sündenmaaß voller geworden seyn; aber er hätte auch das Vergnügen gehabt, sein Buch mit diesem Unrathe aufzuschwellen, und dem Verleger einige Bogen leeres, kraftloses Zeug mehr in die Hände zu spielen.

Verstehen Sie mich recht, m. H.; Beiträge zur Geschichte Joseph II, Thatsachen aus dem Zeitraume seiner Jugend, seiner Mitregentschaft, und seiner gegenwärtigen Regierung, gründliche in Raynals Geist abgefaßte Biographien, oder Etwas dergleichen — werden mir und jedem Betrachter der Begebenheiten seines Zeitalters ein sehr angenehmes Geschenk, oder vielmehr, da wir den Herrn Schriftstellern ihre Geschenke mit gutem Gelde bezahlen, eine nie zu theuer erkaufte Waare seyn. Aber bei Ihnen und Geißler dem jüngern ist — wie ich merke — dieser Stoff in unrechten Händen. Sie wissen nicht damit umzugehen,

zugehen, schleppen Wahres und Falsches, Gutes
und Schlechtes aus compilirten Zeitungsartikeln
ohne Auswahl und Prüfung zusammen: diesen
erbärmlichen Centonen werden noch ein paar
Lappen von pöbelhaften Gerüchten und Hausanek-
doten angeflkkt, und mit einigen schülermäßigen
Deklamationen verbrämt — auf diese Art auf-
gestützt, erscheint das buntscheckigte Ding und
das Publikum hat Kinder genug, die sich herzlich
darüber freuen. Allein, wie sollen die Zeitgenossen, wie die Nachkommen — vorausgesetzt,
daß so ein Meisterstück den Motten entgehen,
und durch Zufall bis zur zweiten Generation sich
hinüber schleichen könnte — in diesen Karikatu-
ren den Karakter, und die Größe des Helden erkennen? Die Reisen dieses in jeder Betrachtung
von seinen Vorfahren sich auszeichnenden Kaisers,
sein merkwürdiges Betragen, seine Handlungen,
und die durch sein Incognito oft veranlaßte lau-
nigte Repliquen, verdienen so gut als Karl V.
oder irgend eines andern Regenten seine, gesammelt, und aufgezeichnet zu werden. Wenn aber
die Nachwelt dergleichen Nachrichten von dem
Privatleben, und der Regierung Joseph des Zweyten lesen, wenn sie sich daraus die ersten Schritte
seiner Unternehmungen zur Aufklärung und Verbesserung seiner Staaten erklären, kurz, wenn sie sich
den wahren Karakter dieses Monarchen, der aus den
mannigfaltigen Scenen seiner Reisen und seines
Betragens , so ungleich und so verschieden her-
vorstralt, der — so offen er beym ersten Anblick
zu seyn scheint — so schwer zu entziffern ist, davon abziehen soll: so gehört Etwas mehr dazu,
als ein paar dürre Zeitungs = Data, die mit
Schmeicheleyen und faden Glossen gewürzt, und
durch eine halbschwülstige, halbmatte, Fridelisch=
hyperbolische, oder undeutsch = Geißlerische Be-

E   schreibung,

schreibung, zu einem Alltagsgericht, für heißhun=
gerige Leser zubereitet worden sind.

Finden Sie, m. H., dieses Urtheil zu hart:
so vergeben Sie mirs. Wir können — wie Sie
als Psycholog wissen werden — von Dingen auß=
ser uns nicht anders als nach der Empfindung
urtheilen, die ihr Eindruck auf unsre Sinnen
hervorbringt; und ich muß mirs ebenfalls gefal=
len lassen, wenn Ihre Sinnen — da wir etwas
verschieden organisirt zu seyn scheinen — durch das,
was ich alleweil geschrieben, bis zur Erbrechung
der Galle, gerührt werden. Indessen giebt es,
wie ich schon gesagt, zu Ihrem und Geißler des
jüngern Troste eine sehr billige Art Leser, denen
es blos um Abwechslung, Unterhaltung und
Zeittödtung zu thun, folglich ganz einerley ist,
was sie vorfinden, wenn es sich nur sonst durch
den Reitz der Neuheit empfiehlt; an diese wen=
den Sie sich, und Balsam wird in ihre Wunden
triefen — Uebrigens wünschte ich wohl, daß Sie
zwey Drittheile von dieser Kritik an Herrn Geiß=
ler dem jüngern ablassen, und nur so viel, als
Sie selbst nöthig finden, sich davon zueignen
möchten. Geißler verdient der Streiche 40 we=
niger Einen, um so viel mehr, weil er sich den
Gedanken beykommen ließ, sein Auskehricht (die
zwey letzten Reisen des Grafen von Falkenstein)
vor die Thüre des Staatskanzlers, Fürsten von
Kaunitz, zu tragen; und endlich gar seinen Stop=
pel von Skizzen Sr. königl. Hoheit dem Erz=
herzoge Maximilian alleruntertthänigst vor die
Füsse zu legen. Setzt er sein schriftstellerisches
Pfuschen und Dediciren so fort, so werden wir
ehesten den Kaiser der Deutschen selbst mit den
Hefen dieses Scribenten beehrt sehen.

Ich bin nun ganz wieder bey Ihnen, und
gebe dem vortreflichen Wunsch, den Sie S. 16
äussern,

äuffern, „daß Prinzenerzieher uns eben so ge=
„nau — aber ungeheuchelt — die Jugendge=
„schichte ihrer Zöglinge in die Hände lieferten,
„wie die Biographen uns die Geschichte der Er=
„wachsenen Helden liefern,“ hiemit meinen
lauteſten Beyfall. Alles, was Sie über dieſes
Sujet bis zu Ende Ihres Briefes ſagen, iſt
ſchön geſagt, und richtig gedacht. Aus
Beſcheidenheit zählen Sie dieſen Vorſchlag ſelbſt
nur unter die Grillen: ich würde ihn blos ein
pium deſiderium genannt haben. Indem Sie
aber, m. H., über Kinderbiographien ſo richtig
dociren, ſind Sie uns ſelbſt das Beyſpiel einer
ſo ungeheuchelten Jugendgeſchichte, als Sie von
Prinzenerziehern verlangen, ſchuldig geblieben.
Es iſt freylich zwiſchen guten Vorſchlägen, und
ihrer Ausführung noch immer ein groſſer Zwi=
ſchenraum. Dal detto al fatto, ſagen die Ita=
liener, v' é un gran tratto. Und wenige wagen
den vom Worte zum Werke ſo wichtigen Ueber=
ſchritt. Nach Ihren ſehr richtigen Grundſätzen,
verliert der Regent nichts an ſeiner Achtung,
wenn ſeine Jugendfehler dem Blicke der Welt
ausgeſtellt werden — Und doch wagen Sie dieſe
Ausſtellung nicht. Sie laſſen unſern Zeiten die
Gerechtigkeit widerfahren, daß man zu aufge=
klärt iſt, um glauben zu können: der größte Mo=
narch würde ſchon in der Wiege von Salomo's
Weisheit überſchüttet — Aber Sie geben ſich dem=
ungeachtet unſägliche Mühe, ſelbſt in den Kin=
derjahren Joſephs ſchon viel Großes zu finden,
und in dem Leichtſinn, in der Halsſtarrigkeit,
in dem flatterhaften, unbeſtändigen Weſen jenen
hohen Flug der Seele des Kindes zu entdecken,
womit ſie ſchon frühzeitig die Adlerbahn bezeich=
nete, auf der ſie dereinſt fortwallen würde.
Joſeph, das zerſtreute, auf das Wort ſeiner Leh=

E 2 rer

rer unaufmerksame Kind, ist nach ihrer Ausle=
gung, schon Selbstdenker. Seine bedenklichen
Unarten, die überall Stolz und Eigensinn verrie=
then, und über die das mütterlich besorgte Herz
Theresiens oft im Geheimen seufzte: sind Ihnen
sogar Beweise von Entschlossenheit und geläuter=
ten Grundsätzen — Mehr braucht es wohl nicht,
um uns zu überzeugen, was wir von solchen
Kinderbiographen auf alle Fälle erwarten dür=
fen, da der Mann, der Prinzenerziehern so frey=
müthige Lehren giebt, selbst bey dem Kinde heu=
chelt — in Panegyristenton verfällt, und die no=
torischen Jugendfehler seines Kaisers, weil er sie
nicht ganz läugnen kann, wenigstens so aufzustu=
tzen sich bestrebt, daß man beynahe glauben möch=
te: diese sind es, denen Oesterreichs Völker ihre
gegenwärtige Glückseligkeit, und Joseph selbst sei=
ne Grösse zu danken hat. Wozu, beßter Friedel,
thaten Sie das?, und zwar unter einem Monar=
chen, der die Tiraden des Schmeichlers haßt,
und es nicht leiden kann, wenn man die Win=
deln vergöttert, die er besudelt hat? Der selbst
auf seine Jugendfehler mit Verachtung herabsieht,
und deren keinen an seinen Nepoten vertragen
würde? Ob wohl ich selbst niemals in Wien ge=
wesen, und folglich nicht zu den glücklichen Sterb=
lichen gehöre, die sich an Joseph in seiner Kind=
heit, Jünglingsjahren und männlichen Alter, ha=
ben satt geniessen können; so kenne ich doch
Männer, die Joseph den Zweyten von der Wiege
an beobachtet, die ihn, wenn Sie wollen, mit
ihren eigenen Händen gegängelt, ihn als Kind,
Knaben und Jüngling gekannt, und daher Gele=
genheit hatten, alle Ausbrüche seines ersten ra=
schen Jugendfeuers, seinen Leichtsinn und man=
nichfaltigen Launen zu bemerken. So viel ich
mich noch besinne — denn es ist eine geraume
Zeit,

Zeit, daß ich den Umgang mit diesen mir unver=
geßlichen Männern genoß — so stimmten ihre
Erzählungen in Rücksicht auf Thatsachen, mit
den Ihrigen ziemlich überein; nur ihre Anwen=
dungen waren von einem etwas andern Geprä=
ge: denn diese Freunde waren keine Panegyri=
sten, sie schrieben kein Buch, sondern sprachen in
einem vertrauten tête à tête, wie es ihnen ums
Herz war. Erlauben Sie mir, daß ich Ihnen
von dem meinigen so viel mittheile, als ich em=
pfangen habe.

Joseph war in seiner ersten Kindheit und
Knabenalter das liebenswürdige Geschöpf. O
der Engel! rief jeder Unterthan aus, der ihn nur
erblickte, und aus der glücklichen Bildung des
Kindes, die die vollkommenste Güte des Herzens
verrieth, sich und seinen Nachkommen eine won=
nevolle Zukunft versprach. Er war ungemein leb=
haft, feurig und witzig; Eigenschaften, die man
insgemein bey der österreichischen Jugend bis ins
zwölfte Jahr, mehr, oder weniger, ganz vorzüg=
lich bemerkt haben will. Die langsamen Köpfe
der Maximillanen sind eine weit seltnere Erschei=
nung — Nach diesem Zeitraume aber verfallen
gemeiniglich die muntersten und witzigsten Wiener
Kinder in die sogenannten Tölpeljahre, wo sie,
nach einem ähnlichen Provinzialausdrucke, ganz
verstritzeln, und spät, oder auch niemals wieder
ihren ersten Witz und Feuer erlangen. Daß es
hievon Ausnahmen giebt, versteht sich von selbst:
und in der kaiserlichen Familie konnte und mußte
in Ansehung dieser den Wienern gewöhnlichen
Bemerkung, um so eher eine Ausnahme statt fin=
den, da die Descendenten derselben eine glückliche
Mischung des österreichischen und lothringischen
Blutes zur Grundlage ihrer Organisation hat=
ten.

ten. m) Demungeachtet will man auch an Joseph in
dem Grade, als er diesem kritischen Zeitpunkt näher
rückte,

m) Ich habe sie bis hieher geduldig angehört, ich
habe sogar einige Ihrer Urtheile unterschrieben;
ich habe besonders wahr gefunden, daß, wenn
die Zahl unserer Begriffe sich vermehrt, und wir
dadurch von hunderterlei Dingen eine ganz andere
Ueberzeugung erlangen, wir uns gewisser Handlungen schämen, deren Billigkeit uns damals nur Mangel gegenwärtiger Summe von Begriffen eingeleuchtet. So sieht der Knabe auf
die Jahre seiner Kindheit, so der Jüngling auf
sein Knabenalter, so der Mann auf seine Jugend;
so öfters auch der Greis auf manches, was er
als Mann hätte besser thun sollen, — beschämt
zurück. So werden Sie in einigen Jahren Ihre
Briefe nicht ansehen können, ohne roth zu wer=
den, die Ihnen heute alle Meisterstükke zu übertreffen scheinen. Woher rührt es nun, daß Joseph nicht alles billigt, was er als Knabe oder
als Jüngling that? Von der bessern Ueberzeugung, die er izt von diesen geschehenen Dingen
erlangt hat, und zwar ohne Jesuiten. Durch
eigene Verwendung, durch eigenen Fleiß! —
Was Sie hier von der Organisation schwätzen,
ist so fade, so höhnisch, daß es des gleichgültigsten
Kosmopolitens Galle erregen könnte. Sie spotten
den Monarchen aus, indem Sie Ihn von der
allgemeinen Regel auszunehmen scheinen; damit
aber dieser Schein Ihre kurzsichtigen Leser nicht
hintergehe, so sagen sie auf ganz fein preußisch-
jesuitisch, daß man der glüklichen Organisation ohngeachtet an Joseph gewisse Simptomen in den Tölpel-
jahren der Wiener bemerkte, die den Unterthanen
manche Seufzer erpreßten, manche Besorglichkeit,
quis puer iste erit? — führen hiernächst an,
daß er ein Stuzkopf geworden, und prophezeihen
kurz darauf, daß er das Unglük ganzer Nazionen
werden würde. Ist es wahr, daß Sie der näm=
liche sind, der, wie er es so oft sagt, den Kaiser
anbetet?

rückte, einige Veränderung bemerkt haben; er
schien etwas von jener liebenswürdigen Munter-
keit und Offenherzigkeit zu verlieren, die ihm bis
dahin, zum größten Vergnügen aller Menschen,
eigen gewesen ist. Der Prinz ward ernsthafter,
zurückhaltender, schien weniger witzig zu seyn,
äusserte bis in seinen kleinsten Kinderspielen einen
unwiderstehlichen Eigensinn, mit einem Worte,
sein ganzer Karakter nahm eine so plötzliche, wenig vortheilhafte Wendung, daß selbst seine durchlauchtigsten Aeltern ungemein aufmerksam darüber wurden — Das Herz des Unterthans fieng
nun an zwischen Furcht und Hoffnung zu schlagen: und, gleichwie ehmals nur eine Stimme,
bey Hofe, und unter dem Volke, über die Güte
und den Geist des künftigen Thronfolgers herrschte,
so theilten sich von nun an die Meynungen; jeder stellte von ihm — wie das zu gehen pflegt
— ein mehr oder weniger günstiges Prognosti-
kon, und einer flüsterte dem andern voll Besorgniß ins Ohr: quis putas puer iste erit? Vielleicht trift es in diesen Zeitraum, wo sein Eigensinn das Herz seiner Mutter schwer gemacht,
und Theresia in einem Ausbruche ihrer Laune
— wie

anbetet? Fast eben so, als den König Friedrich?
— Ists wahr, mein Herr? — Nun so mag die
Qualität, in welcher Sie ihn anbeten, mit der Ihres eigenen Königs homogene sein und Ihren Augen
allein anbetenswerth scheinen. In unsern Augen
ist sie es nicht. — Wir würden zwar einem
Verderber der Nationen gehorchen, aber ihn
lieben und anbeten gewis nicht: das überlassen
wir den preußischen Patrioten oder den Heuch-
lern. Zum Glük für uns, hat Ihre Prophezei-
hung nicht Stich gehalten, und wenn wir unsern
Kaiser lieben, so lieben wir ihn in einer ganz
andern Qualität. Ob mit Recht — oder nicht?
Darüber können Sie am allerwenigsten entscheiden.

— wie Sie uns melden — gesagt haben soll:
mein Sohn ist ein Stutzkopf. Aber darin irren
Sie, meines Erachtens, wenn Sie diesem Eigensinn den prächtigen Namen der Entschlossenheit
und Beharrlichkeit in dem einmal gefaßten Entschlusse beylegen, von dem der Prinz nicht leicht
abzulenken war, weil er — Ihrer Behauptung
zu Folge — ihn nicht eher wagte, bevor er den
Gegenstand nicht richtig und genau überdacht zu
haben glaubte = = Glauben mochte es allerdings
der junge Prinz — — wie das alle eigensinnige
Kinder von sich glauben — aber in der That
hatte er die Gegenstände, bey welchen man ihn
zwar schnell fassend, aber desto weniger weit,
und tief denkend fand, damals nur nach den ersten flüchtigen Eindrücken, und mehr willführ-
lich, als es sich für sein Alter geziemte, behandelt. Andern, die ihn näher, als ich und Sie,
zu kennen das Glück hatten, schien es vielmehr,
daß den Prinzen ein bey Thronerben nur allzu-
früh sich entwickelndes, und ihrer Erziehung
höchst nachtheiliges Vorgefühl ihrer künftigen
Wichtigkeit und Hoheit, dürfte verleitet haben,
schon in den jüngsten Jahren überall unwider-
stehbaren Regentensinn zu äussern, und blos nach
einem tel est notre plaisir selbst seine Kinderhand-
lungen einzurichten; nicht aber, wie Sie uns die
Sache vorstellen, als ob der Eigensinn des
Knabens eine Wirkung seines richtigen Nachden-
kens und seiner geläuterten Grundsätze gewesen
wäre; denn, zugeschweigen, daß in einem solchen
Alter die Grundsätze der Prinzen — obwohl man
sie alle für Genies ausschreiet — nicht viel, ja
oft noch weniger geläutert, als die Grundsätze
anderer wohlerzogener Knaben von gleichem Alter sind — würden nicht auch Josephs erhabene
Aeltern zu tadeln seyn, daß sie die reifdurchdach-
ten

ten Ideen ihres Sohnes so sehr verkannt? ja
in allen Fällen seinen Eigensinn, oder — wie
Sie das nennen — seinem mit vieler Ueberle=
gung gefaßten Entschluße, gesteuert? und seinen
nur allzuflüchtigen Handlungen, mit unabläßigem
Eifer entgegen gestrebt haben? Ich gebe es nach,
daß vielleicht eben dieser Zwang, den man ihm
bis in den unbedeutendsten Handlungen, und selbst
in seinen Kinderspielen oft gethan hat, dieser
in allen Fällen versuchte Widerstand gerade das
Meiste dazu mag beygetragen haben, in dem Ka=
rakter des Prinzen von dieser Seite eine unaus=
löschliche Falte zu machen. Aber wie dem seyn
mag; Eigensinn und Halsstarrigkeit ist an künf=
tigen Gebietern der Völker eine weit gefährli=
chere Eigenschaft, als selbst an den Kindern des
zum Gehorsam geschaffenen Unterthans — und
Sie werden mich nie überreden, m. H., daß der
Weg zur Entschlossenheit und wahren Standhaf=
tigkeit über diese unmoralischen Gefilde gehe: das
ist Irrthum, der blos aus einer scheinbaren Gleich=
heit entsteht, wodurch zuweilen das Auge des
Unwissenden, aber nicht des Kenners moralischer
Vollkommenheiten und Unvollkommenheiten ge=
täuscht werden kann; denn obgleich Eigensinn
und Standhaftigkeit zufälligerweise oft ähnliche
Wirkungen hervorbringen, und der Eigensinnige,
wenn die Macht in seinen Händen ist, nicht we=
niger, als der Standhafte, seine Endzwecke er=
reicht; so stehen doch diese beyden Eigenschaften
in Ansehung ihrer Quellen unendlich weit von
einander ab. — Die Seele des Standhaften
setzt jederzeit eine gewisse Art von Biegsamkeit vor=
aus, die dem Eigensinnigen ganz fehlt, kraft wel=
cher sie geneigt ist, unter einer Menge von Vor=
stellungen die zweckmäßigste auszuwählen, sich be=
lehren zu lassen, unermüdet nach Wahrheit zu
forschen,

forschen, und nie anders, als nach vorhergegange=
ner Ueberzeugung zu handeln. Ganz anders ver=
hält sich der Eigensinn: seine wahren Quellen
sind Unwissenheit und Stolz; er scheuet das An=
haltende, das Mühsame in der Zergliederung der
Gegenstände; befürchtet bey jeder Untersuchung
die selbstgefühlte Schwäche zu verrathen, ent=
scheidet daher auf Gerathewohl; nimmt seine
Maasregeln, oder vielmehr nimmt deren keine,
sondern handelt auf gut Glück, geschwind: um
seine Unwissenheit zu verbergen; nachdrücklich:
um seinen Stolz und Ansehen zu behaupten, und
wirft sich alsdenn, bey jeder Gegenvorstellung,
mit blähender Zuversicht auf die ihm behaglichen
Empfindungen zurück. — Ein eigensinniger Prinz
wirkt, über kurz oder lang, das Verderben seiner
Staaten, verliert das Zutrauen seiner getreuen
Rathgeber, und die Liebe des Volks. Schweden
würde nie von seiner Höhe bis zu jener Stufe
der Schwäche, wo es in den Augen Europens
gedemüthiget da stand, herabgesunken, und Karl
der Zwölfte Groß gewesen seyn, wenn er nicht ei=
gensinnig gewesen wäre. — Wie schlecht, m. H.,
müssen Sie sich also dem einsichtsvollen Joseph em=
pfehlen, wenn sie seinen jugendlichen Starrsinn
zur Quelle machen, woraus wir uns seine Thä=
tigkeit, Aufklärung, Standhaftigkeit, und all'
das Große erklären sollen, das Europa bewun=
dert.

„Theresia, sagen Sie, sah ein, daß dieser
„kleine Ansatz von Stutzigkeit ihn mit jener Ent=
„schlossenheit ausrüsten werde, über verjährte
„Vorurtheile hinweg zu klimmen, und allen Hin=
„dernissen, die ihm vielleicht einst partheyische
„Hofleute entgegen thürmen würden, sich mit
„Standhaftigkeit entgegen zu dämmen. “ Wie?
Theresia sah' es ein, und seufzte doch in Geheim
über

über die Stützigkeit? Seufzte, daß ihr Sohn
Joseph die verjährten, dem Staate nachtheiligen
Vorurtheile zusammenstürzen, und auf diesem
Schutt den Koloß seiner Größe errichten wird?
— Fühlen Sie nicht, welche Ungereimtheiten Sie
hier aneinander gereihet, und daß Sie uns, in=
dem Sie etwas schönes und tiefgedachtes sagen
wollten, eine unverzeihliche Thorheit gesagt ha=
ben? Man darf diese Begriffe nur ein wenig entwi=
ckeln; so wird man folglich einsehen, daß Sie
durch diesen schielenden Wink die verewigte Mo=
narchin als eine unwissende, bigotte Regentin,
und zu gleicher Zeit eine über die zukünftige
Größe ihres Sohnes neidische, eifersüchtige Mut=
ter haben vorstellen wollen. Arme Theresia!
Große unvergeßliche Mutter deines Volks! Wie
wird jetzt deine Schande von so manchen gedun=
genen, oder doch durch die Preßfreiheit begün=
stigten Reformationstrompetern in der Welt aus=
geblasen — Wie mancher Schmierer bildet sich
ein, Deinen Sohn nicht genug zu erhöhen, wenn
er Dich nicht auf das äußerste erniedriget —
Fremde preisen Dein glorreiches Andenken im
Auslande, und Deine eigene Kinder, die Du so
sorgfältig genährt, so mütterlich gepflegt hast —
ich schaudere vor dem Gedanken zurücke — be=
schimpfen Deine Asche!! n)

Lassen

n) Hier ists, wo ich mich zum erstenmal des Herrn
Friedels anzunehmen Lust hätte: denn hier ists,
wo die Ungerechtigkeit des Berliners am meisten
in die Augen fällt. Er heißt boshaft verdrehen,
die Begriffe näher entwikkeln, und entwikkelt so
fort die unschuldigste Stelle zu einer Majestäts=
schändung. So entwikkeln die Dominikaner in
Spanien aus der Wahrheit selbst Religionsketzerei,
und in Oesterreich die Jesuiten' aus der unschul=
digsten

Laſſen ſie uns den Faden wieder aufneh=
men, und in den Jugendjahren Joſephs die Fort=
ſchritte betrachten, die er in der wiſſentlichen
Laufbahn gethan hat. Wenn man das lieſt, was
Sie davon geſchrieben haben, ſo findet man al=
les ſo verworren, ſo in = und untereinander ge=
ſchlungen,

bigſten Meinung Staatsverrätherei und crimen
læſæ majeſtatis. Aber zum größten Glük nutzen
ſolche Entwikkelungen nichts. Man bekümmert
ſich da um keine weder politiſche noch irreligiöſe
Ketzerei, und am allerwenigſten um eine ſo ſicht=
bar bei Haaren hergezogene. Hatte die fromme
Thereſia an Joſeph eine gewiſſe Verſchiedenheit
in ihren Denkungsarten in Abſicht auf Kirche
und Religionsmeinung wahrgenommen, ſo kann
ſie auch beſorgt geweſen ſein: Was dieſe Ver=
ſchiedenheit ſeiner Denkart mit der Ihrigen für
Folgen haben würde. Sie konnte z. B. eine Ver=
minderung der Klöſter für ein Uebel gehalten,
und dafür in Geheim gezittert haben. Was folgt
daraus? Daß Thereſia in dieſem Punkte weniger
aufgeklärt war als Joſeph. Das leugnet Nie=
mand, und ſollte etwas, was ſo notoriſch iſt,
laut geſagt zu haben, eine Beſchimpfung der
Aſche M. Thereſiens ſein? Wer ſich zu einer Mei=
nung bekennt, bekennt ſich deshalb nicht zu allen
ihren Folgen; das iſt eine leidige Konſequenzma=
cherei, über welche ſie bei Herrn Mendelsſohn
eine Lektion abholen können. Wenn ich ſage,
Thereſia war in Abſicht auf Religion weniger
aufgeklärt, als Joſeph, — und Sie entwikkeln,
wie Sie ſagen, näher dieſen Begriff, und legen
mir zur Laſt, daß ich verblümt behauptet hatte:
M. Thereſia ſei unwiſſend und Bigott und nei=
diſch auf den Ruhm Joſephs u. ſ. w. geweſen,
ſo ziehe ich mich aus der Schlinge, kraft der
beſten Logik von der Welt, und laſſe Sie die
mir aufgebürdete Majeſtätsſchändung verant=
worten.

schlungen, daß man am Ende des Wirrwars nicht weiß, woran man ist. Sie wollen des Prinzen Jugendfehler, z. B. seinen wenigen Fleiß in Erlernung der Wissenschaften, seinen Leicht= sinn, Flüchtigkeit u. s. w. erzählen, und bemühen sich zugleich, jeden derselben hinter einer erkün= stelten Eloge zu verstecken: dadurch werden Ihre glänzende Skizzen — zur völligen Karrikatur. Augenzeugen zufolge, die um den Prinzen und seine Lehrer waren, hatte derselbe so wenig Wiß= begierde, so wenig eigenen Trieb, seinen Verstand auszubilden, daß man ihm fast alle Arten von Unterricht aufdringen mußte: ohne in Etwas einzudringen, eilte er vielmehr bey jedem Gegen= stand flüchtig vorüber, und seine Lehrer, die mehr einen superficiellen, als einen scharfen, durchdrin= genden Geist an ihm bemerkt haben wollen, schei= nen nicht so unrecht gehabt zu haben, wenn sie die Folgen seines Leichtsinns befürchteten, und darüber mehr als einmal bey seinen durchlauch= tigsten Erziehern die bittersten Klagen führten. Er war freylich, wie Sie sagen, der nachlässigste Auswendiglerner unter seinen Geschwistern: aber nicht darum, weil der Knabe, ihrer Meynung nach, schon der geschäftigste Selbstdenker gewesen — denn Kinder im oder ausser dem Purpur sind das nicht — sondern weil er überhaupt einen Widerwillen und Abneigung gegen alles Lernen hatte, obgleich sonst, nach dem Zeugniß seiner Lehrer, ein gutes Gedächtniß das hervorstechende Talent des Prinzen war. Vom Genieflug und Adlerblicken, womit Sie so freygebig die Kinder= jahre Josephs beschenken, wußten und merkten seine Lehrmeister, wußten selbe Erzieher nichts; kurz, die ersten Epochen seiner Jugend kündigten jenen Abglanz der Sonne nicht an, der jetzt so auffallend in das nachtgewohnte Auge seiner Völ=
fer

ker ſtralt. Die Jugend Joseph des Zweyten
hatte mit der Jugend Karl des Fünften, und
anderer groſſer Regenten, bey denen es die Geſchichte als Etwas merkwürdiges auszeichnet,
daß ſie nichts Groſſes, nichts Auſſerordentliches
verſprachen, einerley Schickſal. Die Völker erwarteten nur mittelmäſſige Regenten, und, ſiehe
da — es erſcheinen Sterne der erſten Gröſſe.

Sie wiſſen, m. H., daß die Jugendfehler der
Fürſten, wenn ſie die daraus entſtehende Vorurtheile in der Folge durch groſſe Handlungen zer-
nichten, von keinem Vernünftigen zum Nachtheile
ihrer Gröſſe jemals gerügt worden ſind. Sie
wiſſen und ſagen uns das ſelbſt, und doch drehen, künſteln und ſchminken Sie ſo lange darüber, bis es Ihnen, wenigſtens dem Scheine nach,
einigermaßen gelingt: übertriebene Flatterhaftig-
keit in Genieflug; Ungeſtüme und nur in Zer-
ſtreuungen ihre Nahrung ſuchende Neugierde, in
eine niezubefriedigende Wißbegierde, jeden Augenblick neue Kenntniſſe aufzufaſſen; Eigenſinn,
in Stärke des Geiſtes; Unaufmerkſamkeit und
Faſeleien, in geſchäftiges Selbſtdenken und Ad-
lerblicke gleichſam umzuſchaffen, und der Kindheit und Jugend Joſephs eine Gröſſe anzudich-
ten, die er ſelbſt verläugnet: ja die — wenn ſie
wirklich ſtatt fände — gerade das Merkwürdige,
das Unerwartete, das in dem Kontraſt zwiſchen
des Monarchen Jugendjahren, und ſeiner nach-
herigen Erſcheinung liegt, um vieles ſchwächen,
und einen Zug ſeiner wirklichen Gröſſe in der
Geſchichte der wunderbareſten Entwickelungen des
menſchlichen Geiſtes auslöſchen würde.

Es iſt in der That nichts leichter, als wenn
ein Regent groſſe Eigenſchaften an Tag legt, hintenher die Quellen davon ſchon in dem erſten
Frühling ſeines Lebens, ja ſelbſt in ſeinen Ju-
gend-

gendfehlern die entfernten großen Veranlassungen der glänzesten Auftritte zu finden. Alle
Dinge in der Welt sind Polygone, durch vieles
Wenden und Drehen läßt sich ihnen endlich eine
Seite abgewinnen, die noch erträglich, und oft
sogar schimmernd ist. Setzen Sie einmal an Josephs Stelle einen von ihm ganz verschiedenen
Regenten, dessen Eigenschaften nichts weniger,
als glänzend sind, der die gesundesten Vorstellungen seiner treuen Räthe aus Stolz und Eigensinn verwirft, leichtsinnig und flüchtig nur gleichsam auf der Oberfläche der Regierungsgeschäfte
herumirrt; heute gebietet, und morgen das, was
er in dem Anfalle einer capriziösen Laune gebo-
ten hat, durch seinen despotischen Willen wieder
umwirft; der veränderlich ist, um eigensinnig,
und eigensinnig, um veränderlich seyn zu können
— was glauben Sie, würde nicht ein Geschichtschreiber dieses Fürsten ebenfalls in seine Jugendjahre zurückgehen, und dort bei kindischen
Launen, Leichtsinn und Stutzigkeit den Faden an-
knüpfen, um ihn ununterbrochen bis auf die auszeichnenden Epochen seiner Regierung fortführen
zu können? würd' es ihm wohl, wenn er alle
Unvollkommenheiten verwandeln, und die Gestalt
der Tugend den daran gränzenden Lastern geben
wollte, an Farben fehlen? So leicht, aber auch
so unsicher, so schwankend ist dieses Spielwerk,
das oft die Biographen mit ihren Helden, als
Kindern und Männern, treiben.

Von dem moralischen Karakter Josephs haben Sie uns, bei allen Ihren pädagogischen Anmerkungen beinahe nichts, oder doch nichts deut-
liches gesagt: ein Beweis, wie schlecht Sie Ihr
Handwerk, als Lobredner, verstehen. Die Erscheinung der Genies auf dem Throne ist ja nicht
immer die glüklichste für den politischen und sittlichen

lichen Zustand der Völker; und man hat für den
Ruhm eines Regenten noch wenig gewonnen,
wenn man nur sagen kann: daß er Verstand hat.
Tiber hatte ihn auch, und zwar in einem noch
vorzüglichern Grade, als einer seiner Vorfahren
und Nachfolger in der Cäsarswürde — wer hat
ihn aber, außer seinen Schmeichlern, geschätzt?
Das Herz des Fürsten, das Herz, wie Hage=
dorn sagt, macht groß und klein:

„Ein König könnte Sklav, ein Sklav' oft
„Kaiser seyn.“

Josephs Herz war gut von seiner Jugend
an, und der Majestät würdig, wozu ihn die Vor=
sehung bestimmt hatte. Den kleinen Stolz, und
die Verachtung abgerechnet, womit er zuweilen
denjenigen begegnete, die ihn etwa von seinen
Lieblingsbeschäftigungen abziehen, und seinen Lau=
nen, vermöge erhaltener höhern Instruktion, mit
Nachdrucke widerstehen mußte, war er gütig,
und herablassend gegen jederman; gerecht, wenn
er auch sein Steckenpferd ritt; mitleidig im ho=
hem Grade, offen, wohlwollend und freigebig,
wie seine Mutter. Dies waren gleichsam die
Temperamentstugenden des jungen Prinzen, die
er durch die weisen Lehren, und die edlen, großen
Beispiele Theresiens mehr und mehr sich eigen zu
machen, und aus Ueberzeugung auszuüben, Ge=
legenheit hatte. Da ich aber einmal durch Ihre
Briefe veranlaßt worden bin, offenherzig zu seyn:
so will ich alles heraussagen, was mir meine
mehr erwähnte redliche Gewährsmänner in der
Stunde der Freundschaft, und des Zutrauens,
davon entdeckt haben.

Joseph wuchs in allen obgedachten Tugen=
den, zum Vergnügen seiner durchlauchtigsten Ael=
tern, und zum Glücke seiner Völker heran: nur
den der schon frühzeitig sich an Tag legende ab=

solute

folute Regentenwille machte ihn oft ungeneigt,
andere, als seinen vorgefaßten Ideen schmeicheln=
de Rathschläge zu vernehmen. Er hielt über die=
se Ideen am meisten, wenn er Widerspruch fand:
widrigenfalls gab er sie bald von selbst wieder auf,
oder vertauschte sie gegen andere, die sich durch
den Reiz seiner Lebhaftigkeit aufdrangen. Hier=
aus entstand jene natürliche Neigung zur Verän=
derung der Gegenstände — daher lief immer ei=
ner dem andern das Ziel ab, um des Glücks des
ersten Eindrucks beim Prinzen zu genießen: denn
man konnte in den meisten Fällen seines Sieges
über ihn gewiß seyn, wenn man seine Vorstellun=
gen nur zuerst an Mann brachte; noch gewisser,
wenn diese Vorstellungen mit des Prinzen Lieb=
lingsidee — eigenmächtig zu handeln — über=
ein traffen; und endlich am gewissesten, wenn man
Gegner erwecken konnte, die es im Ernste, oder
auch nur zum Scheine darauf anlegten, ihn da=
von abwendig zu machen: je stärker der Wider=
spruch war, je mehr man sich bemühte, ihn von
seinem Entschlusse abzubringen, desto mehr schien
er ihn lieb zu gewinnen, desto weniger ließ er
sich denselben entreißen. Die Erzieher wandten
allerdings alle Mittel an, diese aufkeimende Lei=
denschaft in dem Herzen ihres hohen Zöglings zu
ersticken: aber die Wirkungen davon fielen auf
einer andern Seite nicht weniger bedenklich aus,
denn diese Mittel waren — Zwang. Joseph ver=
lohr dadurch, wie ich bereits erwähnt habe, einen
Theil seines offenherzigen Karakters, machte bonne
mine à mauvais jeu, und spielte zuweilen den
kleinen Heuchler mit seiner eigenen Mutter. Er
that es als Kind — dies war ihm zu verzeihen.
Sie, m. H., sagen uns gerade heraus, daß er es
als Kaiser und Mitregent gethan hat; und ich
sehe nicht ein, wie Sie diese Impertinenz verant=

F   worten

worten wollen. Uebrigens begreife ich nicht, durch
welchen schriftstellerischen Unstern Ihnen, bei der
scharfsinnigen Zergliederung der Jugendgeschichte
Josephs, dieser notorische Umstand entgehen konn=
te? — Sie würden ihn vielleicht nach Ihrer
Weise vortreflich benutzt, uns die frühe Verstel=
lungskunst des Prinzen wohl gar als eine neue
Hauptquelle seiner großen Handlungen in dem
vortheilhaftesten Lichte gezeigt und versichert ha=
ben: daß eben dadurch die Politik mit allen ihren
Hülfswissenschaften des Prinzen Lieblingsstudium,
und Joseph II. seit Karl V. der größte Politiker
seines Zeitalters geworden ist. o) Unser guter Herz=
berg hat zwar von der Politik einen ganz andern
und sehr einfachen Begriff. Er bildet sich ein:
wahre Politik könne und müsse — wenn sie sonst
rechter Art wäre — ohne Verstellung und In=
triquenspiel, mit der größten Offenherzigkeit und
Redlichkeit bestehen: aber das ist freilich noch ein
Minister vom alten Schrott und Korn — Ich
kann ihn nicht ohne Ehrfurcht betrachten den Pa=
trioten und Weltbürger! nie, ohne mir den Staats=

mann

o) Ob er eigensinnig war, oder nicht, ob er aus
Ueberzeugung handelte, oder, ob das video
meliora proboque deteriora sequor stets bei
ihm der Fall gewesen, ob er vielleicht nicht schon
in seiner Jugend die Ermahnung der Jesuiten
verstanden, und sich ihrer Lehre mit Standhaf=
tigkeit aus guten Gründen widersetzt hatte. —
Ob diese Standhaftigkeit nicht die Ursache einer so
bittern Biographie aus seiner Jugend gewesen sei?
Kann nur der Kaiser allein entscheiden. Der
Herr Friedel und seine Gegner können hier nichts
beweisen. Vielleicht ist es ein Glük für uns,
daß er sich so hartnäkig den jesuitischen Grund=
sätzen entgegenstämmte!

mann des Horaz: Rectum & tenacem propositi
virum p) in seiner ganzen politisch = moralischen
Größe zu denken. — Wie Joseph über den großen
Gegenstand der Politik denkt, kann ich freilich
nicht wissen, und will daher auch keineswegs behaupten, daß Verstellungskunst einen Bestandtheil
seiner Politik ausmache; nur von Ihnen, mein
Herr, der Sie in allen Fehlern des Prinzen die
erste Triebfeder von dem Staatsystem des Kaisers erblicken, läßt sich wahrscheinlich behaupten,
daß sie auch die Verstellungskunst seiner Jugend
zu den großen Anlagen seiner Regententugend
würden gezählt haben. Ist aber die Anekdote
wahr, für die Sie sich S. 19. verbürgen, „ daß
Joseph am Ende einer Vorlesung über die Selbstkenntniß der Menschen, seinen Lehrer bei der Hand
genommen, und ihn ersucht habe, dieses Kapitel
noch einmal mit ihm durchzugehn, mit den Worten: Denn ich habe Selbstkenntniß und Kenntniß
der Menschen sehr nöthig, wenn ich zur Regierung komme" — so muß man allerdings daraus schliessen, daß er schon als Prinz auf das
Zuverlässige, das Wesentliche der Staatskunst gesehen, und nicht auf Afterpolitik ausgegangen ist.

Da wir einmal in den Kinderjahren Josephs
sind, und ich gern Anekdoten mit Anekdoten be-
zahle; so erlauben Sie mir, daß ich Ihnen ebenfalls ein zwar unbedeudendes, aber in seiner Art
drollichtes Anekdötchen erzähle, daß meine Freun-

F 2   be

---

p) Herzberg — rectum & tenacem propositi virum,
diesen Weltbürger dessen Politik ohne Verstellung,
[...] Intriguenspiel u. s w. Wir wollen diese
[...]uegirif nicht abschreiben, — allein die Bestätigung derselben wäre in den Kabinetern, und
weil dieses seine Beschwerlichkeit hat, — einst-
weilen zu Danzig abzuholen.

de aus eben dem Munde des Exjesuiten Pater
Franz, der Ihnen jenes mittheilte, erhalten haben: es beweiset, — nur wieder in einem andern
Fache — die damalige außerordentliche Neugierde, oder wenn Sie lieber wollen, Wißbegierde
des Prinzen.   Pater Franz, oder einer seiner
Consorten — mein Gedächtniß ist mir hierüber
untreu geworden — flocht in eine historisch - politische Vorlesung über das Betragen der Regenten ein Kapitel aus der Bibel ein, wo von Salomo's Weibern und Kebsweibern die Rede war.
Der Prinz hatte nicht sobald den Ausdruk Kebsweiber weg, als er sogleich seinem Lehrer — der
ihn wahrscheinlich durch seine bedenkliche Miene,
und frommes Achselzucken darauf aufmerksam
mochte gemacht haben — mit der etwas hitzigen
Frage zu Leibe gieng: „ wer sind denn diese Kebsweiber gewesen, deren Salomo so viel hatt e ? ‟ —
Die Kebsweiber? erwiederte der über die überraschende Frage nicht wenig betretene Lehrer, die
Kebsweiber — und fuhr, ohne sich auf dieses
Examen weiter einzulassen, in seinem Texte fort.
Joseph wollte jetzt nichts weiter hören, sondern
verlangte erst zu wissen, was Kebsweiber wären?
Kebs = Kebs = Kebsweiber stammelte der gute Pater, dem schon der Angstschweiß durch alle Poros
drang, und las weiter — Nein, nein, sprach der
so neugierige, als eigensinnige Eleve, ich lasse
Sie nicht — Hier faßte er seinen Lehrer, wie in
der von Ihnen angeführten moralischen Vorlesung bei der Hand — „bis Sie mir das erklären; ich muß wissen, was Kebsweiber ᪲᪲, und
was der weise Salomon mit ihnen gem ᪲᪲t. ‟ —
No, no, sain Sie doch gruhig Prinz ᪲᪲olterte
nunmehr der aufgebracht Pater voll Ungeduld
heraus, „ Kebs — ja Kebsweiber — sain halter
Hofdamen gwest — Diese Prämisse war für den

Prinzen

Prinzen zureichend sich selbst den Schluß daraus
abzuziehen: Salomo hätte das mit den Kebsweibern gemacht, was sein Vater der Kaiser mit den
Hofdamen machte, nämlich — sie blos zum Staate
gehalten. Wir wollen, lieber Friedel, wegen der
Wahrheit dieser beiden Anekdoten, nicht erst unsre
Zeugen aus ihren Gräbern aufrufen; meine ist
ohnedies, durch eine bald darauf erfolgte lustige
Scene, da der Prinz die erste Hofdame, die ihm
in Wurf kam, mit dem Titel eines Kebsweibes
begrüßte, in ganz Wien ruchbar geworden. Wie
dem sey, beide karafterisiren die überaus große
Lebhaftigkeit und Wißbegierde Josephs; beide,
wenn sie auch nicht wahr wären, würden doch das
Verdienst haben, gut ausgedacht zu seyn, und
mehr bedarf es auch in solchen Fällen nicht, deren Legalität weder Richter noch Fiscus, sondern — wenns hoch kommt — nur ein schaler
Kritikaster untersucht. Ihre Anekdote gereicht Josephs Wißbegierde zur Ehre, und meine? —
nicht zur Schande, tanto basta!

Ich lenke wieder ein, um Ihnen zu sagen
daß Josephs Tugend der Freigebigkeit — wenn
anders Freigebigkeit in unserm durch und durch
ökonomischen Jahrhundert noch Tugend heißen
kann — in dem Grade, als er an politischer und
ökonomischer Weisheit durch den Privatunterricht
seines Vaters zunahm, von Zeit zu Zeit mit mehr
sichtbarem Hange zur Sparsamkeit nüanzirt worden ist. So viel ist wenigstens gewiß, daß man
dem auf ihn folgenden, und in der Blüthe seiner
Jahre zum größten Leidwesen des Hofes und der
ganzen Nation verstorbenen Bruder Karl — einem Prinzen von der größten Erwartung in Absicht des Verstandes und der Güte des Herzens, —
in Betracht der Freigebigkeit fast allenthalben
den Vorzug gegeben hatte. Karls Hand that sich

in jedem Falle, zum Beistande der Hülfflehenden
weit öfter und geschwinder auf, als die Hand
Josephs. Ob einer oder der andere mit mehr
Ueberlegung dabei zu Werke gieng, kann, meines
Erachtens, in solchem Alter keine Frage nicht
seyn — Genug: „jener ist Theresiens, und dieser
„Franzens Sohn!" schallte die Stimme des
Volks, und der Kriegsheere von allen Seiten zurück. Franz 1. war unstreitig der große Regent
im Stillen, so wie Sie ihn schildern: Beschützer
der Künste und Wissenschaften, Beförderer des
Commerzes, und allezeit Mehrer des Reichs, so
viel an ihm lag; Menschenfreund, und wohlthätig, wenn Sie wollen, aber auch in so hohem
Grade haushälterisch, daß es ihm unmöglich ward,
freigebig zu seyn. In dieser letztern Beziehung
sagte man sich sehr bald einander ins Ohr: daß
Joseph — nach dem vulgären Ausdruck der Wiener — dereinst sich Vätern würde — Es sey mir
hierüber eine freimüthige Anmerkung erlaubt: man
hätte sich Mühe geben sollen, den Prinzen so zu
führen, daß er bei dem Volke ein seiner künftigen
Regentengröße nicht allzugünstiges Vorurtheil
durch ausgesuchte, und ganz in dieser Rücksicht
angelegte Handlungen des Wohlwollens, auf immer zerstört und zernichtet hätte. Aber die Lehren seines Vaters waren nicht ganz darauf ein-
gerichtet; das Beispiel der Mutter wirkte nur
noch schwach auf ihn, und über dieses Sujet zwischen ihm und seinen Geschwistern öfters vorgefallene
kleine Zwist, und Wortwechsel, trug — des Prinzen Karakter zu Folge — so wie jeder Wiederspruch überhaupt, selbst dazu bei, ihm seine über
Oekonomie eigene Denk- und Handlungsart an-
genehm zu machen.

Man kann freilich nicht sagen, daß Joseph
als Prinz seine ökonomischen Grundsätze jemals

bis

bis zum Geize übertrieben hätte; allein, an dem Jüngling, den Natur und Alter noch nicht zum Haushälter bestimmen, scheint jede sich auszeich= nende Neigung zur Sparsamkeit schon immer et= was mehr zu sein, als in reifern Jahren eine weise, wohl überlegte Haushaltungskunst zu sein pflegt. Man verzeiht gewöhnlich einem Prinzen gewisse seiner Würde angemessene Neigungen zur Pracht; und sein Hang zu Vergnügungen kann niemanden, als gewissen Sauertöpfen anstößig seyn, die es vergessen können, daß Lust und Ver= gnügen das eigene Element sind, worin die Ju= gend am besten gedeiht, man vergiebt ihm sogar auf den schlimmsten Fall — die Sünde Davids, und die schönen Sünden Heinrich IV. q). Aber seine frühzeitige Sparsamkeit fällt auf! Und ein kalkulirender Thronerbe ist das entsetzlichste Schreck= bild in den Augen des Volks: wer kann es ihm auch verdenken, daß es an seinem Regenten kei= nen Titus im Alter erwartet, wenn es schon in der Jugend einen Vespasian an ihm entdeckt hat, dem selbst der aus Kloaken geschöpfte Tribut — ein süßer Geruch war? Die Ursachen dieser Volks= gesinnung sind klar, und auf die Natur der Ge= genstände gegründet: fast alle Arten von Leiden= schaften ermatten über kurz, oder lang in ihrer eigenen Laufbahn: sie haben einen gewissen, mehr, oder weniger entfernten Punkt ihrer Sättigung und Abnahme — Nur der allzufrühe Hang zur Sparsamkeit, die Liebe zu Reichthum, nehmen durch alle Perioden des Lebens verhältnißmäßig zu: ohne irgend einen Punkt der Sättigung zu haben

---

q) Wie schielend! allein, das sind wir schon gewohnt. Preußen und Jesuiten Hand in Hand — so ists ja kein Wunder!

haben, sind sie, sowohl in Absicht ihres zu weit
gesteckten nie erreichbaren Zieles, als der dahin
führenden Mittel, gleich schreckbar. Bei jeder
andern Leidenschaft der Fürsten bildet sich wenig=
stens das Volk ein: wo nicht zu gewinnen, doch
sichere, und zuweilen selbst überflüssige Nahrung
zu finden: bei ihrem ökonomischen, an mancher=
lei Erfindungen fruchtbaren Talent aber zittert es
für sein Privateigenthum, und befürchtet, als
Leibeigen des nach Schätzen geitzenden Sou=
verains der einst nur defensivé gefüttert zu wer=
den. r).

Dies mögen nun Vortheile, oder richtige
Vorempfindungen des größern Theils der Nation
sein: genug, sie existiren, und ein sparsamer jun=
ger Prinz wird ihnen leicht entgehen, so sehr man
auch das Ding mit den ausgesuchtesten Farben
der klugen Staatswirthschaft zu übertünchen ge=
wohnt ist. Was Wunder also, wenn auch Jo=
sephs auf Sparsamkeit zu früh gestimmte Karakter
seinen Völkern verdächtig, und in der Folgezeit
die Veranlassung würde, daß ein großer Theil,
selbst der eifrigsten Patrioten seine edeln, auf all=
gemeine Landesverbesserung abzweckenden Maas=
regeln verkannt; seine Duldungsgesetze in der
Religion; seine Verminderung des Finanz= und
Justizpersonale; kurz, seine Aufsehen machende
Mönchs= und Staatsreforme blos in dem Ge=
sichtspunkt der Vergrösserungssucht gesehen, und
alls, was in diesen Tagen geschieht, dem uner=
sättlichen Wunsche: durch Aufhäufung geistlicher
und weltlicher Schätze seinem Ehr= und Geld=
geitze

r) Hier mag der Briefsteller mit Recht zittern. Was
  er hier spricht; spricht er aus Erfahrung. —
  Er ist in Berlin, wie er vorgiebt, zu Hauße.

geitze zu fröhnen, zugeschrieben hat? Sie werden wissen, m. H., ob diese Clamantes in Ihrem Lande wirklich statt finden, oder ob ich sie, nur für die lange Weile, aus der Luft gegriffen habe — Meine Forderfätze erklären indessen einigermassen die Ursache von dieser dem Ruhme des Monarchen mitten in seinem Volke so nachtheiligen, und selbst den Ausländern, die sonst von den Oesterreichern nichts als Lobreden über alles, was ihre Regenten thaten, zu hören gewohnt waren, so unerwarteten Erscheinung. Ich will es zur Ehre Josephs wünschen und hoffen 8), daß die Zukunft dergleichen Raisonnnturs beschämen, und, nach einer gewissen Reihe von Jahren, die große Wahrheit an Tag bringen werde, wie er durch seine veranstaltete Reformation als Landesvater, und nicht als eigennütziger Vergrößerer seines Hauses gehandelt, das wahre Wohl seiner Völker

8) Sie haben zu dieser Hofnung allen Grund. Joseph ist nicht gewohnt, den Schweis seiner Unterthanen zu verschwenden. Daß wir endlich nöthig gehabt haben, Hauszuhalten, und uns in den Stand zu setzen, daß uns die Preußen nicht wieder, ganz vom Gelde entblößt, überraschen, und mit Ihrer Schatzkammer in Verlegenheit setzen können, mit einer Schatzkammer, die ihre einzige Rettung ist, und die doch auch nicht eine zu generöse landesfürstliche Freigebigkeit gesammelt haben wird! — Dieß werden wohl die Preußen selbst gestehen müssen? Daß nun solche an heilsamen Folgen fruchtbare, hier weniger als in Berlin übliche Haushaltung unseren Mönchen und unseren Erbfeinden, was der Türke nicht mehr ist, in die Augen steche, des wundert uns nicht, Ihr Gekrächze — wird unsern Joseph wohl doch nicht irre führen?

ker bewirkt, und nicht ein bloßes Schattenglück ihnen vorgespiegelt habe.

So und nicht anders sind, nach dem Urtheile unbefangener patriotischer Beobachter, Josephs Jugendjahre beschaffen gewesen. Sie, mein Hr., der Sie mit einem mikroskopischen Sinn für die kleinsten Keime begabt sind, deren Früchte Oesterreich in der gegenwärtigen Regierung nach Ihrem Ausdrucke: mit Rührung erblickt, wissen uns zwar mehr zu sagen, ob sie gleich weniger, als andere Biedermänner, ja wohl gar nichts von Josephs Jugend gesehen, und zu beobachten Gelegenheit gehabt haben; Allein dieses mehrere was ist es? leidige Tiraden des Redners — In diesem Tone schrieben Sie auch S. 14, daß Joseph durch den Druck der traurigsten Schicksale, unter welchen er herangewachsen, und durch die Unruhen, die seine ersten Jahre umwölkt hatten, frühzeitig mit der Fürsten so seltnen Gabe innigst vertraut wurde: Schicksalen zu trotzen, und mit Standhaftigkeit jedes Hinderniß zu ertragen. Allem Ansehen nach, wollen Sie hier nicht vom 7jährigen Kriege sprechen, denn 4 Jahre nach dessen Ausbruch ward Joseph schon vermählt — folglich sind, und können die Unruhen, die des Prinzen ersten Jahre umwölkten, keine andere seyn, als die Kriege von 1741 bis 1744. Und da — da vergaß schon das Kind seine Klapper und Wolfszahn, und wurde mit der großen, Fürsten so seltenen Gabe: Schicksalen zu trotzen, innigst vertraut? — Herr Friedel! Sie vergessen wohl, daß Joseph den 13 März 1741 geboren ist?

Die eigentliche Epoche, wo Joseph einen von seiner Jugendbahn verschiedenen Weg einschlug; in einem bis dahin ungewohnten Lichte erschien; wo er, wenn ich mich so ausdrücken darf, gleich-

. sam

sam das Zeichen einer bevorstehenden starken Metamorphose gegeben, und sich als forschender, die
wichtigsten Gegenstände umfassender Geist gezeigt
hat — trift in die Jahre seiner ersten Vermählung. Von nun an ward er mehr und mehr
der Gefährte seines Vaters; spähte den Gang
der Regierungsgeschäfte aus; drang in die Geheimnisse der Staatswirthschaft ein; und ent-
warf für die Zeit seiner künftigen unumschränk-
ten Regierung seine eigenen Plane. Er besprach
sich darüber öfters mit seinen vertrautesten Freunden, besserte während der, fünf Jahre hernach,
erfolgten Mitregentschaft, unaufhörlich daran;
und gab ihnen endlich, fast mit dem Tage, als
seine Mutter die Augen schloß, Kraft seines sou-
verainen Willens, jene Gestalt: wo der Adel über
Kränkung seiner Vorrechte, der Dikasteriant über
Verlust des Brods, und der Klerus über Pro-
fanirung des Heiligthums klagt †) — dagegen die
noch kleine Anzahl der Aufklärer und Aufgeklärten über die Abschaffung der Misbräuche der
Kirche und des Staats; über die — freilich
noch nicht ganz — in Ordnung gebrachte To-
leranzgesetze; die großen Wirkungen der außerhalb Wien noch kaum dem Namen nach überall
bekannten Preßfreiheit, über zu erwartenden Flor
des

---

†) Auf einerlei oft wiederholte Mokanterien — ist nur
immer das nämliche zu antworten. Meine Antwort ist gegeben. Ich habe kein Vergnügen daran,
so oft meine Gründe zu wiederholen, als der
Berlinerbriefschreiber seine Beschimpfungen nur
immer anders masquirt auftreten zu lassen. Einmal erscheinen sie im Kalender, das anderemal
im Domino. Man ziehe der Maske die Larve
ab, und man wird überall das nämliche Subjekt
finden. Hier den Preußen, und da den Jesuiten!

des Kommerzes, und wie all' das zwar gewünsch=
te, aber größtentheils nur noch in der Gährung
vorhandene gute heißt — sein Jubelgeschrei hoch
in die Wolken erhebt.

Dieser so verschieden beurtheilte, von frühzei=
tigen Lobrednern und Tadlern fast in gleichem
Grade mißhandelte Plan ist, wer sollt' es glau=
ben? — die unerwartete glückliche Folge von
häuslichen Ennuy, von Familiendebatten, und
jener verdrüßlichen Lage, in der sich Joseph,
schon seit seiner zweiten Vermählung, wegen
mancherlei Mißhelligkeiten des Hofes befand:
diesen, wenigstens zum Theile zu entgehen, ent=
zog er seine Gegenwart, so oft wie möglich,
dem Hofe, warf sich zur Erholung in die Arme
helldenkender, meistens militärischer Freunde, und
nahm von Zeit zu Zeit seine odyssäischen Wan=
derungen vor. Es würde zu weitläuftig, und
vielleicht zu gewagt seyn, den Einfluß, den jeder
dieser Umstände insbesondere auf die Entwicke=
lung, und völlige Umbildung seines Geistes hatte,
hier bemerken zu wollen. Genug, hinter allen
diesen Scenen ward der große Knoten geschürzt,
auf dessen noch weitentfernte Auflösung die
Staatswächter des Gleichgewichts überall auf=
merksam sind.

Welch ein langer Brief! Ich würde Sie um
Vergebung bitten — wenn die Ihrigen kürzer
gerathen wären. Ich bin ꝛc.

Vierter Brief.

Jetzt hab' ich es nicht mehr mit den Jugend=
jahren Josephs, sondern mit den Regierungs=
jahren seines Vaters Franz I. und seiner grossen
Mutter, M. Theresia zu thun. Sie haben
mein

mein Herr, eben so viel Gift gegen die letztere ausgeschüttet, als Weihrauch für den ersten verschwendet. Franz I. schreiben Sie S. 13. „war „wirklich groß als Regent, groß als Oekonom, „groß als Menschenfreund, und groß in Rück- „sicht jeder andern Tugend." Das kann alles sein: und da wir schon so viele Große von al- lerlei Benennungen haben, Große in welchen wir noch lange nicht so viele Größen, als nach Ih- rer Rechnung, in Franz I. vereiniget finden: so hätten Sie ihn vor mir als Franciscum Magnum in der Geschichte aufstellen können; nur haben Sie, zum Unglücke, noch keine Stimme hierzu in dem Kapitel der Geschichtschreiber.

Aber warum verfahren Sie so ganz ohne Mitleiden mit dem Biographen und würdigen ihn zum Stümper herab, wenn er dem Heili- gen kein grösseres Licht aufsteckt, als er aus der Hand der Geschichte empfängt? Wenn er die Lorber — blutige, oder unblutige, das gilt gleich- viel — so aufsammelt, wie sie ihm die Laufbahn seines Helden gewährt? Wenn er nicht mehr sagt, als was die Urkunden besagen, und auf diese Art, durch ein Videantur Acta, sich gegen jeden Einwurf verwahrt? Franz war ein würdiger Fürst — ich habe hierüber schon in meinem letzten Schreiben meine Stimme mit der Ihrigen ver- einiget, und wünsche auch, daß der Biograph, der Franzen Privatgeschichte schreibt, keine sei- ner gleisteten Handlungen vergessen, und sich in die genaueste Analyse aller derjenigen einlassen möge, die das schönste Licht über seine morali- sche Größe verbreiten, und ihn in der Sphäre des Privatmenschen mit Ruhm und Unsterblichkeit krönen — Aber als Mitregent Theresiens hat er freilich in der Geschichte — durch, oder ohne sein Verschulden, was geht das mich, oder einen

nen ander an? — Eben das Schicksal, das den
guten M. Bibulus in der Mitregentschaft des
Cäsars betraf, was seine Zeitgenossen von ihm
sagten:

Nam Bibulo fieri Consule nil memini.

Das beten die Nachkommen noch bis auf den
heutigen Tag nach. Wenn nun — wie Sie selbst
sagen — nirgends steht: Wir Franz der Erste
von Gottes Gnaden ꝛc. wie in aller Welt können Sie dem Geschichtschreiber zumuthen, daß
er Regierungsanstalten und Verordnungen auf
seine Rechnung bringen soll, die er mit keinem:
Wir von Gottes Gnaden, belegen kann, welches doch früh oder spät dem kritischen Geschicht=
forscher zum Prüfstein dienen muß, den Geschicht=
schreiber von dem Stoppler, und den wahrhaften
Schriftsteller von dem historischen Windbeutel un=
terscheiden zu können? u) Bitten Sie sich doch,
lieber Friedel, wenn Sie etwa in Ihrer Jugend
in der Geschichtskunde verwahrloset worden sind,
bei dem vortreflichen Archivarius Schmidt ein
Privatissimum darüber aus: er wird Sie zu Rech=
te weisen.

— Damit Sie aber sehen, daß ich es nicht
auf das Schärfste mit Ihnen nehme: so erlasse
ich Ihnen vor der Hand den schuldigen Beweis
von

---

u) Warum denn? Wenn gleichzeitige Schriftsteller
Thatsachen aufzeichnen, so dient diese Aufzeichnung
der Thatsachen, wofern sie anders von glaubwür=
digen Männern herrühren, oder sonst bestättigt
wurden, statt der Dokumente: Wir von Gottes
Gnaden. — Es stünde sehr mislich um unsere
Geschichte, wenn sie sich blos auf das Wir von
Gottes Gnaden bezöge, und alles übrige verwürfe.
Das angeführte Sprüchelchen Nam Bibulo fieri
consule nil memini paßt nicht überall hin.

son S. 11. u. f. wo Sie sagen: „Franzen dankt
„ Oesterreich den größten Theil der Auflärung,
„ den es unter der vorigen Regierung erhielt;
„ die Verbesserung der Handlung, der Manufak=
„ turen und Künste; die Verschönerung so man=
„ cher Provinz, ihre größere Bevölkerung, ihre
„ angemessenere Einrichtung und Gesetzgebung ''
Eben so wenig kann und will ich Ihnen wider=
sprechen „daß Männer, die näher um diesen
„ Kaiser waren, die in seinem Herzen lesen durf=
„ ten — noch jetzt das Zeugniß ablegen würden,
„ daß Franz der Erste mit der tiefsten Kenntniß
„ zu Regierungsgeschäften auch den glüklichen
„ Eifer besaß, eine Theresie auf Gegenstände auf=
„ merksam zu machen, die ihre Verbesserung dann
„ lediglich seiner Weisheit zu danken hatten. ''
Das ist all' gut, mein Herr! Aber das, was
diese Männer in Franz des Ersten Herzen lasen,
kann ja die Nachwelt nicht darin lesen; sie muß
Schwarz auf Weiß sehen — Lassen Sie also die=
se Ehrenmänner auftreten, und zum Ruhme des
großen Mitregenten ein authentisches Buch schrei=
ben.

Bis hieher möchte es mit Ihrer Lobrede auf
Franz den Ersten noch so hingehen, obgleich alles,
was Sie von ihm sagen, ein schalkhafter Fin=
gerzeig auf Theresiens schwache Regierungskunst
zu seyn scheint, womit Sie anzeigen wollen, daß
die wichtigsten Verbesserungen ihrer Staaten nicht
durch sie, sondern durch die Weisheit ihres
Mitregenten bewirkt worden sind. x)   Ihre
                                        Worte

---

x) Das Gute einzusehen, und zu befolgen ist immer
   ein grosses Verdienst. Warum sollte es Theresien
   schänden, nicht ganz ohne den Rath ihres wei=
   sen Gemahls und nachher ihres weisen Soh=
                                        nes

Worte sind über diesen Gegenstand deutlich ge=
nug: „Wenn der gesegnete Bürger oft Gott für
„sein errungenes Glück dankte, war's Franz,
„der es ihm zuflößte. — denn, ‚sezen Sie schalk=
haft hinzu, „ die Monarchin, die ihren Gatten
„zärtlich liebte, die seine wahren Kenntnisse schäz=
„te, war bieder genug, jenen Vorschlägen Ge=
„hör, Unterstüzung, Ausführung zu gönnen,
„die der menschenfreundliche Vater unsers Kai=
„sers — oft nur in den Armen der Liebe und
„Zärtlichkeit vorlegte‘‘ — Weg mit der Larve
des Satyrs! Wozu, Mein Herr, dieser Gedan=
kenstrich, den Sie vor den mit schwabacher Schrift
ausgezeichneten Worten: in den Armen der Lie=
be und der Zärtlichkeit, eben so dummdreist, als
unverschämt hingekleckt haben? Wozu sonst, als
um die Leser darauf aufmerksam zu machen, daß
Franz es mit einem schwachen Werkzeuge zu thun
hatte? Mit einer Mitregentin, die es in der
Schäferstunde nur allzusehr verrieth — daß sie
ein Weib war: die Stolz, Kurzsichtigkeit, oder
Eigensinn, selbst bei den vortheilhaftesten Vor=
schlägen ihres Mitregenten, in dem Grade be=
herrschten, das er ihr solche nur in den Armen
der Liebe vorlegen durfte, und — um Wohlthä=
ter seines Volks zu werden — sogar die entzückend=
sten Stunden der Zärtlichkeit durch Staatsallotrien
entheiligen mußte? Wenn das wahr wäre; wenn
man sich darauf verlassen könnte, daß Jhnen des
Le Sage hinkender Teufel jemals das Schlaf=
zimmer der hohen Liebenden geöfnet, und Sie
einem so glücklichen erotisch = politischen Duodram
zugehört hätten: wenn es nicht die unverschäm=
teste

regiert zu haben. Allein was vermag nicht die
Konsequenzen der Schulfuchse zu verkezern.

ſte Verläumbung wäre, die außer Ihnen, noch
kein öſterreichiſcher Pasquin ausgeheckt hat; ſo
würden Sie bei Aufzählung der verſchiedenen
Größen Franz den Erſten eine der merkwürdigſten
vergeſſen haben: nämlich die Größe einer unge=
wöhnlichen Selbſtverläugnung in der Liebe —
denn wahrlich, Franz hätte auf dieſe Weiſe ſei=
ne ſüſſeſten Extaſen nie ganz genoſſen, weil der
Menſchen der Bürgerfreund, ſelbſt jene Augen=
blicke, da er in den Armen der Liebe lag, und
die ſonſt gefühlvolle Seelen in ihrem ganzen Um=
fange ungeſtört zu empfinden wünſchen, mit den
ängſtlichen Bemühungen theilen mußte: ſeine
ſchöne Gattin zum Beſten des Landes zu über=
liſten, und ſie zu eben der Zeit, als ſie die ſanf=
ten Feſſeln der Liebe trug, auch in die heilſamen
Staatsſchlingen zu verwickeln. Heil der Nacht!
möchte jeder Patriot ausrufen, wo der glückliche
Mitregent den Weg, nicht nur zu Thereſiens
Herz, ſondern auch zu ihrem Ohre gefunden;
wo er die Pflichten des Gatten, und des Lan=
desvaters zu gleicher Zeit in ihrem ganzen Um=
fange erfüllt, und ſeinen Vorſchlägen zu Ver=
ſchönerung mancher Provinz, ihrer größern Be=
völkerung, angemeſſenern Einrichtung und Ge=
ſetzgebung, kurz, zur Aufklärung und innern Ver=
beſſerung der Staaten, bei ſeiner Mitregentin
Gehör, Unterſtützung und Ausführung verſchaft
hat — y)

Mein

y) Man leſe, wo man kann, dieſe Tirade noch
einmal, man ſehe, woraus ſie entwickelt wurde,
und man ſei nicht ungehalten über den leidigen
Konſequenzmacher! — Und dieſe Chikanen nennt
er deutliche Auseinanderſetzung der Begriffe. Es
iſt natürlich, daß man ſeine Freunde gern bei
guter Laune, wo ſich Ihre Gehäſſigkeit für uns
et=

Mein Blut wird warm, lieber Friedel! und vielleicht thut es Ihnen weh, daß ich alle diese Begriffe, die Sie in wenig Worten zusammen= gedrängt haben, so deutlich auseinander s ？ Aber wollten Sie das nicht; so hätten Sie sich das schalkhafte Vergnügen, einen gefährlichen Witz anzubringen, versagen, den Gedankenstrich, und die ganze ausgezeichnete Stelle, die dem Ruhme Theresiens, und der Ehre des verewig= ten, ja selbst des jetzt regierenden Kaisers, der mit größter Ehrfurcht an seine Mutter denkt, weglassen sollen. Bons mots von diesem Schla= ge gleichen immer den gefährlichen Granaten, die in der Hand desjenigen zerspringen, der sie wirft, und ihren eigenen Urheber mehr, als je= den andern verletzen. Ich wünschte, daß dieses das letzte Brandmal wäre, das ich an Ihrem Verstande und Herzen entdeckt habe; aber Sie sind, gleich einem punktirten Chineser, über und über damit besäet, und man würde nicht fertig werden, wenn man sie alle anzeigen wollte.

Es war Ihnen nicht genug, mein Herr, ge= wisse Kanäle angegeben zu haben, die Franz dem Ersten zur Durchsetzung seiner Staatsprojekte die bequemsten geschienen; Sie glaubten auch die Rechtfertigung Ihrer Behauptung uns schuldig zu seyn. Wir treffen sie im dritten Briefe S. 21 an, wo sie von Wort zu Wort folgendermaf= sen lautet: „Unser Kaiser hatte frühzeitig Gele=
„genheit

ergießt, von vorgefaßten Meinungen oder Irr= thümen abzubringen oder zur Uebereinstimmung mit unserer Denkungsart u. s. w. zu bewegen pflegt. Was ist daran zu tadeln? Nichts. Nun lese man aber, wie hoch dieses H. Friedeln an= gerechnet wird, eine solche Muthmaßung von Franzen geäußert zu haben! — O Jesuiten!

„genheit, sich in jedem Fache wahrer, fürs Men=
„schengeschlecht nützlicher Kenntnisse auszubilden.
„Sein großer Vater brauchte ihn oft zum Mit=
„telsmann bei der Monarchin, wenn er heilsa=
„me und vortheilhafte Vorschläge machen, und
„durchsetzen wollte. Es ist kein Hochverrath,
„bester Freund, wenn ich Ihnen gestehe, daß
„diese Monarchin, so groß und edel sie auch
„dachte, doch in diesem Punkt eifersüchtig auf
„die Rechte ihrer Regierung war. Sie nahm
„jeden heilsamen Vorschlag aus dem Munde ih=
„rer Minister mit der größten Bereitwilligkeit
„auf, so bald sie fand, daß er wirklich zum
„Wohl ihrer Nationen abzweckte: aber nicht so
„bereitwillig war sie, wenn eben dieser Vorschlag
„aus dem Munde ihres Gatten oder Sohnes
„kam. Man kann ihr diese Schwäche gern ver=
„zeihen, da sie so viele große Eigenschaften be=
„saß, die diesen Eigensinn, wenn ich ihn so nen=
„nen darf, überwiegen. Daher kam es auch,
„daß Franz stets durch Umwege seine Gedan=
„ken vorlegen ließ, um das Gute, bles deshalb
„weil er's vortrug, bei der Monarchin nicht zu
„hindern; und daher kam es auch, daß man so
„wenig von Franzens eigentlicher Mitwürkung
„aller schönen Einrichtungen zu hören bekam.
„Er vermied sogar den Schein irgend einer auch
„der entferntesten Theilnehmung. Eben dies
„mußte Joseph schon als Kaiser thun. Er
„mußte selbst oft zur Täuschung seiner Mutter
„die Zuflucht nehmen, um seine gute Absicht zu
„erreichen. Nie setzte er seine Vorschläge besser
„durch, als wenn er sie dem Rathe irgend ei=
„nes Ministers unterlegte, und dann im Kabi=
„nette der Monarchin mit anscheinender Heftig=
„keit dagegen arbeitete, das Gegentheil behaup=
„tete. Er konnte sichere Rechnung darauf ma=

G 2 „chen,

„chen, daß sie — blos um zu zeigen, daß sie
„allein zu regieren im Stande sey — gerade das
„that, was er zwar heimlich selbst aufs Tapet
„brachte, aber zu misbilligen schien. — Sie
„wollte durchaus von ihrem Ansehen nichts ver=
„geben, und muthmaßte nicht, daß sie doch that,
„was man eigentlich wollte. "

Hochverrath ist es nicht, nein, Herr Friedel,
Sie sind Ihres Halses sicher! Hochverrath ist es
nicht, aber Wahnwitz, daß Sie das alles so
frech, so zuversichtlich von der Leber weg sagen,
als hätte es Ihnen irgend einer von den Mini=
stern, der die Ehre hatte, bei dem politischen
Hocus Pocus gebraucht zu werden, in die Feder
diktirt. Hier haben wir nun die Auflösung des
Räthsels, warum Franz so schlau zu Werke ge=
hen, und nur unter der Protektion der Liebes=
götter seine Vorschläge wagen durfte. Hier ha=
ben wir eine der seltsamsten Schilderung eines
Staats, wo die Intrigue durch Durchlauchtigste
Beispiele gelehrt, der Thronfolger frühzeitig und
praktisch dazu angewiesen, und Theresiens großer
Sohn von seinem Vater als Mittelsmann auf=
gestellt, und dazu gebraucht wird — seine eigene
Mutter und Monarchin zu hintergehen — —
Kabale, Betrug und Täuschung sind das Loos
aller Höfe in der Welt, und die großen Sterbli=
chen auf dem Throne haben vor uns übrigen
Menschenkindern hierin nichts voraus, als daß
ihre Illusion oft länger, als die unsrige dauert
— Monarchen sind keine Engel Gottes; der
wachsamste, der hellsehendste von ihnen hat seine
Stunden der Menschlichkeit, wo die Reihe auch
an ihn kömmt, oft von den niedrigsten Geschö=
pfen, an die er als Zeugen seines Privatlebens
gewohnt ist, überrascht und hintergangen zu wer=
den; weil sie ihn als Mensch in so mancherley

Situa=

Situationen zu belauern, und die Stärke und
Schwäche seiner leidenschaftlichen Launen zu benutzen, die erwünschte Gelegenheit haben. Man
kann es also zugeben, daß auch Theresia nicht
nur als Frau, sondern selbst als Regentin getäuscht und hintergangen werden konnte. Daß
aber die Häupter des Staats sich in der Nothwendigkeit befunden, diese Täuschung mit ihr
vorzunehmen, um dem leidenden Staat zu Hülfe
zu kommen, und der weltbekannten großen Lan-
desmutter ihren Ländern vortheilhafte Entschlüsse
durch Ueberlistung abzugewinnen: daß Theresia
aus Eigensinn sogar das Gute gehindert, und gemeinnützige Vorschläge, blos weil sie aus dem
Munde des Gatten oder Sohnes kamen, ver-
worfen, ja gerade das Gegentheil davon, aus
weibischer Eifersucht und Furcht, ihrem Ansehen
Etwas zu vergeben, gethan haben sollte: würde
der schimpflichste Vorwurf gegen ihre Regierung
seyn, und nicht nur einen unverzeihlichen weiblichen Eigensinn und Schwächen des Herzens, sondern im gleichen Maaße Schwächen des Verstan-
des-, und Unfähigkeit, einen Staat von so gros-
sem Umfange zu beherrschen, an Tag gelegt haben. — Bis auf den Tag, da der gebährende
Schriftstellerberg in Wien auch einen Johann
Friedel gebahr, sind diese Gedanken in keines
Menschen Herz gekommen, und selbst unter Theresiens Feinden ist kein Mund so unheilig gewesen, der sich gegen die gewiß in ihrer Art große
und respektable Monarchin dergleichen Blasphe-
mien erlaubt hätte.

Sie verzeihen zwar der Monarchin ihre
Schwäche um der vielen großen Eigenschaften
willen, die diesen Eigensinn überwogen haben —
wie gütig, und wie schielend, und boshaft zugleich! Sie reden von großen Eigenschaften, indem

dem Sie ihr die größte von allen streitig machen,
ohne welcher an einem Regenten alle übrigen wenig bewundert werden: die Kunst selbst zu regieren. Sie verzeihen ihr — um den Gegensatz desto
auffallender zu machen, und dem Leser die schöne
Schlußfolge zu insinuiren: daß, wenn Franz I.
und Joseph II. diesen Eigensinn nicht zu überlisten gewußt hätten; Oesterreichs Provinzen bei
weitem nicht so bevölkert, verschönert, und, in
Absicht der Aufklärung, vielleicht bis auf den
heutigen Tag ein wahres Böotien seyn würden.
Sie haben freilich dabei vergessen, wozu Theresia einen Haugwitz, Plümegen, van Swieten,
und den ich zuerst hätte nennen sollen, einen
Kaunitz gebraucht hatte. Allein, alles was die
Monarchin unmittelbar, und ohne Mitwirkung
ihrer Mitregenten veranstaltet; und ausgeführt
hat, wollen Sie gar nicht wissen; um nicht den
stärksten Zug ihrer Lobrede auf Franz I. und
Joseph II. zu verliehren, der darin besteht: daß
jener seine Gemahlin, dieser seine Mutter so
glücklich getäuscht, und geäft, beide aber durch
ihr Beispiel den Ministern die Wege gezeigt haben, wie man mit der Landesfürstin im Staatsrathe eine Komödie spielen, und alles aus ihr
machen konnte, was man nur wollte. z) Hat dieses Schauspiel an dem österreichischen Hofe jemals
statt gefunden — zu dessen Bestättigung aber ein
                                              voll=

z) Wenn alles in der Welt zwo Seiten hat, davon
   die eine gut ist, so könnte auch diese Komödie
   ihre gute gehabt haben, wofern ja jemals eine
   ähnliche Komödie gespielt wurde. Man spricht
   allerlei, und H. Friedel hätte sich daran nicht
   kehren sollen. Da er nun dafür gebrandtmarkt
   wird, — nun so verdient er doch wieder unser
   Mitleid.

vollwichtigerer Gewährsmann, als Sie, mein
Herr, erforderlich ist — so müssen sich diejenigen,
so eine Rolle dabei hatten, ganz vortrefflich be=
funden haben; denn, wie es in solchen Fällen zu
gehen pflegt, eine Hand wäscht immer die ande=
re — Haben die Staatsräthe für Franz I. und
Joseph den II., da sie als Mitregenten in einer
so entehrenden Dependenz von ihren Ministern
standen — etwa einmal die Gefälligkeit gehabt,
sich zu ihren Vorschlägen herabzulassen, und sel=
bige durch ein Staatsstratagme in den Augen
der getäuschten Monarchin geltend zu machen; so
ist es wahrscheinlich, daß ihnen, im entstehenden
Falle, diese Herablassung, und Condescedens
durch Mitwirkung der Durchlauchtigsten Mitre=
genten reichlich belohnt, und Mutter Theresia
wieder auf eine andere Art, den Ministern zum
Besten, hintergangen worden ist. Welch' eine
Reihe von Unwürdigkeiten mußte nicht auf ein
Verfahren folgen, wodurch dem Ministerio, und
Staatsbeamten das Zeichen zur Intrigue und
Staatskabale gegeben, die Blöße der Regentin
aufgedeckt, und ihr weiblicher Eigensinn und
Stolz gleichsam zur Schau getragen wurde?
Hochverrath würde es seyn, wenn irgend ein
Staatsrath in Verbindung mit dem Thronerben
eine solche den Regenten — der noch gesunde
Sensoria hat — äffende Rolle zu spielen, sich
einfallen ließe. Was er aber bei einem Mitre=
genten ist? — sollen uns die Publicisten noch
sagen.

Daß es dem Wiener Hofe nie an Kabalen
gefehlt: daß Kammerdienerinnen, Kammerheitzer,
Beaten und Beichtväter die geheime Triebfedern
mannigfaltiger Begebenheiten gewesen; gewisse
Kreaturen durch diese Werkzeuge empor gestiegen,
andere zurückgedrängt worden, daß z. B. unter
Franz

Franz dem Ersten die Lothringer, so wie unter
dem Schutze Theresiens die Irländer wechselweise
ein vorzügliches Glück gemacht haben, u. s. w.
find Dinge, die das Gerücht weit über die österreichischen Gränzen im Auslande verbreitet hat —
daß aber die einsichtsvolle, und für das Glück,
und Wohl ihrer Völker so mütterlich besorgte
Regentin erst durch Staatsränke zu heilsamen,
der Ehre des Staats, und dem Nutzen der Nation entsprechenden Maasregeln hingelenkt werden mußte: ist vollkommen neu, und scheint uns
bis zur nähern Aufklärung, und Bestätigung dieser Behauptung, bios muthwillige Verläumdung
der drei großen Karaktere: Theresiens, Franzens
und Joseph zu seyn.

Noch müssen Sie mir ein paar Anmerkungen über Ihren politischen Tiefsinn, und überall schlecht zusammenhängendes Gewebe von Ungereimtheiten erlauben. Sie geben Franz dem Ersten
das Lob des größten Politikers seiner Zeit, und
von Joseph dem Zweiten beweisen es seine bisherige Thaten, daß er nicht weniger ist. Warum
ist aber demohngeachtet unter diesen beiden Mitregenten — da es nur auf sie ankam, durch
wohl eingefädelte Staatsränke, und mit Hülfe
des so bereitwillig zu ihren Absichten mitwirkenden Ministerium, zum Besten des Staats Theresien
zu täuschen, da sie, nach S. 22. bei allen dem
Eigensinn ihrem Ansehen nichts zu vergeben, am
Ende, ohne es zu muthmaßen, doch das that,
was man eigentlich wollte — warum, sage ich
ist demungeachtet ein Augiasstall von allerlei
schädlichen Misbräuchen und Vorurtheilen, die
setzt Josephs Arm so leicht, so glücklich zerstört,
unangetastet, und ungereiniget geblieben? Da
man einmal am Hofe und im Staatsrathe mit
der Landesfrau die blinde Kuh spielte — wieder
einer

einer von Ihren schätzbaren Ausdrücken, den ich Ihnen ganz gehorsamst nachbete — so war es ja gleichviel, wie oft, und unter welchen Umständen dieses Spiel mit ihr gespielt wurde, wenn es sonst nur Segen und Gedeihen über ihre Erbstaaten brachte? Ferner ist es auffallend, daß allenthalben, wo man nur unter Theresiens Regierung gemeinnützige Anstalten zur Aufklärung der Nation, zur Verbesserung des Commerzes, Unterstützung der Künste, auf Verminderung der Vorurtheile abzweckende Entschlüsse, und geschärfte Verordnungen, u. s. w. erblickt: Sie sogleich auch die unsichtbare Hand des mitwirkenden Gatten, oder Sohnes zu erblicken glauben, ja wohl gar beide als Alleinschöpfer solcher wohlthätigen Handlungen erheben — dagegen soll Theresia allein Schuld daran sein, daß der Unterthan bis auf Josephs Epoche in Unwissenheit und Vorurtheilen lethargisch geschlummert; sie allein soll die Mißbräuche im Staate durch ihren weiblichen Arm geschützt; so manches zum Nachtheil ihrer Länder unter Beaten und Beichtvätern in der Frauenburg beschlossen, und aus lauter Güte so viele Staatssünden begangen haben, als andere Regenten durch Unthätigkeit, oder Bosheit nur immer zu begehen im Stande sind. Wird hier nicht jedermann die aus Ihren Prämissen ganz natürlich fließende Frage einfallen: Warum hat Franz von den tausend Schäferstunden nicht mehrere dazu angewandt, seiner Gattin nützliche Vorschläge in den Armen der Liebe und der Zärtlichkeit vorzulegen, da sie ihnen zu der Zeit Gehör, Unterstützung, und Ausführung zu gönnen niemals ungeneigt war? Warum nahm Joseph nicht öfter zu der von Ihnen angeführten Täuschung seiner Mutter die Zuflucht, um seine gute Absichten noch früher zu erreichen, da er sie nur

dem

dem Rathe irgend eines Ministers unterlegen,
und im Kabinette mit anscheinender Heftigkeit das
Gegentheil behaupten durfte, um seine Plane
durch den Geist des Widerspruchs, der bei seiner
Mutter jederzeit die erwünschte Wirkung that,
in Erfüllung zu bringen? Man muß billig seyn,
mein Herr! Theresiens Mitregenten ihr bescheiden Theil an Ruhme und Weisheitlorbern nicht
versagen; aber auch nicht ausschliessungsweise
alle Staatssünden der vorigen Regierung, auf
die verewigte Monarchin wälzen: sondern diejenigen, die zu gleicher Zeit die Hand am Staatsruder hatten, an ihre Brust schlagen, und das
Nos quoque peccatores! mit einstimmen lassen.
—— Jede andere Sprache, die man hierüber führt,
ist Sprache der Schmeichler, und Speichellecker,
die um den Thron Josephs sich herum gelagert,
und es sich vorgenommen haben: seinen überlegenen Talenten, und die Superiorität seines
Geistes auf Unkosten der vorigen Reichsverwaltung ihre tiefste Verbeugung zu machen. Sehen
Sie denn, meine Herren, das Strafschwerdt
nicht, das über ihrem Haupte hängt? Kennen
Sie Theresiens großen Sohn nicht besser, daß
Sie sich einbilden können, er werde ihrem unsin-
nigen Wetteifer, ihm eine Impertinenz zu sagen,
für eine Lobrede halten?

Die Gruppe, die Sie S. 24. u. f. aus
den Bannater Wallachen, den aus Lakeien in
Hof = und Administrationsräthen umgeschaffenen
Satrapen zu Temeswar, und dem an ihrer Spi-
ße mit Skorpionengeisel in der Hand präsendi-
renden General Engelshofen zusammengestellt haben, ist ungemein malerisch: wenn aber das Ge-
mälde in dem Maaße der Wahrheit entspricht,
als es nach Ihrer Zeichnung, und dem dabei
gebrauchten etwas starken Kolorit, für die Mensch=
heit

heit schrecklich und schaudernd ist, so muß man sich
nicht wenig wundern, daß es Franz der Mitregent
nicht längstens schon Theresien in den Armen
der Liebe vorgelegt, und sie auf jene Blutigel
aufmerksam gemacht hatte, die das Mark des
Landes fraßen — auf einen Gegenstand, wo
nach ihrem Ausdrucke, jeder Pfennig der Abga-
be mit dem Blute des Unterthans gefärbt war?
Sie werden m. H., mich und keine Christensee-
le überreden, daß Theresiens mitleidiges Herz,
das schon bei weit mindern Uebeln ihrer Unterthanen blutete, bei diesen Gräueln der allgemeinen Landplage würde ungerührt geblieben seyn.
Franzen, dem die physische Beschaffenheit des Landes wohl bekannt seyn mochte; denn — im Vorbeigehen gesagt — er ließ im Bannat und Kroa-
tien durch eigene hierzu bestellte Leute nach Schätzen graben; konnte auch der politische Zustand
nicht ganz unbekannt seyn. Allein es sey, daß
Engelshofen, der des Monarchen Geschöpf war,
all' den Unfug, den er im Bannat trieb, glücklich zu maskiren wußte; oder daß der große Franz
nicht so — wie in der Folge sein noch größerer
Sohn gethan — sich unter die Reihen seiner
Bürger hinstellte, und ihre Herzen zum Bekenntniß aufschloß; oder endlich, daß die unverschäm-
ten Administrationsräthe, und ihr Präsident zu
Temeswar sich die Erlaubniß herausnahmen, nach
dem Beispiel des Staatsraths, mit der Fürstin,
wie Sie selbst sagen, blinde Kuh zu spielen —
Genug; das Uebel blieb dem Hofe verborgen,
und es war Josephen aufbehalten, seinen ersten
Ausflug als Mitregent in diesen Gefilden des
Elends merkwürdig zu machen. Wenn Sie uns
doch, lieber Friedel, diese Reise, worüber ich
mit Ihnen einig bin, daß sie eine der schönsten
ist, die Joseph gethan hat, ganz einfach, und

histo-

historisch erzählt, sie nicht durch allzugesuchte Aus=
schmükungen, und Dichtersprache verunstaltet,
und den ganzen Kram von Drachenköpfen der
lernäischen Hydra, sammt den in die Fußstapfen
des verscheuchten Elends hingepflanzten goldenen
Früchten Hesperiens zu Hause behalten hätten —

Man sprach wenig von dieser Reise des Kai=
sers — das fällt Ihnen auf? Mir gar nicht.
Seit 43 Jahren nimmt unser Landesvater jähr=
lich seinen Wanderstab in die Hand, steigt noch
in seinem zwei und siebenzigsten Jahre von sei=
nem Throne herab, und besucht seine Völker bis
an die äussersten Gränzen des Staats; schläft
in Strohhütten, ißt und trinkt nicht besser, oft
nicht einmal so gut, als einer von uns — Aber
darüber macht Ramler keine Oden, und wir ha=
ben keinen Plinius, der für unser Trajan in
dieser Rücksicht einen Panegyricum geschrieben
hätte; kurz, es fällt niemanden ein, Seiner Ma=
jestät Reisen zu beverseln oder zu beprosen. Frei=
lich findet er keine Engelshofen, keine an dem
Mark seiner Unterthanen zehrende Satrapen —
denn was von dieser Rasse unter K. Friedrich
Wilhelm nicht aufgeknüpft worden, ist nach ge=
rade doch ausgestorben, — aber denrungeachtet
noch Gelegenheiten genug, jeden Schritt mit einer
Wohlthat zu bezeichnen, und seinem Volke Vater zu
seyn. Seyn Sie also nicht sogleich ungehalten, m.
H., auf Ihre Allwisser und sogenannten Philoso=
phen, daß sie bei des Kaisers Bannaterreise sich so
stumm, wie Fische, bezeigt haben. Ohne zu wis=
sen, von was für Schrott und Korn diese Her=
ren sind, scheint es mir doch, als ob sie das
Ding von einem richtigen Standpunkt beobachtet
hätten. Die damalige Lage, wie Sie selbst ge=
stehen, war etwas kitzlich: Auf den Streich, den
der Temeswarer Pascha und Satrapen empfiengen

beb=

tebten noch manche andere Pfeiler des Staats,
und der Gewissenswurm wurde in allen Herzen
aufgeschreckt, die sich bewußt waren, daß sie eine ähnliche Züchtigung verdienten. Die Engels-
hofische Kabale lag zwar danieder, aber, wie
man versichert, that sie demungeachtet noch große
Wirkungen selbst in ihrem Staube — Es war
daher philosophische Politik, oder, um der Sache
keine so große Wichtigkeit zu geben, blos gesun-
der Menschenverstand, sich in die Zeiten zu schicken; Ihre Allwisser schwiegen, um Philosophen
zu bleiben, und überließen es einem so starken
Geist, als der Ihrige ist, künftig nach Zeit und
Umständen diese allerdings glänzende Reise in
Ihren Briefen historisch - dichterisch zu beprosein.

Ihr vierter Brief ist bis S. 36 eine fade Aus-
dehnung der Lobrede auf den Kaiser, mit moralischen Gemeinwörtern reichlich durchwässert; und
mit verächtlichen Seitenblicken auf Theresiens Regierung weidlich durchspickt. Wahrlich, H. m., Sie
halten hier, wie an vielen andern Stellen Ihrer
Briefe, der verewigten Mutter unter den Augen
ihres Sohnes — eine herrliche Parentation!

Was Sie vom Kronprinzen sagen, ist so ins
Allgemeine hin, daß man es auf alle Kronprinzen
der Welt, unbeschauter Dinge, sich anwenden
kann; denn so lautet Ihr Syllogismus nach der alten scholastischen Weisheit: „Alle Kronprinzen, die
einst große Regenten werden, widmen die Jahre,
die sie an der Seite ihrer unmittelbaren Vorfahrer oft mit langer Exspectanz hinleben, ganz
der größern Ausbildung, und befassen sich ganz
nur mit dem Geschäfte, die Regierungsgeschäfte
kennen zu lernen. “

Atqui der Kronprinz A, B, C, bis Z —
hier schalten alle Länder des Erdbodens den ihrigen
als Mittelsatz ein — hat das gethan — Ergo —

— Wer

— Wer — außer Ihnen m. H., — wird wohl
so frech, und unhöflich seyn, den Mittelsatz zu
läugnen, wenn ihn jedes Land für seinen künftigen Thronfolger, z. B. Frankreich für seinen
Dauphin, Spanien für den Prinzen von Asturien,
Rußland für seinen Großfürsten, der Maroccani-
sche Gesandte für seine Mohrische Hoheit zu Fez
und Marocco u. s. w. behaupten wollen? Sie
würden es mit allen Völkern der Erde auszuma-
chen haben, wenn Sie des einen, oder des andern
Thronfolger in einem andern Lichte betrachten
wollten: denn jedes ist voll Hofnung, voll Ehr-
erbietung für seine aufgehende Sonne. Wozu
schwatzten Sie also Ihrem Freunde so einen Lo-
cum communem vor, den er so gut, wie Sie,
wissen muß, wenn er kein Kind ist? Oder sprechen Sie hier wieder wie ein Delphisches Orakel, und überlassen es Ihrem zu diesen Geheim-
nissen eingeweihten Freunde, sich den Aufschluß
hinzuzudenken, weil beziehende Beispiele beleidigend sind? Es ist überhaupt eine etwas mißliche
Sache über Thronfolger ein Urtheil zu fällen.
Als jemand dem Engländer Sherlok auf seinen
Reisen durch Deutschland, noch bei Lebzeiten
Theresiens die verfängliche Frage machte: Ob
der Kaiser der Prinz von Preussen große
Männer sind? gab er zur Antwort: Die Frage
ist wichtig, und über mein Vermögen. Es ist
mit den Fürsten, wie mit den Kanarievögeln: die
Vogelfänger loben ihre Schönheit, und versichern,
daß sie gut schlagen werden: aber man weiß nicht,
ob die Vogelfänger die Wahrheit gesagt haben,
oder nicht, bis die Kanarienvögel entweder schlagen, oder sterben. Der Privatmann, der Weltbürger, der Gelehrte, der Philosoph, der Künstler, der schöne Geist, jeder beurtheilt den Fürsten
nach seiner Art: die Geschichte bestättigt das Urtheil

theil, wenn die Richter nebst dem Helden ver=
fault sind.

Was Joseph als Kronprinz that, bevor er
noch an Regierungsgeschäften Antheil nehmen
durfte, ist sicher auch die Beschäftigung aller an=
dern Prinzen, die auf die Zügel der Regierung
warten — zurückgezogen in sich selbst überlegen
sie im Stillen, wie sie sie dereinst zu ihrem Ruh=
me, und zum Besten der ihnen unterworfenen
Völker führen werden; sie bemerken das Voll=
kommene und Unvollkommene in der Reichsver=
waltung ihrer unmittelbaren Vorfahrer; formi=
ren ihre viel umfassenden Systeme für die Zu=
kunft, sie erwarten in der Stellung ehrerbieri=
ger Expectanten den Zeitpunkt, wo sie selbst han=
deln können, da ihnen bis dahin nur zu denken
erlaubt ist. — Aber die Verhältnisse, worin sich
Kronprinzen befinden, sind freilich sehr verschie=
den. Das Glück, welches Joseph schon früh=
zeitig genoß, als Mittelsmann gebraucht zu wer=
den, den Willen des Regenten zu lenken, ist
andern versagt; und der Ehre Mitregent seines
unmittelbaren Vorfahrers zu sein, wird keiner
von ihnen nicht theilhaftig. Übrigens muß ich
ihnen frei gestehen, daß sich die Erziehung Jo=
sephs, als Beispiel für andere Kronprinzen,
schon aus dem Grunde nicht wohl empfehlen
läßt, weil man seine erste Ausbildung der Geist=
lichkeit, und welcher? Den wegen ihrer ge=
fährlichen Moral so verschrienen Vätern der Ge=
sellschaft Jesu nur allzuviel überlassen hatte. Ich
bin überzeugt, daß Joseph selbst, nach seiner je=
tzigen Denkungsart, sehr viel gegen den bei sei=
ner Erziehung zum Grunde gelegten Plan ein=
wenden, und der Kaiser vielleicht nicht überall
die

die Schritte des Kronprinzen billigen dürfte. a)

Wie Sie dazu kommen in ihre Schilderungen von Kronprinzen, Ritterzüge und Teufelsschlittenfahrten mit einzuweben, seh' ich eben nicht
ein; es wäre denn, daß bei der merkwürdigen
Epoche, als Salzmanns Teufel die Generalvisi-
tation in dem reformirten Wien vorgenommen
haben, auch Sie von irgend einem aus Luzifers
Suite einen Besuch erhalten hätten, und daß es
seit dieser Begebenheit in Ihrem dadurch ange-
griffenem Gehirn von Teufel spukte — Sonst, dächt'
ich, wären ein paar nächtliche Scenen im Augarten, ein paar maskirte Promenaden im Prater,
oder ein reizendes tête à tête mit Madame Aes-
kales Ihren Landesleuten verständlicher, als
Teufelsschlittenfahrten gewesen.

Besser, als Ihr vorhergehendes Geschwätze,
gefiel mir die Stelle, wo Sie S. 37. sagen, „Er
„(Joseph) genoß ein Glück mehr, welches die
„meisten Prinzen entbehren müssen — das Glück,
„schon in seiner Jugend, ungeheuchelte, hellden-
„kende, biedere Freunde zu finden. Mit Wonne-
„gefühl gossen diese Männer ihre durch lange
„Erfahrung gesammelten Kenntnisse vor ihm aus,
„und theilten ihm alle die Bemerkungen mit, die
„sie zu machen im Stande waren. Der genaue
„Umgang mit diesen Würdigen, wurde für ihn
„die Schule der Weisheit. Er hörte, was er
„nie selbst erfahren konnte; erhielt Entdeckungen,
„die weit außer den Gränzen seines Lebens rei-
„chen

a). In der Note m) ist die Ursache dessen obenhin
angezeigt worden. Es ist nothwendig, seine Noten
so kurz als möglich zu fassen, um nicht dem Publikum einen ganzen Folianten in die Hände
zu liefern.

„chen; er dachte selbst darüber nach, und er er-
„warb sich die Kräfte, die ihn jetzt bei seinen
„großen Geschäften so glücklich unterstützen. "
Hier sagen Sie eben das, was ich zu Ende meines vorigen Briefes, nach der Versicherung unbefangener Augenzeugen des Privatlebens Joseph
des Zweiten gesagt habe. Nicht unter den Händen seiner größtentheils geistlichen Erzieher; nicht
an einem kabalenvollen Hofe, wo die Gesinnungen der Regenten und des Mitregenten so oft
gegen einander im Widerspruche, und ihre An-
hänger in zwei heimliche Faktionen getheilt waren; sondern in den Armen seiner Freunde ward
Josephs Geist zu viel umfassenden Entwürfen ge-
stimmt. In dieser Schule wurde ihm angerathen,
seine Schwingen, sobald wie möglich, zu einem
höhern Fluge, als bisher seine Vorfahrer gewagt,
zu versuchen; durch Religionsduldung die allgemeine Industrie zu beleben, und Geld und Fähigkeiten fremder Glaubensgenossen dadurch ins Land
zu ziehen; seine Majestätsrechte gegen die Usurpationen des römischen Stuhls aufrecht zu erhalten, und durch Verminderung der Klöster dem
Staate eine größere Volksmenge, dem Aerario
aber einen stärkern Geldzufluß aus den bisher
verstopften, und wenig genutzten Kanälen zu verschaffen. Wenn es aber für Joseph, wie Sie
sagen, ein Glück war, schon in seiner Jugend,
ungeheuchelte, helldenkende, biedere Freunde zu
finden; so ist es an andern Prinzen ein schätzba-
res Verdienst, durch ihre eigene Beurtheilungs-
kraft unter dem großen Haufen von Anhängern,
die sich, wie gewöhnlich, zur aufgehenden Sonne
hinzudrängen, die rechtschaffensten und einsichts-
vollesten Männer zu ihren künftigen Gehülfen
selbst auszuwählen.

Wenn Sie m. H., das verantworten kön-

H   nen,

nen, was Sie uns S. 38. und f. von dem Betragen vieler böhmischen Edelleute, und an ihrer
Spitze des „Erzbischofs von Prag Fürstlichen
Gnaden“ melden; wenn es nicht etwa bloſſe
Sucht nach satyrischem Witze, sondern Wahrheit
iſt, „daß Se. Erzbischöfl. Hochwürden nebſt dem
Adel — um bei der überhand nehmenden Getrei-
detheurung in Sachsen große Pro Cento zu gewinnen — ihre Vorräthe aus chriſtlichem Mitleiden fleißig nach Sachsen und preuſſiſch Schleſien geſandt haben, unbekümmert um alle Ana-
themen, die Urban in seiner Bulle in Coena Do-
mini wider jene losdonnert, die den Ketzern in
allgemeiner Noth beiſpringen“ — so haben Sie
eben nicht Ursache, mit dieser Art Menschen ſo
behutſam umzugehen; ſie verdienen allerdings mit
dem Namen der Kornjuden — ohne Rückſicht auf
alle ihre Ahnen, die mit Wolluſt ſich ſelbſt dem
Staate geopfert haben — gebrandmarkt zu werden. Man hängt den Staatsverbrecher, den
Ausreiſſer ohne Barmherzigkeit, wenigſtens in Effi-
gie, wenn man das Original nicht haben kann,
an den Galgen, wenn gleich seine Ahnen, deren
er unwürdig iſt, bis ins tauſende Glied erweiß-
lich wären: nach Ihrem Ausspruche aber, iſt es
ja eines der ahndungswürdigſten Staatsverbre-
chen, „wenn die Herren ihr Korn, lediglich des
„größern Gewinnſtes wegen, ins Ausland ſchi-
„ken, ohngeachtet das Vaterland ſelbſt auf al-
„len Seiten von Hunger und Elend beſtürmt
„wird.“ Ich kann und will in einer fremden
Sache nicht Richter ſeyn; nur ſo viel will ich
als Wahrheitsfreund erinnern: daß das Verdienſt, das Sie in dieser Abſicht dem kommandi-
renden General Ried als Denunzianten beilegen,
und der menſchenfeindliche Wucherhandel der
böhmischen Herren erſt völlig erwiesen, und be-
urkun-

urkundet ſeyn müßte, ehe man ſich die Freiheit
herausnimmt, den Adel und Erzbiſchof des Königreichs, als Staatsverbrecher vor dem ganzen
deutſchen Publikum an Pranger zu ſtellen. bb)

Sie können vielleicht Recht haben, m. H.,
denn geldgierigen Prieſter, und hungriger Adel
ſind keine ſo ſeltene Erſcheinung nicht — ſo oft
ich von einer ſchwarzen Handlung eines Prieſters
höre, fällt mir Haller ein:

,, Was Böſes iſt geſchehen, was nicht ein
,, Prieſter that? "

und in den abſcheulichſten Erpreſſungen und Wucher des Adels erkenn' ich noch das alte edle Blut
unſrer Vorfahren, die von ihren Raubſchlöſſern
aus die Karavanen geplündert, und die Pro Cento, die ſie von ihren ſklaviſchen Unterthanen nicht
erſchinden konnten, unter dem Titel einer Rit-
terzehrung durch Straſſenraub ſich zu verſchaffen
gewußt haben. Wie dem ſeyn mag: ſo muß doch
Prieſter und Adel, und der Teufel in der Hölle
Parte inaudita altera nicht ſogleich verurtheilt
werden — zudem ſind im vorliegenden Falle Um-
ſtände, mein Herr, die, wenigſtens von einer
Seite, die Glaubwürdigkeit Ihrer Erzählung verdächtig machen. Wie groß die Unterſtützung geweſen, die Sachſen durch die Einfuhr des böhmiſchen Korns erhalten: wie viel tauſend Ketzer
der Herr Erzbiſchof mit ſeinen Brodten geſpeiſet
habe, iſt mir zwar nicht bekannt; daß aber der
Kaiſer bei ſeiner Ankunft in Böhmen die ſchärf-
ſten Befehle ertheilet, kein Getreide, kein Brod
über die böhmiſchen Gränzen zu laſſen; daß man
dieſer Landesherrlichen Verordnung auf das pünkt-

H 2   lichſte

b) So hatt'es man allgemein erzählt. Der hier angeführte General aber heißt Wied, nicht Ried.

lichste nachgelebt, viel schon mit dem Tode rin=
gende Sachsen, die für böhmisches Brod schwe=
res Geld boten, unbarmherzig von den Gränzen
gewiesen; ja daß die kaiserlichen Cordonisten ei=
nen blutarmen Sachsen, der es in dem äussersten
Anfalle des Hungers wagte, den Cordon zu über=
schreiten, um sich in Böhmen ein Brod zu kaufen,
bei seiner Zurückkunft unmenschlich behandelt,
und — indem sie ihm die „Kugel durch das theuer
„ erkaufte Brod, das er auf seiner Brust verbor=
„ gen trug, und durch den Leib jagten " — er=
schossen haben: sind Thatsachen, deren Beweise
Sie theils in Böhmen, theils in Sachsen über=
all auffinden können. c) Ich bin völlig überzeugt,
daß des Kaisers allerhöchste Willensmeinung nie
dahin gegangen ist, daß seine weise Veranstaltun=
gen so eine Wendung nehmen, und in Grausam=
keiten, deren sich ein Kannibale zu schämen hätte,
ausarten sollten; indessen ist doch der Kontrast
sehr merkwürdig: daß in diesem Falle die römi=
sche Geistlichkeit mit Hintansetzung aller Anathe=
men der Nachtmahlsbulle den Ketzern in allgemei=
ner Noth Brod gegeben — Man lasse sie immer
etwas dabei gewinnen, genug die Hungrigen wur=
den

c) Ich habe die Gränze von Sachsen und Schlesien
auch bereist und dort mich über die feindliche Ein=
fälle und die Hungersnoth u. dergl. m. bespro=
chen. Es ist mir keine von diesen Thatsachen
zu Ohren gekommen. Hat man, und warum? sie
nur mir allein nicht, oder nur Ihnen erzählt,
kann ich nicht wissen. Die Wahrheit dieser That=
sachen bestättigt Ihre Erzählung indessen eben so
wenig, als sie die meinige niederwirft.
Genug Sie sind überzeugt, daß die allerhöchste
Willensmeinung diese Unempfindlichkeiten nicht zur
Absicht gehabt habe.

den gespeiset — dagegen diejenigen, die diese Bulle als die Menschheit und Religion entehrende Ausgeburt des römischen Hofes betrachten, das Brod den Ketzern verweigert, und Urbans Willen aufs genaueste in Praxi erfüllt haben.

Wenn durch den vermeinten Wucher des Prager Erzbischofs, und des böhmischen Adels auch das Preußische Schlesien, wie Sie vorgeben, versorgt worden wäre; so würde doch unter diesen Umständen der Fluch der Nachtmahlsbulle nicht rechtskräftig geworden seyn: weil die Hülfsleistung nicht unmittelbar auf die Ketzer, sondern die fast in gleicher Anzahl daselbst befindlichen katholischen Glaubensbrüder gedeutet werden dürfte. b) Aber dieser Umstand Ihrer Erzählung ist grundfalsch — Zu Anfange der Theurung ist das Getreide in Preußisch = Schlesien notorisch viel wohlfeiler, als selbst in Böhmen gewesen. Es ist daher ganz widersinnig, daß der böhmische Kornjude, da er in seinem eigenen Lande einen höhern Absatz fand, es gegen geringere Pro Cento ausführen, und die ansehnlichen Transportkosten noch obendrein hätte verlieren wollen. Von dieser Seite ist also der Prager Erzbischof sammt dem Adel bei dem Kaiser falsch denun=

---

b) Ketzer oder nicht Ketzer ist völlig einerlei. Hier kömmt die Nachtmahlsbulle gar nicht in Betrachtung. Es wäre, scheint mir, eine Raserei, wenn der Hausvater seine eigene Familie wollte hungern lassen, um fremde zu unterstützen. Wo Mangel herrscht, da ist keine Frage: ob man wohlthätig sein solle? Wo Staatsbedürfnisse Gesetze vorschreiben, da kann weder die Nachtmahls= bulle noch das reine Evangelium Exzeptionen da= gegen beibringen.

denuncirt, und durch Sie, der Sie ein blinder
Nachbeter dieser Denunciation sind, offenbar
wieder aufs neue verläumdet worden. Ich verdenke es Ihnen nicht, wenn Sie nicht wissen,
was jenseits der Gränzen vorgegangen ist: denn
wahrscheinlicherweise essen Sie, wie man zu sagen pflegt, mit dem Becker, und bekümmern sich
wenig, oder gar nicht um das Steigen, und
Fallen der Marktpreise; aber alsdenn muß man
auch nicht so geradezu, und gleichsam ex Tri-
bode sprechen. Lassen Sie sich also belehren,
m. H. daß zwar im Preußischen = Schlesien ebenfalls weit höhere Getreidepreise, als die gewöhnlichen, aber doch keine eigentliche Hungersnoth
nicht statt gefunden hat; durch die Landesväter-
liche Versorge hatte nicht allein jederman zureichend Brod, sondern selbst Sachsen ward von
Preußisch = Schlesien aus mit vielem Getreide
unterstützt. Viele tausend Böhmen nahmen ihre
Zuflucht nach Schlesien, und wurden da gespeiset — Ketzer, und Nichtketzer theilten mit diesen
hungrigen Brüdern sogar ohnentgeldlich ihr Brod;
wir sagten zu diesen Elenden nicht: Gehet hin
zu Joseph! wir schossen keinen todt, der zu uns
nach Brod kam; wir stellten keinen Cordon gegen das Armuth auf: wir ließen unsere Nach=
barn mit essen, so lange wir nur selbst etwas
hatten, und ließen sie, wenn sie gesättiget waren, wieder noch ihrem Lande in Frieden ziehen e)

Die

---

e) Aus Ihrer Beschreibung sollte man denken, daß
sie ordentliche Freitafeln gehalten hätten. Ohne
Friedrichs Menschenliebe, sagen Sie, würde,
ich versichre Sie, von den Bewohnern der
Gränzen wenigstens ein Drittheil verhungert
sein. Die armen Böhmen! welcher Gefahr sind
sie nicht ausgesetzt gewesen. Wie gut ist es, daß
ein

Die Anstalten des Kaisers waren freilich groß,
und seiner würdig; in allen seinen Verordnungen
herrschten die offenbaresten Gesinnungen des Lan=
desvaters; er durchkreuzte fast alle Kreise des
Königreichs, und gab allenthalben Beweise sei=
nes Eifers für das Wohl des Landes — Aber
die so wohlthätigen, als nachdrücklichen Befehle,
selbst die hier und da ausgetheilten Geldsummen,
reichten jetzt nicht mehr zu, dem bereits überhand
genommenen, zu allgemein ausgebreiteten Uebel
zu steuern: mitten im Lande thaten die in der
Absicht ergriffene Maasregeln zwar noch einige
Wirkung; aber von den Bewohnern der Grän=
zen würde — ich versichere Sie — ohne Fried=
richs Menschenliebe, wenigsten ein Drittheil
verhungert seyn.

Glauben Sie ja nicht, m. H., daß ich Ihnen
alles dieses in der Absicht sage, um Wohlthaten
aufzurücken, f) oder einen Dank für Pflichten zu
fordern,

---

ein philosophischer König in Preußen regiert!
In Preußisch = Schlesien (heißts auf der vorigen
Seite) ist zu Anfange der Theurung das Ge=
treid viel wohlfeiler gewesen, als in Böhmen.
Nun so war ja zum Theile der König seiner
Mühe überhoben. Wunderbar ist es aber, daß
in Schlesien das Getreid just zur Zeit der Theu=
rung wohlfeiler als in Böhmen gewesen sei, da
doch die Schlesier trotz allem Verboth aus Böhmen
Saamenkorn zu kaufen gewohnt sind!

f) Wohlthaten aufzurükken. Er saat, daß er es
nicht thun will, um es in dem nämlichen Augen=
blikke zu thun. Dieses ist nur eine rethorische
Figur, welche man für das nimmt, was sie ist.
Es wäre also nicht zu leugnen, sollte man den=
ken, daß der König seine Magazine angegriffen
habe, um zufolge der Pflichten der gesellschaftli=
chen Verbindung den Böhmen unter die Arme

in

fordern, deren genaueste Erfüllung benachbarte
Völker einander schuldig sind: selbst in das Herz
der Barbaren hat der Finger des Allvaters die=
ses Gesetz geschrieben — Auch ist es unter uns
nicht Sitte, wegen solcher Gegenstände, die sich
auf Naturrecht, und die ersten Pflichten der ge=
sellschaftlichen Verbindung gründen, viel Aufhe=
bens zu machen. Friedrich that in den Jahren
der Theurung zum Besten der Nothleidenden ver=
hältnißmäßig mehr, als je ein Regent in seinen
Staaten gethan hat. Die Herzen der Untertha=
nen schlugen ihm den feurigsten Dank entgegen;
aber kein öffentliches Dankfest — wie es in
Prag geschehen — ist weder in den Kirchen der
Chri=

im Jahre 1772. zu greifen, und seine Wohlthaten
zufolge einer andern Pflicht der gesellschaftlichen
Verbindung sechs Jahre später wieder hundertfach
zurükzufordern, und ihre Fluren auf einige Mei=
len weit mit blauen Heuschrekken zu bedekken?
Wie sichs da bei alldem vom Naturrechte, und
Pflichten der gesellschaftlichen Verbindung schwäzt!
Wissen Sie, worauf sich Naturrecht in Absicht
auf zwo eifersüchtigen, von sehr feindlichen ihres
gegenseitigen Interesses wegen nothwendig ent=
zweiten Nazionen bezieht? Auf Rips Raps! —
oder wie sie's in Preußen nennen: — suum cuique!
Hätten wir auf das wohlthätige Naturrecht ihres
Staats rechnen dürfen, so hätte der Kaiser der
Sorge überhoben bleiben können, nach Böhmen
so viel Getreid zu schiffen. Die Magazine des
Königs wären sehr gut versilbert worden: das
Silber hätte, stark mit Kupfer besetzt, brav gute
Groschen gegeben; die Magazine wären dabei
ausgeleeret worden, und davon hätte wieder
Oesterreichs Mars einigen Vortheil ziehen können.
Aber ich glaube, die Klugheit hatte dem Natur=
rechte im Preußen bald genug das Handwerk
gelegt.

Chriſten, noch in den Synagogen der Juden ge=
halten worden. Seine Regierung iſt uns eine
ununterbrochene Reihe fürſtlicher Handlungen,
und er theilet, wenn man alles in Anſchlag
bringt, was er auf Erbauung der Städte, auf
Verbeſſerung der Landwirthſchaft, auf Entſchä=
digungen bei unvermutheten Unglücksfällen, u. ſ.
w. in ſeinen Staaten verwendet, ein Jahr ins
andere, Millionen aus. Niemand ſpricht, nie=
mand ſchreibt insbeſondere davon g) und wir faſſen
all'

g) Der Landesfürſt hat es ſehr zu verantworten,
wenn er ſich auf Unkoſten eines Theils ſeiner
Staaten dem andern wohlthätig beweiſet. Er
verdient faſt eben ſo wenig Dank dafür, daß er
Millionen verwendet, um eine Stadt äußerlich zu
verſchönern, als jener heilige Schuſter der vom
geſtohlenen Leder armen Leuten die Schuhe um=
ſonſt gemacht hat. Der Regent darf, nach den
Grundſätzen Joſephs, nicht mehr an Kontribution
ſeinen Staaten abfordern, als er knapp braucht,
die höchſtnöthigen Civil= und Militärsbedienſtungen
zu erhalten. Verſchönerungen der Städte muß
dem Wohlſtande der Bürger überlaſſen werden.
Man findet zu Wien, Presburg, Prag u. ſ. w.
prächtige Palläſte, prächtig von innen und auſſen,
ohne daß der Kaiſer einen Pfenig dazu hergegeben
hätte. Er hat noch keine Joſephſtraſſe oder Gaſſe
anlegen laſſen, er baut ſich keine Denkmähler mit
dem Gelde des Staats. Er überläßt es ganz
dem Geſchmacke ſeiner Unterthanen, zu bauen,
wie ſie wollen, und läßt ihnen ſoviel, daß ſie es
thun können. Daß man für ſeine beſondere Sorg=
falt ein beſonderes Dankfeſt gehalten, — weil er,
in einem Augenblicke, möchte ich ſagen, Tauſenden,
die der Hunger ſchon hinraffen wollte, Speiſe
und Rettung für ihr Leben zu verſchaffen wußte,
iſt natürlich. — Die ſonſtigen fürſtlichen alletags
Wohlthaten, welche in der Sicherheit unſeres
Lebens

all' unsern Dank, all' unsere Empfindungen hierüber in dem einzigen Ausdruck: Friedrich der Große, zusammen. Wozu das alles? Ihnen zu zeigen, mein Herr, daß es eine Unwahrheit ist, daß Ihr Erzbischof und der böhmische Adel in der Zeit der Theurung uns Brod gegeben haben — Gott Lob! wir bedurften es diesmal nicht, denn wir hatten einen Landesvater, der seine vollen Brodkammern sogleich eröffnet, und nicht nur den Unterthan' gesättigt, sondern auch den Hunger der Fremden gestillt hat.

In Hoffnung, daß Sie in Zukunft über dergleichen Gegenstände entweder gar nicht, oder wenigstens behutsamer, und mit mehr Zuverläßigkeit schreiben dürften, habe ich die Ehre zu seyn ꝛc.

Fünfter Brief.

Die Hände, dacht' ich bei mir selbst, als ich Ihren fünften Brief über das österreichische Militär durchlas, die Hände sind Friedels; aber die

Lebens und unserer Güter ꝛc. bestehen, werden uns durch täglichen Genuß derselben so gewöhnlich, wie die alletags Wohlthaten Gottes, als da sind der ordentliche Auf- und Niedergang der Sonne, Reifung aller Erdefrüchte u. s. w. Wir verwundern uns nicht darüber, wir danken kaum dafür. Wenn aber bei einer besondern Gelegenheit uns der Fürst besonders und sichtbarlich errettet, da ist es nur allerdings erlaubt, ihm auch ins besondere laut dafür zu danken. Daß es die Preußen nicht gethan haben, als sie von Verhungern durch Friedrich errettet wurden, scheint die Ursache zu sein, weil sie die Wohlthat, wegen der nähern Bekanntschaft mit dem Hunger, weniger gefühlt haben müssen.

die Stimme — ist irgend eines jungen Martis=
sohnes, der während dem siebenjährigen Kriege,
oder doch kurz zuvor, noch sanft in seinen Win=
deln schlief: denn es ist wohl von keinem gedien=
ten Offizier, von keinem, der Campagnen gemacht
hat, in der ganzen österreichischen Armee zu er=
warten, daß er sich selbst beschimpfen, und den
Unsinn, den Sie, gleich in den ersten Zeilen Ih=
res Briefes, auslegen, unterschreiben sollte.
„ Man kennt Josephs Krieger — als Gegenbild,
„ zum Krieger im siebenjährigen Kriege aufge=
„ stellt, gar nicht mehr “ — Wir unsers Orts
kennen zwar Theresiens Krieger aus dem sieben=
jährigen Kriege; aber Josephs Krieger, als Ge=
genbild zu jenen aufgestellt, sind uns — wenn
Sie es nicht übel nehmen, Herr Friedel — bis
jetzt nur vom Hörensagen bekannt. Wenn es
wahr ist, was die Fama davon ausbrachte, daß
diese neugebildete Josephskrieger bereits im Jahre
1778. ein wirkliches Dasein gehabt; so ist es
doch gewiß nicht unsere Schuld gewesen, wenn
wir nicht nähere Bekanntschaft mit ihnen ge=
macht haben. Wir wünschten es sehnlich, und
machten ihnen in dieser Absicht das Kompliment
auf ihrem eigenen Grund und Boden; warteten
ihnen den ganzen Sommer hindurch in Böhmen
auf, und machten ihnen Antichambre in Oester=
reichisch=Oberschlesien den darauf folgenden Winter
— Was könnten wir wohl mehr thun, um sie
aufzumuntern, uns die Ehre ihrer Bekanntschaft
zu gönnen, und, im Falle wir ihnen ungebetne
Gäste schienen, ihr Hausrecht zu gebrauchen? h)

Von

h) Was will diese Großsprecherei heissen? Vielleicht,
daß wir uns vor Blauröcke gefürchtet hätten,
die doch werkthätig bewiesen haben, eh noch an
eine Schlacht zu denken war; daß sie unsre
Freunde

Von allem dem geschah' nichts; ja, wie es scheint,
so haben sie sich ein Gesetz gemacht, so lange,
wie möglich, unbekannt zu bleiben, und den Vor=
hang nicht aufzuziehen, der die ganz neue Stim=
mung des Kriegsheeres verhüllt. Es ist uns
daher nicht zu verdenken, wenn uns die Vorzüge
der Krieger Josephs über die ehmaligen wirklich
braven Krieger Theresiens nicht ganz einleuchten
wollen — Bei den leichten Truppen, die einzigen,
die uns zu Gesichte kamen, hat es uns geschie=
nen, als ob alles hübsch beim Alten geblieben
wäre: was aber die Hauptarmee anbelangt, so
fanden wir, in Ermangelung einer nähern Be=
kanntschaft mit derselben, nichts — als ihre
Ver=

Freunde sind, indem sie schaarenweis zu uns
übergiengen? Sie würden es bei einer Schlacht,
wo die Ordnung und Aufsicht gestört wird, und
nachher, wenn die Trommel wieder alles zusamm=
ruft, — daran nicht haben fehlen lassen, uns zu
besuchen, allein ohne Waffen, — da wir uns
dazu mit Waffen nicht entschliessen durften. Die
beständigen Unterhandlungen des Königs mit der
Kaiserinn, der Wunsch der letztern des Anden=
kens ihrer alten Tage mit Blute nicht bespritzen
zu müssen, welches ihr Herz nicht schändet, waren
die hinreichenden Ursachen, daß sie bei uns offne
Tafel ungestraft, bis der Prozeß beigelegt wurde,
halten durften. Das ist so allgemein bekannt,
daß es mich wundert, alle ihre Effronterie mit
dazu gerechnet, noch immer wundert, wie sie da
unser noch spotten und auf die Ueberlegenheit
ihrer Waffen pochen dürfen? Unsere Positionen
waren die besten, die wir nehmen konnten: und
weiter als zu guten Positionen hat es diesmal
nicht kommen dürfen. Ueberhaupt bleibt der
ganze Krieg von Anno 1778. ein Räthsel für
die Politiker, und ein Stein des Anstosses für
die künftigen Geschichtschreiber.

Verschanzungen neu. Schön würde es allerdings seyn, wenn wir zufälligerweise so glücklich seyn könnten, von der neuen Stimmung ihrer Armee etwas Bestimmteres aus Ihren Briefen zu erfahren: freilich nicht aus Ihrem Munde, mein Herr; denn daß Sie selbst vom Kriegshandwerke nichts verstehen, davon bin ich so überzeugt, als ich überzeugt bin, daß zweimal zwei viere sind; aber doch aus dem Munde der neuen Reformationsgenies, deren Sprachrohr Sie sind.

Seite 41 nehmen Sie sogleich ein sehr zuversichtliches Air an, und rühmen sich den Preussischen und Französischen Militärdienst so ziemlich zu kennen. „Beide, sagen Sie, haben so „wie der österreichische, ihre besondern Vorzüge, „und ihre besondern Fehler. Keiner von ihnen „hat noch die Vollkommenheit ganz erstiegen, „und wirds wohl auch nie, da des ewigen Aus„besserns und Umänderns nie ein Ende wird, „wobei oft der nachkünstelnde Reformator gerade „in neue Fehler stürzt, indem er die alten aus„zumerzen sucht.“ Ob dies der Fall bei ihrer gegenwärtigen Militärreforme seyn dürfte, und der nachkünstelnde Reformator in neue Fehler stürzt, indem er die alten auszumerzen sucht — müssen Sie freilich am besten wissen. In unserm Dienste ist, seit dem Antritt der Regierung dieses Königes, wenig reformirt, wenig nachgekünstelt worden; ja, ich versichere Sie, wenn K. Friedrich Wilhelm jetzt wieder aufleben sollte, er würde, ungeachtet unsrer grössern Fertigkeit im Manövriren, noch immer seine ersten Anlagen, und jene einfachen, unabänderlichen Grundsätze, worauf unser ganzer Dienst gebaut ist, in dem heutigen Kriegsheere erkennen.

Nachdem Sie nun ferner den Franzosen wegen seines Haarpuders; den Russen, wegen der

Knute,

Knute, cavalierement abgefertiget, und die Kriegs=
heere dieſer beyden Nationen für unwürdig er=
klärt haben, Muſter der Kriegskunſt zu ſeyn, ſind
Sie ſo gutherzig, Oeſterreich und Preußen allein
als Modelle in der Schule der Krieger aufzuſtel=
len: aus Beſcheidenheit, die, wie Sonnenfels
behauptet, ein karakteriſtiſcher Zug in der ſittli=
chen Phyſionomie der Wiener iſt, haben Sie ſich
zuerſt genannt, damit es die Leſer nicht lange
ignoriren, auf welcher Seite der decidirte Vorzug,
und das Uebergewicht ſey — i).

S. 43. „Oeſterreich war ſchon im vorigen
„Jahrhundert die Schule der Kriegskunſt.‟
Wüßten Sie uns wohl zu ſagen, für wen? Wahr=
ſcheinlich, nur für ſeine eigenen Helden; denn
Holland, Frankreich und Schweden haben, ſo viel
ich weis, bey öſterreichiſchen Lehrern keine Stun=
den genommen. Wenn Sie mit Ihrer Bemer=
kung noch ein Jahrhundert weiter hinauf gerückt
wären, ſo würden Sie unter Karl V. Helden
gefunden haben, bey denen etwas mehr, als bey
Tilli und Wallenſtein zu lernen war.*) Noch ein
Jahrhundert zurück: und Sie werden mit Ver=
wunderung ſehen, daß die Kaiſer mit ihren
Kriegsheeren bey den jetzt verachteten, aber ehe=
mals, in dem Stande der Freyheit blühenden
kleinen italieniſchen Freyſtaaten, in die Schule
gegangen ſind.

„Unter die Quellen, aus welchem Oeſterreich)
„Gift ſaugte, und ſeinem Körper eine Art poli=
tiſcher

i) Des kindiſchen Bauernſtolzes, der kindiſchen Prah=
lerei, — des kindiſchen Rangſtreites, wer von
beiden zuerſt genannt werden ſoll!

*) Hätten Sie doch auch Sie, dem es ſo ſehr ums
Zuerſtnennen zu thun iſt, Wallenſteinen zuerſt
nennen können!

„tischer Nervenkrankheit zuzog, rechnen Sie auch
„die grosse Weitläufigkeit der Staaten, die dem
„Erzhause durch Erbschaften zufielen." Sie
sind mir ein theurer Staatslehrer für Regenten,
deren Hauptaugenmerk jederzeit auf die Vergröf-
serung und Erweiterung ihrer Staaten gerichtet
war, die so sehr nach diesen Quellen dürsteten,
so gern daraus tranken — wenn sie auch tausendmal Gift gewesen wären! daß sie aber Oesterreichs Beherrscher nie dafür gehalten haben,
beweiset die Geschichte; und daß man sie noch
nicht dafür hält — haben wir aus den neuern
Ansprüchen auf die Bayerische Erbfolge gelernt.
Ueberhaupt muß ich sagen, reden Sie in dieser
Stelle so unvorsichtig von Oesterreichs Beschaffenheit im vorigen Jahrhunderte, daß Sie es
wahrlich nur der größten Preßfreyheit unter der
Sonne zu danken haben, wenn Sie sich nicht ganz
um den Hals reden. Haben Sie es auch überlegt, mein Herr, welche Staaten dem Erzhause
im vorigen Jahrhunderte zugefallen sind? Leopold vermehrte sein ungarisches Reich mit Sla-
vonien, Servien und Bosnien; nahm Siebenbürgen in Besitz; erbte das tyrolisch = österreichische Fürstenthum, und succedirte ab intestato,
oder vielmehr ex plenitudine potestatis in den
schlesischen Fürstenthümern Brieg, Liegnitz und
Wohlau. — Und, von diesen Staaten sagen Sie
einem Joseph dem Zweiten unter die Augen, daß
sie für Oesterreich jener Gift waren, der dem
Staatskörper politische Convulsionen zugezogen
hatte. Etwas Wahrheit liegt freilich in dieser
Behauptung, vornehmlich in Absicht der schlesischen Erbschaft. Ohne diesem Gift würde das
Erzhaus im Jahre 1740 und auch in der Folge,
wenigstens nicht ganz in jene politische Zuckungen und Drangsale gerathen seyn, die Theresiens
Regie-

Regierung und Josephs erste Lebensjahre umwölkten — Der rechtmäßige Erbe von Brieg,
Liegnitz und Wohlau, wenn man ihn im Besitz
seiner gerechten Ansprüche gesetzt hätte, würde
selbst seinen Arm für Theresien ausgestreckt, und
ihre Feinde zu Paaren getrieben haben. Das
ist freilich wahr; aber, lieber Friedel, toutes les
verités ne sont pas bonnes à dire: so etwas
läßt sich nicht gut den Monarchen sagen, die, in
ihrem heissen Durst nach Vergrösserung, so begierig diesen Giftbecher trinken, ohne sich darum
zu bekümmern, wie es ihnen, oder dereinst ihren
Enkeln bekommen dürfte — Servien und Bosnien scheint Oesterreich ebenfalls so wenig ein
Gift zu seyn, daß man es vielmehr durch große
Allianzen und kostbare Kriegeszubereitungen schon
lange darauf anlegt, diesen Gift entweder in Natura, oder versetzt in ein ansehnliches Geldäqui-
valent, bald möglichst wieder in Leib zu bekommen. Sehen Sie wohl, wie unglücklich Sie
über diesen Artikel gekannegiessert haben! f)

Schön,

f) Und Sie nicht glücklicher. Daß Friedrich mehr
bekommen, als wie Sie sagen, ihm vor Rechtswegen gehört hat, das war Eroberung! war der
— nämliche Durst, welchen Alexander mit der
ganzen Welt nicht gestillt haben würde. Daß der
Sohn von Hohenzollern nicht so viel Gift getrunken habe, als der Sohn Philipps von Ma-
zedonien, ist nur der Besorglichkeit anderer Mächte, die für seine Gesundheit gewacht haben, nicht
seiner Enthaltsamkeit zuzuschreiben. Wenn Oesterreich dem König, die, wie Sie behaupten,
rechtmässige Erbschaft verweigerte, so mag die
Hilfe des Königs v. Preußen ohne Schlesien in
den Augen Oesterreichs damals eben so unbe-
trächtlich als seine Feindschaft gewesen seyn. Aber
es hat ihm geglückt. Er hatte mit so vielen

Mächten

Schön und wahr ist dagegen folgende Stelle
S. 43, die ich, um es wieder mit Ihnen gut
zu machen, zu Ihrer Ehre ganz abschreibe.

„Nur Eugen war es aufbehalten, Oester=
„reichs Heere wieder in Ehrfurcht zu setzen.
„Er that so viel er thun konnte.   Seine
                                                         Feld=

Mächten zu kämpfen, daß der Erfolg seines unter=
nommenen Krieges ihn ohne Zweifel in die Reihe
der glüklichsten Sterblichen setzt.   Der Gedanke,
ich bin nichts ohne Schlesien, und was ich auf
die Karte setze, ist bei weiten nicht das werth,
als das, das ich zu gewinnen habe, wenn ich
mein corriger la fortune recht verstehe, mochte
ihn bestimmt haben, einen Krieg zu unternehmen,
wobei sich tausend Dinge müssen ereignet haben,
wenn der Erfolg dieser gewagten Entreprise
für Preußen günstig ausfallen sollte. So zum
Beispiel der Tod der Kaiserinn von Rußland. —
Alle diese Ereignisse kann doch der König unmög=
lich in seinen Kalkul gebracht haben!

Was die baierische Erbfolge anbetrift, und
den Zank, welcher von diesen beiden Mächten
offensive oder defensive zu Werke gieng, hierüber
liesse sich ein Foliant schreiben. Mir scheint,
daß die Rolle eines Protektors von Deutschland,
welche Friedrich zu spielen vorgab, blos eine
Maske gewesen. Er hat dem Kaiser, wie man
weis, mehr angeboten, als er verlangte, wenn
ihm jener seinen hohen Gedanken nachgelebt hätte,
dann hat ja die Kaiserinn Baiern zurük geben
wollen, wofern der König auf die anspachische
Inkorporation renonzirt hätte. Dieses wollte er
nicht, und also war ja der Krieg nur darum
geführet worden, um den Neffen des Königs
das ihrige zu erhalten. Das sind nur Noten,
ich habe nicht die Mühe werth gefunden, Briefe
gegen Briefe zu schreiben. Der Leser denke weiter
darüber nach.

I

„Feldzüge sind die schönsten Memoires.
„Er schlug seine Feinde praktisch, und über-
„ließ es andern, Theorien aus seinen Lor-
„bern zu sammlen.“

Weß ist dies Bild in unsern Tagen? — —
Wer riß mit entschlossener Stirne oft die Lorbern
von den Schläfen der österreichischen Krieger, die
sie sich seit langen Jahren errungen? Wer gab
durch Kriege ihrem ganzen Kriegskörper eine andere Richtung, und lehrte durch sein Beispiel ihre
Hände streiten? Sie haben mir, m. H., S. 45
die Antwort hierauf erspart. Um dieser einzigen
Wahrheit willen vergebe ich Ihnen den schlechten Zusammenhang, den diese Stelle mit der
vorgehenden hat. Sie sagten: Oesterreich wäre
schon vor den Zeiten Eugens die Schule der
Kriegskunst gewesen — Diese Schule mußte also
nach der Hand sehr ausgeartet, und Kriegsheere,
für die man keine Ehrfurcht mehr hatte, nur
durch ihre Fehler ein lehrreiches Beispiel gewesen
seyn. Uebrigens hätten Ihnen, bei den sehr richtigen Gedanken, daß Eugen Oesterreichs Heere
wieder in Ehrfurcht gesetzt hatte, auch die Hülfs-
heere der Engländer, Holländer, verschiedener
deutscher Fürsten, und darunter auch die Preussen
einfallen können: Alle diese waren die großen Werkzeuge, die es Eugen erleichterten, Oesterreichs
Heere in Ehrfurcht zu setzen. Was die Preussen
für Oesterreichs Ruhm und Wohlfahrt am Rhein,
an der Donau, Maaß, Schelde, und am Po
gethan; welchen Antheil sie an der Eroberung
von Kaiserwerth, an den Siegen von Hochstädt
und Malplaquet hatten, besagt die Geschichte,
und daß Eugen selbst den Sieg vor Turin vornehmlich den durch Anhalt commandirten preussischen Kriegern verdankt habe, können Sie in
des Helden eigenhändigen Schreiben an den König
von

von Preuſſen leſen; ja! was überhaupt dem Prinz
Eugen, der Fürſt Leopold von Anhalt = Deſſau
in dem Fache des Details; was ihm Herr von
Cathogan in Betracht der Läger und Märſche
geweſen, wird Sie einer ihrer aufgeklärteſten
Krieger, der Erlauchte Verfaſſer der militäriſchen Vorurtheile S. 192 (nach der Brenken-
hofiſchen Ueberſetzung Frankf. und Leipzig 1783)
belehren.

„Nun fieng man an Grundſätze zu entwer=
„fen, wie der General auf dem Schlacht=
„felde handeln müſſe.“

Sie irren, mein Beſter, lange vorher ſchon
hatte es nicht daran gefehlt. Sie hatten uns
ja ſelbſt einen Montecuculi genannt, und —
eine Kriegsäſthetik ſoll Karl V. geſchrieben haben. Sie tadeln den Geiſt nicht, wie Sie ferner
S. 44 ſagen, der die Mühe über ſich nahm,
das Reſultat aus dem Erfolge der Schlachten
für den Krieger aufzuſpühren. „Ich tadle ihn
— mir iſt derjenige ein kleiner Geiſt, der ſich einbilden kann, gemeinnützige, für den Krieger brauchbare Lehrſätze bloß aus dem Erfolge der Schlachten zu ziehn. Nicht die Erfolge, ſondern die plan-
mäßige Anordnungen der Schlachten, das den-
ſelben entſprechende Manöver, die in dieſer Abſicht ſchon vorhergegangene Lagerungen, Märſche,
und Diſpoſitionen geben allein das in jeder Betrach=
tung brauchbare Reſultat. Den Erfolg hat auch
das größte Genie von Feldherren nicht immer in
ſeiner Taſche; ein Ohngefähr, ein Nichts —
das heißt, ein Unbeſtand, den oft der Sieger
eben ſo wenig, als der Beſiegte anzugeben weiß
— ändern, die Erfolge der Schlachten ſehr man-
nichfaltig ab. Wer wird hierauf Theorien bauen?
Der blinde Ziſchka gewann Schlachten, wie Cäſar,
und die beiden Prokope der Hußiten waren die

Scipiades ihrer Zeiten — wer will von ihnen
die Kriegskunst erlernen? Aber ich kann mich
mit Ihnen auf diese Materie nicht einlassen: denn
ich sehe wohl, daß Sie ein eben so schlechter
Krieger, als Logiker sind, und daß der Landes-
herr, so wie jener Herzog von Mailand, der
den Machiavell, weil er ein Buch über den Krieg
geschrieben, zu sich berufen, um ihm die Einrichtung seiner Truppen zu überlassen, mit Ihnen
betrogen wäre; wenn er Ihnen nur zwei Rotten
zu commandiren anvertrauen wollte. Sie haben
es bewiesen: denn gleich von S. 45. da Sie Ihren Mund zu Lascy's Ruhme weit aufthun, verfallen Sie aus einer Schwachheit in die andere;
und keinem Leser, der nicht an Leib und Seele
blind von Mutterleibe gekommen ist, kann Ihr
sichtbares Bestreben entgehen, dem Präsidenten
Lascy eine seiner Bescheidenheit, und großen Einsichten gewiß unanständige Lobrede auf Kosten des
verewigten Feldmarschalls Daun zu halten: Sie
benehmen sich dabei, wie Sie sich in allen Ihren Briefen vom Anfang bis zu Ende in Absicht
Joseph und Theresiens benommen haben: das
heißt, um das Gegenbild zu erhöhen, machen
Sie das Grabmal des einen zur Grundlage der
Trophäen des andern.

„Der Friede, schreiben Sie, war nicht
sobald hergestellt, als man schon anfing, die ent-
deckten Mängel beim Militär auszubessern." Sie
sprechen doch vom Hubertsburger Frieden, mein
Herr? Denn was man etwa bis dahin, und
auch noch etwas weiter, an österreichischen Militär gestickt, gebessert, nachgekünstelt, hier und
da neuangestückt, oder auch neues gemacht —
hat uns schon ihr Veridicus militaris, der zuerst
die Burscheidischen Prahlereien prüfte, und ihnen
zuweilen den Maaßstab des Lächerlichen anlegte,

in seinem freimüthigen Beitrage zur Geschichte des
österreichischen Kriegsdienstes, (Frankf. und Leip=
zig 1779 und 1780 in 4.) erzählt: aber weiter
sagte dieser Ehrenmann auch nichts, oder wußte
vielleicht nichts, zu sagen, ohne die Wahrheit zu
beleidigen. Es gieng kein Jahr ins Land, so
erschien (Frankf. und Leipzig 1780 in 4.) ein
freimüthiger Kommentar über erwähnten Beitrag
— So spukte die Freimüthigkeit der österreichi=
schen Schriftsteller schon in den letzten Lebensjah=
ren Theresiens allenthalben vor. — Der Verfas=
ser des Kommentars war mit seinem Vorgänger
Veridicus weder ganz zufrieden, noch ganz un=
zufrieden. Er schien ihm zwar bis etwa auf das
Jahr 1763 die Mängel und Verbesserungen des
österreichischen Kriegsdienstes ziemlich genau ge=
troffen zu haben; aber seit der Zeit, setzte er
hinzu, hätte der Dienst ein ganz anderes, von
dem ehmaligen sehr abstechendes Ansehn gewon=
nen, und die neue Epoche der Krieger Josephs
müsse Veridicus wohl gar nicht gekannt haben.
Wir erwarteten daher von dieser Zeitbroschüre,
wenigstens einige neue Aufschlüsse über die im
österreichischen Dienste getroffenen großen Ver=
änderungen; aber statt dessen ließ es auch Herr
Kommentator dabei bewenden, daß er mit den
übrigen seine Wächterstimme erhob, und in die
Welt hinein schrie: Alle meine Herren laßt euch
sagen, die Glocke hat — — Ja was? — Wir
wußten nun so viel, wie zuvor, und die ins All=
gemeine hin ausposaunten Wunder und Zeichen,
die das neue Militärsystem bey Ihnen gewirkt
haben soll, sind uns nach wie vor unbekannt ge=
blieben. Schon fiengen wir an nach gerade zu
muthmaßen, daß dieser Gegenstand mit allerlei
Mysterien, wie Sie S. 41 sagen, gleich dem al=
ten Gottesdienst der Aegyptier, umhüllet, und

nur

nur wenig Eingeweihten, ja unter diesen, viel=
leicht selbst nur den Epopten vom ersten Range
bekannt seyn müsse; als mit einmal ein Colpor=
teur unter der Maske des militärisch = österreichi=
schen Patrioten seine Waare: „Aechte und wahr=
„hafte Beiträge zur Geschichte des österreichi=
„schen Militärdienstes, veranlaßt durch die zwei
„Schriften: Freimüthiger Beitrag zur Geschichte
„des österreichischen Militärdienstes und Frei=
müthiger Kommentator über den freimüthigen
Beitrag, (Frankf. und Leipzig, bei Walifer und
Korn, 1781, in 8) aus vollem Halse ausrufte,
und zugleich auf den unpatriotischen Schofel sei=
ner beiden Vorgänger, so wie man es von But=
tenträgern schon lange gewohnt ist, weidlich zu
schimpfen sich erlaubte. Hier, sagte er, ist neue
Waare, von ächtem, vaterländischem Gepräge;
hier sollen die Herren sehen, wie weit wirs ge=
bracht haben. — Unsere Neugierde ward rege;
aber bei näherer Untersuchung, siehe da! Der
Mann glich dem maskirten Pudel in dem Pri=
vatleben Ludwig des Funfzehnten, den sein Herr,
um die Wachsamkeit des Lieutenant de Police
zu hintergehen, in eine über die maßen große
Pudelhaut eingenähet, sie mit den nouvelles ec-
clesiastiques, und allerlei Zeitskartefen ausgefüllt,
und auf diese Weise seine confiscirte Waare nach
Paris zu Markte geschickt hatte. Eben so er=
schien der mit hundert aus allerlei Autoren zu
sammengerafften Anmerkungen ausgestopfte, mit
dem Gute, daß er dem Veridicus und seinem
Kommentator geraubt, und nach seiner eigenen
Weise vortreflich verhunzt hatte, durch und durch
wohl farcirte militärisch = österreichische Patriot. —
Dieser elende Stopler hatte uns um unser Geld
und edle Zeit gebracht; leer und ungesättigt kehr=
ten wir von der Lektüre eines Büchelchens zu=
rücke,

rücke, wo uns der Plagiair nichts, als die große
Neuigkeit S. 49 erzählt hat: „ Daß Kaiser Jo-
„seph im Jahre 1775, in der Charwoche —
„Res digna relatu — den Befehl durch ein
„Handbillet an den Hoffriegsrath ertheilt habe:
„sogleich in allen Kasernen der Hauptstadt an-
„zubefehlen, daß kein Mann vom Feldwebel ab-
„wärts, sich unterfange bei schwerester Strafe
„und Verantwortung der Offiziere — mit einer
„Locke oder gewichstem Bart auf der Gasse zu
„erscheinen; welcher Befehl, den nämlichen Tag,
„allen Truppen in den Erblanden bekannt ge-
„macht wurde. " Um diese merkwürdige
Entdeckung sind wir also, durch die ächten
und wahren Beiträge des österreichischen Patrioten, reicher geworden, und wir wissen nun mit
Gewißheit; daß Josephs Krieger, als Gegenbild
zu den Kriegern im siebenjährigen Kriege aufgestellt, keine Locken und keine gewichsten Bärte
mehr haben — Fühlen Sie nicht selbst, m. H.,
das Schwache, das Kindische in dem Einfalle,
ein so gleichgültiges, unbedeutendes Dienstdetail
dem Publikum mit großen Worten zu erzählen,
und als eine wichtige Verbesserung der österreichischen Armee anzukündigen? Demungeachtet
hielt es der Verfasser der Mühe werth, theils
seine eigene absurda, theils was er von andern
zusammen gestohlen, und schlecht arrangirt hat:
dem ganzen österreichischen Kriegsheere zu dediciren. —

Ich könnte hier noch der Erinnerungen Erwähnung thun, die der Kommentator des Veridicus militaris, Frankf. und Leipzig, 1783 in
4. gegen den jetzt gemeldeten österreichischen Patrioten, wie er sagt, im engsten Verstande, und
gegen den „Versuch einer militärischen Geschich-
„e des baierischen Erbfolgekrieges herausgegeben
hat;

hat; allein zu geschweigen, daß diese Schrift eben so wenig Erhebliches oder Neues, als die vorhergehenden, in Absicht der österreichischen Militärreform enthält; so gehört sie auch blos in die Klasse der niedrigsten und ekelhaftesten Streitschriften, wobei der Verfasser alles decorum außer Augen gesetzt, und seine Ausdrücke vom Fischmarkte entlehnt hat. Ich habe nicht das Glück den Verfasser des gedachten Versuchs einer Militärgeschichte näher zu kennen; aber jedermann versichert, daß er ein sehr rechtschaffener Mann, und verdienstvoller Offizier in unsrer Cavallerie sey, dem man es zutrauen kann, daß er gewiß nicht mit Willen die Nachrichten verfälscht, sondern sie dem Publikum so mittheilt, wie er sie von glaubwürdigen Männern und Augenzeugen empfangen hat. Fand sein Gegner Unrichtigkeiten, so konnte er sie allerdings rügen: aber es mußte mit Bescheidenheit, und nicht mit pöbelhafter Grobheit, und personellen Ausfällen geschehen. Es mag immer seyn, daß den Kommentator ein gerechter Schmerz, und die von dem tollen österreichischen Patrioten ihm an Hals geworfene Beschuldigung des Preußisirens, wie er sich ausdrückt, aus seiner Fassung gebracht haben: gab ihm aber dieß ein Recht gegen einen verdienten Mann in unserm Kriegsheere den abgeschmackten Bramarbas Ton zu gebrauchen: ja was noch mehr ist, Friedrich den Zweiten durch die Benennung Tamerlan und Gengischan als einen barbarischen Helden zu karakterisiren? Er suchte vielleicht dadurch den Vorwurf des Preußisirens, daß ihm wohl kein vernünftiger Mann jemals Schuld geben konnte, von sich abzuziehnen, und sich als Patrioten seinem Publikum wieder bestens zu empfehlen; aber ich bin überzeugt, daß man sich auch unter Ihnen bei der

ver=

vernünftigen Klasse durch keine auf den König
von Preussen, und seine Offiziere ausgestossene
Grobheiten empfiehlt. —

Setzen Sie, m. H., zu den jetzt angezeig=
ten Schriften die in ihrer Art traurigen Wiener=
Anzeigen und Recensionen der neuesten Werke
der Militärlitteratur, die Fragmente aus dem österr=
reichischen Kriegsreglиment, so viele andere un=
bedeutende Broschüren, die Hunger und Schreib=
besucht hervorgebracht haben, samt dem schwülsti=
gen, unverdaulichen Wust des, wie ihn Veridicus und sein Kommentator nennen, militärischen
Gottscheds, sonst Burscheid genannt, noch hinzu:
so haben Sie ein ganzes Archiv von voluminösen
Urkunden sine die, jet Consule beisammen, worin
über die ausnehmenden Verbesserungen des Kriegs=
heeres zwar viel gesprochen, aber demungeachtet
nichts Wesentliches, nichts näher Bestimmtes ge=
sagt, und unter einem Schwall hochtrabender
Worte oft nichts weiter, als mikrologischen Unsinn
ausgekramt wird. Vielleicht beschämen Sie, lie=
ber Friedel, durch wichtigere Data alle Ihre
Vorgänger — Lassen Sie mich drauf aufmerksam
seyn, und Ihnen Schritt vor Schritt folgen.

„Daun, schreiben Sie, war Patriot genug,
„auf seinem Todbette Lascy bei dem Throne
„zu seinem Nachfolger zu empfehlen.‟ Bis jetzt
hat uns noch niemand diesen patriotischen Zug
in dem letzten Willen des sterbenden Feldmar=
schalls gemeldet — er ist groß an und für sich
selbst betrachtet: aber noch größer, wenn der
sterbende Daun in seinem Nachfolger den Riva=
len seines Ruhmes erkannt hat.

Ferner: „Lascy war kaum zum Präsiden=
„ten des Hofkriegsraths erwählt, so fieng er
„auch an, das Militär zu verbessern. Doch
„nein, Freund! nicht zu verbessern blos — ganz
umzu=

„umzuschaffen. Er riß das Gebäude nieder,
„ließ nicht ein Steinchen in seiner alten Fuge,
„und baute dafür den herrlichsten Tempel,"
Sie vergessen, m. H. , in Ihrer Begeisterung
daß Sie dem Namen des verewigten Fabius mit
der äussersten Ungerechtigkeit begegnen; — war
Dauns Nachfolger genöthiget, das ganze Gebäude niederzureissen, an dem der verewigte etlich
und zwanzig Jahre mühsam gebaut hatte, was
folgt daraus? Was anders, als daß es nicht
etwa nur an einigen Theilen noch mangelhaft
gewesen, sondern durch und durch bis auf die
Grundpfeiler, bis auf das kleinste Steinchen, nichts
getaugt habe. — l)

S. 46.

l) Allerdings mags Herr Friedel übertrieben haben.
So viel bleibt allemal wahr, daß in Absicht auf
Manöver und in Absicht auf Oekonomie — das
Militär und der Staat beträchtlich gewonnen
haben. Das fällt, deucht mich, in die Augen,
und braucht nicht erst einem einzelnen Chikaneur
erwiesen zu werden. Wenn von der Reforme
oder bestimmter zu reden, von den Verbesserungen des Militairs gesprochen wird , so ist es allenfalls für den ersten Augenblik komisch, wenn
man statt anderer merkwürdigen Thaten blos mit
Abschaffung des Puders und Bartschmierens ange-
stochen kommet. Allein hintenher, wenn man
schon ein Bisgen seinen Mund zum Lächeln ver-
zogen hat, billiget es die ernstliche Ueberlegung
der Sache, daß hiedurch dem gemeinen Mann ein
Fünftel der Löhnung erspart wurde, die ihm
nun sehr wohl zu Statten kömmt. Dieses ist
keine Kleinigkeit, und verdient besonders in Preußen, wo der gemeine Mann ohnehin schlechter
bezahlt wird, als in Oesterreich, von dem grossen
Friedrich nachgeahmt zu werden. Allein dort
bleibts im Alten. Es geht in allen Dingen,
wie mit den neuen Häusern. Von aussen Palläste,

von

S. 46. „Wer Oesterreichs alte Kriegsver=
„fassung — auch die noch aus dem siebenjähri=
„gen Kriege kennt, wird über die schnellen Fort=
„schritte, die das Militär unter dem leitenden
„Auge eines Lascy machte, erstaunen. Der Sol=
„dat wurde von seinen Kriegsartikeln, bis auf
„das Schlachfeld umgeschmolzen." Welch' ein
häßliches Paradox Sie uns da aufheften wollen!
Wie? Selbst die Bibel des Kriegsmars, die
heiligen Gesetze der Leopolde, Josephen und
Karln sollen ein Gegenstand en Umschmelzung
gewesen, und durch das Feuer der Reforme ge=
läutert, nein, nicht geläutert, sondern ganz zer=
stört worden seyn? Hätten Sie uns doch einige
von diesen umgeschmolzenen Kriegsartikeln gelie=
fert, um uns zu überzeugen, daß Sie in Ihren
Angaben ein ehrlicher und wahrhafter Mann
sind: denn so viel wir wissen, ist der ehmalige
Leopoldinische Artikelsbrief noch immer die Haupt=
Cynosur für den österreichischen Krieger; und war=
um sollt' ers nicht seyn?

„Es ist nur ein kleiner Zwischenraum von
„dem Tode Dauns bis zur Reformation des
„Lascy. Im Jahre 1766. war das ganze neue
„System nicht nur entworfen, sondern schon
„bis zur Ausübung bei der Armee eingeführt.
„Man sieht leicht aus dieser kurzen Zeitfrist, daß
„Lascy schon bei Lebzeiten Dauns, und viel=
„leicht nicht ohne alle Mitwirkung, und Leitung
„des letztern an dieser Reforme gearbeitet ha=
ben

von innen Hunger und Noth. Wäre diese Ab=
schaffung des Puders und des Schmierens nicht
eigener Einfall, sondern Nachahmung der Preu=
ßen, die in allen Dingen nachgeahmt sein wollen,
so würde es der berlinerische Briefsteller gewis
in kein so komisches Licht gesetzt haben.

„ben müsse." Vielleicht! Ja Herr Friedel,
Sie thun wohl daran, durch dieses Vielleicht
Ihre kühnen Muthmaßungen etwas einzuschränken: denn wahrscheinlich ist es wahrhaftig nicht,
daß Vater Daun, der das Gebäude im Schwei-
ße seines Angesichts gegründet, mit Beifall des
Hofes, und unter Zujauchzen der österreichischen
Völker aufgeführt hat, nicht etwa zur Vervollkommung, sondern zur gänzlichen Zerstörung desselben mitgewirkt haben sollte. Wo ist der Mann,
der, bei der edelsten Selbstverläugnung, das
Werk seines Anfanes mit eigenen Händen zerstört? Auch scheint überhaupt dieses Gebäude
nicht in allen seinen Theilen so äußerst fehlerhaft
gewesen zu seyn, daß man nicht einmal, wie Sie
uns überreden wollen, das kleinste Steinchen in
seiner alten Fuge lassen durfte. Wäre die Kriegs-
verfassung unter Daun in so hohem Grade schlecht
gewesen, als man jetzt zur Schande dieses großen Mannes, zur Schande der verewigten Monarchin und ihres Mitregenten vorzugeben sich
erdreistet, wir würden es mit den Herren Oesterreichern nicht so lange gemacht, und den Krieg,
der sieben Jahre gedauert, und einer der blutigsten war, weit eher beendiget haben. So lange
Sie also von Ihren Sätzen keine bessere Beweise beibringen, so lange Sie sich nicht in das
Detail der Mängel, und in das Detail der eigentlichen Verbesserungen, oder besser zu sagen,
der ganz neuen Schöpfungen Ihres Dienstes einlassen; können Sie auch keinen größern Glauben für die Wunderkräfte Ihres Helden von uns
verlangen, als den die gegenwärtige Beschaffenheit der Nachrichten erlaubt. Ich kenne Laseyn
nicht: wenn er aber jene Größe der Seele besitzt, die man von ihm rühmt so muß es diesem großen Manne allerdings höchst mißfällig
seyn,

seyn, durch die Stimme der Schmeichler
sich so übermäßig erhöht, und dagegen einen
Daun, dessen Name schon lange in dem Tempel
der Ehre glänzte, als der Name Lascy nur noch
in der Rubrique der Regimentstabelle stand, faſt
unter seine Füße erniedriget zu sehen.

„Lascy, der durch alle Stufen des Kriegs=
„dienstes sich den Weg zur höchsten bahnte,
„sammelte Erfahrungen, die ihn mit den Miß=
„bräuchen des alten Dienstes auch von der
„kleinsten Seite bekannt machten.‟ Ich gebe
das nach: glaube aber auch, mit Beibehaltung
der größten Hochachtung für den Feldmarschall
Lascy, behaupten zu dürfen, daß, Erfahrungen
gegen Erfahrungen gehalten, die Erfahrungen eines
Dauns von ungleich größerm Umfange gewesen, und
die Lascyschen vielmal überwogen haben. Daun
diente von langer Hand her in dem österreichi=
schen Kriegsheere. Seine Vorfahrer hatten sich
in eben diesem Dienste Lorber, und die Würde
der Fürsten von Thiana errungen. Die eigene
Erfahrungen des Feldmarschalls reichten ohne=
dies schon weit hinaus, und da, wo sie aufhör=
ten, fiengen die auf ihn fortgepflanzte Nachrich=
ten und Kenntnisse seiner militärischen Vorfah=
ren an. Daun kannte daher den österreichischen
Dienst nicht etwa von so kurzer Zeit her, als
Lascy: man kann sagen, er kannte ihn seit Jahr=
hunderten, mit allen seinen Mängeln und Guten
von der Zeit der Ferdinanden, wo die Verdienste
seiner Vorfahren schon glänzten, bis auf Joseph
den Zweiten. Erinnert man sich hiernächst seiner
ausgebreiteten Länder= und Staatskenntnisse, sei=
nes großen Einflusses bei Hofe, seines ausge=
zeichneten Patriotismus, so sieht man ganz den
Mann, der den Verstand, den Willen, und die
Macht hatte, eine den österreichischen Erbstaaten
ange=

angemeſſene Kriegsverfaſſung zu Stande zu brin=
gen. Alles dieſes ſchwächt Lafcy's Ruhm im
geringſten nicht: denn ob er gleich in der Pa=
rallele mit Daun nur den zweiten Platz haben
kann, ſo gereicht es ihm doch jederzeit zur vor=
züglichen Ehre, daß er mit ſo vielem Eifer, als
Geſchicklichkeit auf dem Grund fortbauet, den
der alte Kriegs = und Staatsmann gelegt, und
das Gebäude erweitert und verſchönert, das je=
ner zu Stande gebracht hat.

Ich habe kein Intereſſe dabei, wie Sie leicht
einſehen können, mein Herr, für Ihre Helden
und Feldherren Apologien zu ſchreiben: was ge=
hen ſie mich an? Ich kann nichts dabei gewin=
nen, wenn ich das Gute an ihnen lobe, und
werde, wenn ich ihre Fehler table, eben ſo we=
nig dabei verlieren. Ihr verewigter Daun hat
mir nie Etwas zu Gute, und Ihr unſterblicher
Lafcy nie Etwas zu Leide gethan: aber was die
Natur der Sache, was Zeit und Geſchichte leh=
ren, liegt jedermann in und außerhalb Ihrem
Vaterlande vor Augen, und man ſieht es wohl
ein, wo Sie und Conſorten mit allen den Sei=
tenhieben auf die großen Werkzeuge, die Thereſia
bei ihrer Regierung gebraucht hat, hinaus wol=
len. Vielleicht wird einſt Neſtor Kaunitz nach
ſeinem Tode — ſo gut er ſich auch jetzt in die
Zeiten ſchickt, und bei den veränderten Grund=
ſätzen der Regierung den Staatsmann macht m) —

eben

m) Wozu dieſer Ausfall? Vermuthlich hat der Bei=
träger mit beſonderm Leidweſen in der Pieſe der
Schlafrok dieſen Miniſter redend eingeführt ge=
funden, wo er gegen die Tolopains und Santons
vis a vis M. Thereſiens auf eine Art votirt,
die dem Beiträger das Herz geſpalten haben mag,
zugleich aber auch aller Welt beweißt, daß es
der

eben das Schicksal erfahren, was jetzt dem Oe=
sterreichischen ehmals von aller Welt angebete=
ten

der Stolz dieses Ministers nicht zuläßt, sich in
die Zeiten zu schiffen, und den Staatsmann zu
machen. Diesen Stolz kennt fast ganz Europa. —
(Ich nenne Stolz das Bewußtsein seiner Größe,
den man nicht mit Hochmuth verwechseln darf.)
Er macht Kaunitzen selbstständig, und ist seinem
Ruhme ein Bollwerk allen Versuchungen auswär=
tiger Mächte, und seiner eigenen Erhaltung durch
Verleugnung seiner einmal gefaßten Grundsätze zu
trotzen. Leopold Kolowrat war der Liebling M.
Theresiens. Er hat sich durch seine so mannigfal=
tigen Bedienstungen seine Treue und sein Fleiß
eine Rutine erworben, — die ausserordentlich in
ihrer Art ist. Man glaubte, daß es ihm unter
Joseph schaden würde, seiner Mutter Liebling
gewesen zu sein. Und als man sich schon überall
mit der gewissen Resignation desselben unterhielt,
ward Theresiens Kammerpräsident Kolowrath zu
Josephs obristen Kanzler ernannt. Es wird von
keiner Dauer seyn, raunte man sich allerorts in
die Ohren, man weis, warum das geschehen ist!
man kennt den Nachfolger schon, oder Kolowrath
machte den Staatsmann, er wußte sich in die
Zeiten zu schiffen! — Welch' ein Geschwätz! um
mit aller Gewalt auf der einen Seite die Ver=
dienste des Ministers auf der andern die Gerech=
tigkeit des Monarchen nicht sehen zu müssen! So
Hatzfeld, so Franz Khevenhüller, so alle übrigen,
deren zu erwähnen nicht der Ort hier ist; die
sich in alle möglichen Zeiten schiffen werden, —
wo Geschiklichkeit, Treue und Fleiß in Anschlag
gebracht wird. Vor Kabalen ist freilich Niemand
sicher, und der Monarch als obrister Richter kommt
doch dabei ausser aller Verantwortung. Niemand
weder der Fürst Kaunitz noch der Fürst Kheven=
hüller, noch alle Mächtigen der Erde. Gegen
Banditen und Jesuiten haben grosse Armeen die

ten Fabius in der Grube wiederfährt: ein neuer
Staatskanzler dürfte alsdenn das Gebäude des
Alten in der Art zerstören, daß nicht ein Steinchen
in seiner alten Fuge verbleiben wird. — Was
ist aber der Endzweck dergleichen Zerstörer, die
nicht einen Stein auf dem andern lassen? Was
sonst, als durch die Zertrümmerung der Monumente des Ruhm ihrer Vorfahren, Materialien
zu einem sich selbst zu errichtenden Monumente
zu gewinnen, und — auf gut herostratisch Epoche zu machen. Unsere Staats = und Kriegsver-
fassung hat von der bildenden Hand Friedrich
des Zweiten, seit dem Antritt seiner glorreichen
Regierung unstreitig große und mannichfaltige,
Verbesserungen und Ausschmückungen erhalten;
aber lesen Sie, mein Herr, alles, was zum ge-
rechtem Lobe dieses Fürsten je geschrieben worden
ist, und Sie werden keinen Schriftsteller auffinden können, der sich den panegyrischen Unsinn
erlaubt hätte, zu sagen; daß Friedrich das mit
so vieler Klugheit aufgeführte Gebäude seines
Vaters niedergerissen, und ohne ein Steinchen
in seiner alten Fuge zu lassen, vom Grund aus
zerstört hätte. —

S. 47 erscheinen Sie wieder in Ihrem vollen ästhetischen Glanze, wenn Sie sagen: „Er
„(Lascy) wußte, daß es vergebne Arbeit wäre,
„diese Quellen zu verstopfen.“ — Was denn
für Quellen? Warum machen Sie nicht einige
davon namhaft? und reden mit Menschensinn,
anstatt daß Sie wie ein Schüler, der sich in Al-
legorien übt, das Geschwätze in folgenden Worten

vergifteten oder sonst ermordeten Könige laut der
Geschichte nicht schützen können. Was sollte Kaunitzen gegen den Banditenstich geschützt haben, —
daß er sich in die Zeiten schiffe?

ten fortsetzen. „Das hervorsprudelnde Wasser
„sucht sich neue Auswege, und so wäre des
„Flickens und Ausbesserns kein Ende geworden.
„Er entschloß sich daher, da er das Zutrauen
„des Monarchen im vollen Maaße besaß, die
„alten von wilden Bächen durchströmten Flu-
„ren ganz zu verlassen, und Oesterreichs Legio-
„nen auf neue Gefilde zu führen. Er gewann
„dabei den Vortheil, dem Uebel selbst vorzu-
„beugen, da er vorsichtig genug war, sich eine
„Gegend zu wählen, wo das Uebel noch unbe-
„kannt war.“ O des hieroglyphischen Unsinns!
Kann wohl hieraus ein einziger deutlicher Begriff in dem Verstande des Lesers entstehen?
Halten Sie das Publikum für ein Kind, dem
man Etwas vorklappern kann? Sie wollen uns
da große Dinge sagen, und sprechen in Para-
beln — Gewiß, wenn Ihr Freund zu Ihren Mysterien nicht initiirt ist, um diese räthselhafte
Sprache zu verstehen; wenn er die Gegend, die
Lascy mit so vieler Vorsicht gewählt, und die
Gefilde nicht besser, als wir, kennt, in die er
Oesterreichs Legionen geführt hat, so muß ihm
dieses Kaudergewälsch eben so, wie allen andern
Lesern, unverständlich, und nicht mehr, und weniger, als ein Abra Cadabra seyn. —

Erlauben Sie, m. H., daß ich hier — um
Sie nicht durch meinen Unmuth zu beleidigen,
abbrechen, und nur die Versicherung hinzufügen
darf, daß ich jederzeit seyn werde ꝛc.

Sechster Brief.

Sie haben ganz Recht, mein Herr, wenn Sie
Seite 47 sagen, „daß es immer Wollust für

K   den

„den denkenden Kopf sey, wenn er sieht, wie
„aus den zerfallenen Ruinen eines alten Tem=
„pels ein neuer emporsteigt, der an Pracht,
„Dauerhaftigkeit und Nutzen den ersten weit
„übertrift." Allein dieses prachtvolle Werk
existirt außer Ihrem Kopfe entweder gar nicht,
oder es ist bis jetzt noch so sehr en Mignature,
daß man es nur durch Hülfe Ihres Vergröße=
rungsglases, wodurch das Objekt 999mal ver=
größert sich darstellt, zu entdecken vermag. —
Dort in der Ferne in einem dicken Nebel von
Vorurtheilen scheint zwar ein Haufen noch un=
geordneter Materialien nach gerade empor stei=
gen zu wollen; eine Menge Arbeiter sind dabei
beschäftigt, aber es sieht aus, als ob sie die Ar=
beit des Sysiphus verrichteten; denn in dem
Maaße als sie gewisse Steine übereinander wäl=
zen und aufthürmen, rollen andere, aus Män=
gel der gehörigen Verbindung, immer wieder
herab, und so wird in alle Ewigkeit kein Gan=
zes daraus. n)   Dürfte ich wohl bitten, daß
Sie dieser kleinen Allegorie neben Ihrer vorigen
von den mit wilden Bächen durchströmten Flu=
ren ein Plätzgen vergönnen wollten.   So gleich
wir von Ihren verstopften Quellen, Sümpfen
und neuen Gefilden die erforderlichen Aufschlüsse
werden erhalten haben; so bin ich erbötig, auch
von meiner Radoterie die bestimmte Erklärung
                                                              zu

n) Ei! — doch Sie nennen ja dieses Geschwätz selbst
     nur eine Radoterie. Ohne diese nähere Wortbe=
     stimmung — würde es leicht mancher Oesterrei=
     cher eine Verleumdung genannt haben. Es wäre
     sehr nützlich, wenn sie Laßi eine Lektion geben
     wollten, wie er dem Mangel der gehörigen Ver=
     bindung abhelfen solle, damit nicht alles herab=
     rollt, was er bauet. Diese Lektion könnte sie
     unsterblich machen.

zu geben. Bis dahin lassen Sie uns miteinander eine Sprache reden, die jeder Leser von schlichtem Menschenverstande zu begreifen im Stande ist. Sie melden uns als Etwas besonders, daß Oekonomie und Disciplin die zween Pfeiler sind, auf die Lascy, sonst auch Moritz genannt, sein neues Kriegsgebäude gegründet und aufgeführt hätte. Im Vorbeigehen will ich hier doch anmerken, daß einige ihrer neuern Schriftsteller diesen Feldherren nunmehr weit seltner mit seinem Geschlechtsnamen, als — wie es bei Fürsten aus regierenden Häusern Sitte ist — mit seinem Taufnamen bezeichnen. Man sagt, daß der würdige, einsichtsvolle Feldmarschall selbst auf dieses Kompliment nicht allzu gut zu sprechen sey. Die Sache an sich ist sehr gleichgültig, wenn wir nur erst in Deutschland, wie in Italien, daran gewöhnt seyn werden, uns untereinander mit Signor Giacomo, Signor Giovanni, zu begrüßen; aber dermalen klingt es noch etwas sonderbar, und man würde es kaum verzeihn, wenn irgend ein Geschichtschreiber die Ausdrücke brauchte: Leopold hat bei Kollin gesiegt, und Gideon ist bei Liegnitz geschlagen worden; obgleich übrigens das unterscheidende Verdienst eines Dauns und Laudons diese Männer in der Geschichte, als praktische Feldherren, eben so sehr, wie einen Lascy wegen seiner ausgebreiteten theoretischen Kenntnisse auszeichnet. Vielleicht fällt es noch einem Kraftgenie von Schriftsteller ein, um allen Irrungen in der Geschichte vorzubeugen, ihn künftig, zum Unterschied von den Moritzen von Sachsen, durch ein Moritz von Oesterreich kenntbar zu machen.

Nach dieser kleinen Einschaltung, dergleichen man sich in Briefen und mündlicher Unterredung unter dem gewöhnlichen Ausdrucke des à propos

K 2 nicht

nicht übernimmt, komme ich auf Ihr neues
Kriegsgebäude, und seine beiden Grundpfeiler,
Oekonomie und Disciplin wieder zurück. Hätten Sie uns gesagt, m. H., daß der Präsident Lascy
durch sein ökonomisches Talent der bisherigen
Verfassung des österreichischen Kriegswesens mehr
Unterstützung und Dauerhaftigkeit zu verschaffen
gewußt hat; so würden Sie eine Wahrheit gesagt, und das karakteristische Verdienst dieses grossen Mannes, das ihm vor andern Feldherren,
die seine Vorgänger waren, ganz eigen ist, bekannt
gemacht haben: denn es ist gar nicht zu läugnen, daß Ihre heutige Militärökonomie vornehmlich durch seine Fürsorge und Maasregeln eine
von der ehemaligen sehr verschiedene Gestalt angenommen hat; und ich bin beinahe überzeugt,
daß Sie in gewissen Stücken mehr Oekonomen
als selbst die Preussen sind, die Sie immer dafür
ausgeschrieen, und eben darum, weil wir gute
Haushälter waren, uns unsre Armuth aufgerückt
hatten. o) Ihre Militärcantons sind nunmehr
eben-

o) Armuth und Reichthum ist, wie alles in der Welt
relativ. Wenn Preußen und Oesterreich gleich-
starke Armeen auf den Beinen unterhalten, so
ists damit nicht erwiesen, — daß Preußen eben
so reich sei, als Oesterreich. Sie stünden vielleicht da — auf einem gleichen Grade von Wohlstand, wenn in Preußen 60 und in Oesterreich
150 tausend Mann unterhalten würden. Herr von
Herzberg scheint nicht dieser Meinung zu sein.
Er hat in seiner Betrachtung über die innerliche
Stärke der Staaten und ihre verhältnißmässige
Macht gegen einander, welche in der öffentlichen
Versammlung der Akademie der Wissenschaften zu
Berlin 1782. am 22 Jenner vorgelesen wurde,
verblühmt und schielend zu beweisen gesucht, daß
durch die vortheilhaftere Lage kleinerer Staaten
den

ebenfalls regulirt, wenigstens zum Theil, und wo es
die Landesverfassung erlaubte. Die über diesen
Artikel

den größern weniger vortheilhaft situirten an
Stärke gleich kommen können. Man sieht es
dem Herrn von Herzberg an, daß ihm Preußen
und Oesterreich auf der Zunge liegen. Es ist
die Mühe werth, den Minister selbst zu hören.
„ Aber, wie dieser auch sein mag, (sind seine
Worte) glaub ich doch behaupten zu können,
daß man auch mit einer richtigen Kenntniß der
Größe und Bevölkerung eines Staats doch
nicht im Stande sei, den Grad seiner Macht und
das Verhältniß desselben zu der Macht eines andern richtig zu bestimmen. Es scheint mir vielmehr, um das Verhältniß der Stärke der Staaten gegen einander richtig abzuwägen, müsse man
zu den beiden vorher angeführten Grundkräften
der Macht eines Staates, noch auf drei andere
Bestimmungen Rücksicht nehmen. Die vielleicht
noch mehr als jene zu einem sichern Urtheil leiten können. Diese Bestimmungen sind die Lage
eines Staats; die Form und der Charakter der
Regierung, der Nationalcharakter seiner Be-
wohner. — Ein Land hat eine vortheilhafte
Lage sowohl zum Handel als überhaupt zum
Kriege und zum Frieden, wenn es in einer beträchtlichen Strecke längs einem großen und freien
Meere liegt oder weite Seeküsten hat; wenns
eine beträchtliche Zahl schiffbarer Flüsse besitzt,
die es in seiner größten Länge durchströmen,
und sich ins Meer ergießen, und die unter sich
entweder durch andre Flüsse oder Kanäle verbunden
sind. u. s. w. Man stelle sich nun in der Einbil-
dungskraft vor, oder man finde in der Wirklich-
keit einen Staat von mittelmäßiger Größe und
Bevölkerung, man gebe ihm, oder man finde
bei ihm das Lokal, die vortheilhafte Lage, die
Regierungsform, das Genie und den Charakter
des Regenten, den Nationalcharakter, — man
stelle

Artikel ergangene Patente und Verordnungen betragen bereits über 100 Folio Seiten, und ich
bin

stelle alsdann diesen an sich mäßigen Staat , der
die drei lezt erwähnten Vortheile genießet, neben
einen andern von einem weit grösseren Umfang
und einer beträchtlichen Bevölkerung , der aber
auch nicht zugleich jene Vortheile der Lage , der
Regierungsform und des Nationalcharakters besizt.
man vergleiche nun (Preußen und Oesterreich)
ihre beiderseitige Macht , und man wird finden,
daß der kleinere dem grössern und volkreichern an
wahrer Stärke gleich kommen , sogar ihn übertreffen könne. Gewäsch! mit Ihrer Excellenz
Erlaubnis. Ihre Excellenz bringen mit unter die
Vortheile dieser Lage, die Vertheidigung der Küste
durch befestigte Seehäfen. — Aber J. Excellenz
erlauben auch , daß ein Land , welches nicht am
Meere liegt, keiner befestigten Seehäfen bedarf,
weil es zur See nicht angegriffen werden kann.
Und selbst Preußen schien bis izt noch immer lieber zu Land als zu Wasser Kriege zu führen.
Ob es daher rührt, weil sie mehr Hunger als
Durst haben, mag H. v. Herzberg entscheiden.
Oesterreichs Lage hat eben so viel Vortheile ,
scheinet mir, obs auch J. Excel. scheinen wird,
weis ich nicht. Es hat eben so viel schiffbare
Flüsse; hat den grösten Fluß Europens Donau,
der fast durch sein ganzes Gebiethe läuft , und
uns in den Stand sezt, Meister von der so ein-
träglichen Handlung auf dem schwarzen Meer zu
werden. Aus österreichischen Seehäfen laufen eben
so viele Schiffe aus, als aus den preußischen.
Von gutem Boden macht der Herr Minister in
seinen Betrachtungen gar keine Erwähnung. —
Er dachte wohl , daß von dieser Seite Preußen
eben nicht viel voraus habe. Es war überhaupt
ganz überflüßig, zu den bekannten Grundsätzen,
nach welchen man die Stärke eines Staates schäzt.
noch die drei obigen Bestimmungen hinzusetzen.
Denn

bin sehr froh, daß ich sie nicht durchlesen darf. Man beurlaubt und zwar dermaßen stark, daß

per

Denn 1) je vortheilhafter die Lage eines Landes z. B. in Rüksicht des Handels ist, desto bevölkerter wird es sein. 2) Grosse Bevölkerung ist ohne gute Regierungsform ungedenkbar, und daher gehn beide in einem Paar. Despotisch beherrschte Staaten sind immer entvölkert. Um aber das leere Gewäsch des Ministers, dessen sich ein mittelmäßiger Schüler des Herrn v. Sonnenfels schämen würde, noch besser einzusehen, ist es nothwendig, ihn noch einen Augenblik anzuhören. „Die Bevölkerung eines Landes ist so sehr verschieden von der eines andern, daß jede Schätzung derselben nach dem Flächeninhalt eines Landes in Quadratmeilen nothwendig sehr gewagt, und ungewiß ausfallen muß, und daher nur dann eine Anwendung erlaubet, wenn man von einer gewissen Zahl Quadratmeilen das Resultat einer wirklichen Zählung der Einwohner schon vor sich hat." Wie fein! Ein Minister von Abdera oder Hirschau kann nicht feiner bemerken. Also, die Schätzung der Bevölkerung nach den Quadratmeilen leidet nur dann Anwendung, wenn man von einer gewissen Zahl Quadratmeilen das Resultat einer wirklichen Zählung der Einwohner schon vor sich hat? Das heißt: wenn man durch die Zählung weiß, wie viel Einwohner in einem Lande leben, so kann man durch die Division auf ein Haar wissen, wie viele auf eine Quadratmeile gehen! Wie fein! Der Grund, warum die Berechnung nach den Quadratmeilen nicht sicher ist, ist 1) weil die Politiker noch nicht einig sind, wie viel Menschen auf einer Quadratmeile leben können? Einige nehmen 2000, andere 3000, und Süßmilch nimmt sogar, wenn mir recht ist, denn ich habe ihn nicht bei der Hand, 6900 an. 2) Weil auf einer Quadratmeile Weinland viel mehr Menschen leben können,

als

per Compagnie 119 Mann zum Vortheil des Aerarii zu Hause geschickt, und außer den Offizieren, Spiel = und Zimmerleuten nur noch 45 Mann zum Dienste behalten werden. Hieraus ist klar, daß der Kaiser 4mal mehr Oekonom, als der König von Preussen ist, der sich per Compagnie mit 30 Beurlaubten begnügt. p) Es ist ferner die Anstalt getroffen, daß in den Werbebezirken

als auf einer Quadratmeile Akkerland. s) Muß man beobachten, ob ein Land Kohlengruben hat, oder nicht? Im ersten Falle können nothwendig mehr leben als im letztern z. B. England u. s. w. O Minister. Minister! Oder hat sie blos die Eifersucht, Sie nennen sie Patriotismus, blind gemacht, oder sie kamen in der Statistik über das A. B. C. Rühmen Sie sich immerhin Ihrer Reichthümer und Ihrer Stärke, rezitiren Sie, soviel Sie wollen, in der Akademie — nur lassen Sie dergleichen Betrachtungen pro domo Borussorum nicht drükken; so wirds Ihnen am Beifall ihrer Referendariusse gewis nicht fehlen.

p) Die Zahl der Beurlaubten ist im Kaiserlichen bei weitem nicht so übertrieben, als hier angesetzt wird, und was Preusen betrift, ist sie viel zu gering angesezt. Indessen ist vielleicht in Oesterreich etwas thunlich, was es in Preußen nicht ist. Unsere Armee besteht zum größeren Theile aus Landeskindern, die Preußische aus Fremdlingen. Diese in einer großen Menge zu beurlauben, wär eben soviel, als ihnen viel Glük auf die Reise in alle Ewigkeit zu wünschen. Was unsern Soldat an den Dienst bindet, ist die gute Behandlung und die Mienmage. Der Bauerknecht, oder sonst ein unglüklicher Handwerkspursche, der sich anwerben läßt, lebt in der Montur besser, als wenn er beim Bauer dienen oder auf seine Faust sich was verdienen müßte. Er hat alle Tage

zirken nicht allein die Pferde, ohne aller Rücksicht
auf die Pferde der Geistlichen von hohem Range,
und des Adels, sondern auch die Zugochsen bei
der jährlichen Revision aufgenommen werden, in
Italienischen Staaten, wo Pferde und Zugochsen
eine seltene Waare sind, wird vermuthlich ein
ähnliches Schicksal über Maulthiere und Esel ver-
hängt seyn, und das von Rechtswegen: denn diese Lastthiere, wo sie nur zu haben sind, ersetzen
mit doppeltem Vortheil den Abgang der Pferde.
Diese und andere ärarische Einrichtungen beweisen allerdings, daß Lascy, wie Sie S. 47. sagen, bei allen seinen Reformen sichs zum Grund-
satze gemacht habe: „die möglichst zahlreichsten
„Armeen mit den geringsten Kosten zu Oester-
„reichs Schutz in den brauchbarsten Stand zu
„setzen, und zu erhalten.“ Der Grundsatz ist
vortreflich, und trägt das Gepräge seines Zeitalters an der Stirne — Ein Glück, wenn das
Kriegsherr sich eben so gut, als das Aerarium
dabei befindet.

Jedermann in der Armee wird daher, wie
ich nicht zweifle, mit Ihnen darüber einig seyn,
daß die meisten ökonomischen Revolutionen, und
aus der Ersparungskunst erfolgte Veränderungen
in ihrem Kriegswesen mehr Lascysche als Dau-
nische Wirkungen sind: daß aber auch der Grundpfeiler der Disciplin neu, und Lascy hier Schöpfer
sey, wo er höchstens nur Fortpflanzer, und Auf-
rechthalter der alten Disciplin heissen kann, —
das m. H., werden Sie niemanden weiß machen.
Lascy selbst ist zu groß, um diesen Weihrauch anzunehmen,

ge sein Fleisch, sein Gemüs und sein Brod. —
Diese gute Haltung und die sonstige gute Behandlung desselben machen, daß er gerne wieder
kömmt.

zunehmen, und der siebenjährige Krieg hat es bewiesen, daß, Kriegs = und Mannszucht in der Armee zu erhalten, eines der vorzüglichsten Talente des verewigten Feldmarschalls gewesen. Fragen Sie einmal über diesen Punkt ihre alten verdienstvollen Offiziere, und sie werden Ihnen sagen: alles, was in der Armee Disciplin heißt, ist ursprünglich Dauns, und keines andern Werk. Freund und Feind hat es im gedachten Kriege einstimmig bezeugt, daß Disciplin, in so fern Kriegs = und Mannszucht, das heißt, jenes regelmässige Betragen der Offiziere gegen den Soldaten, und vice versa, so wie des gesammten Kriegsheeres gegen Stadt und Land darunter verstanden wird, von keinem ihrer Feldherren in so hohem Grade, als von Daun und Beck ist gehandhabet worden, Lascy und Laudon waren für den Landmann, wenn er sie gleich noch auf 10 Meilen entfernt wußte, im eigentlichsten Verstand: duo fulmina belli, wir wissen davon aus Erfahrung zu sprechen.

Schämen Sie sich also, daß wir selbst ihren verstorbenen würdigen Feldherren die Gerechtigkeit müssen öffentlich wiederfahren lassen, die Sie ihnen so öffentlich versagen, in der Meynung, den noch lebenden eine desto tiefere Verbeugung zu machen. Schämen Sie sich mein Herr Panegyrist, daß Sie Ihre Hände nach allen ausstrecken, und — wenn ich mich so ausdrücken darf, sogar dem alten Feldmarschall den Kopf vom Halse stehlen, um den Rumpf des neuen damit aufzustutzen, und ihm ein fremdes Verdienst beizulegen, dessen er um so weniger bedarf, weil er durch sein eigenes glänzt. Lassen Sie doch diese beiden großen Männer, jeden in seiner Art, das seyn, was sie sind: Groß den einen in der Errichtung des Heeres nach ökonomischen Verhältnissen;

hältniſſen; den andern groß in Disciplinirung der
Krieger nach militäriſchen Gruudſätzen — Und
da Oeſterreich nunmehr in jeder Betrachtung auf
den großen ökonomiſchen Zeitpunkt gekommen iſt,
ſo kann es ſich, wie Sie S. 48. ſagen, zu dem
Genie des Lascy, dieſes wirklich großen Mannes, allerdings nicht Glück genug wünſchen: daß
aber dieſer große Mann, deſſen Verdienſte niemand
verkennt, auf die Unſterblichkeit Eugens, deren Sie
ihn würdig halten, vor der Hand keine Anſprü-
che macht, dafür wollte ich faſt Bürge ſeyn; wenigſtens ſo lange nicht, bis er wie jener Gelegenheit haben wird, nicht durch Theorien, ſondern praktiſch Oeſterreichs Feinde zu ſchlagen.
Bis dahin wird er ſich an der Unſterblichkeit eines eifrigen, einſichtsvollen Patrioten genügen
laſſen, der bei der fernern Ausbildung, und Verbeſſerung des öſterreichiſchen Militärs, als eines
der vornehmſten Werkzeuge mitgewirkt, und Materialien, wie Sie ſagen, „zu den Trophäen geliefert hat, die ſich ſeine Nachfolger einſt erkämpfen werden.“ Hier hätten Sie aber ſtehen bleiben, und mit Ihrer Militärkritik nicht weiter gehen ſollen: denn ſie iſt gleich in den darauf folgenden Zeilen wieder verunglückt.

„Oft werden weit gröſſere Talente erfordert,
ſind Ihre eigene Worte, das Heer zum Siege ge-
ſchickt zu machen, zu einer Zeit, da keine feindliche Geſchwader mit kriegeriſcher Wuth den Tod
drohen, als das Schlachtfeld ſelbſt mit ſeinen
Trophäen auszufüllen.“ Dieſer Satz iſt, wenn
Sie erlauben, nicht gehörig genug beſtimmt: erſt
müßte es ausgemacht werden, von welcher Art
die Trophäen ſind, die auf dem Schlachtfelde ein-
geſammelt werden: ob ſie die Frucht der Einſicht
und Veranſtaltung des Siegers, oder blos das
Werk des Zufalls ſind; ehe man ſie mit den Talenten

lenten des Exerziermeisters en Parallele setzen,
und letztern selbst den Vorzug über die Talente
des Kriegers auf dem Schlachtfelde einräumen
dürfte. Es giebt oft im Kriege, wie im Schachspiele, einen Mat aveugle: der Held siegt, ohne
den Sieg nur vermuthet zu haben. — In diesem Falle ist es freilich offenbar, daß er von seinem Verstande keinen großen Aufwand gemacht
und seine Trophäen dem blinden Geradewohl zu
verdanken hat: aber in jedem andern: wo der
Krieger die Erbfolge richtig berechnet, dazu zweck-
mässige Dispositionen entworfen, und standhaft
ausgeführt hat, muß man unstreitig seinen Talenten, über die Talente der größten Theoretiker
den Vorzug geben; die, obschon sie zuweilen selbst
nichts weniger als Krieger sind, und keine Schlachten in ihrem ganzen Leben gewinnen würden,
dem ungeachtet die Fähigkeit, Truppen zu bilden,
und Kriegsheere einzurichten, im hohen Grade besitzen können. Ich bin auch darüber mit Ihnen
eins: daß das Schlachtfeld nicht der einzige Tummelplatz ist, auf welchem der Krieger als großer
Mann erscheinen kann; ich weiß, es giebt dieser
Tummelplätze mehr, z. B. bei Minkendorf, Prag,
Ollschau, Pest u. s. w. es giebt deren welche in
allen Garnisonen und Lustlagern, wo der geschick-
te, ja selbst der große Mann sich zu zeigen Gelegenheit hat; aber nur das Schlachtfeld, mein
Herr, oder besser zu sagen, nur die Campagne
ist allein der wahre Tummelplatz, auf welchem er
als Krieger erscheinen kann. Sie, oder doch
diejenigen, die Ihnen solch' Zeug in die Feder
sagen, sollten es doch wissen, daß bei Führung
eines Feldzuges, und auf dem Champ de Bataille
tausend Dinge vorkommen, die zu einer Zeit, da
keine feindliche Geschwader den Tod drohen; da
die Wahl des Terrains, und überhaupt die Einrichtung

richtung des ganzen die Augen der Zuschauer blen=
denden Manöbers blos von unserm Willen und
Plane abhängen, beinahe gar nicht vorkommen
können — Ein sicheres militärisches Coup d' oeil;
ein in allen noch so labyrinthmässigen Umständen
an prompten Hülfsmitteln unerschöpfliche, und
allezeit fruchtbare Gegenwart des Geistes; ein
in gefahrvollen Creignissen unerschütterter Helden=
muth, und auf jedes Pis aller schon im voraus
decidirte Entschlossenheit; die genaue Kenntniß
des Karakters seines Gegners; die rasche Benutzung
aller sich anbietenden Vortheile des Terrains, und
selbst der Fehler in dem feindlichen Manöver
u. s. w. sind die Eigenschaften des wirklich gros=
sen Kriegers in und ausser dem Tage der Schlacht.
Freilich kann es Fälle geben — alte Krieger ha=
ben dergleichen erlebt — wo er gegen einen Feind,
der, wie Sie sagen, ihm weder an Muthe noch
Einsicht die Waage hält, den Kürzern zieht, —
denn wir wissen, daß Schlachten oft durch ein
Ohngefähr gewonnen und verlohren worden —
Aber im Ganzen wird er siegen, und das End der
Feldzüge wird ihn mit verdienten Lorbern krönen.
Es ist daher kein Vortheil — wie Sie, als kurz=
sichtiger Beurtheiler der Kriegskunst, vielleicht
nicht ganz ohne schielender Beziehung, behaup=
ten — wenn man den großen Krieger nach sei=
nen großen Siegen beurtheilt: nur muß er nicht
nach jedem einzelnen Siege, sondern nach allen
seinen Siegen, nach den Erfolgen des ganzen
Feldzuges beurtheilt werden.

Die Weisheitslorber, die Lasten, Jhrem Aus=
drucke zu Folge, im Schooße des Friedens errun=
gen hat, sind allerdings dem Menschenfreund
schätzbar, und wer wollte nicht zum Glück der
Menschheit wünschen, daß alle Regenten und Hel=
den niemals andere erkämpfen dürfen? Aber dar=
um

um verliehren die Lorber, die mit dem Blute der
Erſchlagenen getränkt ſind, als Gegenbild jener
Friedens = und Weisheitslorber keineswegs ihren
Werth; wenn ſie ſonſt der Held in der gerechten
Sache des Vaterlandes aufſammelt, und mit den
Waffen in der Hand die Ruhe der Völker befe=
ſtiget. Eines wie das andere gehört mit zu die=
ſer beſten unter allen möglichen Welten. —

Witzig muß Ihnen wohl der Einfall S. 49.
geſchienen haben: ,, Man ſchlug ſich mit Oeſter=
,, reich, ſo oft man Langeweile hatte, '' aber
wahr iſt er nicht; der Erfolg von beinahe allen
mit Oeſterreich geführten Kriegen hat es bewie=
ſen, daß ſich ſeine Nachbarn nicht für die Lange=
weile geſchlagen haben. Sie müſſen, m. H., die
ehemalige Stärke des Erzhauſes, die, wenn ſie
auch nicht die gegenwärtige erreicht, nach dem
damaligen Verhältniß der Staaten doch immer
ſehr wichtig geweſen iſt, überaus wenig kennen,
da Sie glauben, daß andere Staaten Oeſterreich
wie ein Kind behandelt, und in der erſten beſten
Anwandlung einer übeln Laune, ſich zum Zeit=
vertreibe an demſelben gerieben hätten. Aber
was ſchadets, wenn Sie gegen die ganze öſter=
reichiſche Macht eine Sottiſe ſagen, wenn Sie
die Ferdinanden, Leopolden, Karln und Thereſien
als ſo viele ſchwache Regenten vorſtellen, mit de=
nen der Staatsrath von innen, und Nachbarn
von auſſen, nach Herzensluſt, blinde Kuh ſpielten?
Genug, daß ſie dadurch, nach dem chimäriſchen
Ideal, das Sie Sich gemacht haben, den Ruhm
der gegenwärtigen Verfaſſung überhaupt, und
die Ehre eines großen Feldherrn insbeſondere zu
erhöhen, überzeugt ſind.

,, Nur Lascy'n gelang es, die Oeſterreicher
in Reſpect zu ſetzen; man fängt an, um die Höh=
le des Löwens mit leiſern Schritten herum=
zuſchleichen,

zuschleichen, und eben dadurch baute Lascy jedem raschen Krieger vor, indem er es den Nachbarn fühlen machte, daß unsre Heere gegen jeden
Anfall in vorbereiteter Sicherheit stünden. Heil
dem Manne! Seine Arbeit ist die Arbeit des
größten Menschenfreundes." Recht so, Herr
Friedel! Heil dem Manne! Mögen jene Reihen
von Bergen, welche die Natur längst dem Elbe-
fluß von Arnau bis Königsgräz angelegt hat;
Heil dem Manne! mögen alle Höhlen und Schlün-
de des Riesengebirges, und alle aus- und ein-
springende Winkel Ihres befestigten Amphithea-
ters, durch tausendfaches Echo wiederholen.
Aber auch Heil dem Manne! ruft Baiern, Sachsen Pfalz, und der größte Theil des römischen
Reichs. Heil ihm, Der ohne alle Rücksicht auf
q) eigene Vortheile es großmüthig auf sich genommen hatte, dem Löwen noch zu rechter Zeit die
schon halb verschlungene Beute zu entreissen. Heil
dem Manne! der ihn in seine Schlupfhöhle gewiesen, und durch seine bloße Gegenwart gebe-
ten hat, nicht ferner herum zu schweifen, tanquam
Leo rugiens quærens quem devoret. Uebrigens
scheinen Sie mir mit der Naturgeschichte der Löwen
noch wenig bekannt zu seyn: der wahre Löwe befestiget seine Höhle nicht. — Hat es mit dem
Böhmischen Löwen hierin eine Ausnahme: so muß
er eine eigene Species von europäischen Löwen
seyn.

Den Vorwurf, den man dem Feldmar-
schall Lascy gemacht, daß er den Handel mit Offi-
ziersstellen begünstigt, und den Chargenverkauf
in

q) Ohne Rüksicht auf eigene Vortheile — — man
erinnere sich hier auf die Inkorporation der an-
spachischen Länder mit der seinigen, und dann
noch hundertmal: Heil dem Manne!

in der Armee auf eine Zeitlang gesetzmäßig erlaubt
hat, haben Sie S. 50. u. f. nicht nur abzuleh=
nen, sondern — wer sollte es glauben? — dem
Helden Ihrer Lobrede selbst das Verdienst des
Vorsichtigen daraus zu erkämpfen gewußt. Sie
gehen damit auf eine ganz unerwartete Weise zu
Werke, in dem Sie uns zuerst sagen:

„Die Armee war mit alten Offiziers über=
laden." Ueberladen? Mit alten Offiziers? Ja
denn, wenn man des Zeugs zu viel hat, ist es
freilich Zeit, daß der Reformator aus Ausmer=
zen denkt. Von alten Eichen sagt man zwar:
wenn sie nicht nähren, so ehren sie doch — Allein
der ökonomische Haushälter nimmt hierauf keine
Rücksicht, er weis, daß alte abgelebte Stämme
fast noch weniger, als junge geile Auswüchse
taugen: diese müssen beschnitten, und jene ohne
Gnade niedergefällt, und aus dem Wege geräumt
werden. Dieses Gleichniß dürfte so ziemlich das
Ihrige seyn: nur Schade, daß es auf allen Sei=
ten ganz spektakelmäßig hinkt. — So lange nur
ein Schatten vom Militär auf Gottes lieben
Erdboden existirt, hat man, so viel ich weiß,
es noch nie einem Kriegsheere zum Vorwurf ge=
macht, daß es der alten, versuchten Krieger
zu viel habe. Ich will nicht weit ausholen, um
zuzeigen, daß die Stärke der Griechen, Römer,
Deutschen und Gallier jederzeit in der größern
Anzahl ihrer versuchten alten Kriegsleute bestan=
den; selbst die Schwärme der Wilden, die Jroke=
sen und Eskimos kennen den Vorzug der Veter=
nen: dieses gilt vornehmlich in Betrachtung der
Anführer der großen und kleinen Abtheilungen
eines Heeres, oder, wie wir sie nennen, der
Offiziers. — Es ist bekannt genug, mit wel=
chem Eifer und Sorgfalt Eugen über seine alten
Offiziers, und die unter dem Harnisch grau ge=

wor=

wordenen Kriegsleute, als über das vornehmste
Kleinod seines kleinen Kriegsheeres gehalten hatte.
Diese braven Leute waren es, die bei seinen so
schwachen Armeen, mit welchen er andere an
Menschenzahl ihm weit überlegene besiegte, das,
was ihnen an der Anzahl fehlte, durch innere
Güte ersetzten; mit ihnen gieng er den zahlreich=
sten Haufen der Ottomanen, mit ihnen den oft
dreimal stärkern Kriegsheeren, ob sie gleich Catti=
nats und Vendome an ihrer Spitze hatten, ent=
gegen Säh' und schlug sie. Wissen Sie denn
von allem diesem gar nichts? Muß man Ihnen,
wie einem Anfänger, die Data Ihrer eigenen Va=
terländischen Geschichte noch vorkauen? Sie sind
in Berlin gewesen, m. H., haben, wie Sie sa=
gen, unter uns gewandelt, und wissen nicht, wie
sehr der große König, den alle europäische Kriegs=
heere als Kenner und Meister verehren, über
seine alten Offiziers hält? Wie schätzbar sie ihm
sind? Weil er aus Erfahrung und Grundsätzen
überzeugt ist, daß sie der Kern der Kriegsmacht
sind, und daß kein Ueberfluß in der Welt weni=
ger schädlich, und mehr wünschenswerth seyn
würde, als ein Ueberfluß an solchen Männern
in der Armee, der aber leider nur selten statt
findet. Wie es gekommen, daß ihre Armeen un=
glücklicherweise damit überladen gewesen, sehe
ich nicht ein: denn der siebenjährige Krieg muß
sie so, wie anderwärts, ziemlich dünne gemacht
haben. Ob übrigens von einer mit alten Offi=
ziers überladenen Armee von 50000 Mann, wenn
es nur erst zum Treffen kommt, nicht mehr zu
erwarten stehe, als von einer andern von 100000,
der es daran mangelt, wenn sie auch durch und
durch vom Chef bis auf den Trommelschläger aus
lauter Seiltänzern bestünde — kann wohl bei

Ken=

Kennern des Dienstes keine Frage mehr seyn. r)

Sie sind also, m. H., nicht recht bei Troste gewesen, als Sie einen so unedlen, des verdienten Lascy so unwürdigen Bewegungsgrund seines Betragens niedergeschrieben haben; man muß entweder glauben, daß eine außerordentliche Sucht Paradoxe aufzustürzen, und Ungereimtheiten

s) Es ist hier, wie überall, wo unser Autor am stärksten zu sein scheint, immer eben so viel Chikane als Wahrheiten, man bleibe nur ein Weilchen stehen, und lese nicht gleich wieder fort, und untersuche, ob man von dem Schwalle seiner Beredsamkeit nicht vielmehr betäubt, als überzeugt wurde. Nach dem 7jährigen Kriege suchten viele von den alten Offiziers, welche im Frieden auf kein schnelles Avanzement mehr rechnen konnten, in Ruhe gesezt zu werden. Durch den Verkauf der Chargen haben Sie Ihren Entzwek besser erreicht, als wenn sie eine Pension bekommen hätten, weil sie das Kapital, nicht aber so die Pension auf ihre Kindeskinder oder ihre Freunde vererben, und wenn sie, wie es manche gegeben, den Handel verstanden, noch um ein beträchtliches vermehren konnten. Die übrigen, welche ihren Dienst liebten, verkauften ihre Chargen nicht. Sie rechneten auf ihre Talente und Verdienste, die sie dem ungeacht, wenn auch junge Herrn dazwischen träten, höher schwingen würden. Freilich that es auch mancher wakere Offizier aus Kränkung, daß er präterirt wurde. — Zudem so geschah dies im Frieden, wo man den Alten ihre freie Wahl lassen durfte, die übrige Zeit ihres Lebens noch dem Mars zu widmen, oder nicht. Für diese war der Chargenverkauf gleichsam eine Belohnung. Ein Mann von 60 Jahren, der z. B. Hauptmann gewesen ist, konnte leicht so raisoniren: Es ist Friede,

ten in einem schönen Lichte zu zeigen, Sie dazu
verleitet, oder daß Sie die Absicht hatten, bei
all' dem Schönen und Großen, das Sie vom
Lascy sagen, auf diesen Feldherrn eine versteckte
Satyre zu schreiben — In einer Armee sich
der gedienten Offiziers zu entledigen, indem man
ihnen auf der einen Seite, wenn sie nicht wei-
chen wollen, mit der Chicane droht, und auf
der andern sie durch den aufgestellten Köder des
Chargenhandels auf eine gute Art von ihrem Posten verdrängt, heißt wohl nichts anders, als
ein

es werden vielleicht 10 Jahre erfordert, eh' da
dich zum Obristlieutenant empor arbeitest — Handel du mit deinem Kapital und versorge die dei-
nigen um desto besser! Was Sie da von einer
Armee schwatzen, die durch und durch vom Chef
bis auf den Trommelschlägel aus lauter Seiltänzern bestünde, — ist eben so wenig gesagt, als
wenn ich eine Armee annähme, die durch und
durch vom Chef bis auf den Trommelschläger aus
Invaliden zusammen gesetzt wäre, der lassen
Sie Engenen oder den König Friedrich an ihre
Spitze treten, brav forcirte Märsche machen, im
Regen und Wetter sie kampiren lassen u. s. w.
so werden dieser tapferer Krieger, die wenigsten
auf dem Felde, — desto mehrere aber in Ho-
spitälern sterben. Es kömmt der gemeine Mann
und der Offizier von der Compagnie selten in
eine Gelegenheit, wo alte gediente Talente, aber
fast alle Tage, wo eine starke Leibesbeschaffenheit
erforderlich ist. Dazu sind die jungen Offiziers,
wenn sie sonst Liebe zum Dienst haben, und sich
vorher unterrichten lassen, was bei einer oder der
andern Gelegenheit geschehen ist, viel unterneh-
mender als die alten. Dies sei indessen nicht
ohne Ausnahme gesagt. Friedrich war ja selbst,
als er die erste Schlacht gewonnen, noch kein
alt gedienter General! Ich will damit weder

F 2   den

ein Kriegsheer seiner besten Spannkräfte berauben, und, bei allen übrigen blendenden Vorzügen, es, so viel möglich, entnerven wollen.
Könnte man sich vorstellen, daß die neue Reforme des österreichischen Kriegsdienstes nach so un-
richtigen Grundsätzen befolgt worden sey, so würde
ich mir die Stellung ihrer Armee im J. 1778.
nicht bloß aus dem Widerwillen Theresiens gegen
alle das auflodernde Kriegsfeuer noch mehr ent-
zündende Gefechte, sondern auch daraus erklären,
daß man den neu eingekauften Offiziers, und
Commandeurs erst Gelegenheit verschaffen wollen,
hinter einer sichern Brustwehre die Feinde durch
das Fernrohr kennen zu lernen, und sich allmählich an ihren Anblick zu gewöhnen.

„Es war also, nach Ihrer Meynung, wirklich politisches Principium, den alten Offizieren
die Freiheit zu lassen, ihre Chargen verkaufen
zu dürfen.“ Um die Sache recht zu karakterisiren,
hätten Sie sagen sollen, politisch ökonomisches
Principium: denn unter den durch den gesetz-
mäßi=

ben Chargenverkauf billigen, noch die alten Offiziers zurüksetzen: ich habe gleich zu Anfang dieser
Note gesagt, daß ich mit dem Berlinerautor um
die Wahrheit kapituliren wolle. Wenn er die
Hälfte nachläßt, so kann ich leicht die Hälfte
zugeben. Freilich debitirt man so seine Chikane
um so besser, wenn man sie mit Wahrheit versetzt; das Publikum versteht die Advokatenchemie
nicht, die Schlaken von Korn abzusondern, und
wenn sich auch einzelne im Publikum darauf ver-
stünden, so wird im Ganzen der Debüt dadurch
nicht gehindert. Läg nicht soviel preußischer Patriotismus in diesen Briefen, so sollte man verleitet werden, zu glauben, daß Sie einer von
den in Unthätigkeit versetzte Advokaten zu Berlin geschrieben habe.

mäßigen Chargenhandel erreichten drei vortheilhaften Endzweken, rechnen Sie uns zuerst diesen
vor; „daß der Staat der Verbindlichkeit dadurch
entledigt wurde, dem Offizier, der ohnehin nur
noch wenige Jahre Dienste leisten konnte, einen
Gnadengehalt zu geben: indem man ihm im Voraus Gelegenheit verschafte, durch diesen Handel
ein Kapital zu erwerben, und sich selbst zu versorgen — das heißt mit andern Worten: um dem
Staate die ihm obliegenden Pensionen zu ersparen, hat man das Kriegsheer in einen Jahr-
markt verwandelt, den Dienst in üblen Ruf gebracht, und, indem man dem einen Gelegenheit
sich selbst zu versorgen verschafte, oder solche durch
allerlei Wege aufzwang, tausenden ihrer Hinter-
männer Rang und Brod, worauf sie vermöge
lang geleisteter Dienste Anspruch hatten, auf viele
Jahre geraubt; Fleiß und Diensteifer erstickt,
und auf diese Weise einen Theil der Armee mit
Misvergnügten, den andern mit Neulingen und
unerfahrnen Menschen besetzt — Dieß wäre also
der erste wichtige Vortheil, den der Staat, wie Sie
meynen, von den in der Armee errichteten Kauf-
buden gezogen hätte: und der Zweite?

„Dadurch, daß der alte Offizier seine Charge
verkaufte, verlohr Lascy zwar einen gedienten
braven Mann; aber er hatte auch auf einer andern Seite einen Antagonisten weniger.“ —
Feldmarschall, Hofkriegsrathspräsident, commandirender General en Chef — und auf der andern
Seite die Furcht vor untergebene, subalterne Antagonisten — wie reimt sich das mit dem großen Grundpfeiler der Disciplin, auf dem Lascy
das neue Kriegsgebäude aufgeführt haben soll?
In einer gut disciplinirten Armee kann es, meines Erachtens, keine Antagonisten haben, die
der commandirende Feldherr, um in seinen Ein-
richtun

richtungen und Verordnungen nicht gehindert zu
werden, erst aus der Armee schaffen müßte. —
Es ist aber schon an sich selbst sehr unwahrschein=
lich, daß Lascy, wenn sonst seine Reforme, wie
man doch voraussetzen muß, ein ächtes militäri=
sches Gepräge hatte, wenn wirkliche Vortheile
für den Dienst daraus zu ersehen wären, an alten
Offizieren, die sich doch auch ein bisgen aufs
Handwerk verstehen mußten, Gegner sollte ge=
funden haben; wenn es ja deren welche gegeben,
und vielleicht noch giebt; so müssen sie vermuth=
lich nicht unter den Subalternen, Capitains,
Staabsoffizieren, sondern vornehmlich unter den
Generalen von jedem Range aufgesucht werden:
da nun die Generalswürden, so viel ich weis,
in ihrer Armee nicht versteigert worden sind, so
würde Lascy auf erwähnte Art nur sehr unvoll=
kommen seinen Endzweck erreicht, die kleinen An=
tagonisten zwar entfernt, die großen aber, die
zu entfernen nicht in seiner Gewalt stand, auch
wider seinen Willen haben beibehalten müssen.

Der dritte Vortheil, den Sie angaben, ist
vollends kindisch. „Der junge Offizier, heißt es
„S. 51. der in des alten Stelle eintrat, war
„ganz Enthusiast für den Geist desjenigen, durch
„dessen Fürsorge, und Vermittelung er, mit
„Beihülfe seiner Börse, in seinen Posten einge=
„setzt ward. Dieser war nicht nur der eifrigste
„Beförderer jeder Umschmelzung, sondern er
„war auch der Mann, aus dem in der Folgezeit,
„weil er mehrere Bildung in seiner Jugend er=
„halten hatte, ein, von mehr, als einer Seite,
„brauchbarer Offizier gezogen werden konnte."
Welch' eine Meinung, m. H., müssen Sie von
Ihren Lesern haben, wenn Sie glauben können,
daß sie all' das Zeug ohne Achselzucken lesen
werden? Man weiß es zu gut, und ihre eigene

Offi=

Offiziers haben uns davon belehrt, wie es ein
junger Geck anfängt, wenn er einmal eine Offi-
ziersstelle, oder Compagnie erkauft, und zugleich,
nach der damaligen Einrichtung, den Vortheil
negozirt hatte, bei hinreichendem Vermögen allemal einen Pas dergestalt zu überspringen, daß der
eingekaufte Capitain sogleich zu Obristlieutenants-
stelle; der eingekaufte Major aber zum Platz eines Obristen, und Regimentskommendanten, per
saltum, gelangen konnte: man weiß es, daß
diese Neulinge nicht sowohl für den Geist des
Lascy, als für ihre weitere Beförderung durch
Beihülfe ihrer Börse, für Liebe und Wein, für
Tanzsäle und Spieltische Enthusiasten; dagegen
für den Dienst, wenn man es ihnen nicht recht
bequem macht, gänzlich verlohren sind. Indessen
wissen sie durch Fetten, die sie ihren Kameraden
und Vorgesetzten geben, allenfalls auch durch
Geldvorschüße an die letztern, durch artige Toi-
lettengeschenke und dergleichen — denn Klimpern
gehört hier vorzüglich zum Handwerke — nicht
nur alle Bequemlichkeiten und Nachsicht im Dienste sich zu verschaffen, sondern auch in mehr als
einer Betrachtung sich unentbehrlich zu machen.
Auf diesen Rosenwegen eilen sie nunmehr mit
starken Schritten der Generalstelle entgegen, und
denn — ist das Kriegsheer ganz vortreflich versorgt. s) Aber vorausgesetzt und nicht zugegeben,

daß

---

s) So? Pars pro toto, totum pro parte —
das ist allenfalls nur den Dichtern erlaubt. Wer
fühlt es nicht, daß sie hier übertreiben? Wer
weiß es nicht, daß auf Konduite bei unserer Armee vorzüglich gesehen wird? daß von jeher darauf
gesehen wurde? Wenn hie und da unter soviel
tausenden zuweilen ein Excess begangen wird, so
ist es kein Wunder. Bei Ihnen war nie ein

Cha-

daß aus einem solchen Lascyschen Enthusiasten,
wie Sie die Eingekauften selbst nennen, in der
Folgezeit noch ein brauchbarer Offizier gezogen
werden dürfte, ist es nicht der schimpflichste Vorwurf, den Sie gegen den Karakter dieses Reformators, und die Güte seines Systems anbrin-
gen konnten, wenn Sie S. 52. sagen, daß Lascy
ohne diese Finesse, das ist, ohne die alten Offiziere zur Abdankung vermittelst des Chargenhandels verleitet, und dagegen seine angelockten
Kreaturen an deren Stelle in der Armee einge-
schoben zu haben, nie so schnelle und glückliche
Fortschritte machen können, weil es eben diese
Enthusiasten und Grünschnäbel waren, die sich
als die eifrigsten Beförderer, bei der durch den
Kriegsminister unternommenen Umschmelzung des
Kriegsheeres, bewiesen haben. — Ob Ihnen, m.
H., Lascy großen Dank wissen wird, daß Sie
ihn so allerliebst bei dem Kriegsheere empfohlen
haben?

Ganz anders hat uns der erhabene Verf. der
militärischen Vorurtheile S. 125. die Absichten,
und

Charschenverkauf; man sah immer nur auf Verdienste, und doch hat dieses gute Prinzipium erst
vorm Jahr nicht gehindert, daß 4 bis 5 Offiziers
mitten in Berlin bei der Nacht den Bürgern
durch etliche Strassen die Fenster eingeschlagen,
den Menschen Gewalt angethan, und einen Civi-
listen, der sich einer solchen Mißhandlung ent-
gegensetzte, fast Tod gespießt haben. Dafür sitzen
sie nun freilich in Spandau. — Solche Excesse
werden im Durchschnitt bei Ihnen immer mehr
begangen, als bei uns, weil ihre Soldaten mehr
Freiheit haben. Wenn ich nun, eben so wie Sie
ausrufen wollte: — das preussische Kriegsheer ist
ganz vortreflich versorgt! so verdient ich ausgelacht
zu werden. Was geht das ganze Kriegsheer einzelne Bramarbasirungen an?

ꝗud Bewegungsgründe bei dem verstatteten Char-
genverkaufe vorgestellt. Wir sehen daraus, daß
die österreichischen Schriftsteller über die neuen
Einrichtungen sich so sehr widersprechen, daß man
nicht weiß, was, und wie viel man davon glauben soll. — Nach dem Bericht des jetzt erwähnten Verfassers, dem man wohl etwas mehr, als
Ihnen zutrauen dürfte, nicht weil er Prinz, sondern weil er General von der Armee ist, war es
keinem Offizier, der auf dem Punkt gestanden
Pension zu erhalten, erlaubt, seine Charge zu verkaufen. Er sieht das Verkaufen der Offizierstel-
len als ein Mittel an, das Kriegsheer von Leuten zu reinigen, deren Aufführung nicht die beste,
die erworbene Ehre mittelmäßig, und die Unge-
schicklichkeit erwiesen ist; Oder wie er S. 123.
sich ausdrückt: als ein Mittel, schlechte Offiziers
los zu werden, die zu gut gedient haben, als
daß man sie wegjagen könnte, und zu schlecht,
um sie befördern zu können." Sein deutscher
Uebersetzer Herr v. Brenkenhof hat hierüber eine
gründliche, und seinen Einsichten in das Wesentliche des Dienstes würdige Anmerkung gemacht;
und man muß gestehen, daß auch durch die Wendung, die der Verfasser der militärischen Vorurtheile hier genommen, um den österreichischen
Militärmarkt in einem etwas erträglichern Lichte
zu zeigen, nichts gewonnen, und das Mittel um
nichts besser, ja wohl noch schlimmer, als selbst
die Krankheit ist: denn jeder Einschub, und besonders der Einkauf fremder, unerfahrner Jünglinge macht Misvergnügen, das Misvergnügen
aber spannt unmerklich die Triebfedern des Dienst-
eifers ab, und beeinträchtiget das Ganze durch
das allmählich vernachläßigte Detail. Wie dem
seyn mag: so wird doch durch diesen Plan nicht
unmittelbar darauf angetragen, verdiente tapfere
Krie=

Krieger aus der Armee zu schaffen, und dem
verdienstvollen Feldmarschall Lascy der Verdruß
erspart, bei Kennern, wegen der Finessen, und
niedrigen Absichten, die Sie ihm aufbürden, für
einen nicht allzu glücklichen Reformator des
Kriegswesens gehalten zu werden. Sie glauben
zwar sich gegen alle Einwürfe durch die Einschrän=
kung zu verwahren, daß dieser Kriegsminister,
nachdem er nur erst seine Absichten erreicht hatte,
selbst der erste gewesen, der gegen den Chargen=
handel geeifert habe. Allein gerade durch diesen
Zug haben Sie das Gemählde Ihres Helden,
indem Sie ihm die letzte Hand geben wollten,
gänzlich verunstaltet. Bis hieher hatten Sie
uns den Präsidenten nur als schwach in diesem
Theile seines Reformationsplans gezeigt; jetzt
stellen Sie ihn auch als veränderlich in seinen
Entschließungen und Unternehmungen vor. Wir
sehen ihn, wie er selbst gegen das eifert, was
er kurz vorher begünstiget, und mit Nachdrucke
betrieben; die Käufer abweiset, die er durch den
öffentlichen, und gleichsam gesetzmäßigen Ausruf
der aus freier Hand zu verkaufenden Chargen
herbeigelockt; mit einem Worte: die Kaufbude
verschließt, die er, wie Sie behaupten, zum Be=
sten des Aerarii, und zum Vortheil des Dienstes
mit eben so vielem Glücke, als Finesse eröfnet
hatte — Zugegeben, daß nunmehr die Antago=
nisten des neuen Systems entfernt, und dagegen
die Enthusiasten für den Geist seiner Reformation
in der Armee vollzählig gemacht sind; wird der
Fall, wo dem Staate Pensionen erspart werden
können, nicht öfters eintreten? Ist hierzu das
Mittel des Chargenverkaufs ohne Nachtheil der
Armee gebraucht worden; hat man dadurch keine
unwürdige Sujets eingeschlept; ist es gleichviel,
wie viel tausend wackere Männer, die auf das

ver=

verkaufte Brod warteten, vor den Kopf gestoßen
wurden, warum sollte man nicht, nach wie vor,
damit fortfahren? Hat es aber den Ruhm des
Dienstes geschwächt; ist es eine in der Armee
nie versiegende Quelle des Misvergnügens geworden, warum nahm ein Reformator von so vieler
Einsicht jemals seine Zuflucht dahin?

Alle diese Folgerungen fließen von selbst aus
Ihren eigenen Prämissen; ich habe keine Data
fingirt; sondern aus denen, die Sie uns angegeben; jene Schlußsätze gezogen, die jedermann,
wenn er auch noch so wenig vom Kriegsdienste
verstünde, sogleich einfallen müssen. Uebrigens
bekümmert es mich eben so wenig, wie viel, und
wie hoch bei ihnen die Militärplätze verkauft,
als wie hoch, nach dem holländischen Tariff, die
Glieder des im Kriege verstümmelten Soldaten
vergütet werden — das Inconsequente in Ihrem
Raisonnement aufzudecken, war meine vornehmste
Absicht.

Im Sechsten Briefe wissen Sie sich viel damit, den Staatsperücken Ihrer Excellenzen im
Hofkriegsrathe Hohn zu sprechen, und zugleich
unter diesen Perücken den schielenden Ausfall
auf die ehmalige Regierungsform der österreichischen Monarchen zu verstecken, die die Schwachheit hatten, Tintenflecker zu sprechenden Gliedern
dieses Raths zu machen. Ob nun diese, nach
Ihrem Ausdrucke S. 53 von Parfüm triefende
Staatsperücken weiter kein Verdienst hatten,
als den Hirnkasten eines Tintenfleckers zu bedecken, ob es Ihren Staatsexcellenzen am erforderlichen Menschenverstande gefehlt, um über die
in Frage kommende Operationsplane ein Wort
mit zu sprechen? überlasse ich Ihnen zu verantworten: daß es aber Lascy'n aufbehalten gewesen, ausschließungsweise den Schaden Josephs

zu

zu heilen, und den Mängeln, die selbst im Innern dieses Conseils herrschten, abzuhelfen; ist
wieder ein so gewaltiger Panegyristendampf, daß
der gute Feldmarschall darüber ersticken möchte:
weil er es selbst zu gut weiß, daß zu einer Zeit,
da er von der auf ihn wartenden Würde eines
Hoffkriegsrathspräsidenten noch nicht träumen
konnte, Daun schon die Verbesserungsentwürfe
wegen dieses Conseils dem Hofe vorgelegt, und
alles in die Wege geleitet hatte, demselben zum
Besten des Staats diejenige Gestalt zu verschaffen, die es noch gerade erhalten hat. Indessen
scheint Ihr Hoffkriegsrath mit oder ohne Allongeperücken, nach wie vor, ein langweiliges Wesen zu seyn, das sich zu einer Verfassung, die,
ihrer Natur nach, die größte Thätigkeit erfordert,
nicht allzu wohl schickt: auch sind die Einwürfe
wider den Nutzen des Hoffkriegsraths dadurch,
daß man dieses Consilium ins Hauptquartier der
Armee verlegt, noch lange nicht gehoben: denn
in welchem Hauptquartier soll es sich befinden,
wenn die Armeen zu gleicher Zeit am Rhein, am
Po, an der Donau u. s. w. operiren müssen?
Die Fälle waren da, und werden so oft wieder
kommen, als Oesterreich durch seine Vergrößerungsplane zu weit versucht werden dürfte. t) Und
wozu endlich ein Rath an der Spitze der Armeen, der aus so viel verschiedenen Meynungen,
als Köpfen besteht? Wozu die vielen Köche im
Hauptquartier, als um den commandirenden Generalen die Suppe zu versalzen? u) So urtheilen,
wer=

t) Vergrößerungsplane! Welch ein Vorwurf! Dieser
trift nur Preussen auf keine Art!
u) Was aus unserm Hoffkriegsrath werden wird,
wenn es einmal zum Kriege kommt; und in wie
fern uns Joseph Hoffkriegsrath werden dürfte;
muß

werden Sie sagen, Leute, denen ihr König Hof=
kriegsrath, und alles ist — und, mögen Sie hin=
zusetzen, die stolz darauf sind, und keinem andern
Staate seine schönsten Einrichtungen beneiden.

S. 56. da Sie Ihre auf die Verdienste eines
Lascy, der wahrscheinlich einen solchen Biogra=
phen und Panegyristen verbitten durfte, eben
nicht zu glücklich gerathene Lobrede mit den Epi=
phonem beschließen, daß er für Oesterreich mehr
noch ist, als zu seiner Zeit Aristides den Grie=
chen war, " — haben Sie mich mit Ihrem Ari=
stides gewaltig überrascht. Wie Daun zu dem
Beinamen des Fabius gekommen, läßt sich aus
der entfernten Aehnlichkeit, die er mit dem römi=
schen Cunctator zu haben schien, noch einiger=
maßen errathen: denn so verschieden auch das
Zaudern des römischen und deutschen Feldherrn,
in Absicht der Veranlassungen, und der Erfolge
gewesen, so zauderten doch beide, und da man
es in Fällen, wo es Dichtern, Rednern und Inn=
schriften Verfassern auf Beinamen ankommt,
nicht so genau nimmt, so sah' man es wohl ein,
warum der römische Fabius seinen Namen zur
Inscription des deutschen hergeben mußte. Aber
worin das Tertium Comparationis zwischen Las=
cy und Aristides liegt, warum jener Oesterreich
noch mehr, als dieser den Griechen war? ist für
das Lesepublikum eine überaus schwere Aufgabe.

Der Sohn des Lysimachus ist als eine vor=
züglich gute Magistratsperson, und in der Reihe
der

muß erst abgewartet werden. In Friedenszeiten
mögen die Armeen immerhin zu gleicher Zeit am
Rein, Po und der Donau liegen — da hat es
doch hoffentlich nichts an sich? Da kann den
komandierenden Generalen in den Provinzen die
Suppe nicht leicht versalzet werden?

der athenienfifchen Archonten mehr wegen feiner
ftrengen Gerechtigfeitsliebe, als von feinen krie-
gerifchen Thaten unter den Feldherren bekannt.
Es mag immer feyn, daß auch vom Lafcy auffallende Data diefer ftillen heroifchen Tugend
vorhanden find, auf deren Grund Sie Ihre Parallele gebaut haben; man hätte fie aber erzählen müffen, weil von fo mancherlei Lefern nicht
wohl gefordert werden kann, daß ihnen alle eu-
ropäifche Feldmarfchälle mit ihren großen und
kleinen Attributen bekannt feyn follen. Dasjenige, was Sie uns von dem Betragen diefes
Kriegsminifters bei dem Chargenhandel zu melden beliebten, dürfte wohl weder den alten Offizieren, die ihre Stellen verkauft, noch weniger
aber denen, die durch diefen Handel in ihrer
Beförderung zurückgefetzt wurden, hinreichend
fcheinen, in ihm noch mehr, als einen Ariftides
zu finden. Laffen Sie uns indeffen, weil wir
einmal dabei find, einige Hauptzüge in dem Ge-
mälde des Griechen, wie es uns Plutarch, Theo-
phraft und Diodor fkizzirt haben, näher betrachten, und, wo möglich, die Vergleichungspunkte
auffinden, in denen Lafcy und Ariftides zufam-
men treffen könnten.

Ariftides und Themiftokles waren erklärte Ri-
valen, die fich unaufhörlich über das Staatsin-
tereffe zankten, und aus lauter Patriotismus
dergeftalt einander widerfprachen, daß felbft der
fogenannte Gerechte eines Tages in der Hitze
des Streits fich einem dem Staate fehr vortheilhaften Vorfchlage widerfetzte. Er bereuete es
hinterher, und fagte zu feinen Freunden an der
Tafel: Gewiß, ich weiß nicht, ob die Republik
nicht klüger daran thäte, beide zu erfäufen, den
Themiftokles und mich; zur Strafe, daß wir fo
oft ohne Grund, und zum Präjudiz des Vaterlandes

landes einander widersprechen. — Lascy hatte
Antagonisten, wie Sie sagen; allein diese waren
so unbedeutend, daß man nicht brauchte Aristides, sondern nur Hofkriegsrathspräsident und
commandirender Feldherr zu seyn, um sie alle
sammt und sonders mit einem Hauche zu zernich-
ten. Ob er etwa unter den Großen Themisto-
klesse findet, mit denen er über das Staatsinter-
esse oft im patriotischen Widerspruche, und in
jedem Falle Aristides ist? davon haben Sie uns
nichts gesagt.

Aristides ward nicht sobald zum Generalschatz-
meister der Republik erwählt, als er seine unmittelbaren Vorfahren, und deren Vorgänger
verklagte, daß sie den Staat um große Summen
weidlich geplündert hätten; er verwaltete dieses
Amt mit so vieler Uneigennützigkeit, daß er nicht
einmal hinreichendes Vermögen zu seiner Beer-
digung verließ. Der Staat war es, der den
großen uneigennützigen Bürger auf öffentliche Kosten beerdigen, und seinen Töchtern aus den Gel-
dern des Prytaneums eine Aussteuer reichen ließ.
Ganz Griechenland hatte über den Karakter dieses Mannes nur eine Stimme, und überließ es
ihm, alle Ländereien zu schätzen, und für jede der
im allgemeinen Bunde begriffenen Städte, nach
seiner Einsicht und Gerechtigkeit, die Auflage zur
allgemeinen Kriegssteuer zu bestimmen. Diese
Auflage war so mäßig, so billig und gerecht, daß
man sie allgemein das Glück von Griechenland
nannte. — Fanden Sie, m. H., etwa hier einen
Punkt, auf welchen Sie Ihre Vergleichung stützen konnten; so hätten Sie ihn anzeigen, und,
gleichwie Plutarch den atheniensischen, Sie den
österreichischen Aristides von dieser glänzenden
Seite uns bekannt machen sollen; denn bis jetzt
ist von diesem Kriegsminister, außer seinem Verdienst

dienst um eine schicklichere Einrichtung der Militärwirthschaft, nichts so außerordentliches bekannt, das den großen Ruhm des griechischen Schatzmeisters und Archonten aufwiegen könnte. Vielleicht übertraf er ihn in andern Kriegsverrichtungen als Feldherr? Laßen Sie uns zwei der wichtigsten betrachten.

Als Datis der Perser mit einer überlegenen Seemacht an den Küsten von Marathon erschien: erwählten die Athenifer, wie bekannt, zehn Feldherren mit der Verbindlichkeit, den Tag, als an jeden derselben die Reihe kam das Kriegsheer en Chef zu kommandiren. Allein da Aristides, als der zweite im Range, den Tag hätte, überließ er dem Miltiades, als demjenigen, der die meiste Kriegserfahrung hatte, auf immer das Oberbefehlherrnamt, und gab dadurch allen übrigen athenienfischen Feldherren das große Beispiel, wie wahre patriotische Krieger, mit Hintansetzung aller Rang- und Eifersucht, nur allein die Vortheile des Vaterlandes vor Augen zu haben verpflichtet sind. Aristides trug auch das Meiste dazu bei, daß die Schlacht bei Marathon, ungeachtet der den Athenienfern weit überlegenen Feindesmacht, beschloßen, geliefert, und die Perser von den Gränzen des Vaterlandes entfernt wurden. Ein gleiches geschah durch seine Vorstellung, die er dem Themistokles machte, bei Salamine. — Von allem diesem scheint mir auf Ihre Parallele nichts anwendbar zu seyn. Der Fall hat zwar nie exiſtirt, wo Lascy, gleich einem Aristides, aus Patriotismus das Kommando an einen andern mehr erfahrnen, oder bei den Truppen besser accredirten General hätte abtreten können — Vielleicht dürfte sich auch kein Miltiades dazu finden — man kann aber tausend gegen eins verwetten, daß weder er,

noch

noch sonst ein Feldherr unsrer Zeiten in diesem
Falle Aristidesse seyn würden. Ferner findet sich
auch darin mehr Disparität als Aehnlichkeit zwischen den beiden Karakteren, daß Aristides, als
Datis an die Küsten von Marathon kam, sogleich seines Mitfeldherrn Miltiades Meynung
gewesen: mit den Persern zu schlagen. Dagegen Lascy, als der König von Preußen im Jahr
1778. weit über den Gränzen in Böhmen erschien, dem Kaiser, wie man sagt, gerade das
Gegentheil angerathen habe. War es etwa hier,
wo Sie glauben, daß Lascy den Oesterreichern
noch mehr, als jener den Griechen bei Marathon und Salamina gewesen? —

Vor der Schlacht bei Platäa, als die Perser
zum drittenmale in das attische Gebiet einfielen,
scheint es fast, als ob Aristides Verhalten gegen
den Mardonius, mit dem Betragen ihres Feldmarschalls bei König = Grätz die meiste Aehnlichkeit hätte. So wie dieser, um seine Stellung zu
sichern, nicht nur die Gebirge aufsuchte, sondern
auch Gebirge in Gebirgen verschanzte: so lagerte
sich damals der athenienfische Feldherr, wie alle
übrige Griechen, unter dem Befehle des Pausa-
nias an dem Fuße des Berges Citheron an stei-
nigten unzugänglichen Oertern, die sie noch über
dies gegen jeden Angriff durch furchtbare Verschanzungen deckten. Der Unterschied liegt nur
darin: daß die Griechen, die diese Stellung aus
kindischem Aberglauben und Ehrfurcht für das
Delphische Orakel erwählten, den über den Fluß
Asop vorrückenden Mardonius nicht sobald erblickten, als sie ihm sogleich wie Männer entgegen eilten, und einen der kompletesten Siege,
deren Griechenland gedenkt, über das an die
300000 Perser starke Kriegsheer erhielten: dagegen die Oesterreicher, die 3 Monate lang den

M? Anblick

Unblick des Feindes ganz gelassen ertragen, und
hinter unzugänglichen Verschanzungen seinen frei=
willigen Abzug in Sicherheit abwarten konnten,
es in die Rechnung ihrer größten Siege bringen
— nicht gefochten zu haben.

Dies sind ohngefähr die solennesten Auftritte,
die uns die Geschichte von Aristides als Feld=
herrn meldet: da ich aber in keinem derselben
eine zureichende Veranlassung zu Ihrer Parallele
auffinden kann, und mir überhaupt nicht bekannt
ist, daß man Lascy'n den Beinamen des Gerech=
ten in österreichischen Staaten beigelegt hätte;
so glaube ich, daß Sie mit eben dem Glücke je=
den andern patriotischen Karakter aus dem Al=
terthum hätten ausheben, und zu Ihrer Ver=
gleichung anwenden können. Indessen da es kein
Epaminondas, kein Scipio, kurz kein eigentlicher
Schlachtenlieferer, sondern ein Mann mit Weis=
heitslorbern seyn mußte, so haben Sie es mit
Aristides, unter allen möglichen, noch am besten
getroffen. r) Ich bin 2c.

Siebenter

---

r) Hierüber mag sich Hr. Friedel verantworten. Wenn
der Berliner Briefsteller in seiner Parallele nicht
soviel Groll gegen den Feldmarschall Lascy hätte
blitzen lassen, so würde seine Erudition der
Fremdlingen in der Geschichte mehr Vergnügen,
als er vielleicht selbst glaubte, verursacht haben.
Vielleicht rechnete er dabei auf den Beifall des
Haufens, wenn er sich in die Reihe derjenigen
stellt, die den Kupferstecher veranlaßt haben,
unter das Portrait vom Lascy das Motto zu setzen:
populares vicentem strepitus, & natum re-
bus agendis. Bei dieser Gelegenheit ist es aber=
mals schwer, zu bestimmen, wer eigentlich mehr
Theil an dieser Parallele genommen, ob der
preussische Patriotismus oder der Jesuitismus,
die in gewissen Fällen pari passu ambulant.

Es

Siebenter Brief.

Schon in meinem fünften Briefe nahm ich
mir die Freiheit, mein Herr, Ihre militärischen
Kennt=

Es ist möglich, daß der Preuße neidisch gewesen,
da er gesehen, wie man mit wenigen Unkösten
und zur grossen Erleichterung des Kontribuenten
eine so gut regulirte und so grosse Armee durch
Laseys Einrichtung unterhalten werde; es ist aber
auch möglich, daß der alte Groll der Jesuiten
über die Zustimmung Laseys in die geistliche Re=
forme, denn man schreibt seit lange Laseyn fast
alles zu, sich nun ergossen habe. — Dem sey,
wie ihm wolle. Der Kontribuent fühlt es täglich
wie viel er Laseyn zu danken hat. Dieses Ver=
dienst wird keine Parallele zwischen Lasey und
Aristides, sie entströme Gaudens oder Riccis Fe=
der, aus der Geschichte des Hauses von Oester=
reich und des Feldmarschals Lasey verdrängen.
Er hat nicht nothwendig, den Prinzen Eugen
und den Graf Daun um den Ruhm zu beneiden.
Sie werden alle drey im Tempel der Ehre für
alle künftige Nachkommen der Gegenstand der
Bewunderung und Verehrung bleiben. Wenn
einer den andern an Kenntnissen übertroffen hat,
so ist dieses Verdienst mehr dem Jahrhundert,
als der Person zuzuschreiben. Zizka hatte bei wei=
tem nicht die Kenntnisse des Herzogs Waldstein
zu Friedland, dieser bei weitem nicht die Kennt=
nisse eines Eugen u. s. w. gehabt. — Miltia=
des würde, wenn er mit seinem Begriffe von der
Taktik heute in die Stelle unsres Laudons tretten
wollte, vielleicht eine erbärmliche Figur spielen.
Dieses hängt von der Verschiedenheit der Aufklä=
rung der Jahrhunderte überhaupt ab, und ver=
leitet die Skribenten zu tausend Ungerechtigkeiten.
Man sagt z. B. Alexander der Große war bei
weitem so groß nicht, als Friedrich der Zweyte

M 2 von

Kenntniſſe zu bezweifeln, und Sie höchſtens nur
für ein wohltönendes Sprachrohr gewiſſer Genies gelten zu laſſen, die ſich alleweil aus den
erſten Keimen entwickeln, viel auf ihre neuen
Theorien ſich zu gute thun, und, während ſie
einen neidiſchen, verächtlichen Blick auf die gro-
ſen Erfahrungen und Verdienſte der alten Krieger Thereſiens werfen, auf ihre Exercier = und
Luſtlager, wie auf Feldſchlachten trotzen, ihre
eingebildeten Vorzüge über jene der Welt vor-
predigen, und im auszeichnenden Verſtande ſich
Joſephs Krieger nennen. Daß dieſe jungen
Montecuculi per Iohann Friedel, tanquam
Mandatarium ſprechen, bin ich durch Ihren ſie-
benten Brief noch mehr überzeugt worden. Schade ! Die guten Herren haben ſich am beſten ad-
dreſſirt, und ſie können, ihrem Gewiſſen unbe-
ſchadet, das Geld wieder fordern, das ſie Ihnen
für alle die militäriſchen Nonſenſe bezahlt haben.

„Offenherzig geſprochen, ſchreiben Sie S. 59
„an Ihren Freund, man kennt nirgends beſſer,
„als bei uns Ihres großen Friedrichs Stärke
„und Schwäche ſeiner Kriegskunſt. Er iſt ein
„geſchickter Schlachtenlieferer, aber ein ſehr mit-
„telmäßiger Belagerer. Jeder Operationsplan
„bei Belagerungen liefert die auffallendſten Feh-
„ler, ſo wie im Gegentheil der Krieger ſelbſt
„aus ſeinen verlornen Schlachten, noch große
„Lehren für ſich abſtrahiren kann. „ Der letzte
Satz ſoll wohl nur als Zugabe gelten, und in
der Abſicht da ſtehen, den Unvorſichtigen mit dem
Scheine

von Preußen: denn er hat keine philoſophiſche
Schrift, und keine Geſchichte von Brandeburg
herausgegeben. Seine Manöver waren auch ſo
ausgeſucht nicht. Eugen war ein gröſſerer Held
als Zizka, denn er hatte eine groſſe Bibliothek
und groſſe Lektüre u. ſ. w. Wie lächerlich !

Scheine von Unpartheilichkeit die Pille zu ver-
silbern, die sie verschlingen sollen?

Sie kennen also genau unsers großen Friedrichs Stärke und Schwäche in der Kriegskunst.
— Seit wann, meine Herren, wenn ich fragen
darf? Wie lange ist es, daß Sie zu dieser glücklichen Erkenntniß gekommen sind? Vor dem siebenjährigen Kriege muß sie noch eine Seltenheit,
ja wohl gar eine Terra ingognita für Ihre
Feldherren sowohl, als für den gesammten Hofkriegsrath gewesen seyn.   Denn wußten Sie,
daß er blos ein geschickter Schlachtenlieferer,
aber ein sehr mittelmäßiger Belagerer ist, warum legte man nicht früher Plesse und Theresien-
städte an? Warum benahm man nicht dem
Schlachtenlieferer seine ganze Stärke, indem
man ihm auf das sorgfältigste auswich, jede
Feldschlacht vermied, bis ans Kinn sich verschanzte, und überall den Eingang in die österreichischen Provinzen, wo möglich, durch ein
Bergopzoom deckte, vor dem sein rasches Kriegsheer sich morfondiren hätte müssen? Dies sind
die Maximen, die einige Ihrer müßigen Theoretiker in der falschen Voraussetzung: daß des Königs Kriegskunst nur im Schlachtenliefern beste-
he, ausgeheckt, und zu neuen Grundpfeilen ihrer künftigen Operationsplane gegen Preußen gemacht haben.   Um nun die Richtigkeit dieser
Voraussetzung, und der daraus gefolgerten Sätze
zu beweisen; um Sich und Ihr ganzes Kriegsherr unaufhörlich zu täuschen: stellen Sie das
nichtsbedeutende Blendwerk von 1778 ohne Unterlaß auf — einen ärmlichen Feldzug, den man,
ob er gleich erfahrnen Kriegern durch nichts,
als Fatiguen, und Diarrheen merkwürdig wurde,
demungeachtet als ein Meisterstück der Taktik
ausgeschrien hat, dergleichen kein Auge gesehen,

kein Ohr gehört, und — bis auf Morizen —
noch in keines österreichischen Feldherrn Herz
nicht gekommen ist. — Ich werde in der Folge
noch ein paar Worte darüber sprechen; vor der
Hand aber, mit Ihrer Genehmigung, nur bei
dem mittelmäßigen Belagerer noch etwas ver=
weilen.

„Jeder Operationsplan bei unsern Belage=
rungen liefert die auffallendsten Fehler.‟ —
Jede Zeile, die Johann Friedel über unser Mi=
litär schreibt, ist eine auffallende Lüge — Sie
fordern Beweise, mein Herr, von dieser Behaup=
tung, und Sie thun wohl daran: aber ich kann
sie doch auch mit gleichem Rechte von der Ihri=
gen fordern? Das Publikum hat weder mich,
noch Sie zum Diktator ernennt — wenn wir,
als ungebetene Sachwalter im schriftstellerischen
Taumel unsre Feldherren, oder selbst unsre Re=
genten, und ihr ganzes Ministerium vor dem
Richterstuhle der Geschichte anklagen oder ver=
theidigen wollen, so ruft uns eine öffentliche
Stimme zu: beweiset euren Satz! oder ihr wer=
det sachfällig, und als Verläumder und Stüm=
per auf all' eure Lebenszeit, zu leidigen Nacht=
wächtern in Klopstocks Republick der Gelehrten
verdammt. — Beweisen Sie also Ihren Satz,
legen Sie ohne alle Scheu die in jedem Opera=
tionsplane bei unsern Belagerungen vorkommen=
de auffallende Fehler an den Tag, oder Sie ent=
gehen vor Klopstocks Minos und Rhabamantus
Ihrem traurigen Schicksale nicht. Werden Sie
über diesen kleinen Scherz nicht verdrüßlich, lie=
ber Friedel! Ich darf es ja auch nicht seyn,
wenn Sie mir meinen guten Landesvater, der
schon 43 Jahre unter den Königen von Europa
mit Ehren dient, so oft es Ihnen einfällt, bis
zum

zum mittelmäßigen, ja wohl gar bis zum pig=
mäenmäßigen herabwürdigen. —

Aber im Ernste, m. H., wo soll ich die Da=
ta nachschlagen, die in der Belagerungskunde
Ihre Vorzüge über uns beweisen? Lassen Sie
uns in die Zeiten zurücke gehen, die wir erlebt
haben. Des ersten Feldzugs von 1741, wodurch
wir Meister aller Vestungen von Schlesien ge=
worden sind, will ich gar nicht erwähnen. Jedes
Kind in Schlesien weis das Sprüchelchen: daß
der König Glogau im Schlafen, Brieg im Wa=
chen, Breßlau im Lachen — oder mit der Ohr=
feige — und Neiß im Krachen erhalten habe. —
Ist es an dem, daß die Preußen diese Plätze ohne
große Mühe erobert, so ist es auf der andern
Seite klar, daß sie die Oesterreicher eben nicht,
als die größten Meister in der Belagerungskunst,
vertheidiget haben; dies zeigte sich ganz beson=
ders 1744. bei Prag, wo wir, ungeachtet der
starken Besatzung, freilich meistens irreguläre
Truppen, aber doch brave Krieger, die sich unter
Anführung und Leitung ihrer geschickten Inge=
nieurs vertheidigen konnten, wider alles Vermu=
then, bald fertig geworden sind. Mit einem
Worte, in jenem Zeitraume hatten wir eben nicht
Ursache, Ihre überlegenen Kenntnisse im Vestungs=
kriege zu bewundern. Sie ließen uns eben so
viele Vestungen erobern, als Sie uns Feldschlach=
ten zu gewinnen erlaubt hatten. Vermuthlich
ist es also im siebenjährigen Kriege gewesen, wo
Ihnen der König ein bloß mittelmäßiges Talent
in diesem Theile der Kriegskunst zu verrathen
schien.

Wir wollen mit Schweidnitz, dieser Kokette
des Kriegs, die so oft aus einer Hand in die
andere gieng, den Anfang machen. Nadasdy
eroberte diese Vestung den 16. Nov. 1757. und
Treskow

Treskow riß sie Thierheimen den 16. April 1758.
wieder aus den Händen. — Fast in eben so viel
Zeit, als die Oesterreicher von Eröffnung der
Tranchéen bavor zugebracht, nämlich vom 27.
Oct. bis 12. Nov. wurden auch von uns — in
16 Tagen — alle Aussenwerke ruinirt. Ob wir
bei dieser Geschichte an Flintensteinen, die die
Oesterreicher, im Taumel ihrer großen Freude
über diese erste Eroberung, uns vorzuzählen, und
in ihrem Inventario der Welt mitzutheilen, nicht
vergessen hatten, profitirt, oder verloren haben,
ist mir nicht so genau bekannt: daß aber die
Anzahl der Kriegsgefangenen beinahe gleich gewesen, und daß wir über unser sämmtliches Ge-
schütze, wovon sie 6 Monate den usum fructum
gehabt, noch 26 Kanonen, und 25 Mortiers
von den Ihrigen oben drein bekommen, davon
kann ich Sie versichern. Allein hierauf kommt
es nicht an. Der große Unterschied zwischen
unserer, und ihrer Belagerung war dieser: daß,
da Nadasdy über 24000 Mann stark gewesen,
wir mit 5000 Mann Infanterie, 2 Mineurs
Compagnien, und 22 Ingenieurs in eben der
Zeit, und mit einem weit geringern Verlust an
Todten, und Verwundeten dieses Unternehmen
ausgeführt hatten. Sie wälzten zwar die Schuld
ihres Verlusts auf die vielen Kranken in der
Garnison; aber sie gewährten uns bei der Uebergabe deren nicht mehr als 1300 inclusive der
dabei Commandirten; dagegen schickten wir 173
Offiziers, und an die viertehalb tausend Mann,
die frisch und gesund waren, als Kriegsgefangene
nach Breslau. Wenn übrigens ihre Belagerung
durch einen stärkern Aufwand an Menschen —
worin wir es ihnen, nach dem Verhältnis unsrer
kleinen Volksmenge, freilich nicht gleich thun
können — einen Vorzug über unsere erhält, so
wird

wird uns doch der verstellte Sturm, der auf der Seite geschah, wo die Oesterreicher im vorhergehenden Jahre Breche geschossen, und wodurch die getäuschte Besatzung von dem eigentlichen Sturm ab und nach dem maskirten hingezogen wurde, wenigstens bei Kennern für ein kleines Verdienst gelten. Ich muß zugleich die Ehre haben, Ihnen zu melden: daß der mittelmäßige Belagerer, während der Arbeit, mit einem Bataillon seiner Garde selbst in das Lager gekommen; die Tranchéen besucht; und die Ausführung seiner eben so mittelmäßigen Dispositionen dem General Treskow, den er kurz vorher aus der Kriegsgefangenschaft ranzionirt, aufgetragen hatte.

Im Jahr 1761, gerieth Schweidnitz durch die vom Laudon den 30. Sept. in der Nacht veranstaltete Escalade aufs neue in ihre Hände. Daß dieses gut reußirte Wagestück durch eine nur mittelmäßige Aufmerksamkeit des Commendanten sehr leicht hätte vereitelt werden können, wird selbst in österreichischen Diensten kein Mann vom Metier in Abrede stellen. Indessen gereicht es dem muntern, auf alle noch so kleine Vortheile und Verhältnisse des Krieges aufmerksamen Feldherrn allerdings zum Ruhme, daß er so gut seinen Gegner gekannt, und aus dessen Schwäche und Unvorsichtigkeit allen möglichen Nutzen zu ziehen gewußt hatte: Dolus an Virtus quis in hoste requirat? Laudon selbst war bescheiden genug, unter allen seinen rühmlichen Thaten diesen Erfolg ganz besonders blos seinem guten Glücke zuzuschreiben; und die Antilaudonianer in Wien waren unverschämt genug, einen glücklichen Coup, wodurch Oesterreich aufs neue einen der Hauptschlüssel von Schlesien in die Hände bekam — einen Kroatenstreich zu nennen. Sie werden

ihn

ihn also hoffentlich nicht unter die übrigen glänzenden Vorzüge Ihrer Belagerungskunde in Anschlag bringen wollen. —

    Etwas Lustiges kann ich bei dieser Gelegenheit
nicht ganz mit Stillschweigen übergehen. Die
honorable Plünderung der schweidnitzer-Bürger
ausgenommen, rühmten sich die Oesterreicher auch
viele verdeckte Schätze in der Vestung, und unter
andern in einem geheimen Gewölbe drei verdeckte
Wagen, auf welchen des Königs Feldequipage
geladen war, gefunden zu haben. Man sollte
glauben, daß hier von Darius Schätzen die Rede
wäre: da es aber notorisch, daß Friedrich nicht
wie die Könige der Perser zu Felde zieht, und
seine Feldequipage eben nicht zu beneiden ist, so
bin ich überzeugt, daß sich unsre Husaren bei einem erbeuteten Kucheiwagen eines Ihrer jungen
Obristen, besonders der eingekauften, weit besser,
als Sie bei den Schätzen dieses königlichen Feldgeräthes, müssen befunden haben. Wahrlich, das
bon mot, womit die Fruchtweiber in Paris dem
Grafen von Falkenstein, indem sie den Saum
seines Kleides küßten, ihr Kompliment machten,
dürfte hier, vielleicht mit noch mehrerm Grunde,
auf den Markgrafen von Brandenburg angewandt
werden: Glücklich ist das Volk, daß diesem Herrn
seine Kleider und Feldgeräthe bezahlt. y) —

                         Die

---

y) Es wäre zu weitläuftig, die ganze Geschichte Oesterreichs Kriege mit Preußen seit Friedrich des
Zweiten Regierung durchzusehen, und Abhandlungen zu schreiben. Wer in den Schriften gewan-
dert ist, die bei dieser Gelegenheit pro & contra
herausgekommen sind, der wird eben so wenig ihre
Gelehrsamkeit bewundern, als die meinige zu
bewundern wäre, wenn ich das contra aus diesen Schriften abschriebe. Die Frage konnte Hr.
                     Friedel

Die solideste Beute, die die Oesterreicher diesmal machten, war immer der bei Nacht und
Nebel erbeutete Hauptschlüssel von Schlesien;
wir liessen ihn aber eben nicht allzulange in ihren Händen, und hatten in dem darauf folgenden
Jahre die Ehre, diesen Schlüssel — nicht etwa
im Dunkeln der Nacht, sondern am hellen Tage
— durch eine der förmlichsten Belagerungen,
ihnen wieder abzunehmen. Ich wünschte hier
einen Augenblick kein Vasall des großen Königs
zu sein, um mit voller Unpartheilichkeit die auffallendsten Fehler in seinem Operationsplan bei
dieser Belagerung zu sehen — Aber selbst seine
scharfsehenden Feinde fanden sie nicht: bewunderten jedes mit den Belagerungsabsichten so genau übereinstimmende Manöver, wodurch eine
uns weit überlegene Arme Schritt vor Schritt
von ihrer Vestung weggedrängt; in den Klüften
und Defileen der Berge eingeschlossen; jeder zum
Entsatz der Vestung gemachte Versuch vereitelt;
und eine Vestung, der sie selbst den möglichsten
Grad der Vollkommenheit gegeben, die beinahe

12000

Friedel immerhin aufwerfen, ob nicht der König
ein besserer Schlachtenlieferer als Belagerer seye,
uns kümmert das wenig. Es ist ausgemacht,
und dies weis bei uns fast jeder, der seine 50
Jahre alt geworden ist, daß der König eben so
gut, als wir, Schlachten verloren, und bei
Belagerungen nicht immer glüklich gewesen ist.
Ob nicht mehrer gut reüßirte Wagestücke Friedrichen durch eine nur mittelmäßige Aufmerksamkeit
der österreichischen Kommendanten hätten vereitelt
werden können? wär doch auch eine Frage, die
entschieden werden müßte, eh' die eigentliche
Größe Friedrichs bestimmt werden könnte. Genug,
er hat im Ganzen gewonnen; er hat Schlesien
erobert, er ist ein größerer Held, als es unser
Hofkriegsrath gewesen ist.

12000 wackere Kriegsmänner unter einem tapfern, einsichtsvollen Guasco und Gribauval vertheidiget hatten, vor den Augen des ganzen Daunischen Kriegsheeres, auf das Aeußerste gebracht
wurde. Die Belagerung hatte freilich, da der
König Ursache hat, seine Völker zu schonen, 63
Tage gedauert; aber dies sind 63 Lorber für den
unsterblichen Guasco: und 63 Beweise, daß ihm,
und dem geschickten Kriegsbaumeister Gribauval
ein nur mittelmäßiger Belagerer diese Vestung
nie würde entrissen haben. Erinnern Sie sich
dabei, daß das belagernde Korps weit schwächer,
als die Besatzung, und demohngeachtet alle
Maasregeln so gut genommen waren, daß die
aus beinahe 8000 tapfern Kriegern noch beste-
hende Garnison mit ihren Generals und Ober-
offiziers keinen freien Abzug erhalten könnte,
sondern schlechterdings die Kriegsgefangenschaft
sich mußte gefallen lassen; da doch die Sieger
von Kollin, ob sie gleich über 80000 Mann stark
waren, bei ihrem Einmarsch in die Laußnitz mit
ein paar Bataillons in Zittau — freilich nur für
die Langeweile — kapitulirt; und, als sie nachher vor den Thoren von Breslau standen, der
schwachen Besatzung unter dem Gouverneur Lest-
witz einen freien Abzug mit allen Honneurs zu-
gestanden hatten. Wahr ist es, auch wir ließen,
als Sieger bei Leuthen, die Liegnitzer Garnison
im Frieden ziehen; allein da die Berliner Wach-
parade mit Begleitung Ihrer Armee über die
schlesischen Gränzen, und mit den uns zurückge-
lassenen 22000 Gästen in Breslau vollauf zu
thun hatte, so war diesmal die Complaisance,
die wir für sie hatten, zu verzeihn.

Aber Ollmütz und Prag sind doch unwiderlegbare Beweise, wie mittelmäßig die Kenntnisse
des Königs in der Belagerungskunst sind? Hier

war

war es, wo man ihm nach Ihrer Idee, von den Lorbern weggerissen, die er schon fast um seine Heldenschläfe zu winden gedachte. — Es würde, in Wahrheit, nicht vernünftiger Patriotismus, sondern Wahnwitz seyn, wenn man läugnen wollte, daß des Königs Absicht gewesen: die Garnison von Prag zu Kriegsgefangenen, und Ollmütz zu einem Place d'Armes für künftige Operationen, von Mähren aus, zu machen; allerdings würde er den Prinz Karl von Lothringen, seinen lieben Vater und Oheim, sammt seiner Suite von 45000 Combattenten, bei sich in Berlin und Potsdam mit Vergnügen bedient haben; aber eben so thöricht ist es, wenn man behaupten will: daß der König, um seine Absichten auf Prag und Ollmütz zu erreichen, nicht die gehörigen Maasregeln ergriffen, und fehlerhafte Operationswürfe gemacht habe. Vauban und Coehorn würden sich unter ähnlichen Umständen nicht anders benommen, und in dem einen Fälle, nach einer verlornen Schlacht: in dem andern, nach einer durch Verrätherey verunglückten unentbehrlichen Convoy, es eben nicht weiter mit diesen Belagerungen gebracht haben. Wenn im Kriege nicht alles gelingt: wer kann dafür? Les armes sont journalieres z) — Prag ist keine Vestung: wenn aber eine zahlreiche Armee auf den unglücklichen Gedanken geräth, sich

darinn

---

z) Aha! risum teneatis! Wenn den Oesterreichern nicht etwas gelingt, so ist die Schuld daran, ihre Unwissenheit und Ungeschiklichkeit; gelingts aber dem König von Preußen nicht, dann heißt: Les armes sont journalieres! Bei Prag so lange zu warten, bis sich die ganze österreichische Armee hat sammeln können, um den Feind bei Kolin zu schlagen. Les armes sont journalieres!

darinn einzusperren; so würde es Unsinn seyn,
Laufgräben dagegen zu eröffnen, und Sturm zu
laufen; das mögen diejenigen versuchen, die sich
rühmen eine Volksmenge von 26 Millionen zu
haben, wir haben nicht das Drittheil — Armuth
schändet nicht — und müssen daher so viel mög=
lich damit haushalten. Der König wollte das
nach Prag geflüchtete Kriegsheer durch Hunger
zur Uebergabe nöthigen, und war — wie alle
Welt weis — ziemlich nahe daran, seinen End=
zweck zu erreichen. In dieser Absicht ward, um
Zeit zu gewinnen, das Bombardement gebraucht,
und vornehmlich auf die in der Stadt befindli=
chen Vorrathshäuser und Beckereyen gerichtet.
Es ist nicht ohne, daß in solchen Fällen der un=
schuldige Bürger, der keine Waffen trägt, am
meisten zu bedauern ist: aber kann auch der men=
schenliebendste Feldherr dieses Unglück von ihm
abwenden, wenn er nicht zu gleicher Zeit, da
er den Bürger, der unter solchen Umständen dem
Kriegsheere gleichsam zum Schilde dient, zu scho=
nen bedacht ist, letztern die beträchtlichsten Vor=
theile gegen sich selbst einräumen will? Prag zu
bombardiren, allwo eine Armee von etlich und
funfzigtausend Mann, inclusive der Kranken und
Verwundeten, eingeschlossen war, lohnte wohl
noch der Mühe; und ich dächte, die Menschen=
liebe des Feldherrn kann eher damit bestehen, als
wenn Zittau, Herrenstadt und Neustadt um ein
paar Bataillons willen in die Asche gelegt wer=
den — Ob aber unsre Werke und Batterien zweck=
mäßig geordnet, und die belagernden detaschirten
Corps in der Art aufgestellt worden sind, daß
es den Belagerten die Chaine zu sprengen, und
sich durchzuschlagen nicht wohl möglich gewesen:
davon konnte sich das in Prag garnisonirende
Heer, bei so vielen mißlungenen Versuchen, aus
eigener

eigener Erfahrung überzeugen — Wahrscheinlich
ist es wenigstens, daß wir noch ziemlich methodisch,
und ohne die auffallensten Fehler in unserm Opera=
tionsplane zu begehen, verfahren sind: Denn
würde wohl der Prinz Karl von Lothringen, der
unstreitig einer der größten Ingenieurs seiner
Zeit war, unsre Fehler nicht bemerkt, und den
möglichsten Vortheil daraus gezogen haben? Dieß
geschah aber nicht; und nachdem verschiedene
Versuche in dieser Absicht fruchtlos abgelaufen,
sah' sich die Armee in der traurigen Nothwendig=
keit, ohne ferner etwas zu wagen, ihr Schick=
sal lediglich von der Operation des Daunischen
Heeres abhangen zu lassen. Wäre es den Oester=
reichern jemals so gut gekommen, eine Armee
von 45000 Feuergewehren — so viel hatte der
Prinz Karl Combattanten nach Ihrem eigenen
Geständnisse — dergestalt zu belagern, daß sie
sich eine sechswöchentliche Quarantaine bei Pferde=
fleisch gefallen lassen, und am Ende derselben,
wenn uns das Schicksal bei Kollin günstig war,
auf Gnade und Ungnad ergeben mußte — Was
in aller Welt würden Sie uns nicht da von Ih=
rer Stärke in der Belagerungskunst zu erzählen
gewußt haben? Indessen machte der König doch
einen Fehler bei dieser Belagerung, der zu auf=
fallend, aber auch für Friedrichs Herz so schön
ist, daß ich ihn ohnmöglich verschweigen kann.
Er setzte gleich anfangs der Stadt zu wenig zu,
wollte derselben schonen, und weigerte sich öfters
mit der größten Rührung seines Gemüths, wenn
ihm die Generale anlagen, einen größern Ernst
gegen Prag zu bezeigen; ohne diesen Fehler würde
er allem Ansehen nach damit fertig geworden seyn.
Hätten Sie wohl, m. H., diese edle, große Em=
pfindung bei einem Monarchen vermuthet, den
einer Ihrer Schriftsteller unter die Timur=Lenks,

und

und Gengischane zu raugiren die Güte gehabt
hat?

Mit Ollmütz hatte es eine andere Beschaffenheit. Dies war eine förmliche Belagerung:
der König ließ daher der Stadt, so viel möglich, schonen, und das stärkste Feuer auf die
Mauern und Aussenwerke richten; in welchen
Zustand sie durch die Wirkung unsrer Batterien
versetzt worden sind, besagt selbst das Diarium
des geschickten und tapfern Commendanten v.
Marschall. Im Jahre 1741 wurden wir Meister dieses Platzes: er blieb 3 Monate in unsern Händen. Ob nun gleich, seit dieser Zeit,
die Werke stärker aufgeführt, vermehrt, erweitert, kurz, die Befestigung dieses Orts um ein
namhaftes verändert und verbessert worden ist;
so werden Sie doch zugeben, daß selbst einem
mittelmäßigen Genie, das in der Kriegsbaukunst
nicht ganz unerfahren ist, die Stärke und Schwäche eines Platzes, den es 3 Monate lang inne
gehabt, mit allen Vortheilen und Nachtheilen der
Environs hinreichend bekannt seyn mußte; hieraus folgt, meines Erachtens, ganz klar, daß
der König, wenn Sie ihn nicht zum Schüler herabwürdigen wollen, dieser Kenntniß zu Folge
die Belagerung einzurichten, und zweckbefördernde
Anstalten in Absicht des Erfolgs zu treffen im
Stande war. Ich will unsre Berichte nicht nach-
schreiben, sondern verweise Sie auf das alleweil
erwähnte Diarium des verdienstvollen Verthei-
gers dieses Platzes, welches der k. k. Hof öffentlich bekannt machen lassen. Bitten Sie sich einmal von einem Manne, der das Handwerk besser,
als Sie, versteht, einen Kommentar über dieses Tagebuch aus, und er wird Ihnen sagen,
ob der Belagerer gut, schlecht, oder mittelmäßig
ist, der es, bei der äußersten Schonung des Volks,

gegen

gegen eine mit allen Kriegserfordernissen überflüßig versehene Vestung, die 10000 Mann, und
einen Marschall an ihrer Spitze, zu Vertheidi-
gern, und zu mehrerer Unterstützung ein Heer
von 60000 Mann in der Nähe hatte, demohngeachtet so weit brachte, daß sie, ohne den Zufall des coupirten Transports, ihrem traurigen
Schicksal nicht entgangen seyn würde. Denn daß
wir den 26. Junius 1758 bereits mit der Sappe
bis unten an das Glacis gekommen; den 30.
die dritte Parallele formirt; noch den ersten Julius
die Sappe weiter fortgesetzt, und in der Nacht
von unsern Batterien in kurzer Zeit mehr als
4000 Kanonkugeln, 1000 Bomben und Haubitzen
auf die schon größtentheils zerstörte Werke abgeschickt haben, und auf 22 Ruthen von der
äußersten Spitze des Winkels gekommen waren,
ist beinahe der wörtliche Inhalt ihrer eigenen Nachrichten. Noch 8 Tage, mein Bester, und —
die Schöne sank dem mittelmäßigen Belagerer
in die Arme.

Aber über Ollmütz wachte auch diesmals
sein alter Schutzgeist, der es schon im vorigen
Jahrhunderte, da es eben keine starke Vestung
war, zu einer glücklichen Vestung gemacht hatte.
Der schwedische Torstenson hatte 1642 fünf Monate lang davor liegen müssen, bis er sie endlich
den 14. Junius eingenommen. Die Schweden blieben im Besitz dieses Platzes bis zum Münsteri-
schen Friedensschlusse, und die Kaiserlichen hatten
ihn von 1642—1644 fünfmal, und allezeit ver-
geblich belagert, obgleich das letztemal die Arbeit
10 Monate gedauert hatte. Es ist nicht genug,
daß man sagt, die Kunst, feste Plätze anzugreifen,
wäre damals sehr unbedeutend gegen das gewesen, was sie heutiges Tages ist: denn verhältnißmäßig ist die Kunst, Plätze zu befestigen, und

N

zu vertheidigen gegen das, was sie gegenwärtig ist, eben so unbedeutend und armselig gewesen. Kurz, Ollmütz schützte jetzt, wie damals, sein gutes Glück; und durch die Verhinderung der zur Ausführung der Belagerung unentbehrlichen Convoy, ward es selbst zu einer Zeit, da es schon seinen letzten Todeskampf kämpfte, noch glücklich errettet.

Dies sind ohngefähr die vornehmsten Auftritte, wo unser großer Schlachtenlieferer in Ihren Augen als ein sehr mittelmäßiger Belagerer erscheint. Dürft' ich wohl bitten, m. H., da wir einmal zu patriotisch, und daher zu partheyisch, zu kurzsichtig — oder wie Sie das nennen wollen — sind, die auffallendsten Fehler in den Belagerungen unsers Königs gehörig einzusehen, daß Sie, oder einige Ihrer jungen Gribauvals die Gefälligkeit haben wollten, uns — wie ich schon oben erwähnt — diese Fehler frei, und ohne allen Rückhalt zu entdecken. Friedrichen kann es freilich nicht mehr nutzen, er ist zu alt dazu, um sich bessern zu wollen; aber sein Nachfolger wird nicht ermangeln, Ihren Unterricht, bei sich ereignender Gelegenheit, sich zu Nutze zu machen. Wir sind dagegen erbötig, die auffallendsten Vollkommenheiten Ihrer Feldherren, die bis jetzt Ihren eigenen Augen entgangen sind, in einem so vortheilhaften Lichte zu zeigen, daß sie Josephen auf allen seinen Wegen und Stegen, zum Besten leuchten sollen.

Bisher, ich gesteh' es Ihnen, haben wir mit dem übrigen Europa, — Wien ausgenommen — in dem Wahne gestanden, daß unser Monarch mit jedem Theile der Kriegskunst gleich stark bekannt seyn müsse: wir hatten uns aus seinen bisherigen Feldzügen den Begriff abgezogen, daß er nicht allein genau sein Tempo zu fassen wisse, wenn

Schlachten

Schlachten zu liefern, oder zu vermeiden, Bela=
gerungen vorzunehmen, oder aufzuheben sind, ohne
darum in seinem Hauptoperationsplane eine Lücke
zu lassen; sondern auch, daß ihm verlorne Schlach=
ten, und aufgehobene Belagerungen anderwärts
Provinzen und Städte geöffnet, und Schlachtfel=
der gewiesen, wo er mit doppeltem Ruhme seine
unvergänglichen Siegeszeichen aufgestellt hatte:
so ward ihm z. B. die Schlacht von Kollin durch
Roßbach und Leuthen reichlich ersetzt: wir würden
ihm ohne jenen Fehler, wenn man anders das
Unglück, seine richtig genommenen Maaßregeln
und Dispositionen nicht genaust befolgt zu sehen,
einen Fehler nennen kann, nicht in dem nachhe=
rigen großen Lichte gesehen haben. Für Prag gaben
Sie ihm zu Ende des Feldzuges ganz Schlesien
wieder zurück, und die Breslauische ansehnliche
Garnison obendrein. Der Verlust des Trans=
ports bei Dohmstädtl wurde ihm durch Ihr Kö=
niggrätzer und andere Magazine doppelt erstattet;
und das Pulver, daß er bei Ollmütz verschossen,
haben ihm die Russen bei Zorndorf bezahlt. Er
wußte also zu belagern, und wußte Schlachten zu
liefern. — Nur bei der einzigen mislungenen
Belagerung von Ollmütz thun Sie die Augen so
weit auf, um endlich einmal an dem großen Feld=
herrn — wie Sie glauben — eine Schwäche zu
entdecken: verschließen Sie dagegen bei den bei=
den regelmäßigen Eroberungen von Schweidnitz
bei der von Breslau, wo das vertheidigende Heer
wirklich stärker, als das angreifende gewesen —
bei dem festen Lager von Bunzelwitz, und andern
Vorfällen, um nur dieses Feldherrn gleich star=
kes Talent in dem Befestigungskriege nicht bewun=
dern zu dürfen.

Was giebt Ihnen denn aber, m. H., das
Recht, unserm mittelmäßigen Belagerer Hohn zu
N 2   sprechen?

sprechen? Haben Sie etwa in diesem Theile der
Kriegskunst Ihre Ueberlegenheit uns fühlen las=
sen? Wie? — Wo? — Wann? — Ich weis nur
die Einzige Eroberung von Schweidnitz durch Na=
dasdy im Jahr 1757, wo man wenigstens sagen
kann: daß Sie belagert haben — denn Harsches
Belagerung von Neiß 1758, so gut sie auch an=
gefangen war, artete — wie Sie selbst wissen —
sammt der Blokade von Cosel bei der ersten Nach=
richt von der Ankunft des Königs in Schlesien,
in eine faule Couche aus. Erinnern Sie sich
dabei: daß der König nicht als Sieger kam. Sie
hatten alleweil über ihn bei Hochkirchen gesiegt,
aber freilich so — wie nie ein Römer gesiegt hat=
te. Gegen Laudons Escalade 1761 und seine,
im vorhergehenden Jahre, vier Tage nach Eröff=
nung der Trancheen durch Verrätherei und Lacheté
der Garnison gewiß nicht glorreiche Besitzneh=
mung von Glatz habe ich nichts einzuwenden —
der Feldherr profitirt, so gut er kann, von jeder
Gelegenheit, umbekümmert um die Quelle, woraus
sie entspringt: aber diese beiden glücklichen Wa=
gestücke werden Sie uns doch wohl eben so wenig,
als das Bombardement von Breslau und Cosel —
zwei wahre Versuche à la Trenk — oder die
Eroberung von Peiß, das 40 Invaliden deckten,
als Meisterstücke der Belagerungskunst vorrechnen
wollen, um uns zu überzeugen, wie viel Schritte
Sie in diesem Theile der Kriegskunst voraus sind?
Dergleichen kleine Auftritte im Kriege, selbst die
Eroberung von Peiß, die so unbedeutend und ko=
misch, als Rabners Geschichte des Dörflein Quer=
lequitsch ist, können in ihrer Art noch immer ein
gewisses Verdienst haben und dem Feldherrn Ehre
machen: aber in der hier in Frage kommenden
Sache beweisen sie nichts. Man hat allerdings
in der österreichischen Armee vortrefliche Inge=
nieurs,

nieurs, Sappeurs, Mineurs, Artilleriſten und alles, was Sie wollen. Sie verſtehn das Handwerk in ſeinem ganzen Umfange: allein ſo lange
man Veſtungen nur durch ein vorübergehendes
hitziges Bombardement, und allenfalls mit ein
paar hundert auf gut Glück angelegten Bauern-
leitern emportiren will, und es darauf ankommen
läßt, ob ſich ein D'O, ein Zaſtrow, oder eine ver-
rätheriſche Garniſon finden möchte, die die Abſicht begünſtigen — ſo lange formiren alle dieſe
geſchickte, wackere Leute blos ein reſpektables Corps
de Reſerve. Ich bin daher weit entfernt, Gleiches mit Gleichem zu vergelten, und Ihre Feldherren nur für mittelmäſſige Belagerer zu halten:
ich ſage vielmehr, daß ſie in Rückſicht auf uns,
weder gut noch mittelmäſſig, noch ſchlecht ſind,
weil wir bis ietzt keine Gelegenheit hatten, ihr
hervorſtechendes Talent in dieſem Fache der Kriegs-
wiſſenſchaft praktiſch kennen zu lernen.

Erlauben Sie nun, mein Herr, daß ich,
meinem Verſprechen zu Folge, auch ein paar
Worte auf Ihr gründliches Raiſonnement über
den Baieriſchen Erbfolgekrieg erwiedern darf.
,,Der König griff an, ſchreiben Sie S. 60,
wir mußten uns alſo vertheidigen.‘‘ Das iſt
der alte Ton, in welchem Oeſterreich bisher
den Urſprung aller ſeiner Kriege mit Preuſſen
beſungen hatte. — Ich beſinne mich, daß Sie
im ſiebenjährigen Kriege eine Art von Gaſſenhauer hatten, der gedruckt unter dem Volke,
und bei der Armee herumgieng, wo jede Stro-
phe ſich mit dem patriotiſchen Refrein endigte:
Pruß iſt Aggreſſor ſonnenhelle — Dem Pöbel
läßt man ſo etwas hingehen; aber von einem
Manne, wie Sie, der auf Aufklärung und politiſche Kenntniſſe Anſpruch macht, kann man es
fordern, daß er ſich ſchickhafter, und mit mehr

Wahrheit

Wahrheit ausdrücke. „Der König griff an" —
So dürfte allenfalls ein böhmischer Landmann
sprechen, der nicht über seine Feldflur hinaus sieht,
auf der sich die Preussen bei ihrem Einmarsch in
Böhmen gelagert haben. Deutschland weis es
nur allzu gut, wer angriff — und Sie allein,
ein Schriftsteller von Profession, und Quasige=
schichtschreiber sind der einzige Fremdling, der
nicht weis, daß Oesterreich gleich nach dem Tode
des Kurfürsten Maximilian Joseph zu Ende des
1777. Jahres, mit beiden Händen die Waffen
ergriff; daß bereits den 11. Jänner 1778 zwei
Kolonen österreichischer Truppen zur Besitznah=
mung von Niederbaiern abgeschickt, und in der
Folge immerfort mit neuen verstärkt worden sind?
Der nicht weis, daß sich die Kaiserin Königin
den 13. März zu Straubingen mit gewaffneter
Hand huldigen ließ, ohne alle Rücksicht auf die
Protestation Karl des Zweiten Herzog von Zwey=
brücken, und der gesämten Baierischen Landstände?
Ohne Rücksicht auf die Zweifel und Bedenklich=
keiten, die der König von Preussen, auf dessen
Vermittelung Sachsen, Meklenburg und Pfalz=
zweibrücken angetragen, dem Wiener Hofe be=
reits zu Anfang des Februars vorlegen, und sei=
ne freundschaftliche Erklärung beifügen lassen.
Sie wissen nicht, daß dieser Monarch unablässig
seine auf die Erhaltung des Friedens abzielende
freundschaftliche Anträge dahin widerholte, daß
das Erzhaus die Baierische Erbfolge in den vori=
gen Stand, wie selbige beim Absterben Maximi=
lians gewesen, hinwieder setzen, und zu einer der
Reichsverfassung angemessenen Unterhandlung den
Weg eröffnen möchte? Was that Oestereich
gegen alle diese blos auf die Maintenirung des
Friedens und Aufrechthaltung der Rechte der
Reichstände abzweckende Vorschläge? Ohne sich
an

an die gesetzmässigen Reichswege zu kehren, fuhr es in seinen angefangenen Eroberungen, und eigenmächtigen Besitznehmungen in Baiern immer fort; riß verschiedene Herrschaften, und Grafschaften unter dem Vorwande an sich, daß es erledigte Reichslehen wären; woraus denn — da selbst der so gutmüthige Kurfürst von der Pfalz Beschwerden darüber führte — an mehr Orten eine doppelte Huldigung erfolgt ist, u. s. w.

Wer war also, bei so gestalten Dingen, nach dem Urtheile jedes unbefangenen Beobachters dieser Begebenheit, der angreifende Theil? Derjenige, der als Reichsglied, und Garant des Westphälischen Friedenschlusses, die Rechte des Reichs, und seine Grundconstitution vertheidiget, oder der ihnen, durch den Einfall in fremdes Eigenthum, zuwidergehandelt, und in der Art die ersten Hostilitäten gegen das Reich ausgeübet hatte? a) Zudem machte Oesterreich die ersten kriegerischen

a) Es ist bereits im zweiten Alphabet in der Note k) das Vorläufige über den die bayrische Sukzession betreffenden Krieg, angemerkt worden. Hier verdient die Beilage des H. R**, weil sie vielleicht nicht alle Leser bei der Hand haben, abgeschrieben zu werden, nicht eben darum, weil darinnen etwas ganz neues über diesen Punkt gesagt wurde, sondern weil das Bekannte, worüber sich viele Quartanten schreiben ließen, auf ein paar Seiten zusammen gedrängt ist. Nun hören Sie uns dagegen, heißt es da (Seite 42) Sie wissen doch, das Oesterreich gegründete Ansprüche auf einen Theil der bayerischen Erbfolge hatte, die selbst der Kurfürst von der Pfalz, Karl Theodor, als billig erkannte, und deren Berichtigung schon zu Anfang 1777, wo der Tod des Kurfürsten von Bayern noch lange entfernt schien, die Hände bot. Sie wissen, daß bis zu Ende desselben

schen Zurüstungen in allen seinen Landen, besonders an den Gränzen des Königreichs Böhmen,
da

desselben desweg Unterhandlungen gepflogen und
endlich am 3ten Jenner 1778 die förmlich zu Stand
gebrachte Konvention von beiderseitigen Ministern
unterzeichnet, und am 14. darauf vom Kurfürsten
selbst feierlich ratifizirt worden.   Sie wissen, daß
diese Konvention von dem Kurfürsten für sich,
seine Erben und Nachfolger an der Kur geschlossen wurde, welches um so zuversichtlicher geschehen
konnte, da der Herzog von Zweibrücken dem Kurfürsten voraus erkläret hatte, daß er mit allem
einstimmig sey, was von ihm sowohl in dieser,
als in jeder andern Sache, verfügt werde.   Sie
wissen, daß selbst dieser Herzog eben im Begriff
war, diese mit seinem Vorwissen und seiner Genehmigung schon abgeschlossene Konvention, seinem
gegebenen Wort gemäß, zu unterzeichnen, als der
von Berlin nach München abgesandte Emissär,
Graf Görz, ihn dahin brachte, sein Wort zu
brechen.   Sie wissen, daß dem König von Preussen
die ganze lange Unterhandlung mit Karl Theodor
gleich vom Anfange bekannt war; daß Oesterreich
nicht nöthig fand, so geheim mit einer Sache
zu Werke zu gehen, die sich auf Rechte gründet;
dies aber wissen Sie, — müssen Sie wissen, da
es ganz Europa weis, und lärmen doch darüber,
daß man auf die der Emissarien bewirkte Protestation des Herzogs von Zweibrücken sammt den
Zweifeln und Bedenklichkeiten des Königs von
Preussen nicht alsbald der ganzen Konvention ent-
sagte; nennen diese rechtmässige Besitznehmung
Einfall in fremdes Eigenthum: und wollen somit
absolute Oesterreich zum Angreifer machen, um
so mehr, da es, besonders an den Gränzen des
Königreichs Böhmen die ersten kriegerischen Zurüstungen machte.

Hier ist wohl in der That viel Geschrei und
wenig Wolle! die Besitznehmung gründete sich ja
auf

da es uns noch nicht in den Sinn gekommen,
nur einen Beurlaubten einzuziehen. Die feine
Politik,

auf ein durch Vertrag bestättigtes Recht, und daß
sie durch Truppen geschah, war sehr natürlich, weil
es überhaupt noch nie üblich war, durch Schuster
oder Schneider etwas in Besitz zu nehmen. Das
Geschrei über die Huldigung mit gewaffneter Hand
ist lächerlich. — Die Zweifel und Bedenklichkeiten des Königs von Preussen konnten Oesterreich
um so weniger anfechten, je gewisser man überzeugt war, daß die ganze Erbfolge Ihn auf keine
Weise etwas angieng. „J—a! rufen Sie, er
ist Garant des westphälischen Friedenschlusses!"
Dürften wir das nicht wissen, wer Ihnen das
sagte? Wissen Sie denn nicht, daß damals, als
der westphälische Friede geschlossen wurde, Friedrich Wilhelm, Kurfürst von Brandeburg, keines
Weges im Stande war, als Garant des Westphälischen Friedens aufzutretten, sondern im Gegentheil nachgeben mußte, als der Krone Schweden ein Theil von Pommern, zur Entschädigung
der aufgelaufenen Kriegskosten, zugesagt ward?
„Zudem machte nicht Oesterreich die ersten
kriegerischen Zurüstungen?" Wußte es etwa nicht
aus alter leidiger Erfahrung, daß Friedrichs Zweifel, Bedenklichkeiten, Erklärungen, Widersprüche
oder welchen Namen sie dem Dinge sonst noch
geben mögen, eben so gut, als eine Kriegserklä-
rung anzusehen sind? daß Er öfters erst dann
sich erklärt hat, wenn Er schon als Feind über
die Gränze geschritten war; wär es verzeihlich gewesen, wenn Oesterreich sich blos auf die Gerechtigkeit seiner Sache verlassen und versäumt
hätte, seine Kräfte zu sammeln, um sich vor dem
Ueberfall eines Nachbars zu sichern, der von jeher, so zu sagen gewohnt war, in fremdes Gebiet einzudringen, ohne anzuklopfen? Wäre
Josephs Heer nicht in Bereitschaft gewesen; glauben Sie etwa, daß Friedrich sich zu so langen
Unter-

Politik, seit dem Monat April 1778. in Berlin
eine Staatsunterhandlung anzustellen, und sie bis
zum

Unterhandlungen einverstanden hätte? daß er nicht
weiter in Böhmen eingedrungen, nicht rascher
zu Werke gegangen wäre? daß er nicht mehr
Verheerungen angerichtet, nicht auch Schlachten
geliefert hätte? Und endlich, warum hat er seine,
wie sie sagen, unablässlich auf die Erhaltung des
Friedens abzielende freundschaftliche Anträge nicht
schon damals gemacht, als Oesterreich mit Karl
Theodor wegen der Erbfolge Unterhandlungen
pflog, von denen er genau unterrichtet war, und
es leicht sein konnte, weil man so zu sagen öffentlich zu Werke gieng? Warum wartete er damit,
bis alles ins Reine gebracht, der Todesfall Ma-
ximilians erfolgt, die Konvention geschlossen, der
abgetretene Theil in Besitz genommen und die
Sache überhaupt soweit gediehen war, daß M.
Theresia ihren Rechten nicht mehr entsagen konnte, ohne die Ehre Ihres Hauses und die Würde Ihres Thrones aufs Spiel zu setzen, mithin
ein Krieg unvermeidlich sein mußte? — Vermut-
lich aus Liebe zum Frieden? und wer war nun
bei so gestalten Dingen der angreifende Theil?
Jener, der wegen seiner Rechte und Ansprüche auf
die bayerische Erbfolge mit dem Successor für
sich, seine Erben und Nachfolger an der Kur eine
legale Konvention schloß, das, was ihm gebührt,
bei der Erledigung in Besitz nahm, und sich auf
allen Fall gegen die Widersprüche eines Nachbars
der dafür bekannt ist, daß er seine Zweifel und
Bedenklichkeiten vorzüglich auf geschwinde Ueber-
fälle und das Kanonenrecht gründet; — oder
der, den die ganze Erbfolge weder als König, weder als Kurfürsten noch als Kosmopoliten angieng,
der sich eigenmächtig zum Garant des westphälischen Friedens aufwarf, und — als man Anstand
nahm, ihn dafür so blindlings zu erkennen, zu
befolgen, was er forderte — am 5. Julius 1778.
als Feind in Böhmen einbrach? —

zum 24. Junii, das heißt, so lange zu prolon=
giren, bis Sie — nach Ihres Herzenswunsch —
sich in Baiern ausgebreitet, Ihre Verschanzun=
gen an den Gränzen zu Stande gebracht, und
Ihre Truppen aus Gallizien, den Niederlanden
und übrigen Erbstaaten, mit größter Sicherheit
an sich gezogen hatten — Diese feine Politik
sage ich, sollte zugleich dazu dienen, daß Sie
diesmal, wider die bisherige Gewohnheit, als sehr
rüstige Krieger vor den Augen von Europa erschei=
nen konnten. Die Sache ist so wunderbar nicht,
und Sie dürften dieserwegen von der vorzügli=
chen Güte Ihres neuen Militärsystems lange nicht
so viel Aufhebens machen: weil Sie nämlich vom
Monat Jäner an — denn bei dem ersten Einfall
in Baiern mußte Ihnen schon das Gewissen sa=
gen, daß Sie Wiederspruch finden würden — bis
zum 24 Junii, das heißt, in einem halben Jahre
mit Ihren Kriegsarrangements endlich fertig ge=
worden sind. Allein wir wollen, und müssen es
Ihnen einräumen, daß Sie uns mit Ihren Kriegs=
zurüstungen zuvorgekommen sind; weil wir nicht
Ursache zu haben glaubten, deren welche zu ma=
chen, da die Gesetze des Reichs, der Westphäli=
sche Frieden, und selbst die natürliche Billigkeit
im vorliegenden Falle zu deutlich sprechen, als
daß es nöthig gewesen wäre, ihn durch das Kriegs=
schwert zu entscheiden — Wenn Sie nun nicht
allein durch Ihren Einmarsch in Baiern, sondern
auch durch Ihre frühzeitigen Zurüstungen an den
Gränzen das Signal zum Kriege so offenbar ge=
ben, wie kann man noch so tollkühn in die Welt
schreien: Der König griff an! wir mußten uns
vertheidigen. — Lassen Sie Sich belehren, mein
Herr; der König griff nicht an, sondern kam,
da er einmal, gleich den andern Reichsgliedern,
durch die verletzten Constitutionen des Reichs
ange=

angegriffen worden, seine, und seiner Reichsmit=
stände Rechte auf Ihren eigenen Grund und
Boden mit den Waffen in der Hand zu verthei=
digen. Er gab demohngeachtet den Friedensne=
gociationen immerhin Raum, ließ Ihnen, um
alle Welt zu überzeugen, daß es ihm um keinen
Krieg zu thun sey, ein ganzes Jahr Zeit — und
würde ihnen in der Folge, wenn die Sachen
durch den Teschner Frieden keine andere Wen=
dung bekommen hätten, sicher gezeigt haben, daß
der alte Sieger das Handwerk nicht ganz ver=
lernt hat: Bis dahin sah' er den ganzen Auf=
tritt bloß als einen politischen Prozeß, oder ein
kriegerisches Schattenspiel an der Wand an.

Da ich mich einmal mit Ihnen darauf ein=
gelassen habe, über dieses Sujet A zu sagen;
so will ich auch B sagen. Nicht Ihrentwillen,
m. H., denn Sie sind mir nur die Marionette,
die sich, nach der Direktion des hinter der Cou=
lisse versteckten Schauspielers, mechanisch bewegt
— sondern um ein gewissen Glaukom zu zerstö=
ren, daß zuweilen selbst gesündere Augen, als
die Ihrigen sind, verhindert, diesen Gegenstand
in seinem wahren Lichte zu sehen.

Der Feldzug des Königs vom J. 1778.
scheint vielen in seiner Anlage, Fortgang, und
Erfolgen mit den bisherigen glorreichen Feldzü=
gen dieses Monarchen so auffallend zu kontra=
stiren, daß man ihn zu den Paradoxen dieses
Zeitalters zählt. Betrachtet man diesen Feldzug
in der Art, wie ihn Burscheid und Appendix er=
klären; so müßte wahrhaftig der König von
Preussen, als er ihn unternahm, den Verstand
verloren haben. Allein dieser Erzstümper von
fanatischen Taktiker hat sich schon lange bei Ken=
nern um alle Achtung geschrieben; und man muß
sich wundern, wie ein so verständiger, einsichts=
voller

voller Mann, als Herr Obrist v. Nicolai in
Würtembergischen Diensten, auf Burscheids stra-
tegisch = taktische Krudităten prănumeriren konnte,
wenn er es nicht etwa dour la Rarité du fait,
und in der Absicht gethan, in seiner Büchersamm-
lung einen militärischen Till — Eulenspiegel auf=
stellen zu können. Weit mehr befremdet es mich,
wenn Männer von langer, und bewährter Kriegs=
erfahrung, denen Friedrichs Geist und Maximen
nicht unbekannt sind, noch immer bei dieser Campagne den wahren Gesichtspunkt verfehlen. So
gewiß es ist, daß auch hier die kriegerischen Talente des alten Feldherrn ohne Flecken, und
Friedrichs Einmarsch, Stellung, und Rückzüge
aus den mit tausendfältigen Chikanen abwechseln=
den böhmischen Gebürgen, gleichwie Hanibals
Züge in den Alpen, dem Kenner erscheinen:
eben so gewiß ist es, daß der diesmalige Opera=
tionsplan des Königs mit seinem Operationsplane vom J. 1757. auch nicht die allergeringste
Aehnlichkeit hatte, und einer von dem andern
so himmelweit verschieden war, als die damali=
ge Lage des politischen Systems, von der im J.
1778. verschieden gewesen ist. Wie kann man
also bei der größten Disparität der Ursachen,
demohngeachtet einerlei Wirkungen erwarten?
Damals, als eine halbe Million Feinde gegen
ihn im Anzuge war, kam es freilich darauf an,
durch überraschende Märsche, und decisive Schlach=
ten einem nach dem andern eine, so viel mög=
lich, tiefe Wunde zu schlagen, die nicht eher
cicatrisirte, bis er mit dem dritten wieder fertig
geworden. — Jetzt war seine Absicht, Oester=
reich, damit es nicht seinen Nachbarn Wunden
schlagen, und durch Zerreißung fremder Staaten ungerechter Weise sich aggrandieren möchte
— in Schranken zu erhalten. Betrachtet man

ferner

ferner die gleiche Vertheilung der Kriegsmacht
zwischen dem König und seinem Bruder, so muß
es jedermann sogleich einleuchten, daß er diesmal schlechterdings nicht willens gewesen, auf
irgend einer Seite mit einer Art von Ueberlegenheit, und Uebergewichte zu agiren.

Gewiß, man muß gar keine Idee von der
Disposition des Königs im Feldzuge von 1757.
im Kopfe haben, wenn man sich einbilden kann,
daß der letztere Einmarsch in Böhmen nach eben
den Grundsätzen, und Absichten, wie jener, erfolgt sey. Was würde wohl den König verhindert haben, Ihre ganze Chaine durch die Bewegung verschiedener Corps en echec zu halten,
und während der Zeit mit dem Uebergewichte seiner völligen Macht auf einer andern Seite zu
operiren? — Es ist kindisch, wenn man gegen
Leute von einiger Kriegserfahrenheit wegen der
so fürchterlich befestigten Punkte von Münchengrätz und Arnau, und der Kette von Flechen und
Redouten so viel Wesens macht, als ob die österreichische Position gegen einen angreifenden Feind
sich in eben so viele Coupe-gorgen hätte verwandeln können, als es Punkte auf ihrer Fronte
hatte. Man weis, daß es schlechterdings keine
Position giebt, die ein erfahrner Feldherr, wenn
es ihm Ernst ist, nicht auf irgend eine Art umgehen, und dadurch ihrer größten Vortheile berauben könnte, so lange nur die Welt nicht mit
Bretern verschlagen ist. Eben so kann jede, dem
Anscheine nach, noch so starke Stellung forcirt
werden, wenn anders durch wohl eingerichtete
Blendanstalten die Punkte gehörig maskirt sind,
wo mit vereinigter Kraft operiret werden muß;
daher der Grundsatz entstanden: wer die Verschanzungen attaquirt, erobert sie auch: besonders in dem Falle, da der Verschanzte unthätig

sein

fein Schicksal abwartet, und nicht die Maxime
gebraucht, welcher sich Cäsar bei Aleista, Wal-
lenstein gegen Gustav Adolph bei Nürnberg, und
die Russen bei Pultawa mit dem besten Erfolg
bedient haben. Jeder Anfänger in der Kriegskunst weiß das; jeder Schüler der Taktik zählt
darüber die Beweise aus der Geschichte an den
Fingern her: nur dem Helden, der für ganz Europa Lehrer der Kriegskunst geworden, traut man
es nicht zu, daß es ihm möglich gewesen wäre,
die Oesterreicher um die Vortheile ihrer Position
zu bringen, oder diese Position zu forciren,
wenn eines oder das andere in seinem Operationsplane gestanden hätte. Der Einwurf, daß
der König es nicht vermuthet habe, daß jene
Reihe von Bergen längs der Elbe vermittelst der
Feldbefestigung seit kurzem undurchdringbar geworden sey, verdient keine Achtung: man würde ihn kaum einen jungen Feldherrn machen dürfen, der seinen ersten Feldzug macht, und was
er selbst nicht weis, allenfalls aus dem Munde
seines Mentors, der ihn am Leitbande führt, erfahren würde. Es läßt wahrlich nicht anders,
als ob die Oesterreicher jene Schranken hinge-
zaubert hätten: weil der sonst so vigilante König auch gar nichts davon erfahren können; oder
man müßte glauben, daß er diesmal alle Vor-
sichtigkeitsregeln, ich will nicht sagen eines Feldherrn, sondern eines nur mittelmäßigen Regenten außer Augen gesetzt, und, unbekümmert,
wie sich seine Feinde an den Gränzen betragen,
gleich einem Roi fainéant sich verhalten habe.
Allein ich bin Ihnen Bürge, mein Herr, der
König wußte von allen ihren Anstalten; ja, daß
er einen genauen Abriß davon in seiner Tasche
hatte, ist so wahr, als daß er, Gottlob! noch
jetzt ein paar gesunde große Augen im Kopfe hat.

Wahr-

Wahrſcheinlicher iſt es, daß Sie den Tag ſeiner Ankunft in Böhmen nicht gewußt, und nicht ſobald die Ehre ſeines Zuſpruches vermuthet hatten. Wie hätten Sie ſonſt gleich Ihr erſtes ſchwaches Corps unſrer ganzen Macht ausſetzen, und riskiren wollen, daß es in die Pfanne gehauen würde, ehe Sie noch im Stande waren, ſelbiges mit Ihrem Gros d'Armée zu rechter Zeit zu unterſtützen? Durch einen ſolchen Echec, der zu jeder andern Zeit nach Friedrichs Kriegsmaximen wohl zu vermuthen war, würden, allem menſchlichen Anſehen nach, die Vortheile Ihrer nachmaligen Poſition in etwas derangirt worden, ja wohl gar nie zu Stande gekommen ſeyn. Man braucht eben nicht übernatürlich preußiſch zu ſeyn, um ſich von der Gewißheit dieſes Erfolgs zu überzeugen: denn zu geſchweigen, daß ein etliche tauſend Mann ſtarkes Corps gegen unſre überlegene Macht nicht lange Stand halten konnte; ſo iſt es auch moraliſch gewiß, daß das paniſche Schrecken der Ueberraſchung, das auf die Oeſterreicher noch wirkende Aſcendant der Preuſſen, und das Feuer unſrer Krieger, die vor Begierde brannten, ihrem alten Feldherrn neue Lorber zu ſammeln, die erwünſchte Wirkung würde gethan haben. Gewiß, mein Herr, entweder haben ihre Feldherren, ſtolz auf ihre neue Kriegsverfaſſung, dieſen Fall für ganz unmöglich gehalten, oder etwa in einer nächtlichen Viſion Friedrich den Großen diesmal ohne blutige Lorber, und nur mit dem Oelzweige um ſeine Schläfe geſehen, und ſich daraus ein günſtiges Prognoſtikon für alle ihre Wageſtücke, und Fehler geſtellt — Wie dem ſeyn mag, ſo wird doch dieſer aus der Conduite des Königs im ſiebenjährigen Kriege abermals unerklärbare Trait, da er auf ein von dem

noch

noch großen Theils kantonirenden Kriegsheere
separirtes, und seinem guten Glücke überlassenes
Corps nicht einmal einen Versuch gemacht, dem
aufgeklärten Publikum ein redender Beweis
seines festen Entschlusses seyn, sich in diesem
Feldzuge nach ganz andern Grundsätzen, als die
man bisher von ihm gewohnt war, zu betragen,
und allen denen, die bis dahin nur den Eroberer, und überaschenden Krieger, an ihm erblicken wollen, von seiner Mäßigung, und Uneigennützigkeit ein unbezweifeltes Beispiel zu geben.
Jetzt kam er nur, Ihnen auf Ihrem eigenen
Grund und Boden Krieg, oder Frieden anzubie-
ten; ohne selbst Gelegenheiten zu Schlachten aufzusuchen, zeigte er sich, wenn ich mich so ausdrücken mag, überall mit offener Brust Ihrem
verschanzten Kriegsheere, um selbige auf alle
Fälle, wenn es Ihnen gefällig wäre, anzunehmen. Kurz, das Schauspiel war nur angefangen,
die Knoten geschürzt, aber durch die, auf das
instänbigste Ansuchen Theresiens, erfolgte Media-
tion von Frankreich und Rußland so frühzeitig
gelößt worden, daß der alte Meister in der
Kriegskunst, keine Gelegenheit mehr hatte, bei
seinen jetzt an Kriegsweisheit ihm überlegenen
Schülern länger in die Schule zu gehen.

Hätte Oesterreich den Ton seiner übermäßigen Forderungen nicht herabgestimmt, und deren
Entscheidung nur allein den Waffen überlassen;
so würd' es sich gezeigt haben: ob Friedrich das
Handwerk ganz vergessen, oder wenigstens so
viel noch davon verstanden habe, als erforderlich gewesen, einen bis dahin — freilich auf Unkosten Ihres Landes, jedoch mit äußerster Mo-
beration, und ohne blutvergießenden großen Auf-
tritten geführten Vertheidigunsrieg in einen
Offensivkrieg zu verwandeln: es würde sich ge-

O   zeigt

zeigt haben, ob der Feldherr, der es ehedem al=
leine mit Oesterreich, Frankreich, Rußland, Schwe=
den, Sachsen und dem römischen Reiche zugleich
aufgenommen, und sieben Jahre lang ausgehal=
ten — es jetzt mit Oesterreich allein ausgemacht;
ob Sie nur eine Klaue von Baiern erhalten,
mit einem Worte, wer von beiden, Sie oder
Wir, die Zeche bezahlt hätten.

Diese Dinge gehören freilich unter die Zu=
fälligkeiten, von welchen es, in Rücksicht auf
uns, keine bestimmte Wahrheit giebt, und es
würde de part et d'autre eitle Prahlerei seyn,
wenn wir uns über ein Non ens zanken, und
— ohne uns diesmal miteinander gemessen zu
haben — im Reiche der Möglichkeiten lächerliche
Trophäen aufrichten wollten: nur so viel will
ich damit sagen, — und ich glaube, vernünftige
Menschen sind auf meiner Seite — daß Fried=
rich im vollen Besitz seines längst erworbenen,
auf so viele glorreiche Feldzüge gegründeten Ruh=
mes geblieben; und nicht ein Blatt von seinen
Lorbern — ich rufe alle Kenner des Kriegsdien=
stes zu Zeugen auf — durch den Feldzug von
1778, wo er Ihnen so klein vorkommt, verloren
gegangen ist. b) Sie haben ihn bisher nur, als
Schlach=

---

b) Keines Weges. Er that alles, was er thun konn=
te. Er rükte ins fremde Land, und Maria The=
resia ließ ihn da offene Tafel halten. Joseph
durfte gegen den ungebetenen Gast das Hausrecht
nicht brauchen. Friedrich w▮▮▮ das, und blieb.
Vielleicht wußt Ers früher als er kam. Er hätte
die Munition zu Hause lassen, und statt Patron=
taschen blos mit Brodkörben in Böhmen einfal=
len können. Joseph erschien. Friedrich blieb stehen.
Er griff nicht ferner an? Warum? Weil er
nicht mehr gewinnen wollte? Weil er an bloßem
Dejeur

Schlachtenlieferer gekannt: weil das Wohl des
Landes, die Ehre der Krone ihn nöthigten, es
zu seyn. — Jetzt haben Sie ihn auch in der
heiligen Gestalt eines friedliebenden, großen Königs gesehen, dem es nicht darum zu thun war,
Schlachten zu liefern, sondern, so viel möglich,
ohne Blutvergießen Frieden und Gerechtigkeit in
Deutschland zu erhalten. Es müßte mich alles
trügen, wenn nicht selbst unter Ihnen aufgeklärte Staats = und Kriegsmänner diese Meinung
von ihm hätten, und überzeugt wären, daß das
letzte kriegerische Schattenspiel kein zureichender
Maaßstab seyn könne, Ihre, oder unsere Verdienste zu bestimmen: denn es ist wenig, ja gar
nichts in der Art wichtiges geschehen, daß der
unbefangene Beobachter mit Zuverläßigkeit daraus schließen könnte: ob unser Kriegsheer unter

D 2   ihrem

Dejeur schon genug hatte, und sein Dinner zu
Berlin einzunehmen beschloß? Wunderbar! Oder
schien es ihm vielleicht doch möglich zu seyn, daß,
wenn er die Schranken überschreiten sollte, welche ihm gezogen wurden, es zu Schlachten kommen dürfte, deren Ausgang ungewiß ist? Nein,
das konnt ihm nicht beifallen. Er stritt ja sonst
gegen eine halbe Million, und siegte — wie hätten 250000 Oesterreicher ihm dergleichen Gedanken einflößen sollen? Es giebt in dieser Angelegenheit sehr viel zu erklären, und es ist dabei
so wenig zu begreiffen, daß Burscheid und Sie
zugleich Recht haben könnten. Wenigstens kann
man Ihm und Ihnen nicht ganz Unrecht geben,
oder wenn man Ihnen, lieber Briefsteller, in
einem Stücke mit allem Rechte Unrecht geben
könnte, so wäre es darinn, daß sie über ein
non ens zankten, und im Reiche der Möglich-
keit zur Ehre Ihres Königs lächerliche Trophäen
aufrichten wollten. Da sie dieses selbst gestehen,
hab ich Ihnen nur meinen Beifall zugeben.

ihrem alten Feldherrn seit 1763 sich verschlimmert, oder die Jhrigen unter einem neuen Feldherrn seit dieser Zeit sich verbessert haben. — Das wiederholte Geschrei, womit einige unter Jhnen das Publikum betäuben wollen: J—a! es waren nicht mehr die alten Oesterreicher: ist wahrlich nur das Geschrei der Jünglinge, die im Jahr 1778 zum erstenmal unter dem Donner der Kanonen, der zuweilen von den Vorposten in ihren Verschanzungen wiederschallte — ihre Buttermilch aßen. Die alten Oesterreicher waren wackere Leute: sie haben sich mit uns gemessen, sie haben uns Wunden geschlagen, und Siege entrissen. — Sie haben Bravour und Geschicklichkeit im Manöver bezeigt, Pulver gerochen, und wir bekamen sie öfters, als die Neuen zu sehen. c) Warum würdiget man jetzt diese verdienten

c) Erfolgt ja nicht, daß die Neuen nicht eben so gut hätten Wunden schlagen und Siege entreißen können, wie die alten gethan haben. Man hatte mir in Preußen erzählt, daß sich der Kronprinz, von dem man es nicht erwartet hätte, weil er bisher mehr den Vergnügungen des Lebens nachzuhängen schien, im Jahre 1778. als ein tapferer und geschikter General zur Freude des Königs ausgezeichnet hätte. Ich glaube es. In was für Angelegenheiten, Er, ob bei der Rekognoscirung oder bei der täglichen Sammlung fürs Konvent — seine Bravuren bewiesen hat, belehrte man mich nicht. Indessen, glaub ichs, wie ich sage. Denn warum wollt ich den Schluß machen, daß weil der Onkel ein großer General ist, — es der Neffe nicht seyn könne. Vielleicht, wenn es zur Thätigkeit gekommen wäre, würde der Kronprinz um seinem Onkel eine bessere Meinung von sich beizubringen, mehr gethan haben, als der Onkel selbst in diesem Alter that. Warum sollte die Ambition

dienten Krieger als Gegenbild der Neulinge in
Ihren Schriften so dummdreist herab, als ob
das ehmalige Kriegsheer in Vergleichung mit
dem jetzigen gar nichts getaugt, und nur eine
armselige Gestalt gehabt hätte? Es hatte keinen
Joseph an der Spitze: aber — eine Theresia auf
dem Throne. Vergeben Sie mir, mein Herr,
wenn ich bei der tiefsten Achtung für Oesterreichs
Solon, ihm eine Prinzessin an die Seite setze,
die unter den mißlichsten Umständen ihres Hauses, zu der Zeit, da sie ihn mit thränenden Augen in ihre mütterliche Arme schloß, und ihren
treuen Ungarn, als künftigen König vorzeigte,
mit einer ihr weit überlegenen Anzahl der mäch-
tigsten Feinde als Heldin gekämpft, und, ohne
selbst an der Spitze des Heeres zu seyn — denn,
im Vorbeigehen gesagt, die bloße Gegenwart des
Regenten macht es nicht immer aus — durch
ihren Heldenmuth und Weisheit das Gebäude
gegründet, vergrößert und befestiget hat, auf
dessen Spitze Sie jetzt Joseph den Zweiten bewundern.

Wir mußten uns, sagen Sie, vertheidigen —
Nein, mein Herr. Sie mußten mehr thun. Sie
sind, freilich ohne Kriegsmanifest: aber desto
mehr durch Thätlichkeit, durch Ihr eigenmächti-
ges Besitznehmen von Niederbaiern u. s. w. der
angreifende Theil gewesen. Da Sie nun einmal unter dem bloßen Scheine der Vertheidigung einen wahren Offensivkrieg führten, so war
es wirklich an Ihnen, auch ferner anzugreifen,
und

Ambition der neuen Oesterreicher nicht ähnlich gewirkt haben können, um dem anwesenden Kaiser
zu zeigen — daß sie nicht willens sind, auch
noch ein Stük von Böhmen zu verliehren, wenn
gleich in Absicht auf Schlesien die Fehler ihrer
Vorfahren nicht mehr zu verbessern wären?

und nicht dem Feind Ihr eigenes Land auf viele
Meilenweges den ganzen Sommer über Preis zu
geben; da Sie, bei unsrer stets offenen Kommu-
nikation mit Schlesien keine Hoffnung hatten,
daß wir, im schlimmsten Falle, über kurz oder
lang, in Ihrem Lande verhungern würden, so
mußten Sie uns herausschlagen, und sich den
Mann vom Leibe schaffen, der Ihnen tagtäglich
mit dem Schwert winkte: Sie mußten Ihre
neuen Krieger, und Joseph an ihrer Spitze streiten lehren, und sie mit ihren Vorzügen über die
Preußen, wovon man sie zu überreden suchte,
praktisch bekannt machen — So wahr es auch
immer ist, daß man den Soldaten daran gewöhnen soll, die Schaufel im Erforderungsfalle mit
eben dem Muthe, wie den Degen zu führen:
daß man ihm das Vorurtheil benehmen muß,
als ob die nackte Brust des Helden in allen Fällen vor einer klug und wohl gewählten Bede-
ckung den Vorzug verdiente; so gewiß ist es auf
der andern Seite, daß ein Kriegsheer, das man
mit allzu ängstlicher Behutsamkeit den Feld-
schlachten entzieht; immerhin hinter verschanzten, unersteiglichen Positionen versteckt — stets
ein geheimes Gefühl seiner Schwäche empfinden,
von der Wahl seiner unangreifbaren Lage auf
die Superiorität des Feindes zurücke schließen,
und in alle Ewigkeit kein Ascendant über das
gegenseitige Kriegsheer erhalten wird. Zwei Armeen im Ganzen betrachtet, verhalten sich, wie
zwei einzelne Streiter: derjenige, so den andern
aufsucht, und mit freier Brust vor die Spitze seines Degens fodert, gilt in den Augen des Zu-
schauers, und selbst in den Augen seines Gegners für den tapfersten; man traut ihm, da sein
Geist in einem stärkern Lichte, in einem größern
Maaße von Thätigkeit sich zeigt, mehr Muth,

Ge-

Geschicklichkeit, und ein gewisses Uebermaaß von Kräften zu: während der andere, der seinen Gegner hinter der Mauer bravirt, selbst durch diese Stellung das geringere Maas seiner Geschicklichkeit oder Kräfte, welches er durch eine gewählte Schutzwehre zu ersetzen sucht, und die Ueberlegenheit seines Gegners anzuerkennen scheint. Ich weis es sehr wohl, daß dieses Gleichniß manichfaltige Ausnahmen und Einschränkungen in der Anwendung leidet, und führe es blos darum an, um daraus die Wirkung, die das kontrastirende Verhalten auf beiden Seiten, nach psychologischen Gründen, nothwendig auf den Krieger machen muß, und — der Erfahrung nach wirklich macht, zu erklären. Vielleicht verdiene ich Schelte von meinen Mitbrüdern, daß ich so laut von einem Geheimnisse schwatze, das uns seit Friedrich Wilhelm des Großen Kurfürsten Zeiten ein gewisses Ascendant unter allen europäischen Kriegern verschaft hat: aber ich weis, Sie kehrten sich nicht daran, und werden uns — um selbst Originale zu seyn — noch lange nicht nachahmen. Sie mögen sich daher immerhin, wie die Russen, in jedem Lager verschanzen, wenn Sie nur auch, nach Art derselben, wie Mauern, und nicht allein hinter den Mauern stehen: aber alsdenn, mein Herr, müssen Sie uns auch keinen Vorwurf darüber machen, daß wir — nicht Sie, sondern Ihre Mauern nicht angegriffen haben. Danken Sie es unserm König, daß er unter diesen Umständen Herr über seinen Heldenmuth, und folglich grösser gewesen, als der die stärksten Wälle bezwingt. — Ich bin 2c.

Achter

Achter Brief.

Leßthin mußte ich abbrechen, eh' ich noch mit Ihrem siebenten Briefe ganz fertig geworden bin: denn Sie haben — mit Ihrer gütigen Erlaubniß — so viel Sonderbares, und Extraordinäres in einem Athem gesagt, daß man ein Buch, und keinen Brief schreiben mußte, wenn man Sie über jeden Artikel nach Stand und Würden abfertigen wollte. Jetzt will ich nur noch einiges unter die Feder nehmen, das Ihnen vornehmlich dazu gedient hat, Ihren Lesern Staub in die Augen zu werfen.

"Freilich, heißt es S. 60, lag unsre Armee "in Böhmen hinter einem verschanzten Lager, "und vermied das freie Feld — Allein es war "zweckmäßiger Plan, diese Kriegsart zu wäh- "len." Was doch die Herren mit ihrem Zweckmäßigen haben wollen? Gerade in dem Ton sprach auch Ihr Veridicus militaris, der, im Vorbeigehen gesagt, bei allen seinen Verbeugungen vor Joseph den zweiten von ihren militärischen Schmierern weidlich gelästert wurde, bloß weil er nicht allen Gößen in die Runde geräuchert, und von dem Vorzuge Ihres Dienstes über den unsrigen nicht gut patriotisch in die Welt hineingelogen hat. Dieser Verfasser redet nun auch so vom Zweckmäßigen, nur mit dem Unterschiede, daß er es von der politischen Lage Deutschlands herleitet, und, um weder Ihnen, noch uns zu nahe zu kommen, von beiden Kriegsheeren ein gleiches behauptet. "In einem nicht "weniger vortheilhaften Lichte, schreibt er in sei- "ner freundschaftlichen Erklärung an Burscheid, "betrachte ich die Waffen des österr. Heeres in "den Händen Joseph des Zweiten. Dieser würdigste

„digste Monarch, dem schon sein Zeitalter den
„Beinamen des Menschenfreundes gegeben, sez=
„te sein Kriegsheer mit eben so viel Klugheit,
„als Muth, in den erförderlichen Vertheidi=
„gungsstand,‘‘ (nach) Ihren Nachrichten hätte
„er sagen sollen, daß es Lascy gethan,) schon=
„te des Blutes seiner Völker, und — opferte
„die Erstlinge seines Heldenmuths auf dem Al=
„tar des Friedens! Beide Kriegsheere haben
„sich daher, nach Erforderniß der politischen
„Lage Deutschlands, im ganzen sehr zweckmäßig
„verhalten.‘‘ Der gute Veridicus hat uns in
der besten Meinung sehr übel gepaart. Wenn
sich beide Kriegsheere zweckmäßig verhalten, das
heißt, wenn sie zweckbefördernde Maasregeln zu
Erreichung ihrer Endzwecke ergriffen hätten: so
würden auch beide ihre Endzwecke erreicht ha=
ben. Wie konnten sie aber das, da dieselben e
Diametro einander entgegen gesetzt waren? Oesterreichs Endzweck war, bekanntermaßen, alle
diejenigen Distrikte in Nieder = und Oberbaiern,
auch Oberpfalz, welche die damalige mit dem
Herzoge Johann von Baiern erloschene Strau-
bingische Linie besessen hatte, im Guten, oder
mit den Waffen in der Hand an sich zu bringen;
desgleichen die Herrschaft Mindelheim mit allen
ihren Appertinentien, Ein = und Zubehörungen:
alle diejenigen Bezirke, welche das Kurhaus Baiern von der Krone Böhmen zu Lehen getragen
hat, u. s. w. Um alles dieses zu erlangen,
war wohl nichts zweckmäßiger, als den stärksten
Widersachern, Preussen und Sachsen, die auf
österreichischen Grund und Boden mit beinahe
200000 Kriegern solchen Anmaßungen widerspra-
chen, Stillschweigen zu gebieten, und sie zu Paaren zu treiben. Allein zweimal so starke Kriegs=
heere, als das Oesterreichische war, würden dies
auf

auf die Art, wie sie sich dabei benommen, nicht
zu Wege gebracht haben, wenn sie auch, anstatt
die Punkte von Münchengrätz und Arnau, und
die ganze Chaine längst der Elbe zu befestigen,
von einem Ende des Königreichs zum andern eine chinesische Mauer gezogen hätten. Wie können also die Herren so überlaut vom Zweckmäßigen sprechen, da doch bei allen den Oesterreicher Seits so wichtig, so groß vorgestellten Anstalten, der große Endzweck gar nicht erreicht,
vielmehr das Gegentheil erfolgt, und Theresia,
anstatt aller ihrer Anforderungen, nur mit dem
kleinen jetzt sogenannten Innhalt, gegen wichtige Verzichtleistungen an ihrem Geburtstage den
13ten März 1779 nach dem österreichischen Ausdrucke, gleichsam gebunden worden ist? —

Ich will es ihnen besser sagen mein Herr,
in welcher Betrachtung es für Sie zweckmäßiger d) Plan gewesen, hinter einem verschanzten

Lager

---

d) Man lese hierüber den 6. Brief der schon mehr-
mal genannten Beilage, wofern man nicht überzeugt ist, daß alle Bewegungen Oesterreichs zwek-
mässig gewesen. Ich berühre die Sache nur kurz.
Oesterreichs Endzwek war, die Preußen und Sachsen, welche mit ungefähr 200000 Mann die
Gränze überschritten, zurückzuhalten, tiefer in
Böhmen einzudringen, und ohne Feldschlacht
zum Rükzug zu zwingen. — — Der mühsame
Marsch der Preußen von Welsdorf nach Butkers-
dorf, wo sie sich nach unbeschreiblicher Anstren-
gung durch die beschwerlichsten Defileen durchzwingen mußten, und die Oesterreicher sie ruhig ziehen ließen, — war der etwa kein Beweis, daß
Ihnen Theresia so zu sagen, einen sichern Geleits-
brief gegeben? Hätten Sie nicht Lust die Welt
bereden zu wollen, daß die neuen Oesterreicher
damals toll gewesen sind? und dieß mußten sie

doch

Lager zu stehen, und das freie Feld zu vermei=
den. Da die vom Wiener Hofe in Berlin ange=
stellte Staatsunterhandlungen fruchtlos abliefen,
und der König von Preußen, von dessen hohen
Alter man sich zu viele Condescendenz in dieser
Angelegenheit versprach, durch Oesterreichs dro=
hende Kriegeszurüstungen sich nicht weiter abhal=
ten ließ, mit seinen Armeen in Böhmen einzu=
rücken, besann man sich gar bald eines andern;
machte Vorschläge über Vorschläge zum Frieden,
und bestrebte sich um Frankreichs und Rußlands
Vermittelung auf eine sehr dringende Weise.
Oesterreich calculirte, wie theuer wohl die Baie=
rische Erbfolge dürfte zu stehen kommen, wenn
sie durch einen langwierigen Krieg erkauft werden
sollte, dessen Ausgang um so ungewisser schien,
da man es jezt ganz allein mit dem Helden zu
thun hatte, der vor 15 Jahren nach einem sie=
benjährigen blutigen Kriege mit Oesterreich und
seinen mächtigen Bundesgenossen noch im Stan=
de war, den Hubertsburger Frieden vorzuschrei=
ben.

doch gewesen seyn, wenn sie nicht hätten wissen
sollen, daß ein rükgängiges Heer immer in Des=
avantage sich befindet, besonders, wenn es enge
und beschwerliche Defileen passiren muß? Hat
man nicht von Wien aus, der Welt öffentlich
gesagt, daß es Staatsursachen waren, weswegen
Preußen auf diesem Zuge nicht gedrükket und
gehindert wurde? Kein Preuße hat dieß wieder=
sprochen. Sie ignoriren es. ꝛc. ꝛc. Allein es wäre
zu weitläufig, wenn ich alles wiederkäuen müßte,
was sie mit Absicht zu wissen verläugnen, um
ihrer Schandschrift den Stempel der Wahrheit
desto leichter aufzudrükken. Wenn man gewisse
Dinge, die uns zum Nachtheil gereichen, ignorirt,
so erspart man sich die Hinwegräumung dersel=
ben, und gelangen ohne Beschwerlichkeit zu unserm
Endzwekke.

ben. Alle diese Rücksichten machten es nothwen=
dig, Oesterreichs Kriegsheere durch die stärksten
Stellungen, die nur Kunst, und Natur an die
Hand geben konnten, dergestalt zu versichern,
daß sie es wenigstens einen Feldzug aushalten
konnten, ohne in die Nothwendigkeit versetzt zu
werden, in eine decisive Feldschlacht sich mit uns
einzulassen: weil bei deren unglücklichen Aus=
gang der Krieg tiefer ins Land gespielt, in die
Länge gezogen, und zu gleicher Zeit auch andere
Reichsstände, und die Garants des Westphäli=
schen Friedensschlusses wieder Oesterreich daran
Theil zu nehmen, würden veranlaßt worden seyn
— nichts war gewisser als dies. Dagegen wenn
es Oesterreich gelung, theils durch die Schwie=
rigkeiten der genommenen Position, theils durch
die, selbst während der Campagne, stets fortge=
setzte dringende Friedensnegociationen, dem Kö=
nig von Preussen nur Einen Sommer hinzuhal=
ten, und jede Feldschlacht zu vermeiden, so war
es mehr als zu gewiß, daß den darauf folgenden
Winter, durch die eifrigste Betreibung der ver=
mittelnden Mächte das Friedensgeschäft befördert,
und noch vor Eröffnung des zweiten Feldzugs
glücklich beendiget seyn dürfte — auf Frankreich
war sicher zu rechnen, daß es zu dieser Media=
tion willige Hände bieten würde: Theresiens
Tochter saß auf dem Throne. Man sah die Wir=
kung davon gleich zu Anfang des Krieges: die
Niederlande wurden größtentheils von ihren Gar=
nisonen entblößt, und die Truppen zur Armee
nach Böhmen gezogen, ohne auf den so nahen
Garant des Westphälischen Friedens nur die ge=
ringste Rücksicht zu nehmen; von dem man doch
hätte vermuthen können, daß er die Gerechtsamen
von der Pfalz in Absicht der Baierischen Erbfolge
mit eben dem Nachdrucke, als der König von
Preussen

Preussen, schützen, und aufrecht erhalten würde.
Von Rußland konnte Oesterreich mit nicht weniger Gewißheit diesen Liebesdienst sich versprechen: es ist bekannt genug, wie gern Katharina
II. das Mittleramt übernimmt; wie schmeichel-
haft es für sie ist, wenn auf ihren vielbedeuten-
ten Wink deutsche Krieger ihre Schwerter sogleich
in Pflugscharren verwandeln: zu geschweigen,
daß vielleicht schon damals weit aussehente Spekulationen auf Begebenheiten, die nach gerade
sich in unsern Tagen entwickeln, ihren Anfang
genommen haben.

Eine zweite Ursache, warum Ihr Plan das
freie Feld zu vermeiden, zweckmäßig gewesen,
war Joseph II. Gegenwart in der Armee. Niemand wird daran zweifeln, daß es dieser Monarch mit jedem seiner Feldherrn am Heldenmuth
aufnehmen, keine Gefahr scheuen, und, gleich
einem unter dem Harnisch grau gewordenen Krieger, selbst dem Donner des Geschützes Trotz bieten würde: in dieser Betrachtung ist er dafür
bekannt, daß er, wie ein Karl XII. alles wagt.
Allein darauf kam es nicht an. Man hatte noch
immer einigen Respekt für die überlegene Kriegskunst Friedrichs, des geschickten Schlachtenliefe-
rers — Es schien daher höchst bedenklich, die
aufgehende Kriegsreputation des jungen noch unerfahrnen Feldherrn gegen den von langer Hand
her gegründeten Ruhm des Alten in einer offenen
Feldschlacht aufs Spiel zu setzen: die Partie
würde, in mehr als einer Absicht, gar zu ungleich
gewesen seyn. Erhielt Joseph den Sieg — so
hatte doch mein König noch zehn andere voraus;
zu geschweigen, daß man nicht von einem einzelnen Siege, wie ich schon erwähnt, sondern von
dem vielumfassenden Plan rühmlich geendigter
Campagnen erst auf das Talent des Feldherrn
zurück

zurückschließen kann. Kenner würden in solchem
Falle nicht mehr daraus gemacht haben, als wenn
es einem großen Philidor oder Philipp Stamme
im Schachspiele wiederführe, gegen einen Anfänger eine Partie zu verlieren. Verlor er aber die
Schlacht — so würde durch diesen Verlust nicht
nur die allgemeine Erwartung der Völker getäuscht, sondern auch, da er noch nichts in dieser Art voraus hatte, das Zutrauen der Kriegsheere geschwächt, und vielleicht auf immer ver-
scherzt worden seyn. e) Wie leicht hätten nicht
da einige alte Knasterbärte von Theresianischen
Kriegern

e) Geschwätz! Hätte Joseph eine Schlacht oder
mehrere verlohren, so würde man noch immer die
verlohrne Manschet frisch haben ersetzen können.
Die todten Oesterreicher auf dem Platze hätten
uns allenfalls die desertirten Preußen ersetzt. Allein wenn der König eine Schlacht verlohren,
oder wenn bei mehreren Schlachten es auch unent-
schieden geblieben wäre, wer eigentlich verlohren
hat! so wäre die Schatzkammer zu Berlin beschäftigt gewesen, von allen Orten fremde Krieger
zusammen zu schachern, weil der König mit
eignen Landeskindern in die Länge nicht hätte
nachsetzen können, damit geht es aber etwas
langsam. Wie leicht hätten da die Oesterreicher
das Verlohrne wieder zurükgewinnen können?
Fühlen sie das Lächerliche nicht, auf der ungeheuren See der Möglichkeiten ohne Kompaß herum
zu wandeln, und ins Gelage hinein zu prophezeihen? Armseliger Prophet! Warum bleiben
Sie nicht bei ihren Sophistereien, worinn es
Ihnen so vortreflich gelingt? Sie besitzen die
Efronterie allgemein bekannte Thatsachen zur
Aufnahme Ihrer Paradoxe zu ignoriren, sie sollten
durch solche Prophezeihungen nicht Blöße geben.
— Denn hier muß es der Einfältigste aller
ihrer Leser den ersten Augenblik erkennen, wessen
Lied Sie zu singen bestochen sind.

Kriegern sich an das wenige Kriegsglück seines
Vaters Franz I. und seines Oncles des Prinz
Karls von Lothringen noch erinnern, und, nach
der dem großen Haufen nur allzugewöhnlichen
Art, vom Vater auf den Sohn zu schließen,
aus dieser ersten verlornen Schlacht eine üble
Vorbedeutung, und übereilten Schluß ziehen
können? Es war daher allerdings zweckmäßiger, und — wie einige von Ihnen behaupten
wollen — nach Theresiens Willen, in Geheim
mit Lascy verabredeter Plane, jederzeit das freie
Feld zu vermeiden, und, vermittelst der stärksten,
so viel möglich, unangreifbaren Positionen, Josephs erste kriegerische Lehrstunden zu sichern. Um
diese Sicherheit noch mehr zu bewirken, schrieb
die Kaiserin so manchen eigenhändigen Brief an
den König, und hielt ihn von Zeit zu Zeit mit
der Hoffnung, daß sie, um den Frieden zu erhalten, in ihren auf die Baierische Erbfolge gemachten Anfoderungen nachgeben würde, von weitern
Unternehmungen ab. Wie konnte der König, der
nichts für sich erobern wollte, der nicht den geringsten Anspruch gemacht, und schlechterdings
keinen andern Endzweck hatte, als Oesterreich ab-
zuhalten, die ganze Baierische Erbfolge sich eigen
zu machen, wie konnte er unter diesen Umständen
auf den Einfall kommen, seinen Gegnern, die
sich nach gerade zum Zwecke zu legen schienen, eine Schlacht zu liefern, wozu nicht der mindeste
politische Bewegungsgrund mehr vorhanden zu
seyn schien? Mich dünkt, das ist auffallend genug
— würde wohl die Nachwelt den mit so vielem
Ruhme bedeckten alten Brennenkönig es verzie-
hen haben, wenn er sans rime, sans raison —
blos um das Vergnügen zu haben, sich mit dem
jungen Feldherrn Joseph II. zu messen, batailli-
ren hätte wollen? Man sagt zwar, der Kaiser

hätte

hätte sich nach einem Hauptgefecht mit dem König von Preussen gesehnt, und viele mit ihm
hätten eben das gewünscht. Wenn es mit diesem
Wunsch des Kaisers seine Richtigkeit hat, so hat
es doch gewiß nicht an uns gelegen, wenn er
nicht erfüllt worden ist; wir sind dabei am meisten zu beklagen, weil wir die Ehre nicht haben
konnten, Joseph II. und seine Krieger kennen
zu lernen; überdies würden Sie uns durch eine
Feldschlacht den abscheulichen Feldzug erspart haben, von dem Sie es so genau wissen: daß er
der Armee und der Chatoulle des Königs kost-
barer gewesen, als ihm zwo verlorne Schlachten
kaum seyn würden. Ob dieser Feldzug der Chatoulle des Kaisers gar nichts gekostet — Ob der
Himmel ihre Armee mit Manna gespeißt hat?
Darauf kann ich mich jetzt nicht einlassen, weil
es mich von meinem Zwecke zu weit abführen
würde; Genug die Partie, die Sie genommen,
ist für Theresiens Absichten, Josephs Ruhm,
und selbst für die Reputation der kommandiren-
den Feldherren, unter allen möglichen, die Sie
nur nehmen konnten, die zweckmäßigste gewesen.
Laudon behielt seine Lorber unverwelkt, die ihm
Muth und Glück im siebenjährigen Kriege verschaft haben. Lascy hatte zwar keine Lorber zu
verlieren, weil es ihm im vorigen Kriege vielleicht an Gelegenheit gefehlt, deren welche zu
sammeln: aber daß er jetzt, da das Loos der
Schlachten ungewiß ist, alle Gelegenheit vermied, mit dem geschickten Schlachtenlieferer im
freien Felde sich einzulassen, um nicht etwa in
Praxi als ein geringerer Feldherr, wie in der
Theorie zu erscheinen, war auch für ihn zweckmäßiger Plan.

Sehen Sie, mein Herr, so war das Zweckmäßige Ihres Feldzuges von 1778. beschaffen.
Daß

Daß übrigens die Wahl Ihrer genommenen Stel=
lung, und die dahin sich beziehende Anstalten auf
den gegenwärtigen Fall gut gewesen; daß es
Ihnen Ehre macht, die Fehler des vorigen Krie=
ges eingesehen, und was ein Lloyd, und andere
darüber bemerkten, aprofondirt, und nach Maas=
gebung der Umstände zweckmäßig benutzt zu ha=
ben: läugnet niemand. Begnügen Sie sich mit
diesen Weisheitslorbern, die wir Ihnen einge=
stehen, und mit unsern eigenen Händen zehnfach
um Ihre Häupter winden wollen — nur hören
Sie einmal auf, die Wunder und Zeichen zu er=
zählen, die Sie, und Ihre Verschanzungen ge=
than haben; hören Sie auf mit dem albernen
Geschrei, von dadurch erlangter Superiorität über
Friedrichen und sein Heer, vernünftiger Leute
Ohren zu betäuben! Lascy mag übrigens Ihren
Augen das seyn, was Eugen im Jahre 1713.
in seinen Etlinger Linien einem Villars gewesen;
und gleichwie Karl V. erstes kriegerisches Lehr=
stück — die glückliche Belagerung von Mouzon
1522. — La Croix de par Dieu de Charles,
benennet worden, so mögen sie diesen ersten Feld=
zug Joseph II. — wenn sie sonst Erlaubniß, und
Censurfreiheit dazu erhalten — durch ein la
Croix de par Dieu de Josephe in Ihren Jahr=
büchern auszeichnen.

Drollicht ist ihr Einfall S. 61. „daß unsre
„Armeen in Böhmen, und Oesterreichisch=Schle=
„sien nicht weiter vorrücken konnten, als es
„von den Ihrigen gleichsam bezeichnet war. "
Man muß gestehen, man kann sich in diesem Be=
tracht keine billigern Feinde, als Sie wünschen.
Sie waren eben nicht zu haushälterisch, als Sie
die Gränzlinie zogen; vermuthlich weil Sie muß=
ten, daß unsre Armeen, die der arme Friedrich
immer gezwungen ist, auf fremden Boden hinzu=

P   pflan=

pflanzen, um vom Fett der Feinde sie zu nähten,
etwas viel bedürfen. Für diesmal hatten wir
wegen des zu unserm Leibesunterhalt, und Fouragirungen in den böhmischen Kreisen angewiese-
nen Terrains und der in Ihrem Antheil von
Oberschlesien uns bezeichneten Winterquartier,
alle Ursache von der Welt, mit Ihrem General-
Quartiermeister zufrieden zu seyn; hätten Sie
uns aber noch die Ehre eines Feldzugs gegönnt,
so würden wir Sie dieser Mühe überhoben haben. —

Wurmsers Expedition verdient den Beifall
der Kenner, und ich glaube selbst, daß es nicht
an ihm gelegen, wenn die Erfolge nicht der
Größe der Veranstaltungen entsprachen. Indem
Sie aber so emphatisch von einer gesprengten
dreifachen Chaine sprechen; so verrathen Sie
deutlich, daß Sie an dieser Expedition keinen
Antheil, und derjenige, der Ihnen Nachricht davon gegeben, den sogenannten Hühnerblinz müsse
gehabt haben, da er jede Vedette und Schild-
wache für eine Chaine angesehen hatte. — „Er
„Wurmser — sprengte die Chaine; und erreich-
„te mitten im Winter, bei allen Beschwerlich-
„keiten der Witterung das, was Ihre Armeen
„in der einladensten Jahrszeit nicht ausführen
„konnten!" — Ganz vortrefflich! Sie vergleichen hier Ihre sonst so gerühmte formidable Chaine von Verschanzungen mit unserm unbedeuteten
Blockhause, und einem offenen Städtchen ohn-
weit der böhmischen Gränze — und drücken
Sich so unschickhaft aus, als ob es nicht mehr
auf sich hätte, Ihre ganze bis über die Ohren
verschanzte Armee über den Haufen zu werfen,
als ein paar Bataillons auf der Winterpostirung
mit einigen Schwärmen Kroaten, und Husaren
bei Nachts und Nebel zu überlisten. Wenn Sie

Sich

Sich aber unterstehen zu sagen, daß unsre Armeen gegen Ihre Chaine nichts ausführen konnten; so setzen Sie voraus, daß sie wirklich etwas ausführen wollten, daß sie Versuche gemacht, diese Chaine zu sprengen, und daß ihnen diese Versuche mißlungen sind, wollten Sie uns wohl sagen, bei welcher Gelegenhet? Es müßte denn seyn, daß Sie alle unsre Recognoscirungen und Fouragirungen, die wir freilich mehr als einmal unter Ihren Augen unternahmen, für eben so viele Operationen, Ihre Kette von Befestigungen zu sprengen, angesehen hätten. So war es in der That. Jedes neue Lager das wir bezogen, jede Abänderung unsrer Position, oder Detaschirung eines Corps, hieß bei Ihnen eine Veränderung unsers Plans. — Jede Bewegung, die wir rechts oder links machten, um uns, wenn ich die Wahrheit sagen soll, vielleicht den Schlaf aus den Augen zu wischen, in welchen wir durch Ihre äußerste Unthätigkeit verfielen, oder um frisch Futter für unsre Pferde zu suchen, schienen Ihnen eben so viele Manövers zu seyn, die dahin abzielten, Lascyn aus seinem Lager zu locken. — Ich gestehe Ihnen, wir hatten eine zu gute Meynung von Lascy, als daß wir ihm hätten zutrauen können, daß er auf jede Veränderung unserer Position, sogleich die Vortheile der seinigen würde aufgegeben, und wie der unwissendste, unerfahrendste Feldherr gehandelt haben. Da es Ihnen aber eben nicht zum größten Ruhme gereicht, feindliche Kriegsheere bis zu Ende des Feldzuges in Ihrem Lande schalten und walten zu lassen, ohne sie daran im geringsten zu verhindern; so suchten Sie auf einer andern Seite Ihre Vorzüge dadurch geltend zu machen, daß Sie uns fehlgeschlagene Absichten andichteten, die wir doch durch keinen thätigen

P 2   Versuch

Versuch jemals an Tag gelegt hatten. Sie wa=
ren dreiste genug, in Ihren Schriften auszu=
streuen : der König hätte es diesmal mit den
Oesterreichern gerade so, wie im J. 1757. an=
fangen wollen — aus dieser falschen Prämisse,
die Sie nur dem stipidesten Publikum aufschwa=
tzen konnten, weil aus der Vertheidigung der
Armee, wie ich oben gezeigt, aus dem Einmar=
sche des Königs in Böhmen, aus seiner ganzen
Disposition und Verhalten gerade das Gegentheil
erhellet; aus dieser blos in Ihrer Einbildung
entstandenen, und durch keine Thatsache verifici=
ten Prämisse zogen Sie den sophistischen Schluß,
daß Sie uns durch die Superiorität Ihrer Maas=
regeln aller Orten eingeschränkt, und in unsern
Unternehmungen gehemmt hätten, da Sie doch
nicht einen Marsch, nicht eine Stellung, oder
Fouragierung in diesem ganzen Feldzuge nahm=
haft machen können, wovon wir durch Ihre an=
gebliche Superiorität wären abgehalten worden.
Unser Marsch von Welsdorf nach Burkersdorf,
unser Rückmarsch nach Schlesien, und so viele
andere Vorfälle, da wir uns durch die beschwer=
lichsten Defileen durchzwingen, und mit dem
Terrain, und den Elementen mehr, als mit Ih=
nen zu kämpfen hatten, waren gewiß schöne An=
lässe, wo Sie uns ein paar Probestückchen Ihrer
Superiorität, und des verbesserten Kriegssystems
hätten sehen lassen können: aber wahrlich! die
alten Oesterreicher würden es unter ähnlichen
Umständen besser gemacht haben, als die Neuen. —
 Dürften wir nur! ist Ihr ewiger Pont
d'âne — Nicht anders, als ob Ihnen Theresia,
als Sie zu Felde giengen, verboten hätte —
die Degen zu ziehen. Es geht hier der guten
Monarchin, wie im politischen Fache: alles,
was etwa dem Kriegsheere im Jahre 1778. noch
einiges

einiges Lüftre zu geben ſcheint, wird von den
Schmeichlern auf Joſephs, dagegen alle Fehler,
alle zu wenig genützte Vortheile auf Thereſiens
Rechnung gebracht. „Hätte der Kaiſer ſchrei-
„ben Sie S. 62, dieſer kleinen Kriegsoperation
„— nämlich; der Wurmſeriſchen Sprengung
„der Chaine — mit ſeiner Armee Nachdruck
„geben dürfen, ich zweiſle, ob wir den Winter
„ſo fruchtlos auf Ihrem Grund und Boden
„zugebracht haben würden, als Sie den Som-
„mer auf dem unſrigen.“ — Nun, warum
durfte denn der Kaiſer nicht? — Weil es ihm
ſeine Mutter verboten hatte: alſo Thereſien haben wir es zu danken, daß uns nicht Hannibal
ante potas kam! War es denn nicht ebenfalls
ſie, die Wurmſern erlaubte, unſere Chaine zu
ſprengen? Und in welcher Abſicht? Wenn man
von dieſer Kriegsoperation nicht all' den Nutzen
ziehen wollte, den ſie gewähren konnte? Und
dieſer — nicht wahr Herr Friedel, konnte groß
ſeyn? Konnte Joſephen, wenn er mit der Armee
Nachdruck geben durfte, vielleicht in 48 Stunden Meiſter von Schleſien machen? Dieß hätte
freilich dem Friedensgeſchäft in Teſchen mit einmal eine andere Wendung gegeben, und wenn
Sie Ihre Vortheile beſſer, als im Jahre 1757.
zu erhalten, und ſich vor einer zweiten Schlacht
bei Leuthen in Acht zu nehmen wußten; ſo blieb
die ganze Baieriſche Erbfolge, ohne Widerrede,
in Ihren Händen — und Schleſien? Ja! das
weis der Himmel, ob es uns unſre garantirende
Mächte noch erhalten hätten.

Doch wozu dieſer Unrath, der in Ihrem,
und manchem kannegieſernden Kopfe mag ausge-
brütet worden ſeyn? Ich bin überzeugt, Joſeph
wußte, was er als einſichtsvoller Mitregent
und als Feldherr bei dieſen, und andern Vorfällen

fällen zu thun hatte, und — durft' es auch thun.
Ich bin überzeugt, daß alles, was uns gewisse
Leute von Ihrem Schlage vorsagen: daß man
nämlich den Kaiser mit Gewalt vom Angriffe
zurückgehalten; daß Theresia seinen thätigen Arm,
selbst alsdenn, wo es ihr Vortheil war, ihn
zu gebrauchen, nicht nur gehemmt, sondern
auch den Mitregenten nur gleichsam pro forma
an die Spitze ihrer Truppen hingestellt habe,
Hirngespinnst, und enthusiastischer Unsinn sey.
— Nimmt man dagegen an, daß Joseph über
die Art der Stellung, und das Verhalten der
Armee in diesem seinem ersten Feldzuge, mit
seiner Mutter übereinstimmt gedacht: daß es ihm
selbst zweckmäßiger Plan geschienen, das freie
Feld zu vermeiden, mit dem König von Preussen
sich in kein Hauptgefecht einzulassen, und nur
den leichten Truppen durch kleine Affaires de
postes in so lange etwas zu thun zu geben, bis
durch Vermittelung der fremden Mächte der Friede
wieder hergestellt ward; so lösen sich viele schein-
bare Paradoxe von selbsten auf, und die Widersprüche fallen weg, in die sich Ihre Schriftsteller so unnöthig verwickeln, und die sie am Ende nicht zu heben im Stande sind, ohne in dem
einen Falle zur Mutter, in dem andern zum
Sohne ihre Zuflucht zu nehmen.

Ohne mich bei Ihren schiefen Urtheilen über
unsre sowohl, als selbst über die österreichische
Kriegskunst länger aufzuhalten, gehe ich zu
Ihrem achten Brief über, wo Sie S. 63. und
ferner, nach einer par bienséance flüchtig hin-
geworfenen Eloge auf unsern König, die wir
Ihnen gern erlassen hätten, die Berliner mit
einem vollen und gerüttelten Maas von Kalumnien bedienen. Gewiß, Ihr Freund muß sehr
flattirt gewesen seyn, als er auf die Stelle ge-

kommen,

kommen, wo Sie sagen: „Ich habe mich in Berlin oft über die wenige Kenntniß gewundert, die sie insgesammt von den edlen Thaten auswärtiger Fürsten besaßen.“ Und ich habe mich schon oft, m. H., über die wenige Kenntniß gewundert, die Sie von Berlin überhaupt haben; schon oft gewünscht, das Hotel zu wissen, welches die Ehre gehabt, Ihr werthestes Individuum hier aufzunehmen; die Klubbs zu kennen, wo Sie alle die Züge aufgesammelt, die Ihnen zu dem vortrefflichen Nationalgemälde gedient haben, das Sie von uns entwerfen — nicht einmal von dem niedrigsten Pöbel kann ein Mann, der je in Berlin gewesen, mit Wahrheit sagen, daß ihm edle Thaten auswärtiger Fürsten ganz unbekannt sind: und Sie sagen das von uns allen insgesammt — nicht anders, als ob wir die Hottentoten von ganz Deutschland wären. Ich muß die Ehre haben, Sie zu versichern, daß man hier die Thaten Josephs mehr, als bei Ihnen die Thaten Friedrichs kennt, und gewiß mit mehr Achtung davon spricht. Friedrich ist freilich unsre Sonne, damit ich bei Ihrem Gleichnisse bleibe; wer kann, wer will es uns verdenken? Sie wärmt uns, diese Sonne, mit ihren wohlthätigen Stralen, und giebt unserm Lande Gedeihen, aber ihr Licht verblendet unsre Augen keinesweges gegen fremdes Verdienst, und wir lassen jedem Stern erster Größe, der für sein eigenes System nicht weniger Sonne ist, Gerechtigkeit wiederfahren. Es ist daher schwärzeste Lüge, die je ein verläumderischer Mund gegen uns ausgestoßen hat, wenn Sie sagen: daß die Meisten unter uns sich bestreben, die gehäßigsten Farben auf jede Handlung Ihres Fürsten zu legen. Ich habe diesen niederträchtigen Vorwurf schon in meinem ersten Briefe beantwor=

antwortet, und will mich daher in keine Wiederholungen einlassen. Eben so wenig bin ich gesonnen, den Weg der Retorsion einzuschlagen, und alles das in Ihr eigen Gewissen zurücke zu schieben, was Sie von uns zu behaupten sich erdreisten, denn gewiß:

Sie machten — Meister Kleks, das Bild so
meisterlich,
Das es den Wienern mehr, als uns Berlinern glich.

Wir wissen m. H., nur all zu gut, wie Ihr kleiner, mittel, und großer Pöbel von unserm König, dem Thronfolger, von unsern Ministern, und Feldherren spricht: aber niemanden fällt es ein, diese Idiotensprache den Meisten unter Ihnen beizulegen, weil wir überzeugt sind, daß der vernünftige Theil der Nation bei Ihnen, wie bei uns, keinen Antheil an Straßenwitz und Schmähreden nimmt. Ich muthe Ihnen also nicht zu, alle pöbelhafte Gerüchte zu vertreten, die in Wien oder Prag von unserm Monarchen in Absicht seines Privatlebens, oder seiner Regierung ausgebracht werden: aber wie kommen wir dazu, es zu verantworten, wenn irgend ein dummer Schäker auf den Bierbänken, etwas gegen die Oesterreicher ins gelag hineingeraset, oder wohl gesagt hätte, daß Joseph ein Saufer sey. „Durchs „ganze Land, schreiben Sie S. 64. hätte man „ diese Verläumdung ausposaunt, und es hätte „nichts geholfen, daß Sie Sich auf das Zeugniß „aller Länder berufen, wohin er immer reise, „die diese dummdreiste Lüge widerlegen konn= „ten — Joseph mußte doch ein Saufer bleiben,‟ Wurden Sie nicht roth, mein Herr, als Sie diese Albernheiten niederschrieben? wozu wärmten Sie dieses pöbelhafte Gerücht wieder auf? Wozu sonst, als die Leser Ihrer Nation gegen
uns

uns zu verbittern, die gehäſſigſten Farben auf
unſern Karakter zu legen, und Ihr Volk zu pö=
belhaften Repreſſalien und Kalumnien anzurei=
tzen? In dieſer löblichen Abſicht mögen Sie wohl
die Burgunder und Champagner Bouteillen in
Ihrem Briefe ſo ſtark ausgezeichnet haben, wie
die Klecker die ſteinernen Krüge in den Gemälden
der Hochzeit zu Kanna in Galilea auszuzeichnen
pflegen. Man kennt Ihre Tücken, m. H., man
weiß, was Sie damit ſagen wollen — Aber ich
muß Ihnen ſagen, daß mir die Nachricht, daß
Joſeph ein Saufer ſey, nie zu Ohren gekommen;
daß ich ſie zuerſt durch Ihre werthen Briefe er=
halten; und daß es folglich eine ausgemachte Un=
wahrheit iſt, daß man ſie im ganzen Lande,
wie Sie ſagen, und zwar durch Emiſſarien be=
kannt gemacht habe. Als ich mich nunmehr über
das läppiſche Geſchrei, das Sie darüber auf=
ſchlugen, mit verſchiegenen beſprach, und nach
dem eigentlichen Urſprung dieſes Märchens er=
kundigte, wußten wenig davon: endlich erfuhr
ich, daß dieſe verläumberiſche Sage im Jahr
1778. durch Ihre Ueberläufer, und gewiſſe Un=
würdige von Ihrer eigenen Nation, die ſich
gegen ihren Regenten Schmähreden erlauben,
hie und da ausgeſtreuet, und auf den Bierbän=
ken herumgetragen worden ſey. In honetten
Geſellſchaften hat dieſes Mährchen nie Eingang
gefunden, ja wir haben viele Männer von be=
währter Redlichkeit im Lande, die Ihren Kaiſer
genau kennen, und insgeſammt das Zeugniß ab=
legen: ſeine Enthaltſamkeit gieng in dieſer Be=
trachtung ſo weit, daß er ſelbſt beim Toiſons=
Feſte, wo er nach dem hergebrachten Ceremo=
niel aus dem Ordenspokal trinken muß, nur
wenige Tropfen Weins mit Waſſer vermiſcht
ſich erlaube. Wer mußten alſo diejenigen ſeyn,

denen

denen Sie es, troß allen beigebrachten Zeugnissen,
nicht aus dem Kopfe bringen konnten, daß Joseph
ein Saufer sey? Vielleicht einige Helden aus den
Tavagien, wo man die Elle Knaster für 6 Pfen=
niuge raucht — Hieraus können Sie schliessen,
daß wir diese schmuzige Anekdote durch keine
Emissarien im Lande ausgebreitet haben; Sie al=
lein sind es, m. H., durch dessen Briefe sie nun=
mehr allgemein bekannt wird, nichts anders, als
ob es nöthig gewesen wäre, per Emissarium
Friedel das Publikum zu avertiren, daß Joseph
kein Saufer sey, und keine Burgunder und Cham=
pagner Bouteillen für ihn auf dem Tische stehen.—
Auch ohne Ihre Erinnerung würde diese Lüge nie=
mand geglaubt haben.

Alles, was ich bisher von dem Privatleben
Josephs durch glaubwürdige Männer erfahren
habe, ist von der Beschaffenheit, daß es in dem
Bilde des Regenten keine ihm nachtheilige Nüan=
zen erzeugt, und, seinem großen Karakter unbe=
schadet, erzählt werden kann.   Sein Hang zur
Sparsamkeit und Liebe kann ihn nie verhindern,
einer der größten Monarchen zu seyn.   Durch
Sparsamkeit und Einschränkung des bisherigen
großen Aufwandes bei Hofe, vermehrt er die
Schätze des Staats: und die leztere Leidenschaft
ist nur alsdann einem Regenten gefährlich, wenn
sie durch die erstere nicht gemäßiget wird.   So
lange nur der Himmel den Staat vor Mainte=
nons und Pompadours bewahrt, so liegt wenig
daran, nach welcher Methode, in mehr oder we=
niger Mysterien gehüllt, dem kleinen Götterkinde
das Opfer gebracht wird.   Heinrich der Vier=
te liebte — und blieb seinem Lande der zärt=
lichste Vater.   Philipp der Vierte von Spanien
war bei allem seinem Ernst, und daß er niemals
lachte, so verliebt, als je ein König gewesen ist:
aber

aber er war Oekonom, und bezahlte nach der ge=
setzmäßigen Etikette des spanischen Hofes für ei=
ne Gunstbezeugung nie mehr — als fünf Pisto=
len. Hony soit, qui mal y pense!

In Ihrem neunten Briefe käuen Sie uns
das wieder vor, was Sie von der Erziehung
Josephs schon in dem vorhergehenden gesagt ha=
ben. Allerdings schmeckte der erste Erziehungs=
plan etwas stark nach dem Jesuiten-Katechismus,
der noch gefährlicher, als der gewöhnliche ist, weil
der Aberglaube darin mit mehr Sophisterei docirt
und dem Verstande selbst durch logische Gründe
tief eingeprägt wird. Ob Joseph diesen ersten
Unterricht ganz verwunden, und nicht einige Spe=
cies Rememorativas, wie die Herren in ihren Schu=
len sagten, beibehalten habe, die in der Folgezeit
wieder aufleben dürften, muß die Zeit lehren.

Im zehnten Briefe S. 69. haben Sie aller=
dings eine große Wahrheit gesagt: ,,Man hat es
versucht, mehr mit der Feder zu erobern, als mit
dem Schwerte''; nur fehlen die erläuternde Bei=
spiele dazu, als: 1) die pohlnische Theilung, wo=
bei wir freilich mit zu Gaste kamen, weil es un=
schickhaft war, Rußland und Oesterreich allein spei=
sen zu lassen. 2) Die Baierische Erbfolge. 3) Bu=
kowina, und die andern im Werben begriffene
neuern Türkenhändel. Alle diese Dinge gehören
zu den Epochen wirkenden Kräften unsers Jahr=
hunderts: zu den neuen Kabinetsreformen, die uns
vielleicht ehestens mit der verbesserten Methode
Ludwigs des Vierzehnten durch Reunionskammern
Länder zu acquiriren bekannt machen werden.
Ob Sie etwa diese Methode für eine mit Ver=
nunft und Edelmüthigkeit verbundene Politik hal=
ten, darüber haben Sie sich nicht deutlich ge=
nug erklärt. So viel ist gewiß: der Regent,
der sie ausübt, beweiset dadurch seinen gewissen=

haften,

haften, innigsten Abscheu von allem Blutvergießen
der Völker, so wie einst der Bischof von Beau-
vais, der in der Schlacht bei Bouvines im Jahr
1714, seinem Gewissen unbeschadet, eine Menge
Menschen erlegte; allein, wie uns Mezerai sagt,
um ja kein Blut zu vergießen — blos mit einer
hölzernen Keule. Man sieht hieraus, daß der
Probabilismus unter den Menschen schon lange
vor den Jesuiten, die man als Erfinder davon
ausgiebt, sein Daseyn gehabt. Eben so wenig
neu ist die spitzfindige Staatskunst, Länder ohne
Schwertschläge zu erobern: schon längst hat diese Politik ganz vorzüglich am Sardinischen Hofe
geherrscht: und Victor Amadäus sagte zu seinem
Sohne, daß er, um mit der Zeit Mailand zu bekommen, es Blatt vor Blatt, wie eine Artischocke,
abpflücken müßte. Er verstand aber das Handwerk nicht so gut, wie der Vater. Indessen ist
diese Kabinetsmaxime, ohne den Gebrauch des
Schwerts seine Staaten zu erweitern, noch immer eine der vornehmsten dieses Hofes; und Joseph, der auf seinen Reisen, wenn ich mich so ausdrücken darf, nach Weisheit wanderte, hatte so
Unrecht nicht, auf seiner Reise durch Italien 1769
dem König von Sardinien das sehr verbindliche
Kompliment zu machen: er wäre zu ihm gekommen, um von einem Manne, wie er, Politik und
Regierungskunst zu lernen, und von seinem Un-
terrichte Vortheil zu ziehen.

Ferner scheint es, daß Sie zu den epochen-
machenden Eroberungen ohne Schwert auch diejenigen zählen, wodurch der Kaiser gegen den
Pabst und den Klerus täglich mehr Land gewinnt,
denn S. 70. sagen Sie deutlich, daß er Rom und
seiner Klerisei den Krieg angekündigt habe. Es
ist nicht ohne dergleichen unblutige Feldzüge; wo
demohngeachtet das Recht des Stärkern, gleichwie

wie in den blutigsten, im vollen Maaße ausge-
übt wird, sino für das Aerarium die einträg-
lichsten. Ob aber der Conquerant auf der einen Seite an Liebe und Zutrauen der Völker
nicht eben so viel verliert, als auf der andern
sein Beutel gewinnt? ist eine andere Frage,
die nur Zeit und Erfahrung auflösen können —
Das frohe, Beifall verkündigende Zujauchzen
österreichischer Patrioten ist eben nicht so laut gewesen, daß man es durch die ganze Welt, wie
Sie glauben, hätte hören können: und noch wohl
andere, als Mönche und Dummköpfe, haben über
den tumultuarischen Feldzug gegen Rom und
seine Klerisei die Augen verdreht, daher war
das Heer der Beifall zujauchzenden Patrioten
bei weitem nicht so groß, als man es bei den
Ausländern angegeben hatte. Die Hand aufs
Herz, mein Herr! und ein Blick auf die ganze
Josephs Zepter unterworfene Volksmenge zwischen 18—20 Millionen nach Ihren am wenigsten übertriebenen Angaben. Ein Blick auf das
kleine Häuflein der Jauchzenden, und die My-
riaden der Weinenden, der durch die rasche Reformation innigst gekränkten, beleidigten Unterthanen: und — Sie müssen es als ein ehrlicher Mann fühlen, wie klein, wie unbedeutend
bis jetzt die Proportion zwischen beiden noch ausfällt! Gegen einen, der bei der neuen Metamorphose vor Freuden hüpft, und vor eben den
Götzen, die er unter Theresiens Regierung an-
gebetet, jetzt in der Josephinischen Zeitstufe seine
lustigen Entrechas macht, sind immer zehn tausende, die sich bei dem Namen des Reformators
bekreuzen und segnen, und, in einem Anfalle von
Unmuth, ihr Jesus Maria! f) ohne Joseph aus-

$\qquad$ spre=

f) Es wäre sehr gut gewesen, wenn Sie dieses Jesus
    Maria! ohne Joseph näher entwickelt, und nicht

sprechen. — Ob alle diese Menschen im Kopfe
verrückt, oder nur zu wenig aufgeklärt und vorbereitet

nur so obenhin angezeigt hätten. „Gegen einen,
der bei der neuen Metamorphose vor Freuden
hüpft, sind immer Zehntausende, die sich bei
dem Namen Reformators bekreuzen! ꝛc. ꝛc.
Da wär' es ja der Mühe werth gewesen, auf diese Zehntausende mit den Fingern zu deuten. Böhmen — da giebts viele Hussiten. Mähren?
gleichfalls; Ungarn? da hat der Teufel gar allerlei Sekten, denen gegenwärtig die Toleranz sehr
wohl zu Statte kömmt — Wo giebts denn also die
10000. gegen 1.? — Daß man hie und da
mißvergnügte intolerante von Mönchen verführte
Sauertöpfe findet, daß der Chor von alten Tanten
mit der Reforme unzufrieden, die olim Glükse-
ligkeit, da sich kein Ketzer weit und breit blik-
ken lassen durfte, zurük rufen, ist wahr. — Aber
die machen die angebliche Propation von 10000
zu 1. — noch keineswegs liquid. Und sollte
der Monarch um dieser Tanten und andrer Phan-
tasten willen, die in 10 oder weniger Jahren in
dem Schoos Abrahams übersetzet werden, die Rechte der Menschheit gegen seine eigene Ueberzeugung
nicht giltig gemacht, und die Aufklärung unter-
drükket haben? Aufklären? Es ist noch nicht entschieden, wie unsere Akademie der Wissenschaft zu
Berlin, werden sie sagen, bewiesen hat, ob die
Aufklärung den Menschen nützlich oder schädlich
sei? Bis dies zu Berlin entschieden worden wäre,
hätte der Kaiser Joseph warten sollen, dieselben
zu begünstigen. Jesus Maria, ohne Joseph —
man lacht über diesen Ausruf. Eben lese ich
eine Stelle in den Gedichten des Prinzen von
Albanien, aus der weder die Politiker noch die
Philosophen lug werden können. Er sagt, er
müsse immer lachen, wenn er an die Zeiten denkt
wo unsere Religion, in der Arithmetik gänzlich unerfahren, gesprochen hat: daß 3. welchs
eins machen, vom Pabst, als Vierten, zusammen
vor-

bereitet sind; die ihnen erzeigte Wohlthat zu fühlen, ist jetzt die Frage nicht. — Ich rede von ihren gegenwärtigen Gefühlen, von dem Grade ihrer Ueberzeugung, von dem Zustande, in welchem sie durch die Zwangswege, und — man verarge mir den Ausdruck nicht: — gleichsam durch die Keule des weltlichen Arms so plötzlich versetzt worden sind.

Ich fühle es wohl, daß Ihnen, und vielleicht vielen selbst meiner protestantischen Mitbrüder, die nur auf die Oberfläche der Dinge hinsehen, und sie durch ein von ihren eigenen Vorurtheilen gefärbtes Glas betrachten, diese Sprache auffallen, daß es hie und da einen sophistischen Buben geben kann, der den Sinn meiner Worte verdrehen, mich zum Vertheidiger der Mönche, Mißbräuche, und des Aberglaubens machen, und für einen Mann ausschreien wird, der es nicht einsieht, wie nöthig, heilsam, und wichtig die Reformation ist, die Joseph der Zweite angefangen hat — Ja, das ist sie! Ich unterschreibe es, wenn man will, mit meinem Blute — Niemand kann mehr, als ich, allen pfäffischen Albernheiten gram seyn, und ich trage daher den sogenannten Pfaffenthaler mit der Umschrift: Gottes Freund, der Pfaffen Feind! als einen Talisman wider alle Zauberstücke der Schwarzröcke, beständig in meiner Tasche; niemand in der Welt wünscht mehr, daß aller Aberglaube, und alle Misbräuche in der Religion, sie mag römisch, lutherisch, oder reformirt heissen, mit Stumpf und Stiel von Gottes Erdboden vertilgt werden möchten; aber demohngeachtet,

vorgestellt werden, und daß derselbe eben so unfehlbar ist, als 2 mal 2 vier macht. Man lacht auch darüber. Beweißt es darum etwas gegen die Religion?

tet, ich) gestehe es, bin ich einer von den Dumm=
köpfen, die bei Josephs Reformation so arg,
als irgend einer Ihrer Mönche, die Augen ver=
drehen: während viele meiner protestantischen
Mitbrüder in allen Ecken und Winkeln über jeden
unbestimmten, halbwahren Zeitungsbericht von
dem großen Fortgang der österreichischen Refor=
mation, sich schon heiser geschrien, und das:
Heil dem, der da kömmt in dem Namen des
Herrn! etwas zu frühzeitig von Dächern gepre=
diget haben. Das Paradox ist so ausserordent=
lich nicht, als es beim ersten Anblick zu seyn
scheint; und man braucht nur ein Quentchen
schlichten Menschenverstand zu haben, um zu be=
greifen, daß wir in unsern voreiligen Urtheilen
über das Glück des Nebenmenschen gerade darum
so häufig irren, weil wir dabei immer den Maas=
stab unsrer eigenen Empfindung gebrauchen, und
aus Vorliebe für gewisse Gegenstände, die uns
Ueberzeugung, Gewohnheit, oder ein verjährter
Besitz schätzbar macht, uns einbilden können:
was für uns ein Glück ist, müsse es auch noth=
wendig für unsern Nebenmenschen seyn — da
wir doch gerade aus dem nämlichen Grunde oft
auf das Gegentheil schliessen, und in Rück=
sicht der verschiedenen Standpunkte das Glück des
Antipoden nicht nach unserm Maasstab bestim=
men und abmessen sollten. Glück und Wohl=
stand sind relativische Begriffe, und lassen sich
bei denkenden Wesen nur aus ihrer Empfindung
und Ueberzeugung erklären. Dies ist die Ursache,
warum in so manchen Fällen, da der Politiker,
der Priester, der Reformator cum reliquis cunctis
jauchzt, und Redner und Dichter voll Begei=
sterung darüber ausser Athem kommen; der Phi=
losoph demohngeachtet über die Irrthümer der
Menschen im Stillen seufzt: weil jene nur die

täu=

täuschende Oberfläche der Dinge, dieser ihr Wesen betrachtet — Man mag dagegen sagen, was
man will, so sagt man eine eitle Sophisterei;
und wenn Ihr berühmter, um Oesterreich in
manchem Betracht gewiß verdienter Pater Franz
in seinen Vorlesungen über Menschenkenntniß
und Selbstkenntniß, Josephen auf diese Grundsätze nicht genug aufmerksam gemacht, wenn er
ihm eine andere, jesuitische Moral geprediget
hat — so hat er ihn getäuscht. Uebertreibe ich
etwa die Sache? Oder ist es Wahrheit, daß
den Einwohner der Süd-Inseln, den goldrei-
chen Peruaner u. s. w. alle unsre Kunstprodukte,
Bequemlichkeiten, und Ueberfluß nicht glücklich
machen können; so lange er keine herrschendere
Empfindung, als für gefärbte Glasstücke hat?
Und geben nicht eben so die Europäer ihr Gold
und Silber für Indiens Spielwerke hin? So
geht es auch in der Religion, in ihren Adiopho-
ris, und allen Arten gottesdienstlicher Gebräuche,
und Meynungen — was dem einen Klapper,
Schnörkel und Spielwerk scheint, ist Heiligthum
für den andern, und solange es ihm das ist —
macht es sein Glück. Man lasse jedem seine
Puppe, damit er nicht weine: sie ist ihm lieb,
füllt seine leeren Stunden aus, und thut ihm
recht herzlich wohl — Als die kleinen Epochen-
macher unter uns — denn welches Land hat nicht
die seinigen? — die große Lieder-Gährung
veranlaßten, und eine kindische Klapper wichtig
machen wollten, rescribirte Friedrich der Men-
schenkenner: „Man lasse sie das dumme Lied:
Nun ruhen alle Wälder ꝛc. oder was sie wollen,
singen, wenn sie nur gute, stille, und treue
Bürger sind." Es ist nicht genug, daß man sich
darüber außer Athem schreit: die Menschen sahen
ihr Glück nicht ein, sie kennten den Vortheil nicht,

der

der aus dieser , oder jener Einrichtung , wenn
nicht für sie unmittelbar , doch einst für ihre Nach=
kommen entspringt ; daher bedürfen die Kin=
der des Vormundes — denn , zu geschweigen ,
daß dieses Raisonnement so unbestimmt , und die
Gründe desselben so allgemein sind , daß sie im
Erforderungsfalle Titus und Nero , Pabst , Lu=
ther und Mahomet , zu Rechtfertigung ihrer sehr
verschiedenen Absichten , eben so gut brauchen
können ; so ist es ja nicht immer ausgemacht ,
wer von beiden , der seynwollende Vormund ,
oder sein Mündel , bei der in Frage kommenden
Sache , mehr Kind sey ? Nur dies bleibt eine
entschiedene Wahrheit : so lange Menschen ein
Glück nicht einsehen , es nicht dafür halten : so
lange können sie es auch nicht geniessen , und weit
entfernt glücklich und zufrieden zu seyn , werden
sie denjenigen hassen , der es ihnen aufzwingt. g)

Der

g) Aufzwingt? Wer hat Ihnen auch diesen Bären auf=
gebunden? Wer hat dem abergläubischen Volke
seine Puppe geraubt? Ist denn noch jemand ge=
zwungen worden , katholisch oder Lutherisch rc. rc.
zu werden? Ist jemand verboten worden , nicht
mehr zur Beicht zu gehen? seine Heilige , wie
sie Namen haben mögen , zu verehren und den
Geistlichen Eier und Schmalz für heil. Messen
zu bringen? u. s. w. Nein , da bleibt alles
beim Alten. Nur die Verfolgung der Ketzer ,
nur die gröbste Betrügerei des Volkes durch
Mönche dürfte nicht beim Alten bleiben. Mit
Ihrer Puppe dürfen die Kinder heute noch nach
Belieben spielen; nur dürfen sie nicht mit
dieser Puppe andern Kindern , weil diese mit ei=
ner andern und nicht mit dieser Puppe spielen
wollten , aufs Maul schlagen. Was ist denn
Unrechtes daran? Was hat hier der Vormund
zu verantworten , der im Grunde nur seine von
verschiedenen Passionen verblendete Mündel ver=

hindert,

Der Pfarrer, den dort Gellerts Amtmann seinen Bauern durch den Machtspruch, und die
drohende Amtsstimme aufzwang, mochte immer
ein wackerer, verständiger Mann, und die Absicht des Amtmanns, der Unterthanen Bestes zu
besorgen, ganz gut seyn; aber darum haßten ihn
die Bauern nicht weniger, und sie hatten, wenn
man die Sache ohne Vorurtheil betrachtet, alle
Ursachen dazu: weil man ihre natürliche Freiheit bei der Wahl eines Mannes, der sie, nach
der Kenntniß und Ueberzeugung, die sie damals
von ihm hatten, nicht glücklich machen konnte —
gekränkt, und die Rechte der Menschheit, indem
man sie auszuüben glaubte, an ihnen verletzt
hätte. Hätte man diese armen Menschen erst
klüger gemacht; hätte man sie über das Verdienst
dieses Mannes, den man ihnen jetzt aufdrang,
noch gerade aufgeklärt; so würden sie ihn selbst
freudig und zufrieden mit beiden Händen gewählt
haben. Dieser Weg ist langsam — aber die
Wirkung davon dauerhaft; und er ist überdieß
der einzige, den man bei denkenden Wesen, ohne
                                                    ihre

hindert, daß sie einander, zur Ehre Gottes, nicht
in die Haare fallen dürfen? Aber sie haben Recht.
Sie haben sich einmal vorgenommen, alle Handlungen des Kaisers ins komische Licht zu stellen,
und zu tadeln, und ihre Beredsamkeit ist so Ohren betäubend; daß sie sicher auf den Beifall des
Haufens rechnen dürfen. Wenn dem Prehauser
(Bernardon) tausend Zungen, Bravo! zurufen,
was kümmert es ihn denn, daß einzelne Vernünftige die Achsel zucken. Auffallende kühne Paradoxe haben das Glück der Wunderwerke. Die
Menschen, wenige davon ausgenommen, reissen
die Mäuler auf, und nehmen sie für wahr an.
Es ist leichter, die Menschen zu betrügen, als sie
aufzuklären.

ihre angebohrnen Rechte zu kränken, einschlagen
darf. Da er aber dem wohlmeynenden Amtman=
ne ebenfalls zu langweilig, und seiner aufhaben=
den Macht nicht angemessen genug schien, setzte
er, sogleich er den landesherrlichen Befehl weg
hatte, ohne weiters seine Absichten durch; mach=
te die Bauern durch seinen Amtsdonner : Ihr
Ochsen, die ihr alle seyd ꝛc. verstummen ; instal=
lirte seinen Pfarrer mit dem Stock in der Hand,
und überließ ihm die Sorgfalt, die Bauern hin=
tenher über die Rechtmäßigkeit seines Verfah=
rens aufzuklären , und ihnen ihr in Zukunft
daraus entstehendes Glück und Seelenheil ad Oculum zu demonstriren. Ob er bei seinen Zuhö=
rern ein willig Ohr gefunden, und die Erbauung
guten Fortgang gehabt, davon meldet die Ge=
schichte nichts. Mir ist es wahrscheinlich, daß
die so tumultuarisch behandelten Bauern bis an
ihr seliges Ende dabei geblieben :

Nein, der verstorbne Herr, das war ein andrer
                  Mann!
Der hatte recht auf seinen Text studiret,
Und Gottes Wort, wie sichs gebühret,
Bald griechisch, bald ebräisch angeführet,
Die Kirchenväter oft citiret,
Die Ketzer stattlich ausschändiret,
Und stets so fein schematisiret,
Daß er der Bauern Herz gerühret.

Glückliches Oesterreich! Mutato nomine de Te
Fabula narratus! — Ich bin ꝛc.

Neunter Brief.

Vielleicht dünkt Ihnen, m. H., mein letzter
Apolog zu niedrig, und Gellerts Amtmann ein zu
                      trivialer

trivialer Gegenstand zu seyn, um mit dem Refor=
mator eines Volks in Parallele zu stehen. Sie
haben Recht; aber das soll er, das kann er
auch nicht: denn dieser Mann hatte keine Absicht
zu reformiren — Seine Art zu verfahren soll
nur ein Bild der Wirkung seyn, die jede zu früh
aufgezwungene Wohlthat — so weit wir die Na=
tur des Menschen kennen — in allen zu deren
Genuß noch nicht fähig gemachten Seelen ge=
biert. Ich gesteh' es, als ich den natürlichen
Erfolgen nachdachte, die Ihre etwas rasche Re=
formation in den Gemüthern des durch Macht=
sprüche von seinen bisherigen Ober= und Unter=
hirten zurückgescheuchten Volks, nach der Analo=
gie der Dinge, hervorbringen mußte, fiel mir
dieser Amtmann durch die Association der Ideen
eben so ein, als Ihnen S. 4 bei dem Fürsten,
der von seiner Höhe in das Meer der Vergessen=
heit zurücke stürzt, Ikarus; und bei dem ge=
krönten Eroberer, der seine Völker nicht glücklich
macht, der tollkühne Alexander von Macedonien
eingefallen ist.

Ist Ihnen aber Gellerts Amtmann in aller
Betrachtung zu anstößig, so setzen Sie, um ein Bei=
spiel vom höhern Range zu haben, den ägypti=
schen König Bochoris an dessen Stelle. Dieser
kam auf den Einfall, den in der Stadt Heliopo=
lis unter dem Namen Mnevis bekannten heiligen
Ochsen durch einen Reformationskrieg auf immer
um sein Ansehen zu bringen, aber dieser Einfall
brachte ihn selbst auf immerdar um die Liebe des
Volks — Und, je gewaltsamer die Versuche waren,
Aegyptens Apis zu zerstören, je mehr Tempel
baute ihm das Volk in seinem Herzen, je länger
erhält er sich; wie er denn auch wirklich, trotz
allen Streichen, deren ihm das Reformations=
schwert in verschiedenen Zeiten bald mehr, bald

weniger

weniger beibrachte, vom Jahre 1771 vor der
gemeinen Zeitrechnung, da der erste Apis — wenn
Jablonsky Recht hat — geweiht worden, bis un=
ter der Regierung des Theodosius, das heißt,
über 1550 Jahre, ja, weil man in diesen Fällen
mehr auf Manethons, als des Eusebius Seite
seyn muß, wohl noch länger erhalten hatte. Jetzt
fiel er, ohne weitere Hülfe des Staatsarms, durch
die überhandnehmende Aufklärung von selbst. —
Jetzt hatte er seinen ehemaligen Werth in den
Augen des Volks verloren, welches über das
Glück, einen heiligen Ochsen zur Schutzgottheit
zu haben, nunmehr anders dachte, als es 1500
und mehr Jahre hindurch gedacht hatte. Da=
mals glaubte es, bey seinem Apis glücklich zu seyn,
und war es in der That — obgleich nicht durch ihn:
jetzt aber schrieb es ihm sein ganzes Unglück zu —
und es täuschte sich wieder: denn nicht der
Dienst des Apis, sondern der Verlust ihrer alten
Rechte unter den neuen Herren, die übermäßigen
Auflagen der Römer, die mehr als Pharaonische
Beherrschung des Volks unter den christlichen
Theodosiussen hatten das ehemals blühende Aegyp=
ten in eine Wüste verwandelt; und indem von
einer Seite mit dem neuen Religionslichte der
Tag erschien, brach von einer andern, in Absicht
der Staatsverfassung, Polizei und Gesetzgebung,
die stockfinstere Nacht ein — wie dem seyn mag:
Aegyptens Apis stürzte von seiner Höhe herab,
und mit ihm fiel Macht und Ansehen seiner Prie=
ster. — Mit ihm giengen die bis dahin gewöhn=
lichen heiligen Wallfahrten und Prozeßionen, die
Geißlung in den Tempeln, die mancherlei Brü=
derschaften der Eingeweihten, der manichfaltige
Kirchenluxus, der übermäßige Aufwand des Bal=
samirens, so manche brillante Nebenwerke einer
dem Wesentlichen nach vielleicht bessern Religion,

als

als wir glauben: kurz, der Aberglaube mit dem
ganzen Gefolge der ihm verwandten Chimären
gieng jetzt mit Aegyptens Schutzgotte zu Grabe.
Tausend heidnische Vorurtheile wichen von selbst
von dem Ufer des Nils, um vielleicht tausend andern Vorurtheilen der Christen den Platz zu überlaſſen: aber ſie wichen nicht von der Gewalt der
Regenten — ſie wichen, weil über Aegyptens
Horizont noch gerade ein ander Licht aufgieng,
das den Kindern der Nacht nicht länger behag-
te. Man überlaſſe es daher dem ſich mehr und
mehr ausbreitenden Licht der Vernunft und wahren Religion, die Finſterniß der Völker zu erleuchten: man ſtecke es mit ſanfter, aber nicht
mit ſtürmender Hand auf, und ſie werden — in
dem Maaße, als ſie den Einfluß dieſes wohlthätigen Lichts empfinden — mit eigner Hand den
Altar abbrechen, den ihre Väter dem Irrthum
und Aberglauben erbaut haben — Irre ich, oder
iſt es dieſe Methode allein, durch die ein Refor-
mationsgebäude vermittelſt vorhergehender Aufklärung des Volks einen ſoliden Grund, folglich
Feſtigkeit und Dauer gegen alle Stürme der Zukunft erlangt? Dagegen bei jeder andern Verfah-
rungsart das ſchnell hingezauberte Luftwerk nur
durch ein allvermögendes Tel eſt notre bon plai-
ſir aufrecht erhalten wird. Im erſten Falle, in
dem ſich gemeiniglich der ſein Zeitalter aufklä-
rende Privatlehrer befindet, wird zwar langſam,
aber für die Ewigkeit — im andern ſchnell,
aber meiſtens nur fürs Auge, und pro tempore
gebaut.

Nichts iſt einem Regenten leichter — wenn
Willen und Macht im gleichen Verhältniſſe ſtehen — als wie, wo, und ſo oft er will, zu reformiren; nichts ſo leicht, als einige tauſend fet-
te Derwiſche, auch auſſer der Faſtenzeit, mager

zu

zu machen, und eben so viele mit ihnen verschwi=
sterte Vestalinnen der Welt wieder zu geben, der
sie größtentheils nicht mehr nutzen können, weil
die Reitze ihrer Jugend schon zwischen heiligen
Mauern verwelkt sind.   Wer wird es ihm weh=
ren, dem Regenten, wann und wie viel er Klö=
ster in Paläße der Grossen, in Magazine, Kaser=
nen u. s. w. verwandeln, und ihre Güter zu selbst=
beliebigen Endzwecken verwenden, oder dem Fis=
kus überlassen will?   Nicht blos gottesdienstliche
Handlungen und ihre Einrichtung, selbst die Lehr=
begriffe der Religion in ihrem weitesten Umfan=
ge stehen in seiner Gewalt: was er will, darf,
oder darf nicht auf Schulen gelehrt, von Kathe=
dern oder Kanzeln gesagt werden: was er erlaubt,
wird zum Wesentlichen der Religion: was, und
wie viel er aber davon aufzuheben für gut befin=
det, blos zur Disziplin, unter die Nebendinge
und Adiophora gezählt werden. Wer will ihm die
Gränzlinie bezeichnen?   Wer darf dem wider=
sprechen, dessen Winke sogleiche hunderttausende
zu vollstrecken bereit sind?   Gewiß, es ist eitle
Täuschung und Spielwerk, wenn sich das Volk,
oder das Priesterthum einbildet, unter einem
souveränen Reformator noch eigenen Willen und
Stimme zu haben.   Es würde nicht schwer
seyn, aus der Geschichte Konstantins und Karls
des Grossen, ja — noch näher, aus Ferdinands
Reformationsjahren zu beweisen, wie gefährlich,
wie nachtheilig oft den Rechten der Menschheit
reformirende Monarchen gewesen sind. Ich meines
Orts finde in der Geschichte — was auch die
Schmeichler der Fürsten davon sagen mögen —
bis auf die Reformation Joseph des Zweiten,
deren weitere Erfolge man noch erwarten muß,
auch nicht eine, die unter ihren Händen gerathen,
die nicht durch den sichtbaren Mißbrauch der ober=

sten

sten Gewalt mehr oder weniger die Freiheit der
Menschen gekränkt, und den Völkern zur Last ge=
worden wäre: demohngeachtet giebt es wenige
Fürsten, die nicht während ihrer Regierung mit
grossen oder kleinen Religions= und Kirchenre=
formen sich abgegeben hätten. Nur in der Re=
gierung Friedrichs des Zweiten findet man keine
Spur, daß er die hergebrachten Religions= und
Kirchengebräuche seiner untergebenen Völker,
von welchem Glaubensbekenntnisse sie auch im=
mer seyn mögen, im geringsten gestört, verän=
dert, oder jemals den Einfall, Priester und Mön=
che zu reformiren, gehabt hätte. Ich versichere
Sie, unser König darf es nur heute bei der Pa=
rade befehlen: so sind morgen alle Klöster seines
Landes von Mönchen und Nonnen leer h), ihre
Güter

h) Dacht ichs doch, am Ende, wenn er mit dem
einfältigen Amtmann, dem Bochoiris und seinem
Ochsen fertig ist, wirds doch wieder sein König
sein, — der es nicht gethan; und Joseph —
der es folglich auch nicht hätte thun sollen. Hier
ists der Mühe werth, einen Augenblik zu verwei=
len. Der König läßt's beim Alten, ist die alte
Sprache. Gut! Ist denn auch alles so göttlich,
das er beim Alten läßt, daß die Unterlassung,
diese Dinge nachzuahmen, zu einer förmlichen
Gotteslästerung wird? Ha! Er hebt die Klöster
nicht auf: aber Er nimmt von ihnen 50. p. C.
folglich — Halt! In Preussen giebt es der
Klöster eben nicht so viele, daß sich nach Abschlag
der 50. p. C. womit man sie brandschazt, noch
Friedrichsstädte auf die Gränzen von dem Ueber=
fluß der Mönche bauen ließen. Bei uns aber,
wenn fast ein Drittel des Staatsvermögens, in
den Händen der Mönche— in Händen, worin
ein grosses Vermögen dem Staate fast schädlicher
ist, als gar keines — als Noth und Armut.
Dieses grosse Vermögen unschädlich oder gar nütz=
lich

Güter administrirt, und von den Revenüen in
kurzer Zeit ein paar tüchtige Vestungen — eine
neue

lich dem Staate zu machen, war einer Spekulation werth, und daß diese Spekulation rechtmäßig
und löblich ist, hab ich bereits erwiesen, ohne,
welches freilich eine himmelschreiende Sünde gewesen ist, untersucht zu haben, ob man auch
etwas ähnliches in Preussen veranstaltet hat.
Wären die Opfertafeln bei Ihnen so beträchtlich,
so zweifle ich gar nicht, daß Ihr hauskälterischer
König lieber seinen Mönchen, als den verschnit-
tenen Silberlieferanten, die Bedürfnisse für seine
Münz anstatt abgekäuft, oder a Conto der 50 p.
Centen angenommen hätte. Konnten die silbernen Aposteln des alten Königs in kupferreiche
Thaler verwandelt werden, so hätte man nicht
nöthig gehabt, mit den silbernen Kaldendarn,
welche die Frömmigkeit den gnadenreichen Bildern
darreichte, besondere Umstände und Komplimente
zu machen. Zur Rechtfertigung dieser Violation
der Altäre würde sich bald ein Bonmot gefunden haben: das z. B.: bei mir kann jeder singen,
was er will, es ruhen alle Wälder rc. oder
de gustibus non est disputandum, womit
eine sodomitische Sünde dem Scheiterhaufen ent-
wischte — oder, was man zu den silbernen Aposteln sagte: ihr müßt in die weite Welt, das
Evangelium zu predigen; oder, womit der Fehler des Baumeisters der katholischen Kirche entschuldigt wurde, — die zu wenig Licht hatte :—
selig sind, die da nicht sehen und doch glauben,
oder ein anderes— kurz so ein komischer Einfall hätte dem gekrönten Philosophen nicht sauer werden
dürfen, um die Einschmelzung der Opfertafeln in
allen Ländern zur Histoire du jour, und diese
Handlung selbst mit in den Annalen der Aufklärung zur auffallendsten Thatsache zu machen.
Allei Joseph hat diesen Kredit noch nicht. Ihm
ist es nicht erlaubt, für sich selbst und gegen das
Formu-

neue Friedrichsstadt — an den Gränzen angelegt , von dem Ueberfluß aber ein paar Erzie-
hungshäuser und Hospitäler erbaut. Er darf es nur
befehlen, so sind in allen katholischen Kirchen die ewig
brennenden Lampen ausgelöscht; die Anzahl der
Messen eingeschränkt; der Kirchenluxus vermin-
dert , die gold- und silberreichen Meßgewände,
Pluviale, Levitenröcke, die mit Perlen und Edel-
gesteinen besetzte Kirchenvasa sammt ihren gül-
denen und silbernen Heiligen, zu Schul- Erzie-
hungs- oder andern Fonds eingeschmolzen; ja
selbst die Gnadenbilder , durch Hemmung der
Wallfahrten, des größten Theils ihrer Wunderkräfte

Formulare Friedrichs des Zweiten zu wirken! der
alte König ist zu vernünftig, um Skriblern dieser Art beizupflichten. , Er hat seine Laufbahne
vollbracht, und läßt einen andern die seinige gehn.
Der Tempel des Ruhms hat wie der Himmel
mancherlei Eingänge. Er ist von Osten und
Westen, von Süden und Norden offen. Mahomet und Luther, Moses und Zoroaster, Clemens
der Vierzehnte und Friedrich der Zweite, und
Joseph und Cäsar haben nicht nothwendig einander zu begegnen, sie kommen doch alle in dem
Tempel zusammen, wie Caspar, Melchior und Bal-
thasar auf verschiedenen Wegen nach Bethlehem
kamen — weil sie nur einen Stern vor sich hatten, den sie verfolgten. Ob ein ähnlicher Stern,
welcher zur Unsterblichkeit führt, heute noch
existirt, wie er beschaffen ist, und ob Joseph ihm
auf dem kürzesten und geradesten Wege nachfolge?
dabei darf am allerwenigsten P. Hell und Compagnie *) zu Rathe gezogen werden. Vide
Schlafrocks = Dedikation.

*) Und Compagnie. — Ich glaube nicht zu irren,
wenn ich vermuthe, daß Sie, Herr Briefsteller von Berlin! mit von dieser Compagnie sind?

kräfte beraubt. — Aber kommen Sie in sein
Land, und Sie müßten ein großer Idiot seyn,
wenn Sie nicht in jeder seiner Einrichtungen
den philosophischen König, der die Menschen
nach ihren Grundsätzen mit der größten Nach=
sicht und Billigkeit behandelt, erkennen sollten.
Sie werden seit seiner 43jährigen Regierung bei
Ihren Glaubensgenossen in Schlesien noch alles
in Statu quo, und so, wie in den Zeiten Karls
des Sechsten, finden, ich sage, alles, bis auf die
kleinste Kapelle an den Heerstraßen, bis auf je=
den Nepomuk, ja selbst die damals errichtete
Immakulaten, an deren Piedestal Sie noch über=
all die in Stein gegrabenen merkwürdigen Worte le=
sen können: „So wahr mir Gott hilft, und die
„ohne der Erbsünde empfangene unbefleckte
„heilige Jungfrau Maria. Also schwört und
„befiehlt zu schwören seinen treuen katholischen
„Unterthanen Kaiser Karl der Sechste;“ und
ich muß Ihnen im Vorbeigehen sagen: so schwört
der Römischkatholische durch ganz Schlesien bis
auf den heutigen Tag.

Wahr ist es, daß die Klöster die landesherr=
lichen Steuern nach einem stärkern Divisor, als
die Weltpriester und andere Unterthanen, von
ihren liegenden Gründen entrichten; da aber die
Anzahl der Ordensgeistlichen anjetzt verhältniß=
mäßig eingeschränkt, und überhaupt Melioration
in ihren Wirthschaften ist; so sind sie nach wie
vor noch im Stande, ihr gut Glas ungarischen
Wein — trotz dem Impost — ad mortem poculi
zu trinken. Der Besitz ihres Eigenthums ist ih=
nen durch wiederholte allergnädigste Rescripte
versichert, und sie tragen unter Friedrichs Schutz
ihre weißen, braunen und schwarzen Kutten —
die Sie so witzig die Futterale der lebendigen
Heiligen nennen — ohne Zittern und Beben auf
dem

dem Leibe. Niemand bekümmert sich um das Innere ihrer Ordenseinrichtungen; niemand durchwühlt ihre Bibliotheken und Zellen, oder kundschaftet Ihre Abälarden und Heloisen aus. Vor uns könnte jeden Winter ein empfindsamer Kapuziner bei dem Grabe seiner Geliebten — wie in jenem Romane — jämmerlich erfrieren, ohne daß die Katastrophe ein Gegenstand der Klage, oder ein Vorwurf gegen den Orden seyn würde, daß seine Brüder, gleich andern Adamskindern, auch unter der rauhen Kutte — den Stimulum Carnis haben.

Was die übrige katholische Geistlichkeit anbelangt; so genießt sie mit der protestantischen völlig gleiche Rechte: sie bezahlen nicht mehr, als diese, und empfangen auch nicht mehr. Haben sie viele eigene Schaafe unter der christlichen Heerde, so befinden sie sich wohl dabei: aber fremde zu scheeren, ist ihnen in keinem Falle erlaubt; worinn Ihre Priesterschaft freilich einen kleinen Vorzug hat, weil sie Kraft des neuen Religionsduldungsgesetzes das Vorrecht besitzen, bei vorkommenden Functionen, oder, wenn man sie so nennen darf, geistlichen Schuren, alle Schaafe, ohne Rücksicht, ob es katholische, oder protestantische sind, gleiche durch zu scheeren: allenfalls werden die geistlichen Hirten sich noch etwas mehr bei den Miethschaafen erlauben, weil sie nur aus allerhöchst landesherrlicher Gnade in ovili geduldet werden. Bei uns weis man von diesem Unterschiede nichts. Uebrigens ist unsre hohe und niedre katholische Geistlichkeit in allen ihren Rechten, und Verrichtungen durch die geschärftesten Verordnungen des Landesherrn geschützt. Die Ordensmänner stehen in Verbindung mit ihren auswärtigen Generalen, und die Rechte des Pabstes sind ungekränkt. Giebt die
Geist

Geistlichkeit dem Könige was des Königes ist: so
steht es übrigens bei ihr mit der römischen Dataria sich abzufinden, wie sie immer will, und
kann; und dem Pabste zu geben, was sie glaubt,
daß des Pabstes ist. Kein Fiskus belauret ihre
Kassen, und sie haben von ihrem Eigenthume
niemand Rechnung zu legen. Ihre Kanzeln werden von keinen hierzu aufgestellten Kritikastern
beunruhiget. Ihre Dogmatik, kanonisches Recht,
ihre gottesdienstliche Gebräuche im Innern des
Heiligthums, oder in den Hallen des Tempels
gehen ihren gewöhnlichen Gang. Man erlaubt ihnen, nach ihrem Ritual Psalmen, Haber = Wetter = und Sterbekerzen, Holz, Wasser, und alles
was sie wollen, zu weihen. Niemand fragt,
wie viel Lukaszettel von Kranken verzehrt, wie
viel Karmeliterwasser getrunken, oder wie viel
Kröpfe, oder Halsgeschwüre durch Blasiusker-
zen vertrieben worden sind? weil man aus der
Erfahrung weis, daß diese Mittel eben so wenig
den angestellten Aerzten, als die Bilder des heil.
Nicasius wider die Mäuse, den privilegirten Rat-
tenfängern Abbruch gethan haben. Man wall-
fahrtet ungestöhrt mit Fahnen, und Kirchenmusik;
und Maria von Wartha wird jetzt nicht weniger, als unter Karl dem Sechsten besucht. Die
Brüderschaften sind noch in ihrem ehemaligen Flor;
jedermann kann seinen geweihten Gürtel, Strik,
oder Skapulier, kurz, sein geistliches Ordens-
band, und Amulet von allen Farben tragen,
ohne deswegen verhöhnt und ausgelacht zu werden. Die Milch der Mutter Gottes wird, so
viel ich weiß, in unsern Landen nicht getrunken:
weil sie vermuthlich nur in dem Ihrigen, und in
Italien, Spanien ꝛc. zu finden, und überall zu
hoch impostirt ist, als daß sie unsern Katholiken
zu Theile werden könnte: aber dafür haben wir
                                                       ihren

Ihren jungfräulichen Pantoffel, der — im Vorbeigehen gesagt — eben nicht den kleinsten Fuß verräth. Sonst fehlt es unsern Katholiken so wenig, als den Ihrigen, an heiligen Skeleten, Agnus Dei, allerlei Reliquien und geweihten Babiolen, die der vernünftige Katholik für das nimmt, was sie sind, und der weniger aufgeklärte, nach seines Herzenslust, und nach den Grundsätzen verehrt, wodurch sie ihm ehrwürdig, und schätzbar geworden u. s. w.

Sehen Sie, m. H., so wird der Katholicismus im strengsten Verstande in einem Lande behandelt, dessen Staatsverfassung, Sicherheit von außen, und Ruhe von innen zu ihren einzigen Endzwecken macht: alles, was außer diesen Gränzen liegt, ist frei, und jedes Willkühr überlassen. Da Sie uns aber überreden wollen, daß in Ihrem Staate von allem diesem blos in der Absicht das Gegentheil geschehe: die Völker glücklicher, und den ganzen Staat blühender zu machen, so muß ich Ihnen gerade heraus sagen: daß ich wenig oder nichts davon glaube. Ich habe alle Achtung für die epochenmachende Reformation des Kaisers, und bin überzeugt, daß sie in mancherlei Betrachtung nicht ohne Nutzen in der Folge seyn dürfte: wenn nur erst die grosse Gährung vorüber, und alles, das jetzt noch so manchen Wechsel und Veränderung erfährt, im gehörigen Gleise und Ordnung seyn wird: aber davon bin ich nicht weniger überzeugt, daß die gegenwärtige Generation den vollen Werth dieser Umschmelzung nicht einsehen, folglich auch nicht empfinden kann: daß das Wohl der Völker, und der Flor der Staaten auch unabhängig von dergleichen Reformen bewirkt werden könne, wodurch zwar der Schatzkammer Millionen gewonnen, aber zugleich nicht ganz verhindert

werden

werden kann: daß nicht das Privateigenthum
von viel tausenden verletzt, die Gewissensfreiheit
auf der einen Seite gegeben, auf der andern
eingeschränkt, die hergebrachten Religionsgebräu-
che des Volks, die ihm so heilig als die Religion
selbst sind, angetastet, verändert, und zum Theil
aufgehoben, folglich so manche Menschen gegen
ihre Grundsätze, Gewissen und heilige Gelübde
zu handeln gezwungen werden sollten. Einzelne
Menschen können in der oder jener Beziehung
dabei glücklicher, und des Fürsten Schatzkammern
reicher seyn: aber ist es auch der größte Theil
des Staats? Hier seh' ich die Hand, die aus
den Wolken ragt, und die Waagschale hält, mit
der Devise des Montagne: Que sais — je? —

Es ist hier der Ort nicht, mich in das Detail
der Beweise aller jetzt erwähnten Sätze, und
ihrer Lokalität einzulassen. Sie können sie bei
Ihren Mitbürgern aus der ersten Hand haben,
und alle für, und wider diese Reformation her-
ausgekommene Schriften sind bis zum Eckel damit
überfüllt. Aber wie dem sey, lieber Friedel,
nicht Religion und ihr Nebenwerk, sondern gute
Polizei und Gesetzgebung sind in jeder bürgerlichen Gesellschaft die eigentlichsten Quellen des
Glücks, oder, was man sonst auch bürgerlichen
Wohlstand nennt, wodurch alle insgesammt, und
jeder insbesondere Sicherheit, gesetzmäßige Freiheit, und die damit wesentlich verbundenen Vortheile des Lebens genießt. Aegypten war, selbst
bei dem Thierdienst, ein blühender Staat. Griechenland hinderten die kindische Orakel von Del-
phi, und ein weit finsterer, lächerlicher Volksglaube, als aller Aberglaube der Christen ist,
keinesweges, eine fruchtbare Mutter der Wissenschaften und Künste, und die Lehrerin aller ge-
sitteten Völker des Erdbodens zu seyn: seine

auf-

aufgeklärten Bürger waren glücklich daburch die
Freiheit zu denken, — ein paar Schlingel von
Anituſſen machen keine Ausnahme — und durch
die Freiheit zu handeln blühten und empfanden
ihren Wohlſtand, mitten unter den Altären tau=
ſend abgeſchmackter Götzen, die übrigen Bewoh=
ner des Staats — Was hatten der uns uner=
reichbaren Größe der Römer ihre heilige Hüh=
ner und Gänſe geſchadet? Man ließ ſie ſaufen,
wenn ſie nicht freſſen wollten — Was die Schild=
kröte mit dem ganzen wahrſagenden Heere von
Bonzen und Bonzinnen dem geſitteten, und über
unſre Zeitrechnung hinaus blühenden Staate
der Chineſer? Kann man wohl, ohne ſich im
hohen Grade lächerlich zu machen, behaupten,
daß es in jenen Zeiten, aus welchen ein guter
Theil von Vorurtheilen und Religionsmisbräu=
chen — nur immer unter einer andern Zeit und
Ort angemeſſenen Geſtalt — bis auf uns ſich
fortgeerbt haben, kein glückliches, betriebſames
Volk, kein floriſſantes Land gegeben habe? Aber
wozu dieſe in der Geſchichte der Völker von uns
zu weit abliegende Beiſpiele? Es iſt ja in Ihrem
und unſerm Lande ein Erfahrungsſatz, daß den
Katholiken, ich meyne den Altgläubigen im ſtreng=
ſten Verſtande, als Gegenbild zu den Neugläubi=
gen aufgeſtellt, den Unreformirten, den noch kein
Enbel belehrt hat: was der Pabſt iſt — ſein
frommer Aberglaube nicht hindert, in jeder Si=
tuation des bürgerlichen Lebens, ein brauchba=
res, nützliches, und ſelbſt großer Handlungen fä=
higes Mitglied zu ſeyn: als Landmann baut er
eben ſo glücklich das Feld, als irgend ein ande=
rer, und erzielt für ſeine Mitbürger ergiebige
Ernten: als Künſtler treibt er ſeine Profeßion,
liefert oft Meiſterſtücke, und liegt voll Andachts=
elfer vor den Werken ſeiner Hände auf den Knieen.

R   die

die er als Zeuxis, oder Phidias erzeugt hat.
Im Reiche der Wissenschaften wird er darum
nicht weniger Litterator, Redner, Dichter, Ge=
schichtschreiber, Astronom, Naturkundiger, und
in gewissem Verstande sogar Philosoph seyn: ha=
ben Sie nicht Ihre Descartes und Malebranchen
gehabt? Er kann im Kriegsheere und auf dem
Schlachtfelde ein Eugen, im Staatsrathe ein
Richelieu, und auf dem Throne ein Karl seyn.—
Gewiß, man würde sich an der Wahrheit selbst
vergreifen, wenn man diese Thatsachen läugnen,
und den verdienstvollen Menschen von allen Klas=
sen, in allen Zeiten und Ländern, das gerechte
Zeugniß versagen wollte, daß sie ungeachtet des
strengsten Katholicismus im Stande gewesen,
alle ihre Kräfte zu rühmlichen Endzwecken pa=
triotisch zu verwenden, und zum Wohl ihrer
Mitbürger, zum Ruhme des Staats ihre berufs=
mäßigen Pflichten zu erfüllen. i)

Aber

i) Wer sollte glauben, daß Sie unter dem mächtigen
Schutze der Annalen nicht recht hätten? Allein
Sie benützen die Geschichte, wie die Pfaffen
der verschiedenen Sekten die Bibel benützen.
Die Bibel ist für Theologen, die Geschichte für
Philosophen gleichsam die lezte Instanz, von der
man nicht weiter rekuriren darf. Wenn diese
spricht, so ist das lezte Wort, der Prozeß hat
ein Ende. Wie aber, wenn sie einen und den
nämlichen Prozeß den beiden streitenden Partheien
als gewonnen zu, oder als verlohren abspräche?
Dann wäre weder die Bibel noch die Geschichte
wahr. Auch dies folgt nicht daraus. Einzelne
Kapitel, einzelne Thatsachen scheinen einander zu
widersprechen; wenn man sich an diese einzelnen
Thatsachen, an diese einzelne Kapitel hält, so
entstehen dadurch Kezereien in der Religion und
der Philosophie, die um so hartnäkkiger sein müs=
sen,

Aber die Mönche! Dieses in Ihren, und
so manchen Augen inutile pondus terrae! Die
Mönche, mein Herr, werden in dem Maaße,
als das Gebäude der Hierarchie zusammenstürzen
wird,

fen, weil jeder seine Irrthümer mit dem heiligen
Wort, mit der Geschichte belegt. Also nicht
einzelne Kapitel, nicht einzelne Fakta — sondern
die ganze Bibel, die ganze Geschichte muß zu
Rathe gezogen werden, wenn in kritischen Fällen
richtig entschieden werden soll. Es hat nichts gehindert, daß Künste und Gelehrsamkeit zu allen
Zeiten unter heiligen Hühnern, und wunderthä-
tigen Gnadenbildern Denkmäler ihrer Existenz in
einzelnen Köpfen der Nachwelt hinterlassen haben.
Folgt daraus, daß diese heiligen Hühner die Künste und Gelehrsamkeit hervorbrachten, oder ist es
nicht wahrscheinlich, daß manche Köpfe, die jene
Hühner oder Gnadenbilder verrükten, die Zahl
jener Denkmäler unter günstigen Umständen vermehrt haben würden? Zu ihrer Vermehrung
würde aber die gute Polizei weniger, als die
gute Philosophie beigetragen haben. Allein das
Volk war immer äußerst dumm, folglich! Halten
Sie, mein Herr, Sie, der Sie so viel Geschiklichkeit besitzen, sollten die Logik nicht so oft vor
die Stirne stoßen. Dumm war das Volk zu
allen Zeiten, aber mehr und weniger. Wäre
nicht Luther gekommen, so brennten da, wo man
nun des Pabstes spottet, wo man ihn in Efigie
verbrannt, Scheiterhaufen der Inquisition, und
die Creuzzüge verheerten die Länder vielleicht bis
auf den heutigen Tag. Bartholomäusnächte
würden sich vervielfacht und Torquemaden wie
Ratzen vermehrt haben. Diese Rasereien hätte
die Pollizei nicht hindern können — die bessere
Aufklärung hätte sie entwaffnet. Wäre Joseph
nicht gekommen, so würd es nach und nach von
Ameisen-Haufen gewimmelt haben, der Aberglaube
hätt-

R 2

260

wird, unter seinen Trümmern begraben werden. Aber Aegyptens Apis, oder ohne Figur zu reden, der mit der Religion genau verflochtene, und innigst vermischte Papalismus, und Monachismus, der in Ihrem symbolischen Katechismus von einem Ende zum andern herrscht, und als kirchlicher Glaubensunterricht in allen Normalschulen der Monarchie feierlich aufbewahret, gepflegt, geräuchert, und bis auf den heutigen Tag fortgepflanzt wird, dieser Apis muß erst nicht durch Eliaseifer, sondern durch Vernunft und Aufklärung zernichtet seyn, ehe man das Volk überreden kann, daß seine Diener und Altäre

hätte bald das ganze Vermögen in seine Hände gebracht, und Baiern wär, vis à vis Oesterreich, ein glückliches Ländchen gewesen, — versteht sich, wenn Theresien ein Regent nachgefolgt wäre, der mit Augen vom Himmel begabt gewesen wäre, welche die Johanneswürmer für leidige Teufeln angesehen hätten. Sehen Sie, m. H., die Geschichte scheint hier mit zween Zungen zu sprechen. Die Polizei allein macht die Glückseligkeit der Staaten bei weitem nicht. Wer sichs vorgesezt hätte, auf dem Rumpfe des Landbauers den Kopf eines Rousseau zu pflanzen, der würde sich lächerlich gemacht haben. Aber die Aufklärung, welche in Oesterreich etablirt werden soll, hat kein so hoch gestektes Ziel; soll nach und nach nur die Nothwendigkeit der Toleranz und die Uebereinstimmung derselben mit ihrer seligmachenden Religion, die Nothwendigkeit der Aufhebung der Mönche, und mit diesen der gröbsten Teufeleien einsehen lernen, und dieß deuchte mich — ist nicht zu viel und doch genug verlangt, um bei guter Polizei, und auch ohne dieselbe, wenn diese Aufklärung vom Vater auf Sohn ererbt wird, — keine blutigen Auftritte zur Ehre der Religion zu erleben.

täre unnütze, schädliche Dinge sind. Dazu
kommt noch, daß die Mönche, da wir, unsre
Väter, und unsrer Väter Väter noch, wie man
sagt, in concavo Lunae waren, schon sehr nützliche Diener des Staats, und in der großen
Kette der Dinge, die die Vorsehung von den
Zeiten der Barbaren bis auf uns gezogen, gewiß sehr brauchbare Glieder gewesen. Durch
sie — wie das jeder weis, der ein bisgen Geschichte inne hat — sind Wüsten gebaut, Künste
und Wissenschaften vom gänzlichen Untergange
gerettet, Städte verschönert, und Barbaren ge-
sittet gemacht worden. f) — Aber wie das geht:
Spremuto l'aranico, — si getta. Ich kenne so
gut, als jemand die schlimme Seite dieses Stan-
des, und weis, was sie, unter verschiedenen
Umständen, als Schurken, oder Bluthunde auf
Gottes Erdboden angerichtet haben: allein der
Menge der Heiligen nicht zu gedenken — denn
ihr Name ist Legion — die Ordensleute waren,
und sind bis auf diese Stunde die Zuflucht
Ihrer Andächtigen, das Kleinod Ihrer Altäre;
so stellt uns, nicht die Legende, nein, die wahre Geschichte, genug edle Beispiele von diesen
Gegenständen Ihres Hasses auf, die sich über
alle die von ihren Gegnern so allgemein behaup-
teten Niedrigkeiten weggehoben, und mit einer
ausnehmenden Uneigennützigkeit für die Ausbrei-
tung der Wahrheit gesorgt haben. Sie sind
nicht immer blinde Werkzeuge des römischen Ehr-
geitzes

f) Thaten dieses abermals die Kutten, oder die Männer? Wenn Leibnitz, Newton, und Haller
Franziskaner gewesen wären; wären wohl die
Franziskaner darum Leibnitze u. s. w. O du
wohlthätige Logik, wie leicht wäre es ohne dich
— dem Teufel selbst eine Ehrenrede zu halten! —

geizes und der Geldbegierde, sie sind auch Menschenfreunde, und viel tausenden ihrer Nebenmenschen Samariter und Lehrer gewesen. Und,
nennen Sie mir doch einen Stand, vom Throne
bis auf die niedrigste Hütte des Landmanns,
der von allen Vorwürfen frei ist? der nie aus
seinen Gränzen wich? nie seine Pflichten gegen
die Gesellschaft, davon er einen Theil ausmachte,
vergessen, nie durch Laster, Schandthaten, und
Misbrauch seiner Gewalt sich entehret hat?
Daraus folgt freilich nicht, daß man die Misbräuche der Mönche nicht reformiren, und die
so übermäßig angewachsene Heere des Pabstes
nicht vermindern sollte: aber das folgt daraus,
daß man sich so vieler falschen, herabgewürdig-
ten Urtheile, die man jetzt ins Allgemeine hin
über die Ordensleute herauswitzelt, schämen,
das eine, wie das andere sagen, und, wenn
man all' das Böse rügt, was sie gethan, und
vielleicht nicht gethan, auch für das Gute, das
sie geleistet, Augen und Ohren haben muß l).

Ihre

l) Die kindische Regel der meisten fast aller Ordensgeistlichen ist es, welche abgeschaft werden muß.
Mit der hat es der Reformator, mit dieser der
Schriftsteller, der Philosoph zu thun. Was können einzelne Individua dafür, daß sie nicht den
Verstand gehabt haben, sich auf eine andere Weise fortzubringen, als — daß sie sich mit jener
kindischer Regel die Hände binden ließen? —
Daß sie den halben Tag mit Chorbrüllen oder
andern Narrenspossen zubrachten, und also die
Zeit, welche sie nützlich hätten anwenden können,
verloren haben? Was kann die Mönchsregel
dafür, daß es unter diesen tausend Gebundenen
einzelne Individua gegeben, welche Stärke und
Muth genug hatten, diese Bande zu zerreissen,
und sich zum Nutzen der Menschheit zu verwenden?

Was

Ihre Partheigänger von Skriblern, die mit
äußerster Wuth und Ungestüm den kleinen Krieg
gegen die Mönche führen, legen sich mit gutem
Bedacht auf die allerschlechtesten Kundschaften,
und spüren überall das Böse auf, um die Ordensleute in den Augen des Volks ohne Unterschied verächtlich zu machen, und dadurch den
Eindruck zu schwächen, den die plötzliche Aufhebung der Klöster auf dasselbe gemacht hat. Ich
habe weder mit den einen, noch mit den andern
etwas zu schaffen, und fühle gewiß keinen Beruf
in mir, den gutherzigen, überfrommen, oder
heuchlerischen Träumern und Betern das Wort
zu reden: aber alle die Nachtheile, die, dem
gewöhnlichen Vorgeben nach, aus dem Daseyn
der Klöster dem Staate erwachsen sollen — wenn
anders durch eine gesunde Gesetzgebung vorgebeugt ist, daß nicht all' zu viele aus dem Volke
sich um des Himmelreichs Willen verschneiden
dürfen — scheinen mir nicht wichtig genug zu
seyn, um Mönche und Nonnen sammt und sonders als eine Pest des gemeinen Wesens zu betrachten. — Bei uns ist, troß den Bonzen
und

Was kann die h Regel für die Reformation des
Luthers? für die Erfindung des Schießpulvers?
Wie dumm oder wie boshaft muß man seyn,
wenn man mit dergleichen Sophistereien alles zu
verlästern sucht, was für die gute Sache gethan
wird? Unbillig ist es allerdings, wenn die Verbrechen einzelner Mönche dem ganzen Orden
a Conto geschrieben werden, — wofern sie die
Regel nicht veranlaßte; sollte es aber nicht eben
so unbillig sein, die Verdienste einzelner Mönche
welche der monachalischen Regel nicht unmittelbar abquollen, zur Apologie des ganzen Ordens
zu machen?

und Porzinnen, Gottlob! m) noch eine gesunde
Luft : und selbst bei Ihnen hatte ein großer
Staatsarzt die Mittel vorgeschlagen, wie dieses
vermeynte Uebel in etwas Gutes verwandelt, die
Klosterzellen mit ihren Bewohnern zur Aufnahme
der Künste , Beförderung der Wissenschaften,
und Unterstützung des Armuths gebraucht, folglich weit vortheilhafter für den Staat , als durch
eine gänzliche Kaßirung , genutzet werden können. Allein Ihre Schatzmeister und Staatsöko-
nomen hatten für diese Stimmen keine Ohren.
Firmians weise Schritte im Mailändischen schienen für Oesterreichs deutsche Staaten zu langsam, zu leise zu seyn: das waren sie auch in
der That; aber es waren auch nur die Schritte
des Ministers, der Gang des Herrn selbst ist
allemal rascher, und nachdrücklicher. — Genug,
die Vortheile von gegenwärtigen Millionen überwogen alle andere, die nur eine gewisse Zukunft
versprach n).

Man

m) Wieder bei uns! Es kommt mir vor, als ob
Sie ihre Thorheiten dadurch entschuldigen wollten,
daß Sie unsere Fortschritte zum bessern Wohl des
Staates erschreien. Noch eine gesunde Luft!
rufen Sie. Bei uns auch, und wir hoffen, daß
sie die Aufhebung der Klöster nicht anstecken
wird. Freilich, wenn die Klöster nicht aufgehoben, sondern vermehrt würden, durfte für die
armen Oesterreicher am Ende nur die gesunde
Luft übrig bleiben, von welcher sie leben müßten.

n) Ungewisse Zukunft versprach. Sie könnten fast
recht haben. Man wußte es aus der Erfahrung,
daß die Mönche auszuarten und noch schlimmer
zu werden pflegen, als sie es zur Zeit ihrer Stiftung gewesen sind. Unter andern Umständen wären
sie wieder die alten Mönche geworden; das beste
also

Man hätte freilich Funfzig vom Hunderte
aus den Revenüen der Klöster erheben, und,
außer dieser beträchtlichen Auflage, die Ordensgeistlichen in mancherlei Betrachtung dem gemeinen Wesen brauchbar, und gedeihlich machen
können: aber dadurch würde man nur dem König o) von Preussen nachgeahmt haben, — um
Epoche zu machen, gieng man weiter: hob die
Klöster gänzlich auf, gewann anstatt der Zinsen
das Kapital, und den Ruhm oben drein, in
dieser Art Einrichtungen selbst Original zu sein.
Indessen glauben Sie nur, m. H., daß eben diese gesuchte Originalität die Reformationsabsichten
des

also war — sie aufzuheben. Die bei der Gelegenheit gewonnenen Millionen, die erst spätter wie
gewonnen sein werden, gewinnt der Staat —
nicht Joseph. — Dieser braucht, wie Sie selbst
wissen, für seine Person, bei weitem nicht einmal das, was er von seinem Vater geerbt hat.
Freilich mögen über diesen beträchtlichen Gewinn die
preussischen Minister die Köpfe zusammen stossen.
Das Land gewinnt oder verliert doch künftig
keine arbeitsame Unterthanen. — wird nicht von
Klöstern ausgesaugt — wird kräftiger — auf der
andern Seite Millionen und Toleranz — die nach
und nach Ungarn und Galliziu besser bevölkern
werden. Ei das ist abscheulich, man muß es ihnen
einmal sagen, sei auch nur Johann Friedel die
Veranlassung dazu, daß sie Unrecht haben. Wir
thuen es nicht so, und wir sind doch gescheider —
wir Preussen, folglich! —

o) Schon wieder der König? — Das Formulare
von Europa nach berlinischer Meinung! — Immer uns dritte Wort. Da wir nun soviel anders thun, als er, mit welchem Gewissen wirft
man uns vor, daß wir ihn nachahmen? Wohl
ihm und Ihnen, wenn ers besser macht!

des Kaisers bei seinem Volke, und — es ist wohl
möglich) — selbst bei den Ausländern in etwas
verdächtig gemacht, und daß man durch dieses
Betragen, anstatt das Reformationswerk besser
in Gang zu bringen, den schwersten Stein des
Anstoßes mitten in den Weg gewälzt hat — das
gesammte Volk — denn Ihre wenigen Denker
machen hier keine Ausnahme, und verhalten sich
zu dem Ganzen wie ein Zero — das gesammte
Volk sich mit Mißvergnügen jene Kassen, die es
wahrlich für keine Heilandskassen halten mochte
— ob sie gleich, wenigstens nach den sinnlichen
Begriffen des großen Haufens, von den Schätzen des Heiligthums gesammelt, und von der
Depouille seiner Priester errichtet wurden. Der
erbitterte Pfaffe, der seinen Einfluß nach wie
vor auf das Volk hatte, und jetzt gerade aus
dem Grunde, aus welchem wir von Natur geneigt sind, die Parthei des Unglücklichen zu nehmen, bei demselben in größerm Ansehen stand,
raunte seinen Anhängern unaufhörlich ins Ohr:
Joseph wolle à la Zinzendorf reformiren, und
jeder Thaler, der durch die neuen Reformations-
kanäle nach der Schatzkammer gieng, trüge die
unsichtbare Ueberschrift:

O Cives! Cives! quaerenda pecunia pri-
mum est.

Virtus post nummos —

Hiezu kam noch, daß es den Anschein hatte, als
ob nur die fetten, bei ihrem contemplativen Leben wohl gemästeten Opferthiere dem Herrn ein
süßer Geruch wären: dagegen man das viel häu-
figere Ungeziefer, das sich unmittelbar vom
Schweiß und Blute der Unterthanen nährte —
weil es nichts einbrachte — Land und Städten
nach wie vor zu erhalten überließ; und doch ist
es der Erfahrung gemäß, daß jene Klöster, die

ihre

ihre Ordensleute auf Sammlung, und mit ihnen
Aberglauben und Misbräuche Schaarenweise un=
ter das Volk ausschickten, die Aufklärung weit
mehr verhindert, und dem gemeinen Wesen durch
ihr actives Leben mehr Unheil gebracht haben,
als die insolirten Beter mit allen ihren frommen
Mummereien innerhalb den Mauren des Klo=
sters.

Was Wunder also, wenn bei einem so fal=
schen Plan, zu welchem, Gott weis, was für
schiefe Köpfe, die mehr auf den Gewinnst, als
die Moralität der Handlung sahen, gerathen ha=
ben, die großen Absichten des Kaisers nicht er=
reicht wurden; wenn er mit aller seiner Macht
weder so geschwind, noch so viel in seinen eige=
nen Ländern reformiren konnte, als ehmals je=
ner unbedeutende Mann, — dem, als er die
Augustiner=Kutte auszog, der Kurfürst von Sach=
sen das Tuch zu einem Predigerrock schenken
mußte — in und außerhalb Deutschland in kur=
zer Zeit reformirt hatte: und das — ohne alle
Hülfe des weltlichen Arms. Daß dieser Refor=
mator keine Wunderwerke gethan, und nie dar=
auf ausgegangen ist, durch religiöse Blendwerke
die Augen des Volks zu bezaubern, ist notorisch
genug: mit der Bibel in der Hand, mit Men=
schenkenntnis, und tiefer philosophischer Einsicht
ausgerüstet, fieng er sein Werk an. Da er wuß=
te, wie die Menschen geartet sind: daß sie näm=
lich demjenigen weit mehr, und beständiger an=
hangen, was ihnen zur selbstbeliebigen Wahl an=
heim gestellt, als was ihnen mit Gewalt auf=
gedrungen wird; da er ferner die Kraft der
Wahrheit, und alle Vortheile kannte, die sie
auf ihrer Seite hat, that er nichts anders, als
sie deutlich, und nach den Begriffen eines jeden
einleuchtend vorzutragen: überließ sie den Men=
schen

schen zur freien Wahl; stellte sich gleichsam mit=
ten auf den Schauplatz des mit Aberglauben,
Misbräuchen und Irrthümern erfüllten christli=
chen Europa hin, und sagte allen, deren Augen
auf ihn gerichtet waren, was dort Josua zu sei=
nen versammelten Israeliten sprach: „So
„fürchtet nun den Herrn, und dienet ihm treu=
„lich und rechtschaffen, und lasset fahren die
„Götter, denen eure Väter gedienet haben,
„jenseit dem Wasser, und in Aegypten, und
„dienet dem Herrn‟ — Was hier der jüdische
Feldherr von Juda's Götzen sagt, sagt Luther
von den Götzen des Aberglaubens, und der rö=
mischen Vorurtheile — und nach vielen zu dem
Ende angeführten auf Verstand und Herz wirk=
samen Gründen, machte er endlich wie jener den
Beschluß mit der ernstlichen und herzlichen Er=
mahnung: „Gefällt es euch nicht, daß ihr dem
„Herrn dienet, so erwählet euch heute, wel=
„chem ihr dienen wollet — ich aber und mein
„Haus, wollen dem Herrn dienen.‟ — So
reformiret Josua, so Luther, und siehe da! je=
nem fiel ganz Israel bei, und auf das Wort des
Letztern verließen Mönche und Nonnen freiwillig
die heiligen Zwangsstätten; Fürsten und Volk,
Geistliche und Laien hingen der Lehre dieses
Mannes zu hundert tausend an. Man sieht hier=
aus, daß die Parallele zwischen Joseph und Lu=
ther, als Reformatoren, eben so gewagt, als
unpassend ist: denn obwohl gewisse Gegenstände
dieselben zu seyn scheinen, so haben sie doch,
wenn man Veranlassung und Wirkungen, den
Modum procedendi, und alles im Zusammen=
hange betrachtet, eine sehr verschiedene Gestalt,
und Luther gieng dabei ganz anders, als Joseph
zu Werke. Der scheinbahre Einwurf, daß der
Monarch freilich ganz anders, als der Privat=

lehrer

lehrer reformire, kommt hier in keine Betrach=
tung; denn ob zwar die Mittel, die der erstere
zu Erreichung seiner Absichten erwählen kann,
darunter ich vornehmlich das Beispiel seines ei=
genen Hauses rechne, vom größern Umfange und
Wirksamkeit seyn dürften, als die Mittel, die
der Privatlehrer in seiner Gewalt hat; so müs=
sen doch sowohl die einen, als die andern auf
vorhergehende Erleuchtung des Verstandes, und
die völlig freie Wahl der Menschen gegründet
seyn, wenn sie auf dieselben mit Nachdrucke wir=
ken, und die Rechte der Menschheit nicht verle=
tzen sollen.

Vielleicht denkt man aber, daß Joseph und
Luther in Betracht der eingezogenen Klostergüter
einander näher kommen, und der Unterschied
zwischen beiden nur darin zu finden sey, daß sie
letzterer einzuziehen andern erlaubt und angera=
then: Joseph hingegen es befohlen, und für sich
selbst, oder den Staat — welches in Praxi
ziemlich auf eins hinausläuft — eingezogen ha=
be. Allein es ist falsch — ob es gleich der er=
habene Verfasser der Denkwürdigkeiten von Bran=
denburg selbst zu behaupten scheint — falsch,
daß Luther die Klostergüter zu berauben, oder
sie einzuziehen den Großen angerathen habe. Nie
hat dieser Reformator sich geäußert, daß man
Mönche und Nonnen gerade zu aus den Klö=
stern verjagen, und sich letztere zueignen; wohl
aber, daß man allen Ordensleuten beiderlei Ge=
schlechts die Fesseln abnehmen, und, vermöge
der ihnen, gleichwie andern Menschen, zukom=
menden christlichen Freiheit, die Klostermauren,
die sie etwa als ein Gefängniß betrachteten, zu
verlassen erlauben sollte — Da aber bei der
immer mehr sich ausbreitenden Reformation,
und den dadurch sehr veränderten Begriffen von

dem

dem Werthe des unehlichen Lebens, die Entvöl=
kerung, und Veranlassung der Klöster, nach ge=
rade von selbst erfolgte; so hielt der Reforma=
tor mit dem größten Eifer, und Nachdrucke dar=
über, daß die Klostergüter von den Großen nicht
eingezogen, sondern zum Besten der Armen, der
Schulen, und der Kirchen nach wie vor verwal=
tet werden sollten.   Hat sich der weltliche Arm
Misbräuche dabei erlaubt; haben gewisse Dinge
in der Folgezeit eine andere Gestalt gewonnen;
so ist es weder seine Absicht, noch Schuld ge=
wesen. Luther bezeigte, wie uns die authenti=
sche Geschichte meldet, im Jahr 1517. dem Kur=
fürsten von Sachsen sein äußerstes Misfallen
darüber, daß der Adel die Güter der Klöster an
sich zu ziehen, sich bemühte. Er hat nicht nur
mündlich den Kurfürsten, diesen Misbräuchen zu
steuern, ermahnet: sondern auch durch eine ge=
druckte Erinnerung, die etwa verlassenen Klöster
und Güter anders zu verwalten, dieses Misfal=
len an Tag gelegt; und weil er wohl einsah,
daß der Adel die Güte des Kurfürsten misbrau=
chen, und ihn für sein Unternehmen wieder ein=
nehmen würde: so preßte ihm sogar der Unwille
diese harten Worte aus: „Die Welt verdienet,
„daß die Regenten Bösewichter, und die Könige
„Tyrannen seyn müssen“ — Vergeben Sie mir,
m. H., diese kleine Ausschweifung zur Ehre
eines Mannes, der in seiner Niedrigkeit außer
dem Namen Reformator mit Joseph II., mit dem
man ihn verglichen, freilich nichts gemein hat,
als daß er, so wie dieser — Einzig in seiner Art
war.

    Ich sehe, Ihre Mine verändert sich, Sie
werden ungeduldig und fragen: was ich mit al=
len diesen Prämissen sagen will? — Gewiß nicht,
daß die Reformation ihres Monarchen keine

Wohl=

Wohlthat für die Menschheit sey: p) sie ist eine
der grösten in unsern Augen, und wir glauben
nicht — wie Sie uns S. 63. als ein schielender
Verläumder beschuldigen — von dem Verdienste
Friedrichs eine Lorber zu entreißen, wenn wir
diese edle That Josephs, so wie sie es wirklich
verdient, anerkennen, hochschätzen, und bewundern. Nur in Beziehung auf die noch ungeläu-
terten

p) Hier hör ich den Antonius von Schakspear in Cäsars Leben und Tod, wie Er die Römer zum
Aufruhr wider den Brutus bewegt, indem er alle seine Invektiven gegen Brutus mit der Exkla-
mation beschließt — aber Brutus ist ein Ehrenmann! Ich will nicht glauben, daß Sie diese Absicht gehabt haben. Diese Parallele zwischen Joseph und Luther ist mit eben dem Geiste — wahrscheinlich auch zu eben dem Endzwekke geschrieben,
als jene zwischen Aristides und Lasen. Daß Sie
die Meinung, der Landesfürst reformire anders als der Prediger Luther, nicht wollen gelten
lassen, daß sie derselben, weil sie so natürlich ist,
vorgebeugt haben, hat seine gute Ursache. Was
jedermann leicht einwenden kann, muß im voraus
widerlegt werden. Aber welch' eine armselige
Widerlegung! thut nichts, dachten Sie, es giebt
noch armseligere Leser, denen solche Armselig-
keiten — wohl wichtige Gründe sind. Der Reformation muß Aufklärung vorher gehen. Sie
haben Recht. Untersuchen Sie die Privatbiblio-
theken der Oesterreicher, welche sub rosa unter der
dortigen Regierung gesammelt worden! Lesen Sie
die Miriaden von Broschüren, welche, so schlecht
sie an sich selbst, so wenig sie alle zusammen
klassisch sein mögen, demungeacht beweisen, daß
von allen Seiten die Menschen helle denken, und
sich also schon früher müssen eben helle vordenken
lassen! fragen Sie die Missionariusse, wie
viel lutherische Bücher sie unter Theresiens Regierung

terten Begriffe des Volks, kommt es mir vor
— und vermuthlich sieht sie jeder unbefangene
kalt=

gierung auf den Dächern konfiszirt haben! Fra=
gen Se Ihre Korrespondenten, ob sich nicht sogleich
ein Schwarm von Unterthanen sogleich für den
Luther oder Huß erklärte? und ob man nicht die=
se ganze Reformation, bis auf einzelnes unbe=
deutendes Brummen ruhig angenommen hat? Sa=
gen Sie mir alsdann, ob wegen des einzelnen
Brummen das Licht hätte unterdrükt bleiben sol=
len? Ob Luther, er allein für seine Person, die
Reformation eingeführt haben würde, wenn die
Menschen nicht frühe dazu vorbereitet gewesen wä=
ren? Was diesen Punkt anbetrift, da kann es
wirklich die Zunft unserer Schmierer mit Ihnen
aufnehmen. — Es wäre zu schimpflich für die
Beilage, wenn ich Ihnen den 7. Brief derselben
nachzulesen empfähle — Jeder Wisch, davon
Ihnen für ein paar Groschen Hr. Buchbinder
Hartl ein duzend in die Hand drükken könnte —
und um das litterarische Elend über Elend, was Sie
doch abzufertigen hinreichte, in ein Wort zu pres=
sen — sogar Herr H *** könnte sie widerle=
gen! Es muzt nun heute nichts mehr — meister=
lich oder pfuscherisch in Fasts oder Merzens Trom=
pete zu stoßen — da brüllen sie gleich hundert
Wiener Authoren zu Boden. Glauben Sie mir,
es ist um ganze 4 Jahre zu spät, den Oester=
reichern weis zu machen, daß es eine Sünde sei,
die menschliche Vernunft gegen Aberglauben —
und Prozeßionen und Filianzen, und Amuleten
und jungfräuliche Marienmilch, und die Vorhaut
Christi und überhaupt die Kutte der Mönche — in
Schutz zu nehmen. Damit kommen Sie hier in
Ewigkeit nicht auf. Das Volk selbst ist davon
überzeugt. — Dergleichen Broschüren geben nicht
einmal mehr ab. Sogar H. P. Fast hat es schon
begriffen, wie H. versichert, — hören sie ihn wei=
ter im 2ten seiner 10 Briefe, wie er Ihr ber=
liner

kaltblütige Forscher in eben dem Lichte — als
ob man ihm des Guten zu viel, und etwas zu
frühe erwiesen hätte; es kommt mir vor, als
hätte man den guten Saamen mit voller Hand
unter die Dörner, und in ein Land gesäet, das
zur Saat noch nicht gehörig umgepflügt, und zur
Hervorbringung der erwarteten Früchte nicht ur-
bar gemacht ist. Wie soll, wie kann das gedeihen? — Bei einem Volke, das bis jetzt noch
nicht im Stande ist, Kirchenzucht und wahre
Religion von Kirchenpolitik und Religionsschnör-
keln, zu unterscheiden? Das von dem wahren
Brennpunkt der Aufklärung — ich bleibe so gern
bei Ihren Ausdrücken — wirklich noch zu weit
entfernt ist, um die großen Wirkungen der ihm
zugedachten Wohlthat zu erkennen, und dankbar zu empfinden? Dazu gehören schon gute
helldenkende Köpfe, wovon Sie, nach Ihren eigenen Geständnis S. 65., vor der Hand eben
keinen Ueberfluß haben; dafür fehlt es Ihnen
aber auch nicht, wie Sie sagen, an guten Herzen — eine Anmerkung, womit Sie, wie es
scheint, Ihre Landesleute ein bisgen mitnehmen,
und sie uns als ein treuherziges gutes Blut vorstellen wollen, die aber bei ihren übrigen guten
Eigenschaften etwas pinselhaft erscheinen. An
dem

liner Gehirn an die Wand zu schmeissen verspricht —
Diesen Punkt hätten Sie unberührt lassen sollen. Sie haben für Denker Nüsse genug ausge-
worfen, die aufzuknagen, gutes Gebiß erfordert
wird. Warum haben Sie sich der Gefahr aus-
gesezt, von ausgelassenen Jungen mit Strassen-
koth beworfen zu werden? Lesen Sie nur vor
der Hand die 10 Briefe aus Oesterreich an den
Verfasser der Briefe aus Berlin — und Sie
werden mir Recht geben.

S

dem Dank, Herr Friedel, den Sie dafür einern=
ten dürften, mag ich keinen Antheil haben.

Ferner will ich auch das mit meinen Prä=
missen sagen: daß man allerdings — auch ohne
der raschen Aufhebung der Klöster, und Einzie=
hung der unbewegbaren, und bewegbaren geist=
lichen Güter; ohne der gewaltsamen Stöhrung
der bisherigen Kirchenordnung, und Religions=
gebräuche, die so albern sie auch seyn mochten,
keinen unmittelbaren schädlichen Einfluß auf die
Glückseligkeit des Bürgers hatten — blos durch
gute Polizei und Gesetzgebung den Staat vor=
theilhaft umwandeln, und ihm eine blühendere
Gestalt hätte geben können. Durch diese Mit=
tel, und ihre zweckmäßige Anwendung, nicht
durch Vertilgung der Mönchsklöster, nicht durch
Eingriffe in Religion, oder ihre Schnörkel, ha=
ben die protestantischen Staaten ihre Stärke er=
langt: hätte Sonnenfels hierauf ein bisgen
mehr Rücksicht genommen, und als kaltblütiger
Beobachter moralischer und politischer Angelegen=
heiten diesen Gegenstand in seine kleinsten, und
ersten Ursachen zerlegt, so würde er vielleicht
das ernsthaftere Publikum mit seiner kindischen,
mit so vielem sophistischen Witze durchwebten
Parlamentsrede an die Mylords verschont ha=
ben. Grüßen Sie mir diesen politischen Seher
in meinem und aller Berliner Namen, und sa=
gen Sie ihm, daß ich bei aller Hochschätzung
und Liebe, die ich für ihn, und manche seiner
Schriften trage, mich über diese afterpolitische
halucinationes aus dem Munde eines politischen
Lehrers von Profeßion, nicht genug habe ver=
wundern können. Wahr ist es, er hat sich bis
zur Täuschung das Air eines englischen Enthu=
siasten gegeben, da er in die Worte ausbrach:
„Mylords! Ich werfe bei dieser Begebenheit
„ — (näm=

„ — (nämlich bei' der Aufhebung des Jesuiter=
„ordens) einen Blick in die Zukunft, und
„was sehe ich daselbst? Ich sehe in den katho=
„lischen Staaten die dicken Nebel verstieben,
„mit welchen sie bisher umzogen waren ; ich
„sehe bei ihnen Kenntnisse und Geschicklichkeiten
„sich verbreiten, die Künste sich vervollkommen,
„die Handlung wachsen, die Bevölkerung sich
„vergrößern — ich sehe sie dadurch blühend,
„mächtig, die Oberhand über die protestanti=
„schen Mächte gewinnen, und das Gebäude
„des allgemeinen Gleichgewichts, das wir mit
„unserm Gelde, ich kann sagen, mit unserm
„Blute aufgeführt haben, umstürzen u. s. w.“
Was doch der Mann alles im Geiste sah, als
die kleine Jänitscharengarde des Pabstes conge=
dirt wurde! Was mag er nicht jetzt sehen, wel=
che Schreckgestalten müssen die protestantischen
Staaten nicht beunruhigen, da Joseph das Zei=
chen giebt, alle die Völker seiner Heiligkeit Le=
gio nenweis abzudanken? Bildet sich etwa Son=
nenfels ein, daß die Grundpfeiler des protestan=
tischen Nordens bei seinen Ahndungen zittern?
Oder glaubt er mit seinen Parlamentsreden und
hochtönenden Vorlesungen England, Preussen,
Rußland, Schweden, Dänemark, mit allen pro=
testantischen Fürsten und Herren des heiligen rö=
mischen Reichs ins Bockshorn zu jagen, weil
er seinen Mylord so ängstlich, aber auch so zuver=
sichtlich vom umzustürzenden Gleichgewichte spre=
chen läßt? Allein, mit Erlaubnis des Herrn
Hofraths und Professors, sein Mylord raset!
und würde wahrlich durch eine solche Rede im
Parlament zu erkennen gegeben haben, daß seine
Zirbeldrüse in Gefahr stehe, und er nicht länger
verdiene, in einer ernsthaften Versammlung Sitz
und Stimme zu haben. Man zergliedere doch

diese

diese so glänzende Rede, und man wird finden,
wie viel Unwahres, wie viel falscher Witz und
Prahlerei unter den wohlgestellten Perioden, und
oratorischem Blendwerke versteckt sey. Wer in
aller Welt hat je gehört, daß man den Vätern
der Gesellschaft Jesu unter allen möglichen Vor=
würfen auch den gemacht habe: daß sie in ka=
tholischen Ländern Künste und Handlung zu blü=
hen, und sich zu vervollkommen, verhindert hät=
ten? Und eben so wenig läßt sich mit Gewißheit
entscheiden, welche von beiden, die protestanti=
schen, oder katholischen Staaten in Ansehung
der Künste und Handlung das Uebergewicht auf
ihrer Seite haben? Nur Freiheitssinn, und ächte
philosophische Kenntnisse waren jederzeit ein Vor=
zug protestantischer Länder — diesen, nicht aber
allen liberalen und mechanischen Künsten über=
haupt, verwehrten die Lojolisten den Eingang in
katholischen Staaten; Schiffarth, Handlung,
Malerei, Tonkunst, Skulptur, und viele andere
Künste und Wissenschaften sind so wenig an ih=
rem Daseyn, und Wachsthum durch die Jesui=
ten, oder andere Ordensgesellschaften verhindert
worden, daß sie vielmehr einen Theil ihres
Wachsthums, und ihrer Vollkommenheit selbst
den abergläubischen Grundsätzen der römischen
Geistlichkeit zu verdanken haben q).

Besser

q) Wie kommen denn, ums Himmelswillen! Son=
nenfels und Friedel zusammen? Wie die jesuiti=
sche Apologie (troz, dem daß sie päbstliche Ja=
nitscharen der anscheinenden Unpartheilichkeit we=
gen genannt werden) der Jesuiten — in ihre
Briefe? Hätte man das früher überlegt, was
man alles den Jesuiten und Ordensgeistlichen zu
danken hat, so hätte Sonnenfels wohl verdient,
vor aller Menschen Augen stephanisirt zu werden,
und die ersten Steine wären wayrscheinlich von
der

Beſſer, als Mylord Sonnenfels's Parla=
mentsrede, gefiel mir, was Sie über Cenſur=und
Preßfreiheit geſagt haben. Dieſe beiden Mittel
ſind es allerdings, wodurch die Aufklärung, die
nach dem natürlichen Lauf der Dinge der Refor=
mation hätte vorhergehen ſollen, wenigſtens nach=
geholet, und die ganze Nation auf eine höhere
Stufe des Lichts erhoben werden könnte. Als=
denn erſt, wenn Joſephs Völker dieſe geſegnete
Epoche werden erreicht haben, werden ſie auch
in dem Reformationswerk des Kaiſers ihr Glück
finden, das heißt, ſie werden aus Ueberzeugung
die neuen Grundſätze lieb gewinnen, die mis=
kann=

der Sternenwarte auf den armen Stephan hinab
geflogen! — Ich finde in dieſer Rede am we=
nigſten, daß Hr. Sonnenfels Rußland, Schweden
Dänemark, und die proteſtantiſchen Fürſten des
h. R. Reichs damit habe ins Bokshorn jagen,
ſondern ebenfalls beweiſen wollen, daß wenn der
Jeſuit die junge Seele in der Erziehung abſticht, ſie
alsdann wenig Kräfte zu einem königlichen Wuchſe
mehr behält. — In wiefern Sonnenfels recht
hat, werden vielleicht erſt 10 Jahre a Dato
beweiſen, wenn ſchon die Früchte der neuen Er=
ziehung zur Reife gelangt ſein werden. Bis da=
hin den Finger auf den Mund. Nur noch eins:
die H. H. Jeſuiten müſſen nicht auf Männer,
die in ihren Schulen ſtudirt haben, und gegen=
wärtig groſſe Rollen ſpielen, deuten, wenn ſie die=
ſes Hindeuten nicht etwa mit Zeugniſſen dieſer
Ehrenmännern belegen können, daß ſie alle ihre
Kenntniſſe den Jeſuiten, und nicht ihrer eigenen
Bildung zu danken haben. Nach der Chronolo=
gie könnte man uns freilich einen Kaunitz nen=
nen! — und wir hätten ohne dieſe billige Ex=
ception verlornes Spiel. Nein, ſo wohlfeil düſ=
fen wir es Ihnen nicht geben!

kannten Vortheile der Freiheit im Denken im
Innersten der Seele fühlen, und ihre Bileams=
propheten vielleicht selbst die Hand segnen, der
sie im Stillen geflucht haben. Wenn eher aber
Oesterreich diesen glänzenden Zeitpunkt erreichen,
und die gesammte Nation mit ihren Ober = und
Unterhirten sich dahin vereinigen dürfte, an Jo=
seph ihren Heiland zu erkennen? Mag ein ande=
rer, der mit seinem politischen Fernrohre tiefer
in die Zukunft, als ich, sieht, bestimmen. Ich
halte mich in solchen Fällen an den weisen Aus=
spruch der Braminen, der Tag weis nicht, was
die Nacht mit sich bringt — Joseph will zwar
den Schatten der Bäume genießen, die seine im
Wohlthun nie ermüdende rastlose Hände gepflanzt
haben: aber der Baum des Erkenntnisses ist ein
Werk der Zeit, und läßt sich nicht so hinpflan=
zen, wie die Bäume im Augarten. Er will so=
gleich reife Früchte von allen seinen Pflanzungen
sehen: allein die Früchte der Reformation reifen
durch keinen Machtspruch; und, ohne jenen
wohlthätigen, sich allgemein verbreitenden Strah=
len der Aufklärung, wodurch sie allein zur Reife
gedeihen, können sie, gleich andern durch Kunst
übermäßig getriebenen Gewächsen — nur noth=
reifen. r)

Man

r) Wenn jede Vergleichung hinkt, so geht diese ge=
wis auf der Krükke. Der Baum des Erkennt=
nisses läßt sich nicht hinpflanzen wie die Bäu=
me im Augarten. Geben Sie dem bon mot
einen Namen. Sagen Sie was für Bäume der Er=
kenntniß bereits, und wie sie gepflanzt wurden?
Lassen sie uns das bon mot qualifiren? der Mo=
narch befiehlt, nicht zu glauben, nicht zu er=
kennen, sondern zu thun, oder zu unterlassen.
Er bestimmt Handlungen, nicht Meinungen.

Man

Man müßte freilich mit Blindheit geschlagen seyn, wenn man nicht einsehen wollte, wie
nachdrücklich Censur = und Preßfreiheit auf die
edlen Zwecke der Reformation hinwirken, wie
viel sie, den Horizont eines Volks zu erleuchten,
beitragen können. Aber diese Wirkungen sind
bei dem freiesten Gang der Künste und Wissenschaften demungeachtet nur langsam, und öfters
gehen mehr Menschenalter vorüber, ehe sie an
einer ganzen weit ausgebreiteten Nation ihre
Kraft zu erweisen im Stande sind. ſ) Ueberlegen
Sie

Man verehrt seine Befehle und schweigt, so auch
wie in Preußen. Oder hatte Joseph wohl schon
eine Predigt, ein Glaubens = Bekenntniß drucken
lassen? — Diese bestimmten Handlungen ziehen
denn die Priester durch den hierländischen Ka-
techismuß. Der grössere Theil der Prediger folgen (ob aus Ueberzeugung oder Politik ist in
der Wirkung einerlei,) der Aufklärung; die übrigen, welche diese vom Hof bestimmten Handlungen als so viele Ketzereien verschreien wollen, werden von den Broschürenschmirern, die den Schutt
wegzuführen gut genug sind, überschrien. So
hilft die Ueberzeugung dem gegebenen Befehl nach;
die bessere Grundsätze verbreiten sich mit guten
Handlungen, und wenn schon die Zwangsmittel
vergessen sein werden, wird bessere Denkungsart
die nämliche Wirkung hervorbringen. Man wird
tolerant werden, ohne darnach zu fragen, ob es
je befohlen wurde. Kann hier noch von denn
durch Kunst übermäßig getriebenen Gewächsen
die Rede sein?
ſ) Wenn man den Ketzern nur bis dahin von Rechtswegen nichts Leides zufügen darf, bis man, vielleicht erst 100 Jahre später, erkennt, daß man
denenselben von Religionswegen nichts Leids zufügen dürfe — ist, glaub ich, gewonnen genug.
Oder hätte der Monarch warten sollen, die Duldung

Sie nur, m. H., Sie treten jetzt, 150 Jahre,
nachdem die Loose gemacht sind, mit welchem
wir während diesem ganzen Zeitraume als ein
freies Volk aus allen Kräften gewuchert haben,
auf den Schauplatz — und bilden sich ein, die
ersten Rollen sogleich mitspielen zu können! Es
ist nicht ohne, daß Sie einen Vortheil voraus
haben, dessen unsre Väter entbehren mußten,
das ist dieser: daß Sie auf die Schultern der
Vorfahren längst aufgeklärter Völker, und —
wenn Sie uns den kleinen Stolz nicht übel nehmen wollen — auch auf die unsrigen treten,
und folglich noch eine Strecke weiter, als wir
in das Gebiet der Wahrheit über uns hinaus sehen
können. t) Ja, wenn Sie das thäten! — —
Wir leihen willig unsre Schultern dazu her: wir
wünschen im Reiche der Wahrheit und Gelehrsamkeit nicht etwa Ihre Lehrer und Führer, nein
— blos Ihre Fußschemel zu seyn. — Ich bin
mit wahrer Achtung ꝛc.

Zehnter

dung einzuführen, bis man 100 Jahr später allgemein ihren Nutzen und ihren Grund in der
wahren Religion erkannt hätte? —. Wo wollen
Sie mit Ihrer Sophisterei hin? Oder läßt sich
wohl Ihr Räsonnement auf einen wirklichen Fall
anwenden? Und wenn sichs auf nichts anwenden
läßt; — taugts dann etwas?

1) Schon wieder Krispinus? Auf Ihre Schulter getre-
ten? Wir? Haben wir es Ihnen vielleicht ab-
gelernt, wie Nonnen und Mönche aufgehoben
werden? Oder haben Ihre Schriften uns gebildet? Welche? der engbrüstigen Akademi-
sten ihre doch nicht? Fragen Sie den Hrn.
de la Vaux, wie viel sie nütze sind? — Oder
die deutsche Bibliothek? o weh!

Zehnter Brief.

Ich weis nicht, bester Friedel, woran es eigentlich liegt, daß es bei Ihnen, wie einer Ihrer Schriftsteller sich ausdrückt, mit dem Denken noch immer nicht recht fort will — Sie wälzen zwar alle Schuld auf die ehmalige Regierungsform: diesen Ihnen jetzt so gewöhnlichen Sündenbock, dem man alle Gebrechen des Staats, alle Unvollkommenheiten der Nation ohne Unterschied aufladet, und ihn in die Wüsten schickt — Sie geben zu verstehen, daß Ihre großen Geister — nachdem sie die Hand Josephs von dem Felsen der Censur, wo sie dummer Aberglaube mit eisernen Ketten angeschmiedet hielt, frei gemacht — nunmehr auch ihr Licht vor allen Völkern werden leuchten lassen. Ich gebe das zu, und bezweifle im geringsten nicht die Talente Ihrer Nation: aber es ist doch eine eigene Sache, daß sie bis jetzt noch so wenig hervorschimmern. Etwas lag freilich in der Einrichtung Ihrer Büchercensur; nur kann diese allein nicht Schuld daran seyn, daß Sie so wenig wahre Denker gehabt haben: denn ich fodere jeden Monarchen auf, daß er mir verbiete, zu verdauen und zu denken, so lange er mich aus allerhöchster landesväterlicher Gnade — nicht strangulirt. Was hinderte Ihre Denker die Produkte ihres Geistes, denen der undankbare vaterländische Boden nicht günstig war, durch ausländische Pressen bekannt zu machen? Was hinderte sie, Frankreichs Denkern darin nachzuahmen? — Freilich ist der Beruf, ein Märtyrer der Wahrheit zu seyn, nicht jedermanns Sache, und ich weis nicht, ob es Herrn von Sonnenfels mit seinem Vitamque impendere vero

vero so ganz Ernst sey dürfte? ob gleich nicht
zu läugnen, daß er als ein edles Rüstzeug der
Reformation hie und da Beweise seines Helden-
muthes an Tag gelegt hat: aber vorausgesetzt,
daß einen Mann von Talent, der den Drang
fühlt, seine Stimme zum Besten der Menschheit
erschallen zu lassen, Familien = und andere Verhältnisse, worin er sich befindet, abhalten können, sich dem fanatischen: Kreuziget ihn! der
Inquisitionsähnlichen Censuren auszusetzen: was
kann ihn abhalten mit edler Selbstverläugnung
sein schriftstellerisches Ich zu verschweigen, und
das strengste Autor - incognito, zu beobachten?
Die Wahrheit siegt durch ihre eigene Kraft,
nicht durch den Namen des Autors —

Uebrigens muß ich Ihnen frei bekennen,
daß ich mir bis jetzt die österreichische Büchercensur mehr lächerlich und komisch, als tyrannisch — und nie in der Schreckgestalt vorgestellt
habe, wie Sie sie S. 71 zeigen. „Sie war,
sind Ihre eigenen Worte, die eigentliche Inquisition unsrer Staaten — ihr fehlte nichts —
als Gefängnisse, Folter und Scheiterhaufen.‟
Nun! das müssen Sie freilich besser, als wir
wissen. Aber erlauben Sie, m. H., gar arg
mag es doch wohl mit der Censur in einem Lande
nicht gewesen seyn, wo man über Wolfens Philosophie so öffentlich, als jetzt über Feders, las,
— wo, vor etwa vier oder fünf und zwanzig
Jahren, Augustini Beck Jus publ. Austriac.
mit allen darin befindlichen Privilegien gedruckt,
dem kaiserlichen Hofe dedicirt, in der Gegenwart des Hofes darüber disputirt, und das Buch
von den kaiserlichen Ministern selbst vor dem
Abdruck censurirt worden ist — Sie werden nicht
begreifen können, warum ich so umständlich von
der Censur, und den Schicksalen dieses Buches
rede?

gebe? Warum? Weil in diesem Buche in Cap.
de Privilegiis Austriæ unter andern gültigen
Priviligien der Erzherzoge von Oesterreich auch
das Privilegium in Verträgen Treu und Glauben zu verletzen, mit aufgeführt ist, und der
Verfasser ohne Rückhalt anzeigt: daß die Erzherzoge von Oesterreich sich öffentlich unter ihren übrigen außerordentlich großen Privilegien
setzen ließen, daß sie nicht verbunden seyn sollten,
einen Reichsabschied zu halten, und sich demselben gemäß zu bezeigen, ungeachtet sie einen solchen Reichsabschied durch ihre Unterschrift und
Siegel bekräftiget hätten; dies war also ein öffentliches Privilegium, ein dem Erzhause exclu-
sive zukommendes Vorrecht, feierliche, durch Zeugen, Siegel und Unterschrift bewährte, und auß-
ser allem Zweifel gestellte Verträge — nicht zu
halten. Ob man nun zwar überzeugt ist, daß
das Durchlauchtige österreichische Haus von einem Privilegio de violanda publica fide niemals Gebrauch machen wird; so müssen Sie
doch eingestehen: entweder, daß es die Minister
bei der Censur dieses Werks ganz abscheulich verfahren: oder daß die Censur nicht so tyrannisch
streng gewesen ist, da man sich erdreisten durfte,
dieses veraltete Denkmal der Schande unter den
Augen des Hofes wieder aufzustellen — Ich
könnte Ihnen hier noch eine gute Anzahl von
Büchern nennen, die ebenfalls mehr den Widerspruch und das Ungereimte, als das Tyranni-
sche der ehmaligen Censur beweisen, sed unum
pro mille: während man in Prag noch darüber
deliberirte, ob man die unschuldigsten Schriften
eines Gelierts erlauben, und ob nicht etwa Fa-
beln und Erzählungen, — wenn sie aus der Feder eines Ketzers flossen — der Jugend nachtheilig seyn dürften; hatte man schon lange in

Wien

Wien eine sehr schöne Ausgabe von Hallers Gedichten mit k. k. Privilegio bei dem Edlen von
Trattner gesehen. Haller, der die Heiligen der
römischen und griechischen Kirche so tief herab-
setzte, als sie die Legende erhob; der in das Heiligthum der Klostergötzen einbrang; Dummheit
und Scheinheiligkeit der Mönche aufdeckte; und
selbst bei den Bräuten Christi sich den Ausdruck
erlaubte: daß List und Geitz des Schöpfers
Zweck verdrungen — Haller, der den Aberglauben, nebst allen Schnörkeln der Religion mit der
Geisel der Satyre in der Hand wie ein Juve-
nal und Persius auf das äußerste verfolgte, und
weit wichtigere, in das Wesen selbst eingreifen-
dere Dinge darüber sagte, als bis jetzt noch keiner von Ihren neuen Reformationspredigern zu
sagen sich unterstanden hat — dieser Autor gieng
unter dem Schutze der Censur — die Sie mit
einer Staatsinquisition vergleichen — aus einer
Hand in die andere; ob er gleich einen frommen Simeon Stylites mit einer Eule, und den
seraphischen Vater von Aßisi, der um die Wollust zu tödten, Finger stabe nackt mit seinen
Schneebilder spielte, mit einem Wahnwitzigen
verglich — Hallern war es nicht genug zu malen:
er grub tiefe Züge ein, er brandmarkte: wie es
folgende merkwürdige Stelle beweiset:

Durch den erstaunten Ost geht Xaviers Wun-
derlauf,
Stürzt Japans Götzen um, und seine stellt er
auf;
Bis daß, dem Amida noch Opfer zu erhalten,
Die frohen Bonzier des Heil'gen Haupt zer-
spalten:
Er stirbt, sein Glaube lebt, und unterbaut den
Staat,

Der

Der ihn aus Gnade nährt, mit Aufruhr und
Verrath.

Zuletzt erwacht der Fürst, und läßt zu nassen
Flammen

Die Feinde seines Reichs mit spätem Zorn
verdammen;

Die Meisten täuschen Gott um Leben, Gold
und Ruh,

Ein Mann von tausenden schließt kühn die
Augen zu,

Stürzt sich in die Gefahr, geht muthig in den
Ketten,

Steift den gesetzten Sinn, und stirbt zuletzt im'
Betten.

Sein Name wird noch blühn, wenn lange
schon verweht,

Des Märtrers Asche sich in Wirbelwinden
dreht;

Europa schmückt sein Bild auf schimmernden
Altären,

Und mehrt mit ihm die Zahl von Gottes sel=
gen Heeren.

Wenn aber ein Huron im tiefen Schnee ver=
irrt,

Bei Erric's langem See zum Raub der Fein=
de wird:

Wenn dort sein Holzstoß glimmt, und, satt mit
ihm zu leben,

Des Weibes tödtlich Wort sein Urtheil ihm
gegeben,

Wie stellt sich der Barbar? Wie grüßt er sei=
nen Tod?

Er singt, wenn man ihn quält, er lacht, wenn
man ihm droht:

Der unbewegte Sinn erliegt in keinen Schme=
zen,

Die

Die Flamme die ihn sengt, dient ihm zum
Ruhm und Scherzen.
Wer stirbt hier würdiger? Ein gleicher Hel=
denmuth
Bestrahlet beider Tod, und wallt in beider
Blut:
Doch Tempel und Altar bezahlt des Märtrers
Wunde,
Und Quebecks nackter Held stirbt von dem Tod
der Hunde.
So viel liegt dann daran, daß wer zum Tode
geht,
Geweihte Worte spricht, wovon er nichts ver=
steht.
Doch nein, der Outhipoue thut mehr als der
Bekehrte,
Des Todes Ursach spricht von seinem wahren
Werthe.
Den Märtrer trift der Lohn von seiner Uebel=
that:
Wer seines Lands Gesetz mit frechen Füßen trat,
Des Staates Ruh' gestöhrt, den Gottesdienst
entweihet,
Dem Kaiser frech geflucht, der Aufruhr Saat
gestreuet,
Stirbt, weil er sterben soll; und ist dann der
ein Held,
Der am verdienten Strick noch prahlt im Gal=
genfeld?
Der aber, der am Pfahl der wilden Ononta=
gen,
Den unerschrocknen Geist bläßt aus in tau=
send Plagen,
Stirbt, weil sein Feind ihn würgt, und nicht
für seine Schuld;
Und in der Unschuld nur verehr ich die Ge=
duld.

Einen

Einen Mann von Ihrem Gefühle brauche ich
wohl nicht erst auf den hier herrschenden Gegen=
satz zwischen den römischen Heiligen und zwischen
den Huronen aufmerksam zu machen? Und wel=
cher Katholick in Wien war so stumpfsinnig,
daß er nicht aus diesen beiden Versen:

Wann die geweihte Braut ihr Schwanenlied
gesungen,
Und die gerühmte Zell die Beute nun ver=
schlungen:

folgende deutlich darin liegende Begriffe entwi=
ckeln konnte? „ Dieses unschuldige Kind, das
„ jetzt in seinen bürgerlichen Tod geht, ist schänd=
„ lich betrogen worden; es glaubt in eine glück=
„ selige Zelle zu gehen, und fällt in den Rachen
„ eines Raubthieres, das gierig seine Beute ver=
„ schlingt. “ — Ich würde nicht fertig werden,
wenn ich alle die Stellen ausheben wollte, wo
der philosophische Dichter die gräulichen Thor=
heiten des Volksglaubens, der in und außer
Wien gäng und gäbe ist, in ihrer wahren Blöße,
und in wenigen, aber körnichten Ausdrücken weit
besser dargestellt hat, als alle Ihre die Refor=
mation des achtzehnten Jahrhunderts befördern=
de Schriftsteller. u)

„ Aber, schreiben Sie S. 72, es durfte
„ nur vom schönen Busen des Mädchens die Rede
„ seyn, oder vom unnützen Derwischfett ge=
„ sprochen werden — und das Anathema ward
„ über den armen Autor, und sein Buch gespro=
„ chen. “ In dieser Betrachtung also wird Ih=
nen die jetzige Censurfreiheit so wichtig? Sie
freuen

u) Sehen Sie! So wissen Sie es selbst, daß schon
lange in Oesterreich gelesen wurde; daß schon
viele Gemüther zu dieser Reformation vorbereitet
gewesen sind?

freuen ſich, daß Ihre Roſt — wenn anders
Ihr Parnaß an ſolchen Köpfen fruchtbar wäre
— ein Zeisgenneſt ſchreiben, und Ihre Spöt=
ter von Derwiſchfett und den manichfaltigen Mit=
teln, ihnen ſelbiges abzuzapfen, wie es jetzt
bon ton bei der an Reformationsvorſchlägen
erfindungsreichen Klaſſe iſt, recht nach Herzens=
luſt ſchwatzen dürfen? Ich verſichere Sie, man
hat ſchon lange unter Ihnen, mit Bewilligung
der Cenſur, in Romanen, Gedichten, und was
dergleichen iſt, von ſchönen Buſen des Mädchens
geſprochen, und Sie müſſen wahrlich mit Ihrer
einheimiſchen Litteratur ſehr wenig bekannt ſeyn,
wenn Sie das noch nicht wiſſen — Aber die
Herren machten es oft zu bunt, und entblößten
den Buſen ſo weit, daß man die Dame ganz
in Naturalibus ſah : ſie hatten nicht einmal die
Vorſichtigkeit, ihr die beſcheidene Stellung der
Venus von Medicis zu geben — Wer konnt' es
da dem Cenſor, zumalen, wenn er Kaſuiſt im
ſtrengſten Verſtande war, verdenken, daß er über
das Schandgemälde ſein heiliges, wohlmeynen=
des Anathema ſprach? Warum hatten Sie keine
Wielande, die aus Beſcheidenheit wenigſtens
die gewebte Luft — Aura textilis, wie es die
Alten nannten, — über dergleichen Nuditäten zu
werfen wußten? Gewiß, lieber Friedel, dies iſt
nicht der große Gegenſtand, worüber man Urſache
hätte, Ihnen wegen der heutigen Cenſur = und
Preßfreiheit Glück zu wünſchen. In einer ganz
andern Betrachtung verdient ſie unſern Beifall,
und Sie können verſichert ſeyn, jeder vernünf=
tige Einwohner von Berlin, jeder Menſchen=
freund brennt Joſeph II. ſeinen Weihrauch da=
für ab, daß er den Schriftſtellern ſeines Landes,
die zum Beſten der Wahrheit, zur Aufklärung
des Verſtandes, und Veredlung des Herzens
ihre

ihre Kräfte verſuchen wollen, ſo großmüthig die
Laufbahn erweitert.

Wenn uns Sonnenfels in ſeinen Vorleſun=
gen über dieſen Artikel nicht ganz getäuſcht, wenn
er nicht blos deklamirt, oder ſeine Zuhörer —
wider beſſer Wiſſen und Gewiſſen — mit eiteln
Rednerkünſten unterhalten hat; ſo kann man ſich
in der That nichts Größeres als den Monar=
chen denken, der die Preßfreiheit in dem Grade
begünſtiget, daß er freimüthigen Schriften ſelbſt
alsdenn noch ihren ungehemmten Lauf läßt, wenn
ſie gegen die Handlungen der Großen, ja ſeine
eigenen gerichtet ſind. Dies beweiſet innigſtes
Gefühl für menſchliche Freiheit, und Adel der
Seele — Es beweiſet, daß Joſeph den Talen=
ten die Wege eröffnen will, ſich den Weiſen ehr=
würdig, und den Thoren furchtbar zu machen,
ſo oft ſie darauf ausgehen werden, die leidende
Menſchheit in Schutz zu nehmen, Wahrheit und
Tugend zu vertheidigen; ſo oft ſie ſich nach ih=
rem Berufe — es giebt keinen göttlichern —
beſtreben werden, die Geiſel der Thoren, das
Schrecken der Laſterhaften, die Rächer der un=
terdrückten Unſchuld, die Wiederherſteller der ver=
kauften Gerechtigkeit, und der von großen und
kleinen Despoten in Staub getretenen Freiheit,
mit einem Worte, die Beſchirmer der Rechte
des Volks, und die Stützen des Thrones zu ſeyn
— Joſeph, der wie Sie ſagen, über freie Gei=
ſter ſo wie über freie Herzen herrſchen will, räu=
met ſeinen Unterthanen nicht nur die Freiheit
zu denken, ſondern auch vermittelſt der erwei=
terten Preß= und Cenſurfreiheit, das Recht ein:
Ungerechtigkeiten, und zweckwidriges Betragen
nicht nur an den Sklaven der Großen, an ſub=
alternen Böſewichtern; nein, ſelbſt an denen zu
rügen und zu brandmarken, die Rang und Ti=

tel unverletzlich zu machen scheinen — Und nun
— so bietet mitten in der Residenzstadt, unter
den Augen des Monarchen, ein patriotischer Pro=
fessor von seinem Katheder die Stimme des frei=
müthigen Schriftstellers auf — Und nun, das
ist der Ehrenruf des Fürsten an euch Schrift=
steller der Nation! Wenn irgend untergeordnete
Despoten das Verdienst, so sie verdunkeln würde,
hintanzusetzen, wenn sie die Fähigkeit, die sie
demüthigen würde, auszuschließen, wagen soll=
ten — Sollte der Eigensinn unverdaute Vor=
schläge, unüberdachte Anstalten gegen Vernunft
und Gründe in Schutz nehmen: sollte neidischer
Hochmuth sich der Ausführung nützlicher Ent=
würfe, weil sie nicht von ihm kommen, wider=
setzen; die Freiheit der Presse setzt euch in das
Recht ein, sie öffentlich vor dem Thron, vor
dem Vaterlande, vor der Welt, über all' das
Ueble, dessen Urheber sie wären, über all' das
Gute, so sie gehindert hätten, zur Rechenschaft
zu fodern: sie stehet jedem Mann von Talent
gleichsam zum Hüter des gemeinschaftlichen Wohls,
sie ruft ihn auf, seine Stimme laut gegen Vor=
urtheile und Misbräuche zu erheben: die öffent=
liche Verwaltung vor Irrthümern zu warnen,
selbst gegen begangene Fehler zu erinnern, und
durch Mittheilung seiner Einsichten an seinem
Pulte der Rathgeber seines Fürsten, manchmal
der Heiland seiner Mitbürger des Staats zu
werden. — So groß, so vielumfassend ist die
Freiheit, die Joseph der Feder, und der Presse
in seinen Staaten eingeräumt hat, ohne die klein=
fügige Besorglichkeit zu hören, daß man sie,
wie uns eben dieser Lehrer versichert, gegen ihn
selbst misbrauchen möge; das Gute thun, und
sich tadeln lassen, das ist die eigene, die erste
Tugend großer Regenten!

Lassen

Laffen Sie uns nunmehr auch die Kehrfeite
diefer glänzenden Medaille betrachten — was
finden wir da? Viel Geschrei, und wenig Wolle!
Schlecht befolgte Absichten des Monarchen;
überall eine kränkelnde Cenfur, die nicht weis,
was sie will, und was sie nicht will: Cenforen,
von deren hohen Einsicht Graf Lamberg manch
lustiges Anekdötchen zu erzählen weis — Außer
Wien und Prag r) welche Fesseln noch überall für
Lefer und Schriftsteller! Ja selbst in diefen bei=
den Hauptstädten, welche Einschränkungen und
Schwierigkeiten in Betracht der gleichgültigsten
periodischen Schriften aus fremden Ländern!
hie und da kostet es viele Mühe nur Schlözers
Staatsanzeigen, oder das deutsche Museum u. f.
w. zu erhalten — In Wien erlaubt man bis
jetzt unfre allgemeine deutsche Bibliothek nicht
anders, als mit vieler Weitläufigkeit und erga
Schedam zu lefen. Die Gelehrten in Prag, Brünn,
Inspruck, Laibach) rc. klagen laut genug über
den noch immer fortwährenden, und in gewissen
Fällen beinahe mehr, als ehmals beschwerlichen
Druck der Cenfur, daß es fast scheint, als ob die
allerhöchste Willensmeynung des Monarchen nicht
die Wiener Linie paßirt fey. Alle Cenfuren der
Provinzen stehen unter dem Wiener Tribunal,
dahin muß referirt, und von da aus das decifive
Urtheil über Bücher und Autoren zurück erwartet
werden. Welche abschreckende Kosten und ermü=
bende Weitläufigkeit für Lefer, Schriftsteller und
Verleger. — Sagen Sie mir, m. H., liegt da
nicht das Genie an der alten, verrosteten Kette

T 2　　　　　der

r) Man muß eines fagen, wie das andere. So lan=
ge Baron von Koz zu Prag das Cenfur = Referat
hatte, (nun hat es der wackere Hr. von Her=
mann) hat es damit mißlich genug ausgesehen;

der Knechtschaft gefesselt, wo es nicht einmal für Unwillen heulen darf?

Ich verdenke es Ihnen keinesweges, wenn Sie mit einem Enthusiasmus, der Ihnen Ehre macht, S. 75. Ihrem Fürsten danken, „daß er „die Fesseln zertrümmert, die Sie dem Drucke, „und dem Eigendünkel mancher lautschreienden „Narren aussetzten, die mit Feuer und Stahl „wider den Flug des Geistes, und der gesunden „Vernunft kämpften; die Sie zwangen im ewi= „gen Kreise der Finsterniß herumzutaumeln, und „Pech auf Ihren Weg hingossen, damit Sie ja „nicht vom Flecke könnten.‟ Wer einmal da= bei gewesen ist, und empfunden hat, wie es thut, wenn man ins Pech geräth, der weis freilich da= von zu sagen. Aber wie, wenn dieses Pech noch häufig auf allen Ihren Wegen und Stegen hin= gegossen: wenn das so oft, so laut gepriesene Glück der Censur = und Preßfreiheit in den meh= resten Fällen noch süßer Traum, frommer Wunsch, mit einem Worte, noch ein bloßes Ding im Wer= den ist? Erlauben Sie mir, m. H., daß ich es näher prüfe, dieses so geliebte Bild Ihrer Phan= tasie — Denn gewiß, der Blick, den Sie jetzt auf Ihre vormaligen Fesseln zurücke werfen; der angenehme Kitzel der Wunden, die nach ge= rade cicatrisiren, und die Lebhaftigkeit der neuen Eindrücke macht, daß Sie das Neue zu übermä= ßig erheben, und im Taumel Ihrer Freude die Gebirge von Schwierigkeiten, die noch mitten im Wege liegen, nicht bemerken, oder leicht hin= weg denken wollen.

„Bekanntlich besteht, dies ist fast der wörtli= „che Innhalt eines aus dem Oesterreichischen „bekannt gewordenen Schreibens, in allen k. k. „Erblanden nur eine Hofcensurkommißion, und „zwar in Wien; in jeder Provinz aber ist eine
„Revi=

„ Revision angestellt. Noch ist kein entscheidender
„ Katologus von denjenigen Büchern, die vermö-
„ ge des neuen Systems erlaubt worden sind,
„ und furchtsam blättern die Revisores noch den
„ alten schweren Catalogum librorum prohibito-
„ rum durch, ob sie nicht dies, oder jenes schon
„ längst erlaubte Buch darin finden können: zum
„ Unglück versteht mancher Revisor nur seine
„ deutsche Muttersprache und hat obendrein nicht
„ die geringste Bücherkenntnis. Jedes neue
„ Buch, das über die Gränzen kommt, bleibt
„ wie jedes andere dem Revisor verdächtig schei-
„ nende Buch so lange liegen, bis der Censor
„ die Erlaubniß erhalten hat, solches heraus zu
„ geben. Drei, vier Monate bleiben die Bücher
„ liegen, und dann erst bekommt sie der Eigen-
„ thümer mit vielen Ceremonien in die Hände,
„ die Buchhändler sind daher mit ihren Bestellun-
„ gen übel daran. Mit den Novitäten ist es gar
„ komisch; denn da wird chirurgisch, historisch,
„ theologisch, alles, was mit einer neuen Jahrs-
„ zahl erscheint, durchaus zurückgehalten, gesetzt,
„ das Buch wäre auch schon zum zehntenmale
„ aufgelegt, und schon vor zwölf Jahren erlaubt
„ worden: das Buch ist neu, und muß erst nach
„ Wien berichtet werden. Periodische Schriften
„ sind zwar nach der neuen Verfassung frei zu
„ paßiren: demungeachtet müssen Schlözers Hefte,
„ das deutsche Museum u. a. m. in der Censur
„ so lange liegen, bis von Wien die Dispensation
„ darüber erfolgt. Herrschaften und Particuliers
„ des langen Wartens überdrüßig lassen sich ihre
„ Journale durch andere Nebenwege ins Land
„ bringen, wodurch der Buchhändler bei aller
„ seiner Thätigkeit sein Gewerbe erliegen sieht.
„ Nach dem Toleranzedikt ist jedem Protestanten
„ erlaubt, alle seiner Religion angemessene Gebet-
„ und

„ und Erbauungsbücher kommen zu laffen, und
„ doch muß jedes akatholische Buch, das ver-
„ schrieben wird, noch einmal die Censur paßiren,
„ und sollte es zwanzig, und mehrere Meilen bis
„ zur Revision transportirt werden: das koftet
„ mehr, als das ganze Buch werth ift, u. f. w. "
Und doch heißt es, die Oesterreicher haben Cenfurfreiheit!!

Können Ihnen, können einem Sonnenfels u.
a. diese Thatsachen, diese Büchercenfurgräuel in
den Provinzen unbekannt seyn? Und wenn fie
es nicht find: mit welcher Stirne könnten Sie
fammt und fonders dem Kaifer, deffen große Ab-
fichten dadurch vereitelt werden, das Rauchfaß
vorhalten? Den wohlmeynenden Monarchen
durch die übertriebenften Schmeicheleien wegen
gefchenkter Cenfurfreiheit fo abfcheulich täufchen?
Und dem ehrfamen Publikum ein Mährchen vor-
lügen? Ich wundere mich, daß während Sonnenfels von feinem Katheder fo herrlich fchwadroni-
ret, und die Dreiftigkeit befitzt, den Stolz feiner
Zuhörer durch glänzende Unwahrheiten aufs höch-
fte zu fpannen, Sie nicht ebenfalls Ihrem Berliner Freunde, wie dort S. 8. zurufen: Welcher
Mann von Gefchmack und Wißbegierde follte
nicht wünschen Joseph anzugehören, nicht allein
um fich fatt an ihm zu genießen — denn freilich
ift kein Regent mit aller feiner Größe im Stande,
das Bedürfnis eines nach Wahrheiten forfchen-
den Geiftes zu ftillen — fondern auch, um in
Josephs Staaten die überfchwenglichen Vortheile
aller eröffneten Quellen der Kenntniffe, und die
Fülle der Freiheit in ihrem ganzen Umfange zu
genießen —

Geftehen Sie es, m. H., Sie haben hier
wieder die Aufrichtigkeit, die Freimüthigkeit, die Sie
fonft in Ihren Briefen fo fehr affektiren, ganz
                                        und

und gar außer Augen gesetzt. Anstatt das Publikum mit dem ewigen Geklingel von der Vortreflichkeit Ihrer Censurverfassung zu unterhalten, worüber uns so viele Ihrer ehrlichen Landsleute eines andern belehren, hätten Sie Sich vielmehr als ein freimüthiger Mann im Namen des Vaterlandes schämen, und frei heraus sagen sollen: „Meine Herren! das Geräusche, das einige unsrer Weisheitsprahler, das die Schmeichler Josephs von Censur- und Druckfreiheit machen, ist noch überall mit dem Geklirre von Fesseln vermischt, die uns die alten Stockmeister nicht abnehmen wollen, obschon sie von unserm wohlthätigen Kaiser die allerhöchste Verordnung dazu erhalten haben. Sie hätten uns sagen sollen, daß Ihre Büchercensur noch größtentheils in der alten intoleranten Verfassung, und, zur Schande der gesunden Vernunft — der lächerliche Katalog der verbotnen Bücher noch immer die einzige Cynosur ist, nach welcher Ihr Bücher-Areopag über jedes Buch, das aus der Fremde kommt, Gericht zu halten pflegt. y)

Aber, bin ich nicht ungerecht, so etwas von einem Manne zu verlangen, der bei der Bekanntmachung seiner Briefe, wie es scheint, keinen andern Beruf hatte, als gewisse Leser, die von der österreichischen ihnen nur durch dienstfertige Zeitungsschreiber bekannt gewordenen Reformation die süssesten Träume träumen, noch tiefer in Schlaf zu wiegen? Dem es nie eingefallen ist,

ein

---

y) Baron v. Swieten ist der Mann nicht, der grossen Absichten Josephs zu hintertreiben. Aber hier müssen Fakta reden. — Kurz! Mein Herr, Sie werden doch wissen, was sie geschrieben haben? — Ihre Briefe sind zu Wien erlaubt.

ein freimüthiges Wort zu seiner Zeit zum Be=
sten seiner durch Censurzwang noch äusserst ge=
quälten Mitbürger zu reden, und die Stimme
der Wahrheit vor dem Reformatorsthrone er=
schallen zu lassen. O! wie weit, mein Herr, ist
hier Ihr Karakter unter dem Karakter eines Ed=
len von Retzer, dieses auch jenseits der Grän=
zen seines Vaterlandes geschätzten Gelehrten, der
der erste mit brittischer Freiheit, und mit dem
Heldenmuth eines Patrioten, der sich seiner Wür=
de bewußt ist, nicht ohne Gefahr, Censur = und
Druckfreiheit öffentlich verlangte. — O! warum
hat Wien der Retzer so wenig, und der Friedel
so viel! Wie ganz anders, als Sie denkt und
schreibt ein würdiger Graf Max von Lamberg,
der über eben diesen Gegenstand in seinem Brie=
fe (Brünn den 7. Febr. 1781) in dem Geist ei=
nes Hessenstein die grossen Mängel der Preßfrei=
heit und Büchercensur mit edler Freimüthigkeit
aufdekt; die Dummheit der Censoren belacht;
und alle die Gebrechen einer Anstalt rügt, wo=
durch die grossen Endzwecke Josephs nicht er=
reicht, die allgemeine Aufklärung der Nation
nicht bewirkt, und im Gegentheile der ferne freie
Menschensinn nach wie vor unter dem Joche der
Sklaverei gefangen gehalten wird. Hätte man
von Censur = und Druckfreiheit nie gesprochen
und die Sachen beim Alten bewenden lassen; so
würde wenigstens behagliche Unwissenheit ihren
gewohnten Schlummer fortgeschlummert haben —
Man hätte nicht erst so viele tausende aus die=
sem wohlthätigen Schlafe wecken sollen, um
ihnen jetzt, indem sie nach einem Gut lüstern
geworden, das sie nicht erreichen können, die
Höllenstrafen des Tantalus empfinden zu lassen:
& poma fugientia captat!

Daß

Daß man durch Schleichwege und Bestechung
der Buchhändler auswärtige Schriften mit Hin-
tergehung der Censur, allenfalls erhalten könne,
ist bekannt: aber diesen Umstand werden Sie
doch nicht unter die neuen Wohlthaten der Censur
rechnen wollen? Ob es gleich wirklich schon stark
ausposaunt wird, wenn eine Dame und ein Adonis ungestraft ein auswärtiges Romänchen, etwa
Wielands Agathon, oder komische Gedichte an
ihrer Toilette; und ein Gelehrter etwa ein kri-
tisches Journal, oder eine nicht dispensirte Wo-
chenschrift ohne der ängstlichen Besorgniß von
einer Art heiliger Hermandad an seinem Pult
überrascht zu werden, zu lesen sich erlauben.
Lange vor der Epoche der Censurfreiheit konnte
ein Mann der Geld hatte, dieses Glücks schon
genießen: wenn man aber für litterarische Con-
trebande dem Menschenfreunde, der das Risiko
übernimmt, fünfzig, und mehr Procento bezahlen muß, so gehören Kroesus Schätze dazu, um
sein Bißgen wissenschaftlichen Hunger und Durst
zu stillen. Der arme Gelehrte, der auf ächte,
gründliche Kenntnisse ausgeht, hat sie nicht, und
der Reiche, der Große, der alle Tage in Freuden lebt, und durch sein Geld, oder den Wechsel
auf das Verdienst seiner Ahnen ohne dem das
ist, was er sein soll, bedarf der Kenntnisse nicht:
denn ausserdem, daß ein Mann, der jährlich fünf,
sechs, und mehr tausend zu verzehren hat, schon
an und für sich Genie ist, und nach der arith-
metischen Progression seiner Einkünfte auch am
Verstande wächst, so ist es auch seit Rabners
Zeiten bekannt genug, daß, wem Gott ein Amt
giebt, dem giebt er auch Verstand. —

Unter solchen Umständen — wenn sich anders
die Zeiten nicht ändern — dürfte es wohl noch
etwas lange währen, ehe die Nebel der Vorurtheile,

theile, der Unwissenheit und des Aberglaubens, wie es der österreichische Mylord in seiner Parlamentsrede zu hoffen scheint, gänzlich verstieben, und Ihr Horizont so aufgehellet wird, daß Sie Sich selbst, und Ihre Nebenmenschen in dem rechten Lichte erkennen möchten. Steigen Sie doch einen Augenblick von Ihrer eingebildeten Höhe herab, und betrachten mit dem Auge des kaltblütigen Wahrheitforschers die Einrichtung Ihrer Censur. Was kann, was will da werden? Die ehmals verbotene Bücher sollen auch fernerhin verboten bleiben, bis sie nach nochmals geschehener Untersuchung erlaubt werden: das ist ein Grundgesetz. Und dieser Bücher waren im Jahre 1774 zufolge dem damals bekannt gewordenen Catalogo librorum prohibitorum, viertausend, vierhundert, sechs und siebenzig. Es ist wahrscheinlich, daß er seit der Zeit am allerwenigsten auf fünftausend hat anwachsen müssen: denn, wenn man nur in Deutschland nach Abzug der geborgten Kapitalien, der Menge von Uebersetzung und neuen Ausgaben, die meistens nur gelehrtes Handwerk sind, demungeachtet im dreijährigen Durchschnitt viertausend Schriften, die wirkliches Nationalwerk der Deutschen sind, annehmen kann; so müßte es schlimm sein, wenn Ihre hochweisen Bücherrichter, bei einem auch nur mittelmäßigen Fleiße, binnen 9 Jahren unter zwölftausend deutschen, und einer beinahe gleichen Anzahl von französischen, englischen und andern ausländischen Produkten, nicht so viel verbotenes Gut hätten aufstürzen können, als dazu erforderlich war, Ihrem dickbeleibten Catalogo durch den mäßigen Zuwachs von fünfhundert vier und zwanzig Büchern ein noch etwas stärkeres embonpoint zu geben. Wie ist es Ihren Censoren möglich, die, ausser der ungeheuren

heuren Menge jedes Jahr herauskommenden Bü=
cher, ohnedies mit all' dem Zeug, das die Re=
formationsfluth tag täglich ans Ufer wirft, voll=
auf zu thun haben, alle Bücher des oberwähn=
ten Verzeichnisses durchzulesen? Und das müssen
sie doch, wenn sie anders rechtskräftig, und
nach der Vorschrift bestimmen wollen, was zu
lesen erlaubt, oder nicht erlaubt werden darf.
Wenn sie wirklich lauter Justi wären, der in der
Vorrede zu seinem Psammetich windbeutelt, den
ganzen Grandison in einem Tage durchgelesen
zu haben; so würden doch einige Jahre mit die=
sem Geschäfte hingehen, — aller andern Schwie=
rigkeit jezt zu geschweigen — da sie aber keine
Justi sind, so wird warlich die gegenwärtige Ge=
neration vergehen, ehe sie damit fertig werden.
Um dieser Schwierigkeit einigermassen abzuhelfen,
ist zwar die Verfügung getroffen: von allen Bü=
chern die zu erlauben, welche verlangt werden.
Allein. wie oft ist nicht der Fall schon eingetre=
ten, daß die auf gut Glück verschriebene Bücher,
wegen des Censors weniger Einsicht, Furchtsam=
keit, oder Eigensinn am Ende bei Strafe der
Confiskation, mit vielen Kosten wieder aus dem
Lande geschaft werden müßten. Dergleichen Bei=
spiele schrecken ab, und man verlangt lieber —
nichts. Ein anderes Hülfsmittel ist, daß der
Censor auf seine Gefahr ein Buch erlauben kann;
was hat aber der Censor davon, daß er sich ei=
ner solchen Gefahr unterwerfen soll? Welcher
wird nicht vielmehr den ganzen Handel der Cen=
surkommission überlassen, als sich umsonst, und
um nichts der Gefahr aussetzen wollen, von ei=
ner Kabale schiefer Censurrichter mißhandelt zu
werden? Vergebens stellt der Bücherfreund die
Unschädlichkeit des Buches vor, vergebens beruft
er sich auf die allergnädigste Willensmeinung des

Monar=

Monarchen; der Censur braußt auf, und sagt ihm mit Unwillen: Der Kaiser bekümmert sich nicht um die Bücher, und kennt sie auch nicht; er hat uns die Sache überlassen — Und kurz, mein Herr, wenn man es Ihnen nicht recht macht: so gehen Sie hin beim Kaiser, und holen sich die Erlaubniß. Mit solchen Donnerworten schaft man sich die Leute vom Halse: denn man weis es schon zum Voraus, daß nicht leicht jemand so unbescheiden seyn wird, den Monarchen selbst mit diesen Kleinigkeiten zu beschweren.

Bayl'es Dictionaire critique, Helvetius de l'esprit, und manch andere Schriften, bei welchen vor wenig Jahren Dekan und Professoren einer ganzen Universität sich noch bekreuzten und segneten, dürften vielleicht ein Einwurf gegen diese Bemerkungen seyn — denn daß die Schrift: Joseph und Luther, wo der Verfasser — aus der Ermahnung an den christlichen Adel deutscher Nation von der christlichen Standesbesserung, die von D. Luther kurz zuvor ehe die Verdammungsbulle wider ihn (den 17. Jul. 1520.) in Deutschland bekannt geworden herausgab, und Kaiser Karl dem Fünften zueignete — die auffallendsten Stellen von der unrechtmäßigen Macht des Pabstes, und der Schädlichkeit der Mönche auszog, daß, sage ich, diese Schrift nicht nur erlaubt, sondern auch in Wien nachgedruckt, und in öffentlichen Zeitungen ausgeboten worden, ist wenig befremdend; denn der Inhalt entspricht sehr gut den Absichten der Reformation — Wie aber der Pot aux roses, diese geheime vertraute Korrespondenz des ehrbaren Thomas Boot, Hofschuhmachers, mit Sr. Majestät Georg des Dritten, und dessen Ministern, den Lords Stormont, Sandwich, Germain und North, worin die abgefeimteste Spöttereien nicht nur gegen Georg den
Dritten,

Dritten, sondern auch andere europäische Für=
sten enthalten sind — wie diese Schrift zu der
unverdienten Ehre gekommen, im 61. S. der
Wiener Realzeitung auf das Jahr 1782, in einer
deutschen Uebersetzung (kostet 1 Fl.) angekündi=
get zu werden: während Jerusalem mit seinem
Bedenken von der Kirchenvereinigung ; Süß=
milch mit seiner göttlichen Ordnung 2c. ; Miller
mit seiner Abhandlung von dem weisen Gebrauch
der Zeit; Schröck (ein wienerisches Landskind)
mit seiner Kirchenhistorie; Pazke mit seinen Be=
trachtungen über die wichtigsten Angelegenheiten
der Menschen; der gutherzige Lavater — der
doch so eifrig an die Wundergaben, Gaßner und
Teufel glaubt — mit seinen Aussichten in die
Ewigkeit ; et Sexcenta alia monstra haeretico-
rum, die etwa zur Aufklärung des Verstandes
und Veredlung des Herzens die Feder geführt
haben, dort in dem schwarzen Register der ver=
botenen Bücher gebrandmarkt stehen — das,
das, bester Friedel könnte eine Preisaufgabe für
unsre erleuchtete Zeiten seyn. Vor der Hand
sind mir alle diese bei Ihrer Censurfreiheit so
auffallende Widersprüche ein unbezweifelter Be=
weis der Unordnung, Gährung, und des alten
jesuitischen Sauerteiges, der noch durch und
durch in Ihren Einrichtungen herrscht, und mit
welchen die Weisheit mehr als eines Kaunitzes,
mehr als eines Josephs vielleicht noch ein halb
Jahrhundert fruchtlos zu kämpfen haben dürfte,
wenn nicht durch ein solennes Auto da fé des
ganzen Catalogi librorum prohibitorum, t as
heißt, durch eine geschärfte, unbedingte landes=
herrliche Verordnung zum Vortheil des in aus=
ländischen völlig freien Buchhandels, alle die si=
nistre Auslegungen, Einschränkungen, Dummhei=
ten und Kabalen der Censoren nicht allein in der

Haupt=

Hauptstadt, sondern auch in den sämmtlichen Erbstaaten ein für allemal abgeschnitten, und dadurch die geheimsten exjesuitischen Kunstgriffe, die
sich unter so mannichfaltiger Gestalt gegen die
von dem Monarchen bezielte Aufklärung ohne
Unterlaß auflehnen, in ihrer Geburt erstickt werden. Palliatifkuren helfen hier nichts, und nur
durch einen herzhaften Schnitt kann die alte
krebsartige Wunde geheilt werden. —

Wer den Endzweck will, muß auch die dahin
führende Mittel wollen. Der vornehmste Endzweck des Reformators ist unstreitig, die Vermehrung der Macht seines Hauses; und man
braucht eben nicht viel dabei zu kannegießern,
und sich in tiefe politische Spekulationen einzulassen, um überzeugt zu seyn, daß alle Unternehmungen des Kaisers, von einer Staatskunst geleitet werden, deren kleinste Triebfedern theils
offenbar, theils im Stillen zu diesem Endzwecke
hinwirken. Er war es im Stande, mehr als einer seiner Vorfahren, zu fühlen, daß Toleranz,
Aufklärung und Freiheit die wirksamsten, ja die
einzigen Mittel sind, wodurch der Geist der Nation aufgeweckt, die Industrie belebt, der freie
Gang der Künste und Wissenschaften wieder hergestellt, und folglich alle die Vortheile errungen
werden, die einen unmittelbaren, oder mittelbaren Einfluß auf seine Vergrößerung haben können. In dieser Absicht erlaube er seinem Volke,
öffentlich und ungehindert seinen Weg über Rom,
Wittenberg oder Genf — wie es jedem gefällig
ist — nach dem Himmelreich zu nehmen; entfes-
selte den Leibeigenen, und das Genie von ihren
Banden; und erweiterte durch Censur = und
Druckfreiheit die Laufbahn dem Denker. Hat sich
der Monarch aus diesen Verfügungen gewisse
Vortheile zu versprechen; so ist es doch Thorheit

zu sagen, daß dieser Beweggrund dem Glanze seiner Handlungen etwas benehmen, oder ihnen gar das Brandmal des Eigennutzes aufdrücken könne. Die Absicht, sein Haus zu vergrößern, seinen Staat mächtiger und blühender zu machen, schließt so wenig Wohlthätigkeit, Menschenliebe und Großmuth aus, daß vielmehr alle diese Eigenschaften, jede in ihrer Art zu Beförderung dieser Absichten mitwirken können. Toleranz und Preßfreiheit haben schon lange in protestantischen z) Staaten nebst einer guten Gesetzgebung ihre

---

z) Doch wohl nicht in allen? Hinterher wird von der Aufnahme der Herrenhuter gesprochen; damit wurden also die Sachsen verstanden? Erlauben Sie mir aber zu sagen, daß diese am allerwenigsten tolerant sind. Vor diesen hätten nun die österreichischen katholischen Staaten ansehnliche Vorzüge. In Sachsen wird den Katholiken nicht eben sonderlich unter die Arme gegriffen, es sey den per abusum aus landesfürstlichen katholischen Gnaden. Die Juden aber, die armen Schluker! müssen bei jeder Mauthstation wie das liebe Vieh Stük für Stük verzallt werden u. s. w. Ich merke dieses nur darum an, damit man aus dieser Stelle unser Authors nicht den übereilten Schluß mache, daß man nur nöthig habe, ein Protestant zu seyn, um Toleranz zu üben; und den noch übereiltern, daß wir Oesterreicher uns auf die Schultern der Protestanten auch in diesem Falle gestellt haben. Götz zu Hamburg verriegelt fleissig allen Katholiken und andern Sekten, welche von der seinigen abweichen den Himmel, und bei den alten Protestanten in Berlin wird in allen Kirchen noch das porsische Lied gesungen, daß der Teufel den Pabst Antechrist holen möchte. Spalding, der sichs mit andern wakern Männern in den Kopf gesetzt hat, diese abscheulich intoleranten Lieder zu reinigen, wurde im

ihre große Wirkung gethan. — Die Aufnahme
der Salzburger, und Refugies, der Pfälzer, und
Hußiten, der Herrenhuther u. s. w. war denjenigen vortheilhaft, die diese bedrängten Wan-
derer in ihrem Schooße sammelten, und der verfolgten Menschheit einen Zufluchtsort anboten:
aber die dem Staate dadurch zugewachsene Vortheile haben den Glanz der Handlung nicht im
geringsten geschwächt. Hieraus können Sie
schließen, daß ich bei der Ueberzeugung, die ich
von des Kaisers Unternehmungen habe, sie darum nicht weniger groß, nicht weniger glänzend
finde, weil sie ihm vortheilhaft seyn können;
keinesweges: nur die Mittel, die Oesterreich zu
Gründung, und Ausführung seiner Plane gewählt hat, scheinen mir bis jetzt von der Beschaffenheit zu seyn, daß ihre Wirkung der Größe

im Portrait von seinen toleranten Mitgläubigen
auf den Galgen geheftet. Unsere Geistlichen
durften nicht mehr nach dem alten Stil in
öffentlichen Predigten Gleiches mit Gleichem vergelten und die Protestanten so wie jene die römische Heiligkeit zum Teufel schikken. Ein Augu-
stiner mit langen Aermeln zu Prag, der sich
am Feste der hh. Dreifaltigkeit 1782. erlaubte,
mußte, durch die Predigten Kritik des Ritters
v. Steinsberg öffentlich der Intoleranz angeklagt,
vor eine Kommission, welche das Gubernium dazu
bestimmte, mit seiner h. Rede erscheinen, bekam
einen derben Wischer mit dem Beisatz, daß,
wofern er in seinem Eifer noch einmal der kaiserlichen Befehle veraessen sollte, man sein Handwerk gänzlich einstellen würde. So weit hätten
wirs also noch nicht in der Toleranz Ihrem König
nachgeahmt, daß es bei dieser Gelegenheit ge-
heissen hätte: bei mir kann jeder singen was er will;
Es ruhen alle Wälder, oder der Teufel soll den
Pabst holen!

ße der Absichten nicht entsprechen kann. Ich
mir in meinen vorigen Briefen die Freiheit genommen, Ihnen zu sagen, daß meiner Einsicht
nach jeder Betrachter der Weltbegebenheiten hat
seine eigene — Ihre Reformation überhaupt eine schiefe Wendung genommen, und da angefangen hat, wo sie nach der Ordnung der Dinge hätte endigen sollen: lassen Sie uns aber
jetzt nur den Gegenstand der oberwähnten Censurfreiheit im Auge behalten. Wie ist es möglich, daß durch eine Anstalt, die noch so schwankend und unbestimmt ist, die den Katholiken,
und Nichtkatholiken auf gleiche Weise drückt,
und ihm die Mittel erschwert, mit andern aufgeklärten Völkern in Ansehung des Wachsthums
menschlicher Erkenntnisse gleichen Schritt zu halten, etwas ausgerichtet werden könne? Würde
es nicht weit zweckmässiger seyn, den Eingang
fremden Büchern zu erleichtern, und mit allem
Nachdrucke zu befördern, als den Schofel ein-
heimischer Produkte zu begünstigen, die keine andere Wirkung machen, als daß sie die Begriffe
des Volks verwirren; die Gemüther der Einwohner unter einander verbittern; Spaltungen
in den Familien, und Partheien im Staate ver-
anlassen, daß es jetzt in Wien beinahe so aus-
sieht, wie in Konstantinopel zur Zeit der Pa-
cologen.

Ob bei dieser seltsamen, zweckwidrigen Einschränkung des fremden Bücherhandels, die offenbar den Gesinnungen des nach Aufklärung
strebenden Reformators widerspricht, bloß Unwissenheit und Kabalen der Partheien, die dem
Scheine nach Josephs Absichten befördern, im
Geheim aber durch die nachdrücklichsten Gegen-
minen selbige über kurz, oder lang zu zerstören
suchen, zum Grunde liegen, oder ob selbst die

Staats-

Staatsökonomie mit im Spiele sey? Kann ich
in Ermanglung zureichender Daten weder beja=
hen, noch verneinen. Indessen habe ich einen
zu hohen Begriff von der Weisheit Ihrer Re=
gierung, als daß ich mir vorstellen könnte, daß
sie den mancherlei Schwierigkeiten, und Chica=
nen der Censur — auch nur connivendo — in
der Absicht Platz geben sollte, um das Kommerz
mit auswärtigen Büchern nicht überhand neh=
men zu lassen: den Debit der inländischen Pro=
dukte desto stärker zu befördern, und das Geld
im Lande zu behalten. Diese Maasregeln wür=
den bei einer ins große veranstalteten Erziehung,
und Vervollkommung der Nation eben so wind=
schief und falsch seyn, als sie es in der Privat=
erziehung sind, wenn Eltern, um das leidige
Geld zu ersparen, ihren Kindern die schlechte=
sten, oder gar keine Bücher kaufen: Oesterreich
ist noch nicht so weit, daß es fremder Hülfe
entbehren könne, und ob ich zwar einem Ihrer
verdienstvollen Männer es nicht gern nachspre=
chen möchte: daß noch nie ein gut geschriebenes
moralisches Buch die Wiener Presse verlassen;
so ist doch in dem Fache der Philosophie, der
gesunden Kritik, des Erziehungswesens, der rei=
nen Moral, geläuterten Theologie 2c. Ihr Man=
gel und Armuth an eigenen guten Schriften so
notorisch und sichtbar, daß es selbst ihre aufge=
klärteste Männer eingestehen, und nur ein aus=
gemachter Thor, dem, weil er etwa in der
großen Normalschule zum Lehrer initirt worden,
Eigendünkel und Nationalstolz den Kopf verrü=
cken, es läugnen kann. Man thut ihnen wahr=
lich kein Unrecht, wenn man Sie in dieser Rück=
sicht an die Worte des Dichters erinnert:

Tecum habita! et noris, quam sit tibi curta
Suppellex.

Was

Was ich bisher von der Censur der Bücher,
die zu lesen erlaubt, oder nicht erlaubt sind,
überhaupt gesagt, und, weil ich nicht ex pro-
fesso davon schreibe, nur gleichsam efflenirt habe,
muß auch von ihrer Druckfreiheit im engern
Verstande gelten. Die Schwierigkeiten, die dabei
vorkommen, ausgenommen in den Fällen, wovon ich gleich sprechen werde, sind dieselben,
und man kann von Ihrer Preßfreiheit gewissermaßen sagen, Sie haben, und haben sie nicht.
Eben die Staatskunst, die dem Strom der
Schriftstellerei einen ganz freien Lauf zu lassen
scheint, leitet ihn im Verborgenen zu jenen Stellen hin, die nach ihren Entwürfen zuerst über-
schwemmt, oder befruchtet werden sollen. Oder
— um nicht mit Ihnen in Bildern zu sprechen
— die Schriftstellerei wird durch den Hof in der
Art gelenkt, daß sie ihre erste und vornehmste
Wirkung bei solchen Gegenständen äußere, die
zugleich das politische und ökonomische Interesse
der Regierung befördern, und diese sind 1) allgemeine Toleranz. 2) Einschränkung der Gewalt des Pabstes vornehmlich da, wo sie auf die
Geldausgaben des Staats eine Beziehung hat;
Verminderung seines Ansehens, Schmälerung
seiner Revenüen. 3) Schwächung der Einkünfte
der Geistlichkeit; Herabwürdigung der Mönche,
Darstellung ihrer Unbrauchbarkeit überhaupt,
und gewisser Orden, die die meisten liegende
Gründe haben, insbesondere. Diese drei Punkte
formiren die Achse, um welche sich das System
der neuen Schriftstellerei in Oesterreich ganz
sichtbar bewegt; bei allen diesen Gegenständen
genießen Feder und Presse im überschwenglichen
Maaße die Freiheit. In Ansehung des erstern
Punkts, nämlich der Toleranz, wird zwar noch
immer wenig geschrieben, und dieses Wenige ist

U 2   leicht

ſeicht, unbedeutend, oder dergeſtalt auf exjeſui-
tiſche Schrauben geſtellt, daß es dem Nachfolger
auf dem öſterreichiſchen Throne — wenn Joſephs
Geiſt nicht ſiebenfach auf ihm ruhet — ſehr
leicht ſeyn dürfte, ungeachtet der herrlichen Dul-
dungsgeſetze das Beiſpiel des Widerrufs des
Edikts von Nantes dermaleinſt in ſeinen Staaten zu erneuern. Und warum ſollte er nicht eben
ſo wie Ferdinand oder Joſeph nach ſeinem Gut-
befinden reformiren, und die Proteſtanten, die
kein geſetzmäßiges Daſeyn haben, entweder wie
Joſeph dulden, oder wie Ferdinand wieder zum
Tempel hinausjagen können? Wehe alsdenn dem
gutmüthigen Proteſtanten, der unter einem Volke nur gleichſam zur Miethe wohnt, das ihm —
nicht aus Ueberzeugung, daß es Pflicht ſey, ſondern blos aus Furcht vor landesherrlicher Strafe — eine Interims = Herberge gewährt: Wehe
dem, den man nur aus Gnaden gedulbet, und
in einem Staate — der eben darum nie eigentlich Vaterland für ihn werden kann — nur einer precariſchen Exiſtenz gewürdiget hat! Die
Zeiten ſind da geweſen, und der Himmel gebe,
daß ſie nie wieder kommen a). —

Weit

a) Das wollen wir hoffen, und unſere Hoffnung,
daß dieſe Zeiten, wo Kruzifixe mit den Kaiſern
diſkuriren werden, nicht ſo bald wiederkommen
dürften, ſcheint uns ziemlich gegründet zu ſein.
Ich hab Ihnen ſchon mehrmalen geſagt, daß
Trotz der vorigen Zenſur fleißig geleſen wurde.
Geht nur erſt die Sonne auf, ſo iſt kein Zenſor
mehr im Stande, alle Fenſterläden im ganzen
Lande, damit das Licht von keiner Seite eindrin-
ge, zuzuſchlieſſen. Und wird man es endlich
gewahr, daß, nach ſo viel trüben Tagen, wieder
endlich die Sonne aufgegangen ſey, dann ſieht
man die Köpfe hinaus, die Mama oder die

Tante

Weit beträchtlicher ist der Aufwand an Ver=
standeskräften, den Ihre neuern Skribenten und
Skribler jeder Art in Ansehung der zwei letztern
Punkte machen. Pabst und Mönche und was
sich bei dieser Gelegenheit unter dem Vorwand
der Kirchendisciplin, oder Reformation der Mis=
bräuche noch etwa mitnehmen läßt, sind jetzt
das große, allgemeine Ziel, das die Meisten un=
ter Ihnen mit Steinen, Pfeilen, einige wohl
gar mit leeren Händen, oder wenns hoch kommt,
mit einer abgenutzten alten Geisel der Satyre,
gleich den Bachanten, verfolgen; während tau=
send andere hinter ihnen herziehen, und sich
mit gleicher Wuth für Heerd und Altäre schla=
gen. Dies ist gleichsam das Bild des Hobbesi=
schen Krieges: Aller wider alle. Vergeben Sie
mir also, wenn ich auch hier von der unter Ka=
tholiken, und gutherzigen Protestanten herrschen=
den Meynung abweiche, und über den Werth
des Josephinischen Geschenkes der Preßfreiheit
etwas verschieden denke. Was kümmert mich
der umstehende Haufen, diese staunende Menge
von Anbetern, die bei jedem Schimmer der Frei=
heit wonnetrunken nicht sicht, was sie sehen soll,
und über das noch im Keime verschlossene Gute,
über das, was einst werden konnte, oder sollte,
und noch nicht ist, tausend Jubellieder anstimmt.
Mir singe ich, und den Musen! —

Daß die Preßfreiheit überhaupt betrachtet,
nicht nur ein wünschenswerthes, sondern jeder
Na=

Tante möchte noch so ernstlich mit der wohlge=
meinten Warnung, daß man sich die Wangen
schwarz brennen würde, hinterher seyn. Sie
werden wenig junge Leute in Oesterreich, sowohl
in der Residenzstadt als in den Provinzen, fin=
den, die nicht wenigstens mit den besten deut=
schen Autoren bekannt wären.

Nation, die für etwas mehr, als bloß für Sklaventugenden Gefühle hat, ein ganz unentbehrliches Gut sey, ist mir eine so ewige Wahrheit, als irgend eine, über die Evangelisten und Apostel geschrieben haben. Allein nach den Grundsätzen der Sekte, zu der ich gehöre, die alle Dinge im Verhältnisse betrachtet, ist es nicht weniger wahr, daß unter allen Wesen im unermeßlichen All der Schöpfer allein dasjenige ist, das einen positiven Werth hat: alles übrige ist relativ, und die Wirkung jeder Sache ist gut, gleichgültig, oder böse, je nach Abänderung des Standpunkts und des Kreises. — Dies ist so wahr, daß selbst die Bibel, die man jetzt in Oesterreich endlich auch den Katholiken in die Hände giebt — worüber sich unsre Herren Superintendenten und Pastoren so herzlich freuen, weil sie daraus schliessen, daß auch Ihnen nunmehr das Reich Gottes nahe sey — daß, sage ich, selbst die Bibel mit aller ihrer Herrlichkeit und Göttlichkeit auf einem schiefen Standpunkt und im verengten Kreise des menschlichen Geistes wenig Gutes, oft Böses, oder gar nichts wirkt: ein Satz, der bei einem Manne, so mit der Geschichte der Menschheit bekannt ist, keines weitern Beweises bedarf. Eine gleiche Bewandniß hat es mit Ihrer Preßfreiheit: sie kam wenigstens zehn Jahre noch zu frühe ins Land, und wirkt daher auf den schiefen Standpunkt, und in dem verengten Kreise des Nationalgeistes wenig Gutes, manch' Böses, oder gar nichts. Es versteht sich von selbst, daß hier nicht die Rede von jener Druckfreiheit ist, durch welche sich schon längst Ihre vortreffliche Aerzte, Ihre Switen und Störks, durch welche sich Ihre Franz, Frölich, Mako und Hell, Ihre unsterbliche Borns, Ihre Mayer, Sonnenfels, Denis

.und

und Maſtaller, und viele andere Männer von
Wſſenſchaften ſelbſt bei den Ausländern rühm=
lichſt bekannt gemacht haben. — Sie war ein
Geſchenk Thereſiens und ihrer Vorfahren. Aber
die Preßfreiheit Joſephs, durch welche die Con=
tagion der unverdauten Schriftſtellerei in der
Nation, und ein gewiſſes polemiſches Scribendi
Cachoetes unter Ihren Reformationsathleten aus=
gebrochen iſt, ſcheint mir nichts weniger als ein wirk=
ſames Mittel zur Beförderung des großen End=
zwecks des Reformators zu ſeyn. b)

Irre

b) Was Sie auf der vorigen Seite geſagt haben, iſt
   ſchön, iſt ein Glaubensartikel der Philoſophen,
   wenn dieſe ja einige haben; aber was ſie izt eben
   ſagen, mit der Mine ſagen, als ob ſie es aus
   jenem Glaubensartikel aus jener unwiderſprech=
   lichen Wahrheit gezogen, oder bei ihrem Ausdruk
   zu bleiben, entwikkelt hätten, iſt dumm, iſt ab=
   geſchmakt — iſt ein Naſenſticher der geſunden
   Logik von hintenher gegeben, eh ſie ſichs verſahen,
   wie Sie die Aerzte und Sterngukker mit der
   Drukfreiheit in Colliſion bringen könnten, war
   mir ſchon unbegreiflich, den der unſterbliche
   Switen und ſein Nachfolger Störk, und Born
   und Hell hätten unter dem Schutz der ſpaniſchen
   Inquiſition Ihre Werke ſchreiben können; Denis
   und Maſtalier in qualitate qua obendrein. Son=
   nenfels, den ſie gleichfalls anführen, iſt ein an=
   derer Mann. Dieſer rettet ſie, daß Sie nicht
   ſchon da ganz nonſenſikoliſch geſprochen haben.
   Allein was darauf folgt: — — Dieſe Preßfrei=
   heit war ein Geſchenk Thereſiens. — Durch die=
   ſe Preßfreiheit erhielten wir jene berühmte Män=
   ner — aber durch Joſephs Preßfreiheit unverdau=
   te Schriftſtellerei, und folglich iſt Joſephs Preß=
   freiheit — — ich will es dem Leſer überlaſſen,
   noch einmal dieſe Stelle zu leſen, und zu ur=
   theilen, ob ſie nicht ihre Vernunft ver=

loren,

Irre ich, oder muß man, nach der Ordnung der Dinge, die Menschen erſt denken lehren, ehe man ihnen die Freiheit zu ſchreiben ertheilt? — Freilich gebricht es den öſterreichiſchen Staaten nicht an Nationalfähigkeit, und
glücklichen Talenten c); aber ſie taumelten, wie
Sie

loren, oder, welches wahrſcheinlicher iſt, ver-
leugnet, verrathen haben? Wenn unſere jungen
Schriftſteller den obengenannten nicht an die
Seite geſezt werden dürfen, ſo liegt die Schuld
doch wohl nicht an der Preßfreiheit? Eben ſo
wenig, als, daß es bei Ihnen keine Leibnitzer
und keine Sulzers, zu Braunſchweig keine Leſſin-
ge, in der Schweitz keine Haller, in Frankreich keine Voltärs, Rouſſeau und in Engeland
keine Lockens, Schakeſpears und Newtons mehr
giebt. Oder glauben Sie ernſtlich, die Preßfreiheit könne es hindern, daß ſolche Männer je wieder kommen?

c) Hätten Sie doch nur wider geſagt: ſo wie bei
uns! denn da hätten Sie mir Gelegenheit gegeben zu fragen, wer denn Ihre dummen, erzdum-
men Storke, Silberſchlage, Wagnere, Koblanke, Bonine, u. a. m. hätte denken gelehrt? — Und
Sie ſchreiben? Bei einem Mendelſon gehen Wagnere;
bei einem Engel — Bonine, bei einem Spalding — Silberſchlage Koblanke und Storke immer und überall duzendweis obendrein. Der erſte
Tag, als Klopſtock ward, hat tauſend Bardenſän-
ger gewekt, der zweite Tag hat ſie alle wieder,
bis auf Klopſtok, vergeſſen. Virgils Aeneide wird
nach 1000 noch geleſen werden, von Blumauers
traveſtirten Aeneide wiſſen wir heute nichts mehr.
Was thut das alles zur Sache? Wer kann es
verhindern, daß nicht ein und der nämliche Regen gute und giftige Schwammen hervorbringe?
Soll Gott alſo lieber gar nicht regnen laſſen?
Es iſt mir leid, daß ich ſie hier in der Geſell-
ſchaft des Königs Alfons finden muß.

Sie selbst sagen, in der dicksten Finsterniß herum; sie schliefen größtentheils diese Talente in
Ermangelung eines ihnen angemessenen Wirkungs-
kreises. Und was helfen dem Staate alle diese
schlafende Monaden? Joseph weckte sie — und
in dem Augenblicke traten sie ungebildet, und
noch schlaftrunken auf dem großen Schauplatze
als Lehrer des Volks auf; griffen dem heiligen
Vater und allen seinen Bothen an den Bart;
thaten im Vorbeigehen ein paar komische Luft-
streiche auf Vorurtheile und Aberglauben, wie
Rabelai's Luftteufelchen, die auf den Kohl ha-
geln, und — verschwanden gleich einem Meteor.
Das Merkwürdigste dabei ist, daß fast kein Gelehrter von einigem Ansehen, Sonnenfels ausgenommen, der auf seine alten Tage jezuweilen
den Pattisan noch macht, sich unter die Reformationsathleten gemengt, oder seine Feder bei
diesen Fehden gebraucht hat: entweder, weil
Männer vom Verstande es einsahen, daß das
Schreiben da sehr überflüßig ist, wo der Souverain mit seiner Macht und Ansehen reformirt,
oder weil man glaubte, durch den kleinen Krieg,
welchen man die leichten Truppen gegen Pabst
und Mönche führen hieß, bald fertig zu werden. Aber wie kann man es erwarten, daß diese
lustige Ephemera, so häufig sie auch mit jedem Tage
aus den Wiener Pressen sich hervordrängen, auf
das Publikum einen bleibenden Eindruck machen;
daß diese durch Preßfreiheit, und wer weis welche andere geheime Wege begünstigte Zeitbroschüren zureichend seyn werden, die Begriffe von
solchen Dingen, die der allgemeine Volksglaube
Jahrhunderte durch geheiliget hat, auszulöschen,
und der neuen Lehre — wenn auch nichts als
Kirchenzucht und Ceremonien ihr Gegenstand wären — in dem Herzen der Nation Eingang zu
ver-

verschaffen? Daß sie das nicht thun, beweiset
die Erfahrung; und es sind noch keine zwei Monate, daß man von Wien aus gemeldet hat, wie
Pfafferei und Aberglaube, troß den Bemühungen des Kaisers, ihnen Einhalt zu thun, nicht
nur fortdauern, sondern auch hie und da das
Haupt sehr mächtig empor heben, und wo sie
das recht können, beinahe stärker als ehmals im
Geheim ihr Wesen haben.

Sollte nicht die Ursache dieser paradoxen
Erscheinung, wenigstens zum Theil, in der übereilten Preßfreiheit liegen, durch die man gerade
das Gegentheil zu bewirken geglaubt hatte? In
dem Heckerwerkchen der Herren Wiener, wie
Professor Dietterich in Strasburg das Büchlein:
Was ist der Pabst? zu nennen pflegt, steckt wahrlich keine Feinheit: die Verfasser behandeln ihren Gegenstand größtentheils ohne Menschenkenntniß, ohne Rücksicht auf das Terrain, und so gerade zu, als ob sie es mit Lesern zu thun hätten,
die auf ihr Wort, wie auf das Wort des Pabstes,
oder eines Kirchenvaters glauben würden. Allein
man verrieth zubald den Beweggrund, der die
Herren ex tempore zu Kirchenschriftstellern mochte gemacht haben. Die einen schrieben vielleicht
um Gunst, die andern um Brod, und alle um
den Ton des Hofes durch ihren Wiederhall zu
verstärken. d) — Die wenigsten haben der Sache
ruhig nachgedacht, und beinahe keiner wußte
durch schikhafte Wendungen die Wege zu dem
Verstand und Herzen seiner Mitbürger zu finden;
Spötterei und Satyre sind bey Gegenständen
dieser Art am allerwenigsten an ihrer Stelle:
sie erbittern, aber belehren nicht. Es giebt freilich Thorheiten selbst in dem Religionswesen,
    die

d) Nun, ist da was unrechts daran? Ist die Disso-
nanz des Hoftons schon so erwiesen?

die sich nicht wegphilosophiren laſſen, und ich be-
ſtreite daher keineswegs die Moralität der Satyre über religiöſes Puppenwerk — Elias brauchte ſie ja gegen die Baalspfaſſen — Aber es müſſen ſchon gewiſſe Schritte e) gethan ſeyn, wenn
man darüber ungeſtraft lachen, und die Lacher
auf ſeiner Seite haben will.

Setzen Sie, m. H., zu allen dieſen Bemerkungen noch hinzu, daß dieſe ungeheure Menge unützer Schriften eine, wo nicht gröſſere,
doch gewiß gleich ſtarke Anzahl von Gegenſchrif-
ten veranlaßt habe: daß die Antagoniſten, die

im

e) Ei doch, mit ihren gewiſſen Schritten. Wenn
diese gewiſſen Schritte nicht bereits gethan geweſen wären, ſo würde man nicht haben
lachen können. Man würde ſtatt des Lachens
Zettergeſchrei angeſtimmt, und zum Aufruhr ge-
blaſen haben. Da iſt aber nichts dergleichen
vorgefallen. Man kaufte Tauſende von ſolchen
Piecen alle Tage, — und lachte. Daß es hie
und da Baalspfaſſen gab, die herzlich gewunſchen
haben, daß dieſe fliegende Eliaſſe ſich auf ihren
brennenden Verutſchen — die H— verbrennen
möchten, daß dieſe Baalspfaſſen ihren frommen
Anhang hatten, die ihnen dieſe Wünſche nach-
ſchnatterten — und ſagten: ei der Teufel, man
muß doch wirklich keine Religion haben, wenn
man die Begräbuiſſe der Chriſten ſo lächerlich
macht, iſt keinem Zweifel unterworfen. Bei Ihnen
giebts ja auch dergleichen Baalspfaſſen, und Gän-
ſenheerden. Zieſmere ſind noch nicht in Berlin
ausgeſtorben; ſie werden ſich noch lange erhalten,
und doch wird man nicht daran zweifeln, —
daß man zu Berlin ſchon die gewiſſen Schritte
gethan hat. Man leſe des N. v. Steinsberg
berliner Predigtenkritik, wenn man ſich überzeugen will, daß Anno 178?. das deutſche Athen
— Berlin mit Scrundiaden reichlich geſegnet geweſen iſt.

im Besitz der von langer Hand her die gegrün=
deten Volksmeynungen waren — und Sie wissen
doch, welch' Gewicht eine Tradition oder Mey=
nung Ihrer Religion durch das graue Alterthum
erhält? — daß, sage ich, diese Antagonisten
in ihrem populären Patois mehr ad hominem
sprachen, und folglich mit ihrer ganz simpeln
Widerlegung bei dem gemeinen Manne mehr Ein=
gang und Beifall fanden, als die Reformations=
sprecher mit ihren weit hergeholten, dem Volke
unbegreiflichen kanonischen Deduktionen. Aller
Vortheil mußte, der Erfahrung gemäß, auf je=
ner ihrer Seite seyn, denn die Bequemlichkeit
beim Alten zu bleiben, ist für den grossen Hau=
fen, der selten im Stande ist, Einwürfe gegen
seine Vorurtheile zu begreifen, schon an und für
sich ein sehr behagliches Ding; alles Neue erscheint
ihm in einem widrigen Lichte, die Gegner konn=
ten daher ihres Sieges auf alle Fälle gewiß
seyn. Bedenkt man noch die Gegenwart des
Pabstes mitten in dieser Gährung: den Ein=
druck, den der erste Anblick Seiner Heiligkeit bei
der sogenannten Teufelsmühle, den der grosse
feierliche Segen auf dem Hofe, und die leibhaf=
tige Darstellung des Statthalters Christi mit
dem Triregno in der St. Stephanskirche auf Sin=
nen, Herz und Verstand des Volks gemacht hat;
so muß man wahrlich die Menschen sehr wenig
kennen, wenn man sich bemungeachtet versprechen
kann, sie durch einige Dutzend fliegende Blätter
aus ihrer Fassung zu bringen. Dieser ganze
polemische Unrath kann also keinen andern Er=
folg haben, als daß durch dergleichen Streit=
schriften, deren Inhalt als Neuigkeit des Ta=
ges in allen hohen und niedrigen Zusammenkünf=
ten aufgewärmt wird, Väter gegen Kinder, und
Kinder gegen Väter gereizt, Bürger gegen Bür=
ger

ger aufgebracht werden: daß der Saame der
Zwietracht allgemein ausgestreut, Toleranz und
Menschenliebe erstickt, und den Faktionen im
Staate das heimliche, aber eben darum weit ge-
fährlichere Schwert der Verfolgung in die Hände gegeben wird. Dies ist die traurige Wirkung
der albernen Kontrovers, des polemischen Ge-
schreies auf den Kanzeln, und in Schriften,
die man in der Volkssprache abgefaßt hat, in
Griechenland, in Italien, in Deutschland und
Frankreich von jeher gewesen ist; es hat überall
das Schwert, aber nicht den Frieden gebracht. f)

Kann man nach allem diesem die neue Preßfreiheit in Ansehung dieses Punkts noch länger
als eine Wohlthat ausschreien, die der allgemeine
Zuruf der denkenden Menschheit feiert? Hat die
Nation durch dieses Mittel irgend einen reellen
Zuwachs an Gelehrsamkeit, oder an wirklicher
Aufklärung erhalten? g) Sind Ihre Hausprodukte
von der Beschaffenheit, daß sie das leisten, das
Volk aufklären, und reine, gründliche Begriffe
von Religion, und ihrem Nebenwerke veranlas-
sen können? Ich wünschte sehr, daß Sie einmal auf den Gedanken geriethen, uns, nach
Art der Trinitarier, welche die Gefangenen aus
den Händen der Ungläubigen erlösen, durch ein
ächtes Verzeichniß zu belehren, wie viele Sklaven der Vorurtheile, und des Aberglaubens Ihre

f) Sie berufen sich wieder auf Griechenland, Italien
Deutschland c. c. und hätten doch mit leichter
Mühe von ihren Korrespondenten erfahren können,
ob diese Skriblerei in Oesterreich ähnliche Wirkungen hervorbrachte? Ob da Kinder gegen
Väter, Bürger gegen Bürger aufgebracht wurden?
Wo sie vorwärts mit der Geschichte gehen sollten, gehen sie lieber rükwärts! Warum? damit
die Wahrheit entdekket werde.

g) Ergo, wird auch in alle Ewigkeit nicht erhalten:

re Reformationsapostel dem römischen Joche entrissen haben? — Bis dahin werde ich den mir
sehr einleuchtenden Gedanken nicht aufgeben,
daß Sie im Reiche der Wahrheit, der Philosophie, der reinen Moral, und überhaupt aller Künste und Wissenschaften unendlich mehr
Land würden gewonnen haben, wenn Joseph allen den Klopffechtern de part & d'autre das
Handwerk gelegt: in Absicht der so unnöthigen,
als den Sitten und der Vernunft, die erst an
der Schwelle der Aufklärung steht, höchst nachtheiligen Reformationsfehden die Preßfreiheit
gänzlich verweigert, dagegen aber den völlig
freien Bücherhandel in seinen Staaten erlaubt,
und befördert hätte. h) Es ist nicht ohne, man
hätte durch eine solche Einschränkung der Presse
ein paar hundert Genies, die gerade in dieser
Sphäre ihren Flug zu nehmen geschickt sind,
ausser Activität gesetzt: dagegen hätte aber auch
das Publikum wieder eben so viel an den ihm
unentbehrlichen Holzhackern und Taglöhnern gewonnen. Und was liegt daran, in welchem
Kreise ein Genie dieser Art wirksam ist: an der
Karre oder am Autorpult? — Ich bin ꝛc.

Eilfter

---

h) Das ist schön! Wir sollten nicht verhindert werden, etwas zu schreiben, damit auf der Leip-
ziger Messe kein Stichhandel Statt fände, und
wir ihre Schmieralien ferner netto bezahlen müßten? Oder sollten wir gegen Nikolais Reisebeschreibung etwa nichts zu Markte zu bringen im
Stande sein? Wie viel Geist wird nicht dazu
erfordert, alte, schon vergessene Topographen zu
plündern, und zu verfälschen, wo man sie verbessern will? — Haben Sie etwas erträgliche-
res Anno 1784 von Berlin uns zur Messe gebracht? Wenn Sie ja sagen, so werden Sie
mit Nikolai zuthun kriegen.

Eilfter Brief.

Ich hoffe, mein Herr, Sie sind mit meinen
Gedanken über die Folgen der Censurfreiheit noch
so ziemlich zufrieden: denn Sie selbst scheinen
mir eben nicht die beste Meynung davon zu ha=
ben, wenn Sie im Eingange Ihres eilften Brie=
fes S. 75. schreiben: „Diese Folgen waren über
„alle Erwartung sichtbar. Alle Autorfedern pur=
„girten. — Eine Heerde klügeinder Aerzte fiel
„über unser Publikum her, schrieb ihm für 7,
„10, 17 Kreuzer Recepte, die wenigstens das
„Verdienst hatten, seine **schwische abzugeben.‟
Ueber alle Erwartung waren diese Folgen zwar
nicht; denn nichts war natürlicher, als daß die
Herren Autoren, die schon lange verstopft wa=
ren, am Ende entweder am Miserere krepiren,
oder — Dank dem neuen Censurfreiheitsrecept —
sich auf irgend eine Art erleichtern, und alle bis
dahin aufgesammelte Krubitäten von sich geben
mußten. Daß übrigens diese ganze triviale Me=
tapher mir äußerst mißfalle, habe ich Ihnen schon
in meinem ersten Briefe zu erkennen gegeben;
wenn Sie aber gar von ****wischen sprechen,
so ist dies so deutsch, wie möglich. — War es
wirklich die Bestimmung Ihrer Zeitbroschüren,
den schmuzigsten Weg aller Makulatur zu gehen;
so scheinen es die Verfasser recht darauf ange=
legt zu haben, ihren respectiven hohen Gönnern
die Lektüre von Staatsreformationsnachrichten in
so bequemen Quantitäten einzurichten, daß sie
selbige ohne Verlust ihrer übrigen kostbaren Zeit,
in den Augenblicken, und an den Orten, wo
selbst der Monarch nicht vergessen kann, daß er
Mensch ist, à la Chesterfeld lesen konnten. (Siehe
Chesterfelds Briefe 1. Band 102. Br. an Phi=
lipp

lipp Stanhope.) Für Partifullers würden freilich ****wische von mehr als 300 fl. am Werthe noch immer unverzeihlicher Luxus seyn: für Durchlauchten und Excellenzen ist es blos eine standesmäßige Ausgabe. — Wie dem seyn mag: ein Schriftsteller, m. H., von einiger Lebensart sollte sich nie Ausdrücke erlauben, die so stark nach dem Markte riechen.

Weit besser gefiel mir ein kleines Sinngedicht, das ich irgendwo, vielleicht gar in unsrer ruchlosen allgemeinen deutschen Bibliothek über den Wust Ihrer litterarischen Aftergeburten gelesen habe. Es ist eine glückliche Parodie des Martials: Ne toga cordyllis, ne pœnu a defit olivis.

Weich' Glück! Nach Pfeffer und Caffee
Streicht Ostreichs Flagge durch die See:
Und welche Vorsicht — daß schon itzt
In Wien fast jede Presse schwitzt,
Damit, gehts gut, der Handelsmann
Papier zu Dütten haben kann.

So fein hier der Witz ist i), so werden ihn die Wiener — versteht sich, nur eine gewisse Gattung — noch immer weniger, als Ihre platt hingeschmierte **schwische verdauen können: denn diese sind ein inländisches Produkt, welches, wenn es auch so grob ausfällt, demohngeachtet geschätzt

i) So fein Sie wollen. Wir verkennen die Wetterleuchten der allgemeinen deutschen Bibliotheken nicht. Nur ists nicht neu und ungewöhnlich bei uns auf jeder Bierbank, wenn eine Broschur, die eben gelesen wird, nicht recht behagt zu hören: gut für die Käßstecher, gut für Gewürzkrämer! gut für Dutten sagt die Bibliothek — und man find't es witzig. Aber der Witz liegt mehr bei der Vorsicht, werden sie sagen. — Meintwegen, man wirds schon finden. Sie habens ja da nicht am Gedankenstreich fehlen lassen!

geschätzt wird, weil es den Stempel des Vater=
landes trägt. Die Griechen liebten — nach dem
Sprichwort der Alten — keinen Witz, als den
ihrigen. Hieraus läßt sich einigermaßen das Pa=
radox erklären, daß Sie sich untereinander die
unverschämtesten Pöbeleien in Ihren Schriften
gleichsam mit lachendem Munde sagen: von Esel,
Rindvieh, Dr** und ****wischen, wie von Galan=
terien sprechen; dagegen aber bei jeder unpar=
theyischen freimüthigen Anmerkung der Auslän=
der, die im gemäßigten Kunstrichterton über Ih=
re Schmierereien gemacht wird, hoch auffahren,
und sich überaus empfindlich bezeigen. Dies ist
doch sonderbar! Sie erlauben sich Ihre eigene
Waare zu tadeln, und der auswärtige Käufer soll
das Recht nicht haben, auch nur ein Wörtchen
mitzusprechen? — Ist es ihm erlaubt, die Waa=
re, so ihn befriediget, öffentlich zu loben, warum
soll' es ihm, wenn er sie schlecht, und sich um
sein Geld betrogen findet, nicht auch erlaubt
seyn, sie öffentlich zu tadeln? Wenn ein Leser
meine Schriften tadelt, so frage ich, ob er sie
bezahlt oder nicht bezahlt hat? Im ersten Falle hat
er sich gleichsam das Recht erkauft, darüber zu
raisoniren, oder zu deraisoniren, wie er will:
im letztern — verdient er eine Maulschelle.

Aber ein ganz anderes Gespenst rumort in
Ihren Köpfen: Sie bilden sich ein, daß bei jeder
Beurtheilung, welche Ausländer von Ihren Schrif=
ten machen, schreiender Nationalneid und Eifer=
sucht zum Grunde liegen müßten: daß Sie den
Glanz mit Unwillen vertragen, den Ihre 7, 10,
und 17 Kreuzerlichtchen um sich her in ganz Deutsch=
land verbreiten. Sie glauben, Ihre ephemeri=
schen Schriftsteller, die noch so unschuldig sind,
als ein Kind, das vom Mutterleibe kömmt, daß
sie bereits mit dem ganzen Norden von Deutsch=

X   land

land an Gelehrsamkeit, Talenten, Geniekraft wett=
eifern können. Weil ihnen etwa Sonnenfels in
einem täuschenden rednerischen Bombaſt vorge=
prahlet hat: Wien könne jetzt, ſo wie an Gröſ=
ſe und Pracht, alſo auch an Erleuchtung, Kul=
tur der Wiſſenſchaften, und Freiheit zu denken,
allen andern Städten in Europa vorgezogen werden,
ſo kömmt es nun den guten Leutchen vor, als wä=
ren ſie ſchon wirklich die großen Weltlichter, die
ihre Stralen weit über den Wiener = Horizont
hinaus nach allen Welttheilen ſchicken. Wenn
das iſt, meine Herren, ſo machen Sie das Buch
zu: Sie haben nichts mehr von Ausländern zu
lernen: Sie bedürfen ihre Schriften nicht mehr;
denn nun quillt alle Weisheit von innen, und
aus Ihren eigenen Staatsquellen heraus: f)

Claudite jam rivos pueri! — Sat prata
biberunt.

Aber eben dieſer Mann, der den Wienern
bald Quintilian, bald Addiſon, bald geſetzgeberiſcher
Profeſſor, Polizei= u. Theaterrichter, bald alles ſeyn
ſoll — iſt es auch), der mit ſeinen Helfershelfern
das ſo ungerechte, als dem guten Vernehmen be=
nachbarter Völker unanſtändige, liebloſe Vorur=
theil durch ſeine politiſchen Künſte und Redner=
touren bei der Nation auszubreiten ſucht, daß
man nämlich in Berlin gegen alles, was in Oeſter=
reich geſchieht, was aus Oeſterreich kommt, einen
eingewurzelten Nationalhaß bezeige. Wenn Sie
nicht

f) Schikane! Wenn das Ausland unſere guten Schrift=
steller, davon einige bereits genannt würden, be=
nutzet, — warum ſollten wir nicht auch das Gute
des Auslandes benützen? Oder folgt etwa dar=
aus, daß, weil wir unſerer Schmierer Schmier=
produkte ſelbſt tadeln und verachten, wir das
Gute des Auslands nicht leſen werden? Ei, ei,
Herr Author! was haben Sie da nicht wieder für
ein ergo entwickelt?

nicht selbst, lieber Friedel, von diesem niedrigen
Vorurtheile eingenommen wären; so würde ich
Sie bitten, recht sehr bitten, diesen in so mancher
Rücksicht vortrefflichen und mir wahrhaftig schätz=
baren Mann von einem seinen Karakter und Den=
kungsart so sehr entehrenden Irrthum zurücke zu
bringen, und ihn zu versichern, daß auch diese
Erinnerung, die mir bloß der Schmerz, meine
Mitbürger durch ein so liebloses Vorurtheil be=
leidiget zu sehen, und die mir meine Ueberzeu=
gung abdringt, gewiß keine Wirkung des Natio=
nalhasses sey. Selbst auf dem Standpunkt, wo
mich die Vorsehung hingestellt, und in dem Kreise,
wo sie mir angemessene lokale Bürgerpflichten zu=
getheilet hat — hier an den Ufern der Spree — bin
ich Menschenfreund und Weltbürger genug, einen
Sonnenfels, und jeden Wiener mit den wärmsten
Umarmungen zu empfangen, und mich mit ihm
über den Kaiser und seine wohlthätigen Anstal=
ten zu freuen 1): aber auch in eben dem Grade
unbefangener Beobachter der Zeitläufte, daß ich kei=
nem Sterblichen in= oder ausser dem Purpur je
heucheln; keine Anstalt wider meine Ueberzeugung
loben; aber eben so wenig irgend eine Nation
auf Gottes Erdboden im Ganzen verkleinern wer=
de. — Nur jenes Völkchen in Palestina, so schmu=
zig es war, konnte sich einbilden, der Liebling der
Gottheit zu seyn: man ist jetzt aufgeklärt genug,
um einzusehen, daß die Natur kein Volk in der
Welt mit auszeichnender Vorliebe, aber auch kei=
nes blos stiefmütterlich im Ganzen behandelt; daß
folglich jedes, in verschiedener Rücksicht, sein Gutes,
Mittelmäßiges und Schlechtes hat. O! möchten doch
Männer, wie Sonnenfels, die das einsehen, ernst=
lich daran denken, daß innigste Liebe des Vater=

X 2 landes

1) Brutus ist doch ein Ehrenmann! S. Schakes=
  pears Antonius im Leben und Tode J. Cäsars.

landes die Liebe des Nachbarn so wenig ausschlies=
se als die Selbstliebe die Liebe des Nächsten:
daß es vielmehr wesentliche Pflicht sey, alle die
Vorurtheile in der Nation aufzuräumen, die. —
In was immer für einer Beziehung — eine Ver=
anlassung zur Verbitterung und Nationalhasse seyn
dürften. — m)

Nichts ist wohl lächerlicher, als wenn Pri=
vatschriftsteller, die durch kein Nationalcreditiv zu
Dollmetschern der Gesinnungen eines Volks auf=
gestellt sind, es darauf anlegen, ihre eigene Sache
zur Sache der Nation zu machen; wenn sie toll=
kühn in ihren Werken, oder Zueignungsschriften,
Monarchen, Kriegsheere, und das ganze Vater=
land aufrufen, an einem Kriege Theil zu neh=
men, wo Bücher gegen Bücher, aber nicht Bür=
ger gegen Bürger stehen. Was kann Berlin
dafür, wenn ich — was Wien, wenn Sonnen=
fels, oder Johann Friedel, in der Einfalt ihres
Herzens — eine Thorheit schreiben? Lasciamo
li dire, sagen die erhabenen Regenten, wie dort
Mazarin zu Ludwig dem Vierzehnten pourche ci
lascino fare. Die Nationen können sich lieben,
und ihre Schriftsteller — können sich zanken.

Es ist daher gewiß nicht Nationalhaß — wie
man vorgegeben hat — wenn die Berliner Recen=
senten über verschiedene Schriften, so bey Anwe=
senheit

m) Dieses hätten Sie reiflich überlegen sollen, eh Sie
    sich hinsezten, den Kaiser zu einer Pigmäe und
    die Oesterreicher insgesammt zu Barbaren zu ma=
    chen. Nun hilft ihr Oh und Ach! nichts mehr.
    Sie haben, als ein wakkerer General Ihre Feder
    vom Leder gezogen, — wir müssen uns verthei=
    digen. Oder haben wir vielleicht wie Anno 1778.
    izo zuerst angegriffen? Herr Nikolai und Kon=
    sorten können Ihnen hierfalls Auskunft geben.
    Lesen Sie die allgemeine deutsche Bibliothek mit
    gehöriger Aufmerksamkeit auf das Die & Anno.

senheit des Pabstes in Wien herausgekommen sind,
in der allgemeinen deutschen Bibliothek 51 B. 2 St.
S. 561 bis 609 ein freimüthiges Urtheil gefällt,
und solches mit einleuchtenden Gründen bestättiget haben. Der Herausgeber dieser Bibliothek, ein Mann, an den ich immer mit wahrer
Liebe und Hochachtung denke, nicht weil er ein
Berliner, sondern weil er der unsterbliche Verfasser des Nothankers ist, zeigt sogar an, daß die
Verfasser aller Beurtheilungen neuer wienerischer
Schriften, die bisher in der a. d. B. erschienen
sind, und auch die Beurtheilung der Normalschulen, welche im 52 B. 1. und folgenden Stücken
vorkommen, weder von Berlinern, noch von Bran-
denburgern, sondern von Leuten geschrieben werden,
welche der österreichischen Litteratur sehr nahe
sind, und sie sehr wohl kennen. Wer weis, ob
es nicht selbst Wiener sind? n) — Spaßhaft genug! Salzmanns Teufel scheint bey seiner Revision in Wien noch über manches wichtige Fleck-
chen, das er hätte entdecken sollen, weggesehen
zu haben. Allein, wozu diese Ausbeugung? Nicolai hatte gar nicht nöthig, um einige durch diese Recensionen erbitterte Wiener zu versöhnen, so
etwas zu erinnern. Die Recensenten mögen seyn
wer sie wollen, Griechen, oder Ungriechen, sie haben als Kunstrichter das gethan, was ihres Am-
tes ist. Diejenigen, die darüber erbittert werden
konnten, daß man unbedeutende Dinge, die vernünftige Leute in Wien, wie in Berlin, mit Misfallen gelesen, unbedeutend finden kann, verdienen
keine Achtung: denn sie beweisen, daß sie nicht

Lust

n) Möglich genug. Es giebt ja Jesuiten in Oesterreich.
Allein Sie selbst hecheln Herr Friedeln, obwohl
Sie glauben, daß er der Verfasser jener Briefe
aus Wien nicht sey? Auf diese Art dürfen wir
auch Nikolain salvo regressu hernehmen. Nicht?

Lust haben, durch vernünftige Kritik sich zu beſſern, und den Schlamm und Unrath, den die erſten, wilden Ueberſtrömungen der Preßfreiheit abſetzen, an Gold und Edelgeſteinen ſehr reichhaltig finden wollen.

Ich bin überzeugt, m. H., daß Sie nicht zu dieſer Anzahl der Erbitterten gehören, da Sie ſelbſt von Ihren Autoren nicht zu vortheilhaft urtheilen; aber in Anſehung des uns vorgeworfenen Nationalhaſſes möchte ihnen ein Mann wohl beſtimmen, der ſich nicht geſchämt hat, ſogar die erzdumme Sage: daß Joſeph ein Saufer ſey, auf dieſe Rechnung zu bringen. Aber hören Sie einmal: kann man wohl einen ſchönern Beweis von der Unpartheilichkeit und der Aufrichtigkeit der Geſinnungen des berliniſchen Herausgeber der allgemeinen deutſchen Bibliothek geben, als daß eben dieſer wegen einer angeblichen perſonellen Anſpielung, die ſich im erwähnten Stücke (S. 586 und 87 in der Anmerkung) befindet — da ich den Band alleweil weggelehnt habe, ſo beſinne ich mich nicht, ob es der Herr Hofrath und ſein gelehrtes Mädel, oder was es ſonſt iſt — freiwillig zwei Blätter umdrucken laſſen, und ſie dieſem Stücke der a. d. B. beigelegt hat. Er erſucht alle Leſer der Bibliothek, dieſe umgedruckten Blätter anſtatt der vorigen in des 51. B. 2. Stücke einkleben zu laſſen. In den Exemplarien aber, die noch in ſeinen Händen ſind, ließ er ſelbſt die vorigen Blätter vernichten. Geſtehen Sie es, m. H., was hier Nicolai thut, iſt wirklich ohne Beiſpiel. Freiwillig nicht allein widerrufen, proteſtiren, öffentlich bezeugen, daß die Sache ganz ohne ſeinem Wiſſen geſchehen, daß es ihm höchſt unangenehm ſey; ſondern ſogar zwei Blätter wegen einer Vettille von Anmerkung umdrucken zu laſſen, und ſie allen Leſern der Bibliothek nachzuliefern

liefern — Wahrlich dies würde Ihr Verleger
nicht thun! der käme aber auch nicht so gut weg,
denn er müßte nicht zwei Blätter, nein, zwei
Drittheile Ihres Buches umdrucken lassen, wenn
alle die persönlichen Anspielungen auf Friedrich
und seinen Thronfolger, auf Theresia und Daun,
Braschi und Migazzi, und — und — wegbleiben
sollten.   Aber alsdann würde das ein ganz an=
der Ding, als Friedels Briefe, seyn, und wir wür=
den das unter dem Schutze der neuen Preßfrei=
heit errichtete Monumentum perpetuum Calum=
niæ, womit Sie uns beehrt haben, vermissen.
Die zwei umgedruckten Blätter will ich, aus
Gefälligkeit für unsern redlichen Nicolai, meinem
Exemplar einverleiben lassen: aber daß ich die
vorigen vernichten sollte — darinn kann ich ihm
nicht willfahren: sie sollen dabei stehen, diese Zeu=
gen des schreienden Unrechts, und ich werde zum
ewigen Andenken bei den neuen die Randglosse
hinschreiben: ,,so handelte Nicolai im Jahre
1783, als Sonnenfels, Friedel und Appendix in
Wien vom Berliner Nationalhasse schrieben." o)

Nach

*) Zwei Blätter! zwei ganze Blätter! In welche
Unkosten hat ihn die Wahrheitsliebe nicht versetzt?
Wenn er der Wahrheit und dem Geschmacke in
Absicht auf seine ganze Bibliothek ähnliche Opfer
bringen wollte, so würde er Bankerot machen,
denn er müßte mehr als die Helfte davon kassiren
— und das lief in die Bände! Wie kann man
wegen 2 Blättern solch' ein Geschrei machen?
Nicht wegen der 2 Blätter; werde ich sagen,
sondern der großen Seltenheit wegen, daß endlich
ein Berliner sein Unrecht eingesehen, und öffent=
lich Reu und Leid darüber erwekt hat. In dieser
Rüksicht mags denn auch Recht seyn. Wir klat=
schen in die Hände! — Vivat Nikolai!!!

Nach dieser etwas weitläuftigen Digreßion, die für mich, um Ihnen meine aufrichtigen Gedanken über die von einigen Schwachköpfen so oft gerügte Nationaleifersucht sagen zu können, diesmal schriftstellerisches Bedürfniß war, bin ich wieder bei Ihren Skriblern, und bewundere Ihre patriotische Ehrfurcht, die Sie für alle Buden haben, worinn die Herren ihren Verstand Stück vor Stück für 10 Kreuzer auslegen. Man sollte kaum glauben, daß ein Mann von Raisonnement solche Kindereien im Ernste für wirksame Mittel ausgeben könnte, Aufklärung ins Land zu bringen; und doch behaupten Sie S. 76, „daß diese Alfanzereien, die Stubenmädchenproceße, die Kasperlbalgereien — eben so viel zur Aufklärung des gemeinen Mannes beitrugen, als Ihre großen Gelehrten zur Aufklärung des gebildeteren Theils.‟ Und wodurch? Der Philosoph sagt uns: weil doch in jeder dieser Broschüren ein oder zween gute Gedanken waren. Ja gerade so tragen ein oder zwei gute Gedanken, die sich im unermeßlich dicken Schlamm von Thorheiten und Burlesken verlieren, zur Aufklärung des Verstandes bei, als ein oder zwei Tropfen des besten Lebensbalsams zur Stärkung des Leibes beitragen, wenn man sie in einem Eimer Waßer ersäuft. Ferner: „der dicke Bürger lachte seinen Bauch voll, je schnackischer das Ding war.‟ Allerdings; lachte über die Schnacken, hielt sich eine Weile bei der Pritsche des Poßenreißers auf, und machte, wie Sie gleich Anfangs sagten, ****wische daraus. Daß aber überhaupt das schnackische Reformationszeug so häufig von dem gemeinen Manne gelesen worden, ist eben so wenig wahr. Sie haben, m. H., die Ohrenbeichte vergessen; diese war, ist, und wird auch künftig in den Händen der Geistlichkeit ge=

gen

gen alle Ihre Versuche und Unternehmungen des
Kaisers eine über alles bewährte römische Pana-
cee bleiben. Aber vorausgesetzt, daß die guten
Leutchen — troß dem Verbote ihrer alten Ge-
wissensräthe — alles gelesen hätten, worüber
freut man sich denn so sehr? Etwa darüber, daß
man den unbereiteten Haufen mit einem Schwall
neuer Ideen über Kirchendisciplin, Religionsge-
bräuche, über das Ansehen des Pabstes, und der
Ordensgeistlichen y) u. s. w. betäubte? Ideen, die
er kaum einzeln, vielweniger im Zusammenhange
denken konnte, und, weil sie ihn durch ihre Neuheit, und durch den offenbaren Widerspruch mit
den alten zurückschreckten, nicht denken wollte. —
Oder freut man sich darum, daß man durch die
satyrisch-komische Behandlung gewisser Kirchen-
ceremonien, und der Männer, die, wenn nichts
anders, doch ehrwürdige Amtsmaschinen dabei
waren, den wohlthätig reformirenden Monarchen
bei dem Volke in Verdacht gebracht; Verbitterung und Zwiespalt, wie ich schon oben erwähnt
habe, unter den verschiedenen Gliedern des Staats
angezettelt, und durch alle die nonsensikalische
Schriftchen die Quellen der Wahrheit, des guten
Geschmacks, und des Erkenntnisses dergestalt trü-
be gemacht, und verunreiniget hat, daß, wenn anders die im Zuschnitte verdorbene Sache wieder
in Gleiß kommen soll — auf die erste Reformation nothwendig eine zweite erfolgen müsse. —
Es steht bei weitem nicht so gut um die
Aufklärung des gemeinen Mannes, als Sie die
Aus=

y) Ich empfehle Ihnen hierüber das ıte Stük des
grauen Ungeheurs von Whekerlin nachzulesen. Er
beweiset es ziemlich gründlich, daß die Welt,
existirten lauter Leibnize, dumm bleiben würde,
und daß Kleinigkeiten dagegen guten Nutzen haben, und Aufklärung befördern.

Ausländer davon überreden wollen. Man hat
ihn nicht gebeffert, fondern nur tückifch und zu=
rückhaltend gemacht: er verabfcheut alle Refor=
mationsfchriften, und wenn er fie auch zuweilen
aus Neugierde flüchtig durchliest, fo klagt er fich,
wie mir felbft katholifche Priefter verfichert haben,
darüber in der Beichte q) an; bekreuzt und be=
fprengt fich mit Weihwaffer, treibt in Geheim
allerlei Umfug damit, und würde, wenn es in
feiner Gewalt ftünde, da er jetzt nur Kuchen,
oder wie Sie das nennen, Krapfel und Ko=
latfchen dabei bäckt, die Verfaffer felbft daran
braten: fo wie ehedem die Zeloten in Frankreich
die Hugonotten mit Blättern aus der Bibel le=
bendig durchfpickt, und bei langfamem Feuer, daß
fie mit ketzerifchen Schriften fo lang wie möglich
unterhielten, ad majorem Dei gloriam gebraten
hatten. Vernünftige Katholiken, denen die Denk=
art eines durch feine Priefter aufgebrachten Pö=
bels, und die Grundfätze der herrfchenden Kirche
näher bekannt find, die nur ein bisgen Philofo=
phie, Zeiten= und Menfchenkenntniß haben, wer=
den mir gewiß nicht den Vorwurf machen, daß
ich das Bild übertreibe. Denken Sie fich ein=
mal die Macht Jofephs und die ftehenden Kriegs=
heere aus den Provinzen weg. Und — man
kann Hundert gegen Eins wetten — die Reforma=
tion des 18ten Jahrhunders wird nicht 4 Wo=
chen beftehen; fo wenig ift fie noch in dem Her=
zen und in dem Verftande des groffen Haufens
gegrün=

q) Wirklich? Klagt er fich darüber in der Beichte
an? dies verfichern fie katholifche Priefter? So
wird fich Hr R**ftrauch um fo weniger in fei=
ner Beilage geirrt haben. Es war Jefuiten Han=
del — der Beichtshandel. Da nun aber die
Beichte Niemand mehr kauffen will, fo verfchenken
fie diefelbe. Oder hat auch fchon andere Priefter
diefer Jefuitifmus angeftekt?

gegründet. Unfug wird und kann er freilich nicht anrichten, dafür ist allenthalben seit der Erfindung des Pulvers so ziemlich gesorgt, und in dieser Rücksicht zweifle ich, daß irgend ein Souverain in Europa was zu besorgen hätte, wenn er auf den Einfall käme, sein Volk beschneiden zu lassen. — Aber den Groll behält der Unaufgeklärte in seinem Herzen, und ob es zwar Ihren Schriftstellern groß und klein, die unter Josephs Schutze die Götzen des Volks zertrümmern, nicht so ergehen kann, als es einem Zaupser unter dem herzlich r) guten Karl Theodor ergangen ist; so werden doch die Sachen, in Hoffnung, daß der Himmel Osterreich mit einem völlig à la Ferdinande orbodoxen Regenten wieder segnen dürfte, indessen auf die Kreide genommen. —

Dies ist ohngefähr der Standpunkt, auf dem bei Ihnen die niedrigste, aber auch die stärkste Klasse von Menschen, die am wenigsten durch Ihre Reformationsschriftchen im Geiste wiedergebohren ist, bis jetzt sich befindet; ihr Schidoleth verräth sie zur Genüge: sie gab sich bei Anwesenheit des Pabstes schaarenweise zu erkennen, und denkt noch mit Entzücken an jene Tage des Heils. — Die andere Klasse, die schon etwas mehr aus dem Reformationsbecher getrunken, taumelt noch gerade von der Rechten zur Linken, und von der Linken zur Rechten hin. Sie ist durch Lesung der für und wider die neuen Religionsangelegenheiten so häufig erschienenen Zeitschriften dermaßen irre geworden, daß sie nunmehr gar keinen gewissen Standpunkt hat, und wechsels=

---

r) Herzlich guter Karl Theodor. Wenn dieses Lob Ihr Ernst ist, so ist Ihr Lob ein Wink mehr, daß Jesuiten ihre Mitgehilfen sind. Jesuiten sind in Bayern zu Hause. Man liebt sie, Sie lieben zwar nicht wieder, aber sie loben doch.

wechselsweise hinter dem neuen Reformator, der
ihr sagt: Hier ist Christus — und dann wieder
hinter dem alten Augur, der sie bei der heiligen
Mutterkirche versichert: Da ist Christus — sich
außer Athem läuft. Endlich die kleine Anzahl der
Erleuchteten — diese sind es, die einen Sonnen=
fels, Eibel, Rautenstrauch, und andere gute
Schriften, die aus dem schlammichten Reforma=
tionsstrome als kostbare Perlen aufgefischt wer=
den, nicht ohne Vergnügen lesen; aber zugleich
auch bedauern, daß die Baumeister bei Auf=
führung des Gebäudes eine Kleinigkeit — die
Grundsteine vergessen haben. Diese Männer, die
mit vieler Menschenkenntniß, und einem tiefern
Combinationsgeiste, als die meisten oberflüchtigen
Köpfe, die gleich den Kindern mit der glänzen=
den Schale spielen, das Reformationswerk be=
trachten, ominiren wenig Gutes aus seinem allzu=
hastigen Gang — Sie sehen es ein, daß so
manches in Rücksicht auf die Grundlehren und
Meynungen, wovon noch das gesammte Volk
eingenommen ist, und die, selbst auf allerhöchsten
Befehl, in allen Landschulen der Jugend einge=
prägt werden, zu früh gesagt, und mit dem
Fundament des Katholicismus, und respective
Papalismus, das heißt, mit den römischen Ka=
techismuslehren, die mit allem ihrem Nebenwer=
ke mit wahrem römisch= katholischem Eifer getrie=
ben werden, im offenbaresten Widerspruche ist.
Sie sehen es ein, diese Männer, daß all' das
Geschreibe nichts frommen kann, so lange die
Zugänge zu reinern Erkenntnissen und Aufklärung
durch eingeschränkte Büchercensur, schiefe Erzie=
hungsanstalten, und die Ohrenbeicht — die stärk=
ste und unüberwindlichste Barriere des Aberglau=
bens — verschränkt, und mit den alten Wäch=
tern der Vorurtheile und der Finsternisse, den
räucher=

räucherichten Männern in Baroco und Bara-
lipton, denen man nur pro forma ein neues
Normalkleid angezogen hat, besetzt sind. Möchte
doch ein Blumauer, anstatt eines der feierlich-
sten epischen Gedichte durch Travestirung der Ae-
neis in eine Fahrmarktsposse zu verwandeln,
sich mit seinem leichten Pinsel an dieser Scene
üben: oder, wenn er nicht dazu talentirt ist,
ernsthafte Gegenstände mit Ernst und Würde zu
behandeln, es einem Denis und Mastalier überlassen!

S. 77. mußte der gute Rautenstrauch von
Ihrer alles durchkreuzenden Klinge einen Seiten-
hieb aushalten, indem Sie ihm zum Kompila-
tor, und allenfalls zum Anführer der mittlern
Klasse Ihrer Reformationskämpfer machen. Rautenstrauch hat, so viel ich weis, in dieser Kri-
sis, so gut als einer Ihrer Athleten primæ
Classis gefochten. Wer von Ihnen hat nicht
kompilirt, wer nicht ausgeschrieben, geborgt,
und gestohlen? Wenn alle Ihre Schriftsteller-
chen, Sie mögen sie in so viele Abtheilungen,
und Unterabtheilungen bringen, als Sie immer
wollen, das wieder an Mann geben sollten,
was nicht eigenes Gut ist; so müßten Sie sich
von nun an sammt und sonders non solvendo
erklären. Allein niemand wird Sie an diese
Schuld erinnern: Es ist sogar lobenswürdig,
wenn Sie in Sachen, worüber der gesunde
Menschenverstand schon vor einigen hundert Jahren eben das gesagt hat, was er noch heute
darüber sagen kann, das Erborgte mit Segen
gebrauchen. Eine glückliche Auswahl der Materialien, lokale Bearbeitung und verhältnismä-
ßige Nutzanwendung wird immer ihr ganz eigenes Verdienst bleiben. Man kennt ihre bisherige Lage, Verhältnisse, mancherlei Arten des
Drucks

Drucks, und Mangels an Hilfsmitteln zu gut,
um Ihnen das Mitleid zu versagen, das Sie
wirklich verdienen; ja man bewundert an Ihnen,
was man bei uns kaum mittelmäßig finden dürf=
te, und das von Rechtswegen: weil alle Dinge
in der Welt relativisch sind — was für unsern
Horizont nicht neu ist, wo das Gestirn des Ta=
ges schon etwas höher steht; kann es für den
Ihrigen seyn, den die ersten Strahlen der Mor=
genröthe treffen. Was für unsre Leser schon seit
Luthers Zeiten abgedroschen Stroh ist; kann für
die Ihrigen in der gegenwärtigen Epoche noch
segenvolle Gabe seyn. Aber alsdenn müssen Sie
es auch Ihrem Mitknecht Rautenstrauch nicht
verargen, wenn er — gleich andern — in der
besten Meynung das Leder, wie man sagt, ge=
stohlen hätte, um seinen Mitbürgern in der Zeit
der Noth die Schuhe um Gottes Willen hinzu=
geben.

Von dem schnellen und großen Ausbruche
Ihrer Autoren, die bald nach dem ersten Refor=
mationsregen, gleich den Erdschwämmen, in ei=
ner Nacht so häufig hervorgeschossen, hätten Sie
nicht so viel Aufhebens machen sollen: denn da
Sie kurz zuvor ihre Autorschaften zu den schmu=
zigsten Verrichtungen in der Natur herabgewür=
diget haben; so läßt sich wahrlich nicht wohl
daraus schließen, daß der Staat durch ihr ehe=
maliges Nichtdaseyn viel verloren haben sollte:
gerade das Gegentheil — man sieht, wie we=
nig die viele unreife Früchte der erweiterten
Preßfreiheit dem Volke gedeihen: könnte ein Ha=
gelwetter alle en herbe et en gerbe dergestalt
verderben, daß auch nicht ein Halm übrig blie=
be; so würde der Staat Ursache haben — ein
Dankfest zu feiern. Meine Beweise dieses Sa=
ges

ges haben Sie schon in vorhergehenden Zeilen gelesen 8).

Bis hieher haben ihre Briefe einiges Interesse gehabt, weil Sie, obschon nicht gründlich, doch dreiste genug von Dingen schwazten, die jetzt überall die verliebte Neuigkeit des Tages, und das große Thema der Berathschlagungen im Kabinete des Staatsmanns, und in allen Klubs der Hollbergischen Kannegießer sind; aber hier hätte Sie auch Cynthius beim Ohre ziehen, und an den Zeitpunkt, wo Sie die Feder niederlegen mußten, erinnern sollen. Alles was Sie uns von Ihrem zwölften Briefe an bis zu Ende der ganzen Korrespondenz auf mehr als vierhundert etliche und achzig Seiten erzählen, ist aufgewärmter Kohl, Dinge, die größtentheils durch viele Federn erschöpft, und von andern theils gründlicher, theils unterhaltender vorgetragen worden sind. Ihre Kompilation kann nicht einmal für Ihre eigene Landsleute das Verdienst haben, welches die dem Rautenstrauch vorgeworfene Kompilation für sie haben mußte: denn damals staunte man in Wien — wo das Bücherinterdict die Nation — wenige Gelehrte ausgenommen — in der auswärtigen Litteratur zu Fremdlingen machte, das Ding noch als eine Neuigkeit an: seit der Zeit aber ist das Meiste, was Sie sagen, zum Alltagsgericht worden, das Ihre litterarischen Garköche, trotz der abwechselnden Zubereitung, dem Publikum bis zum Ekel aufgetischt haben. Immer Pabst und Mönche, und

Mönche

8) Meine Gegenbeweise (oder bestimmter zu reden: Fingerzeige zu richtigeren Urtheilen, denn ich durfte nicht Buch für Buch schreiben) in meinen vorigen Noten.

Mönche und Pabst mit allen ihren Apertinentien und Consequentien: immer Prater und Augarten, und Augarten und Prater und Stubenmädchen Anekdoten; wer kann das aushalten? Toujour perdrix — Hätte ich Zeit und Lust, diesen Briefwechsel auszudehnen, so würden mir ein paar Dutzend Stellen, wo Sie wider die Geschichte und gesunde Kritik gewaltig verstoßen haben, sehr reichhaltigen Stoff an die Hand geben. Allein dies würde mich zu weit führen, und ein ganz eigenes Sottisier erfordern, ohngefähr in dem Geschmack der Sottises de l'Exjesuite Nonotte refutées par le Viellard du mont Caucase. Ich werde mich also in meinen Anmerkungen über Ihre übrigen Briefe so kurz wie möglich fassen, und von jedem, der es noch verdient, das Wesentlichste berühren, um Sie zu überzeugen, daß ich sie, aus Achtung für Sie, ganz durchgelesen habe.

„Bis auf Konstantinus Zeiten, schreiben Sie S. 83. war das Ansehen der Bischöffe von Rom ohne alle zeitliche Gewalt, und blos geistlich.“ Dies ist wahr: aber das Gespenst der Hierarchie rumorte schon lange in den Köpfen der christlichen Bischöffe: Bereits Ignatius unterstand sich zu schreiben: die Macht eines Bischofs muß über alle Macht der Erde erhaben seyn. Es ist wahrscheinlich, daß diese Grille noch älter ist, und das vielköpfige Ungeheuer der Hierarchie sehr frühzeitig, selbst unter dem Drucke der Heiden, seinen Thron auf den Ruinen der Frömmigkeit aufgeschlagen habe. Daß Konstantin durch Annahme der Taufe, und durch Verpflanzung seiner Residenz von Rom nach Konstantinopel den ersten Grund zu dem Ansehen der römischen Bischöffe gelegt habe: ist ohne historischen Zusammenhange, und ohne aller Kritik gesagt.

sagt. Was hat die Taufe des Kaisers mit dem Ansehen des Bischofs von Rom zu thun, das er lange zuvor schon gewissermaßen gegründet hatte? Denn bekanntlich verschob Konstantin die Taufe bis an sein Ende: es sey aus politischen Ursachen, wie es am wahrscheinlichsten ist; oder aus abergläubischen Grundsätzen, die schon damals in der lieben Christenheit herrschten, daß nämlich die tristia crimina Caedis — deren der große Beförderer des Christenthums eine gute Menge auf seiner Seele hatte — mit ein paar Tropfen Wasser abgewaschen, und die auf dem Sterbebette Getaufte vom Mund auf, wie man sagt, im Himmel versezt werden. Was nun die Verpflanzung seiner Residenz von Rom nach Konstantinopel betrifft; so würde sie, meines Erachtens, ohne die politischen Fehler, die seine Nachfolger machten, an und für sich so wenig zur Vergrößerung des Bischofs von Rom beigetragen haben, als es zu Vergrößerung des Metropoliten von St. Petersburg etwas beitragen würde, wenn je ein rußischer Kaiser auf den Einfall käme, seine Residenz von Petersburg nach der neueroberten Krimm zu verlegen. Konstantin, der aus heidnischer Politik den Titel eines Pontifex maximus beibehielt, und bald mit den Heiden, bald mit den Christen nach Beschaffenheit der Umstände heuchelte, vermehrte aus christlicher Politik, und den ihm anhangenden Faktionen der Christen zu schmeicheln, und in allem das Gegentheil vom Maxentius, Licinius und Maximinus zu thun, das Ansehen ihrer Bischöffe so sehr, daß er selbst die Geistlichen des Landes von weltlichen Gesetzen befreite, und sie der Willkühr des Metropoliten überließ. Dieses machte sich schon Pabst Eusebius im J. 310, das heißt, ehe noch die Kindheit des Pabsthums mit Mil-

Y   tiades

tiades ihr völliges Ende erreichte, zu Nutze, um
die Geistlichen dem weltlichen Foro zu entziehen,
und als oberster Bischof über die Bischöffe zu
gebieten. Platina, dem man freilich nicht viel
zutrauen durfte, weil der Fabelhanns die alte
Sage bestätigt, und Johann VIII. auf öffentli-
cher Straße zwischen dem Collseo und St. Clemens in Kindesnöthen kommen läßt — verdient
doch hierinn Glauben, wenn er vom Eusebius
schreibt: instituit ne prophani, quos laicos vo-
cant, Episcopum in judicium vocarent. In eben
dem Tone befahl sein vierter Nachfolger Julius
I. daß kein Geistlicher vor weltlichen Richtern
einen Rechtshandel führen, oder diese über jenen
einen Spruch fällen sollten. Daß es übrigens
um die römische Präbende durch die Einrichtung
Konstantins — wenn auch die so gepriesene Do-
natio Constantini ein Unding wäre, — eine vor-
treliche Sache muß gewesen seyn. Hätten Sie
ihren Mitchristen aus den Zänkereien, die darüber zwischen Damascus und Ursicinus im J. 366.
entstanden sind, beweisen, und sie zugleich darauf aufmerksam machen sollen, daß der erstere
von diesen Kompetenten um die Statthalterschaft
Christi ein Ehebrecher, und der letztere ein Ketzer gewesen: jener aber vermuthlich der ächte
Nachfolger sey, weil Ketzerey tausendmal schlimmer als Ehebruch ist. Genug, diese beide aus-
erwählte Rüstzeuge der Kirche schlugen sich an
der Spitze ihrer Partheien um den fetten Bissen
so wacker herum, daß auf einen Tag 137 er-
mordete Körper in Rom gefunden worden. Am-
mian Marcellin hatte bei dieser Gelegenheit geäußert: alsdenn erst würde es für ihn der Mühe
werth seyn, aus einem Heiden ein Christ zu
werden, wenn man ihn zum Bischof von Rom
machen wollte; und damals war er noch lange
nicht

nicht der Herr, der über zwei tausend acht hun=
dert drei und neunzig Millionen, einmal hundert
vier und achtzig tausend, hundert und vier und
funfzig Dukaten, Netto, zu gebieten hatte,
wozu ihn Johann Friedel durch einen einzigen
Federzug gemacht hat.

Den Kaiser Leo nennen Sie einen Bilder=
stürmer. „Es ist wahr: sagen Sie S. 84.
„der Kaiser war ein Sektirer, und der Pabst
„that wohl daran, daß er sich dieser eigenmäch=
„tigen Neuerung widersetzte.‘‘ Wie? Bilder=
stürmer, Sektirer? Ein Kaiser, der die Kir=
chendisciplin reformirt; ist dies Sprache der
Reformation im 18ten Jahrhundert? Gregor II
that wohl daran, daß er sich den Majestätsrech=
ten des Kaisers in Sachen widersetzte, die Chri=
stus nicht gelehrt, kein Apostel jemals geprebi=
get, und kein Christ, als die Kirche noch in ih=
rer ursprünglichen Reinigkeit war, jemals aus=
geübt hat — und Pius VI. thut nicht wohl dar=
an, wenn er sich Neuerungen in der Kirche wi=
dersetzt, über die man ihn als öffentlich aner=
kannten obersten Hirten nicht einmal befragt,
sondern sie via facti unternommen hat? t) —
Wenn Sie uns das große Ansehen, das Gregor
in Italien erlangt haben soll, und die eigene
Macht, worauf er sich verlassen konnte, als die
vornehmste Ursache angeben, daß er dem Kaiser
in der Kirchenreformation widersprochen hat, so
scheinen Sie vornehmlich die Absicht zu haben,
auf den Misbrauch der päbstlichen Gewalt hin=
zuweisen. Allein so wahr es ist, daß einige Päb=

Y 2 ste

_____

t) Wer rümpft darüber die Nase? Der Preuße als
    Lutheraner, oder der Beiträger zu diesen Briefen
    als — Jesuit?

ste ihre Gewalt gemißbraucht haben; so muß doch
dies nicht ohne Unterschied bei jedem Wider=
spruch, den sie den Fürsten machten, gesagt wer=
den. Die Kirchengeschichte hat uns mehr als ein
Beispiel aufbehalten, wo Bischöffe, die keine
Päbste waren, und Päbste, die keine Gewalt
noch hatten, mit männlichem Eifer sprachen,
wenn es darauf ankam, die gute Sache der Re=
ligion, der Kirche, der Sitten gegen ihre eigene
Regenten zu vertheidigen. Schon zwei hundert
Jahre vor Gregor den Zweiten nahm sich Gela=
sius der Erste und Anastasius der Zweite die Er=
laubnis, den Kaiser Anastasius als einen Erti=
chianer in den Bann zu thun.

Ihr Stephan der Zweite, der wider die
Longobarden das Kreuz predigen ließ, und den
Franzosen so abscheulich vorspektakelte, muß ein
Druckfehler seyn: denn Stephan der Zweite war
nur drei Tage lang Pabst. Uebrigens beweiset
dieser ganze Brief nichts weiter, als daß Sie
ein sehr rüstiger Abschreiber sind: denn daß die
Päbste sich durch allerlei Kunstgriffe mächtig,
furchtbar, und den Fürsten unentbehrlich zu ma=
chen gewußt, das konnten Sie ja Ihrem Freund
in zwei Zeilen sagen. Er durfte nur Schröcks
Kirchengeschichte oder Schmids Geschichte der
Deutschen in die Hände nehmen, um all' das
Zeug besser, und mit mehrern Zusammenhange
herauszulesen; die Floskeln, womit Sie diese
flüchtige Auszüge durchwürzen, würde er sich
wohl selbst hinzugedacht haben: eine der vor=
nehmsten soll wohl die seyn: „Ein Bildersturm
„zu Konstantinopel war die zufällige Veranlas=
„sung zu der Macht, die Heinrichen bei Canossa
„beschimpfend machte." Der Witz wäre gut
genug, wenn nur der Gedanke nicht falsch wäre:
denn gewiß, nicht weil Leo zu Konstantinopel
die

die Gelegenheiten zur Idololatri, die nach Ihren Grundsätzen unter dem Namen der Bibel der Laien so sophistisch vertheidigte Bilder der Heiligen aus dem Wege geräumt; sondern weil die fränkischen und deutschen Kaiser ihre oberste Gewalt, und die mit derselben verbundene Majestätsrechte verträumt hatten, ward Heinrich bei Canossa beschimpft.

Da Sie einmal in Auszügen sich üben wollten, so würden Sie ein Ihren Mitbürgern weit heilsameres, und dem gegenwärtigen Reformationsplan angemeßneres Werk gethan haben, wenn Sie ihnen, nach Anleitung der Geschichte, alle die Zusätze, all' das Nebenwerk, womit ein paar hundert Päbste aus Eigennutz, Hochmuth, oder Dummheit die einfachste aller Religionen ausgeschnörkelt und ausstaffiret haben, vor Augen gelegt, und es ihrer eigenen Einsicht überlassen hätten, daraus auf den Werth, und die Beschaffenheit des römischen Kirchensystems zurücke zu schliessen. Durch Hilfe dieser Methode, mit der sich die Geschichte von den Karakteren der Päbste biographisch verbinden läßt, und wobei man eben nicht Löschers römisches Hurenregiment, oder Du Plessis Mysteres d'iniquité, sondern nur katholische erzkatholische Schriftsteller, Männer, die päbstliche Sekretäre und Archivarien gewesen, und folglich keinem Rechtgläubigen verdächtig sind, zu benutzen braucht, würde, meines Erachtens, dem gemeinen Manne der Verstand über die Fragen: „Was ist der „Pabst? Was ist die Kirche? Was Religion, „Kirchenzucht? Was ist von allen dem wesent-„lich, was zufällig und gleichgültig?" weit besser geöffnet werden, als durch alle die trocknen Deduktionen mit ihrem kanonistischen Ansehen, die er nicht versteht, nicht verstehen will, so lange er — Dank dem eingewurzelten, und durch

den

den Katechismus fleißig fortgepflanzten Köhler=
glauben — seine Päbste für Vice Gottheiten auf
Erden hält, und sie nicht aus der Geschichte,
als Menschen kennt. In dieser Rücksicht bin ich
mit Ihrem dreizehnten Briefe etwas mehr zu=
frieden, denn obgleich das, was Sie sagen,
nicht neu ist; so haben Sie doch hier in Bezie=
hung auf Ihre Mitbürger eine Saite berührt,
an die sich andere noch nicht wagen wollen, die
bei allem ihren Reformationsgeschrei im Grunde
noch so weit davon abstehen, als Petrus vom
Kohlfeuer. Nur das Epigramm des Owens hät=
ten Sie, oder Ihr Setzer, nicht verhunzen sol=
len: denn der Pentameter ist ganz wider die Pro=
sodie, und muß heißen:

Simonem Romae nemo fuisse negat.

Dies ist freilich eine bloße Mikrologie: die Pointe
bleibt dieselbe, ob das fuisse vorn oder hinten
steht: aber man muß es da lassen, wo es der
Dichter des metrischen Wohlklanges wegen hin=
gestellt hat.

Ihr funfzehnter Brief zeigt abermal an,
daß Ihr liebster Freund entweder ein bloßes Ens
rationis, oder der größte Dummkopf ist, der in
rerum natura gefunden werden kann. Wie ist
es möglich, daß er glauben konnte, man hätte
den Päbsten ihrer Gewaltthätigkeiten wegen, nie
widersprochen, da die Geschichte, wie Sie selbst
sagen, voll von Beispielen ist, die uns das Mis=
vergnügen der Nationen wider das Verfahren der
Päbste deutlich genug aufdecken? Ließt denn die=
ser liebste Freund gar keine Geschichte? Und kann
ein so unwissender Mann ein Gegenstand Ihrer
Aufmerksamkeit, und Ihres Zutrauens seyn?
Ich habe nichts dagegen, daß ein Autor, der
seine

seine Materie in Briefstyl kleidet, sich einen
Freund erdichtet, den er zuweilen apostrophiren
kann; der ihn im Athem erhält, und den Faden
wieder aufnimmt, wo ihn der Briefsteller hat
fallen lassen. So stellt sich der Dichter, wenn
er petrarchisiren will, ein Ideal von Laura auf,
und der Maler, um seine Madonna recht lieblich,
und holdselig zu malen, ein Bild der Phantasie, das ihn bei jedem Pinselstrich begeistert —
aber Sie, mein Herr, wählen einen thörichten
Freund, dem Sie Albernheiten in den Mund legen, um sie mit Ihrer Weisheit widerlegen zu
können. Dieser Freund muß nun so lange fragen, und zweifeln, bis Sie Gelegenheit finden,
das abentheuerliche Phantom Ihres angelegten
geistlich-statistischen Calculs an Mann zu bringen. Man muß nicht wenig über ihre tiefe Einsichten in diesem Fache erstaunen, wenn man das
Facit ihrer politischen Rechnungen im Ganzen
übersieht; sie übertreffen bei weitem den Compte
rendu par Necker, und öffnen dem die fruchtbare Macht eines Pabstes bisher verblendeten
Europa die Augen, durch Sie erfahren wir endlich, woher der Geldmangel entsteht, und wo
der Abgrund liegt, der Europens Schätze ver-
schlingt. Rom ist es — dieses hat eine Summe von 110,404,560 Scudi zu 2 fl. 27 Kreuzer
für Pensionen, Bullen, Beneficia non residen-
tialia, Dekrete, Rescripte, Indulgenzen, Privilegien, Ehedispensationen, Quindenien, Vige-
nien, Generalprokuratorien, Visitationen, Ta-
xen, und wie die Rubriken der römischen Kanz-
leisporteln immer heißen mögen, während den
40 Regierungsjahren Theresiens nur allein aus
den österreichischen Erblanden an sich gezogen.
Da Sie nun die Volksmenge zum Maasstabe
Ihrer Berechnung angenommen haben, so werden

den Sie mir erlauben, eben diesen Maaßstab auf
andere katholische Staaten, die in Ansehung der
Population sich mit den österreichischen ziemlich
gleich verhalten, und dem heiligen Vater nicht
weniger, als diese Zinsbar sind, überzutragen,
um vermittelst desselben die unermeßlichen Reich=
thümer des römischen Stuhls etwas näher be=
leuchten zu dürfen. Es ergiebt sich daraus fol=
gende Rechnung.

Die österreichischen Staaten haben
  binnen 40 Jahren, nach Ihrem Cal=
  cul bezahlt   =   =   110,404,406

Frankreich   =   =   110,404,560

Deutschland inclusive der Schweiz,
  der vereinigten Niederlande, Irr=
  land und allem, was sich an Ka=
  tholiken im protestantischen Norden
  befindet   =   =   110,404,590

Polen mit sämmtlich verbundenen
  Ländern, nebst dem katholischen
  Rußland ꝛc.   =   =   110,404,560

Spanien, Portugal, Neapel und
  Sicilien, Sardinien, und das
  ganze übrige Italien — die öster=
  reichischen Besitzungen ausgenom=
  men — da sie die rechte Zwickmühle
  des Pabstes sind, können doch jähr=
  lich um eine halbe Million mehr
  betragen, und steuern folglich auch
  bei einer etwas schwächeren Volks=
  menge dem Pabste in 40 Jahren 130,404,560

Asien

Afien, Afrika und Amerika, die Sie
am geiſtlichen Vermögen zweimal
ſo hoch als Venedig ſchätzen, will
ich wegen der Seegefahren, und
daher oft ausbleibenden Silberflot=
ten nicht höher annehmen, als   10,000.000

Summa der ganzen Einnahme der
päbſtlichen Kammer binnen 40
Jahren   =   =   582,022,800

Hierzu die eigene Revenüe aus den
päbſtlichen Staaten, jährlich nur
3 Millionen Scudi geben   =   120,000.000

Alles zuſammen aber ein Sümm=
chen von   =   =   702,022,800 Scudi

Alſo über Siebenhundert und zwei Millio=
nen Scudi, das iſt über Siebenzehnhundert Mil=
lionen Gulden nimmt der Nachfolger Petri, der
Knecht aller Knechte in 40 Jahren ein? —
Wenn das ſo fort geht, ſo müſſen allerdings
alle Königreiche der Welt mit ihren Schätzen da=
rüber bankerott werden: Cenſeo Charthaginem
eſſe delendam. Warum haben Sie aber mit
Ihrem Geheimniſſe ſo lange an ſich gehalten,
und es nicht längſt als Patriot zum Beſten des
Univerſums bekannt gemacht? Ueber Siebenzehn=
hundert Millionen Gulden nach einem ſo mäßi=
gen Maasſtabe! Denn wollte man das Ding ſo
ſcharf, wie die Venetianer nehmen, ſo wäre es
gar nicht auszuhalten: und es würde am Ende
mehr Geld herauskommen, das das Thier in Rom
verſchlingt, als ganz Europa beſitzt — El, ei
Herr Friedel! das hätten Sie doch dem Frey=
herrn von S — ſagen ſollen, damit er ſeine
ſtatiſtiſchen Tabellen umgeändert, und es andern
politiſchen Rechenmeiſtern nicht nachgebetet hätte,

daß

daß die jährlichen Revenüen des Pabstes nur 9 Millionen Gulden betragen, und daß diese Einkünfte nicht etwa aus den Abgaben des Volks alleine entstehen, (die überhaupt nicht sehr stark sind,) und aus den Domainen, Zöllen, oder andern Regalien des päbstlichen Stuhles, sondern auch durch Annaten, Dispensen, Privilegien, Dekreten und allen den geistlichen Schnurpfeifereien, die Sie oben in Rechnung brachten, aus fremden katholischen Staaten gehoben werden. Ferner, daß der ganze Schatz Sixtus V., der in der Engelsburg aufbewahret ist, etwa 10. Millionen beträgt. Lassen Sie den Aufwand eines Pabstes jährlich 10 Millionen Gulden seyn; so würde er in 40 Jahren 400 Millionen aufwenden, und noch 1300 Millionen in Schatz legen können: dies gäbe ohngefähr in drei Menschenaltern, wenn man auch die wieder zu Millionen anwachsenden Zinsen gar nicht berechnet, die ungeheure Summe von dreitausend neunhundert Millionen, einen Reichthum, dem man es sogleich ansieht, daß er bloß die Chimäre eines müßigen Kopfs ist. Ziehen Sie von diesen Summen für Nepotismus, für geistlichen Luxus, und etwa ein so prächtiges Cacatorium, als Pius V. auf der Engelsburg anlegen ließ; für Austrokung der pontinischen Sümpfe, und andere Artikel so viel ab, als Sie wollen, so wird doch am Ende der Rechnung ein handgreifliches Absurdum noch übrig bleiben.

Können Sie sich wohl vorstellen, m. H., daß wenn der Bischof von Rom wirklich Herr, und Gebieter von einem so unermäßlichen Mammon wäre, es ihm an Mitteln, und formidablen Kriegsheeren fehlen könnte, das Ansehen seiner Hierarchie, und göttlichen Statthalterschaft mit nachdrücklichern Waffen, als mit papiernen Va-

ticans-

ricanzöligen zu vertheidigen? daß sich ein kleiner Herzog von Parma an ihm reiben; Frankreich, so oft es nicht bei guter Laune ist, Avig-
non und Benevent in Besitz nehmen; und Joseph II. mit aller seiner Macht, und Herrlichkeit
so ungestraft à la barbe du St. Pére würde reformiren können? Das Geld ist der Hebel, womit jeder politische Archimedes, wenn man ihm
den gehörigen Standpunkt giebt, die Welt aus
ihren Angeln hebt — hätte man davon einen so
großen Ueberfluß in Rom, so würde man öfters
einen Julius II, der Petrus Schlüssel in die
Tiber warf, und Paulus Schwerdt um seine Len-
den gürtete, an der Spitze der Armeen und mäch-
tige Alliirte zu seiner Seite sehen. Es ist freilich eine ausgemachte Sache, daß der römische
Stuhl aus den katholischen Staaten durch zufällige Revenüen ein Jahr vor dem andern mehr
oder weniger Millionen zieht; aber Ihre Rechnung — der terror calculi mag liegen, wo er
will — bleibt immer ein Ungeheuer, ein Ammen-
mährchen, das man Kinder überreden muß. Ohne mich auf eine weitläuftigere Untersuchung dieses politisch = statistischen Quodlibets einzulassen
— denn mir gilt es gleichviel, ob Ihr Pabst so
reich wie Krösus, oder so arm wie Kodrus ist —
will ich nur soviel anmerken, daß der Maasstab, den Sie bei Ihrer Berechnung des Ver-
mögens der gesammten katholischen Geistlichkeit
angenommen, nämlich die venetianische Angabe
der Deputation ad pias causas schon aus dem
Grunde ein bloßes Qui pro Quo sey, weil es
sichtbar ist, daß in dieser Angabe einige Artikel
unter andern Namen doppelt verzeichnet, verschiedene Rubriken nicht liquid, sondern nur auf
Geradewohl angegeben, und überhaupt die Deto
nicht authentisch genug bewiesen sind. Wenn dies
                                        aber

aber auch wäre: so muß es doch sogleich jedermann einleuchten, daß ein solcher Maasstab nicht in Ansehung aller katholischen Länder, und am allerwenigsten in Rücksicht auf Asien, Afrika und Amerika anwendbar, folglich in jeder Betrachtung nur die Grundlage eines politisch = statistischen Kinderwerks seyn könne.

Dem sey auch wie ihm wolle; so erhellet selbst aus diesen ungewissen, schwankenden Angaben, daß das Vermögen der gesammten katholischen Geistlichkeit zwar überaus groß, aber darum die Geistlichkeit selbst — wenn nach dem nämlichen Maasstabe nur 120 Dukaten jährlich auf ein Individuum im Durchschnitte kommen — nichts weniger als reich sey. Ein Theil des Ueberflusses geht auf Lohn und Verpflegung so vieler tausend weltlicher Handlanger, Beamten, Handwerker u. s. w. Auf Unterhalt der Armen; Erhaltung der Schulen; Sarta tecta der Kirchen, und dazu gehörigen Gebäuden; auf Bilder, Ornat, und allerlei Kirchenluxus auf, wodurch das Geld im Lande nicht weniger in Umlauf kommt, als durch den Luxus der müßigen Großen. Den größten Antheil aber am geistlichen Vermögen haben die Auswüchse der Hierarchie — hier möchte die Art des Reformators die ersten Hiebe thun: allein wie kann das geschehen, so lange man mit den ansehnlichsten beneficiis ecclesiasticis, da, wo Grund und Boden am geilesten ist, die Prinzen vom Geblüte ernährt?

Ferner muß ich erinnern, daß wenn auch der von Ihnen erwähnte Vermögenszustand bei der katholischen Geistlichkeit in der ganzen Welt wirklich statt fände, und Ihre zwei tausend acht hundert drei und neunzig Million, einmal hundert vier und achtzig tausend, hundert und vier und funfzig Dukaten nicht Chimäre wären, ja

noch

noch mit ein paar Zero vermehrt würden: die=
fer Reichthum darum noch lange nicht dem Pabste
zu Gebote stehe. Tausend eifersüchtige, ehr= und
geldgeißige Drachen von Bischöffen, und Präla=
ten bewachen ihn überall, und reichen ihrem hei=
ligen Gebieter und Chef, wenn sie sonst Lust da=
zu haben, in gemäßigten Portionen nur soviel
davon ab, daß Se. Heiligkeit bei guter Laune
bleiben, und mit der kleinen Recognitione Do=
minii vorwillen nehmen mögen. So blind und
unbedingt auch sonst der Gehorsam gegen den
Vater der Gläubigen ist! so viel auch in der
Theorie von dem Dominio directo des Pabstes
über jeden Mundbissen, den der arme Frater
Lorenzo erbettelt, behauptet wird; so gehen die
Dinge in Praxi doch ganz anders, und die Geist=
lichen wissen es — Dank dem Probabilismus
— zu gut, wo der Gehorsam als ein Glaubens=
artikel der Kirche anfängt, und wo er ein Ende
hat. Bei so bewandten Umständen gleicht Va=
ter Pabst mitten unter den Reichthümern seiner
ihm ganz ergebensten Christenheit nicht dem Ju=
piter des Homers — wie Sie ihn in einer wäs=
serigen Tirade vorgestellt haben — nein; er gleicht
vielmehr dem Tantalus, der seine Schätze mit
Begierde verfolgt, und niemals erhascht —

Ihre Berechnung von den während der
40jährigen Regierung Theresiens in die römische
Dataria geflossenen Summen, die ich nur darum
in Vorhergehenden als Maasstab angenommen
hatte, um das Ungereimte der daraus fließenden
Folgesätze zu zeigen, kann eben so wenig richtig
seyn; denn Sie nehmen dabei an, daß Oester=
reich zehnmal so viel Einwohner als Venedig
habe: nun hat aber Venedig nach dem Bericht
der Deputation 2,655,481 Seelen, folglich müßte
Oesterreich Ihrem Calcul zu Folge: 26,554,810

Ein=

Einwohner haben. Nach des Freyh. von S.
—— Tabellen, von dem man mit Grunde vor-
ausſetzen kann, daß er die allerneueſten Conſcrip-
tionsliſten genützt, und als Patriot die Anzahl
der Einwohner der Monarchie gewiß nicht ver-
ringert hat, war im Jahre 1781. Oeſterreichs
Volksmenge: 20,280,000, ſie müßte ſich alſo ſeit
zwei Jahren um 6,274,810 Köpfe vermehrt haben — Ein Zuwachs, der ſich wahrhaftig nicht
denken läßt, wenn auch alle Ihre Unfruchtba-
ren durch die neuntägige Andacht zum Grabe
des heiligen Nepomuk wie ehmals die Fürſtin
von Schwarzenberg, Gemahlin des unglücklichen
Obriſtſtallmeiſters, den der Kaiſer aus Verſehen
1732. auf der Jagd erſchoſſen; und die Gräfin
von Martinitz, Gemahlin des Obriſthofmarſchalls
— wenn, ſage ich, auch alle Ihre Unfrucht-
baren durch dieſen Wunderthäter, wie beide jetzt
erwähnte Damen, die Fruchtbarkeit erlangt,
und alle Weiber dem Staate Zwillinge gebohr-
ren hätten. Möchten doch diejenigen Leſer, die
etwa die Menge Ihrer ſtatiſtiſchen Zahlen ange-
ſtaunt, und ſich über die ſchönen neuen Rechnungen, die Sie ihnen vorlegten, recht kindiſch
gefreut haben, aus dieſer einzigen kleinen Probe
Ihre politiſchen Hyperbeln, und ganz unaus-
ſtehliche Großſprecherei ein bißgen einſehen lernen; wahrlich, einem Manne, der das Publikum, ohne einmal roth zu werden, gleich um
ſechs Millionen belügt, und zwar in einer Sache,
wo man ihm auf den Grund ſehen, und durch
das Zeugnis patriotiſcher Schriftſteller überführen kann — dem traut man nicht ohne Bürgen.

In Ihrem zwanzigſten Briefe eifern Sie
S. 162. in dem gewöhnlichen Tone der Refor-
mationsprediger wider die päbſtlichen Bullen und
Breven, und ſagen, der Pabſt habe eben ſo we-

nig

nig ein Recht ohne Einwilligung des Regenten
solche Breven zu ertheilen, als der König von
Preussen für Ihre Offiziere Patente zu Generals=
würden und dergleichen, auszufertigen. Wie
hier der König von Preussen zu der Ehre kommt,
mit dem obersten Hirten der römischen Christen=
heit en parallele zu stehen, sehe ich in der That
nicht ein. Es klingt gerade so, als wenn ein
reformirender Muselmann in Konstantinopel schrie=
be: der Mufti hat so wenig das Recht, ohne
Einwilligung des Großherrn, die Gläubigen durch
seine Ermahnungsbriefe in dem Glauben an Koran,
in dem hergebrachten Religionsceremoniel zu er=
halten und zu stärken, als der römische Kaiser
einen Pascha von drei Roßschweifen zu creiren.
Warum mußte es denn aber gerade der König
von Preussen wieder seyn, den Sie citirten?
Warum nicht eben so gut der König von Frnnk=
reich, die Kaiserinn von Rußland, der Großmo=
gol, oder der Monarch von Feß und Marocco?
Diese, und alle Fürsten in allen 4 Welttheilen
haben ja eben so wenig das Rechte Patente für
Ihre Generals auszufertigen, als der König von
Preussen — Viellcicht wollten Sie nur bei Ge=
legenheit die Leute daran erinnern, daß der Kö=
nig eben so wenig in des Kaisers Landen, als
der Kaiser in des Königs seinen zu befehlen hat,
dies war sehr unnöthig: denn in Oesterreich und
Preussen weis es jeder Schuhfliker. Ich will Ih=
nen eben keine Querelle allemande darüber ma=
chen: aber zwei Dinge zu vergleichen, die in der
größten Disparität gegen einander stehen, ist Un=
sinn, den man nicht einmal in einem Schau=
spiele vergiebt. Der König von Preussen hat
freilich kein Recht Ihren Generalen Patente zu
schicken, und wenn er welche schickt, wie dieß
der Fall im siebenjährigen Kriege war, da der

an

an Obriſt von Laudon mit dem Generalspatente
abgeſchickte Courier von den Preuſſen gefangen
wurde; ſo ſchickt er nicht ſeine, ſondern Ihre
eigenen Patente aus Politeſſe und Achtung für
einen verdienten Kriegsmann zurücke: allein
der Pabſt, als Pabſt hat allerdings in der gan=
zen katholiſchen Kirche durch Tradition, Conci=
lien, und vornehmlich durch den tacitum Con=
ſenſum aller Gemeinen, die ihn von dem Augen=
blicke an, als er gewählt iſt, und die Adoration
empfangen hat, für das Oberhaupt der Chri=
ſtenheit erkennen, ein wohlgegründetes Recht,
Ihnen Bullen und Breven zu ſchicken. Er ſchickt
ſie nicht als Fürſt an die fremden Unterthanen
eines andern Fürſten — wie Sie das in Ihrem
Briefe ſophiſtiſch gedreht haben — nein, er ſchickt
ſie in der Qualität eines allgemein anerkannten
Oberhirten der Kirche. Sagten Sie nicht ſelbſt,
m. H., Gregor der Zweyte hätte Recht, hätte
wohl daran gethan, daß er ſich durch ſeine Bul=
len der Neuerung, die Kaiſer Leo Iſaurus mit
dem Bilderdienſt unternahm, wiederſetzt hatte?
Wenn nun ein Katholik dem Pabſte das Recht
an die Gläubigen, die ſeine Jurisdiktion im Geiſt=
lichen anerkennen, Bullen und Breven zu ſchicken
nicht ſtreitig machen kann; ſo iſt ja das von ei=
nem Fürſten, der fremden Unterthanen Befehle
geben wollte, mit Haaren herzugezogene Gleich=
nis ganz und gar unſtatthaft. Daß aber der=
gleichen päbſtliche Reſcripte vor ihrer Bekannt=
machung der Regiernng vorgelegt werden müſſen,
iſt in Frankreich von jeher, und in Oeſterreich
ſchon zu Thereſiens Zeiten geſetzmäßig geweſen.

Ihr ein und zwanzigſter Brief iſt wieder mit
vieler Salbung gegen die Mönche geſchrieben;
nur Schade, daß dieſer Stoff zu abgenutzt iſt,
und der Pöbel in Wien ſchon Gaſſenhauer dieſes

In=

Inhalts hat. Zum Beschluffe zeigen Sie an,
daß Pius der Sechste bei Aufhebung der Nonnen
zu Spoleto nicht so artig, wie Joseph mit ihnen
umgegangen sey. Seine Schuld war es gewiß
nicht: denn Braschi ist der galanteste Pabst von
der Welt — Ich bin überzeugt, daß wenn diese
beiden Fürsten Joseph und Pius die Aufhebung
der Jungfernklöster in eigener hohen Person unternehmen sollten, so würde es gewiß nicht anders, als sehr artig dabei zugehen. Beide sind
zu galant, zu wohlgebildet und leutselig, als daß
es ihnen nicht durch einen einzigen hinreißenden
Blick, und ein: Folget mir nach! glücken sollte,
alle Frauenklöster der Christenheit zu entvölkern:
Beiden ist das schöne Geschlecht, das Verdienste
und männliche Schönheit zu schätzen weis, ergeben: und es ist bekannt genug, daß, als es bei
der Krönung des Braschi mit der gewöhnlichen
Zurufung des Volks gar nicht fortgewollt, sein
edler Anstand, seine blühende Gesichtsfarbe den
Damen in der St. Peterskirche die erste feierliche
Losung O quanto é bello! abgefordert, und darauf von allen Seiten des Volks Viva e Bene-
dizione! zu wege gebracht hatte. Man kann
sich vorstellen, daß er für diesen Beifall dem ganzen Geschlechte verbindlich, und gewiß außer aller Schuld ist, wenn die Trabanten bei den Vestalinnen in Spoleto nicht nach dem Beispiele des
heiligen Vaters galant gewesen sind. Und eben
so wenig ist es Josephs Schuld, wenn man hie
und da mit den guten Kinderchen etwas unsanft,
und tumultuarisch verfährt, z. B. bei Aufhebung
der Nonnen zu Kloster Doxan. u)

Ihre

u) Auf eine Verläumdung mehr oder weniger kommt
es bei Ihnen nicht an. Sie haben bei aller Ihrer
ausgebreiteten Erudition das besondere Talent,

Z   aus

Ihre Gedanken im zwei und zwanzigsten
Briefe über Pabst, Pabstes Macht, Kirchenrecht
und

aus der weltlich , geistlich und litterärischen Geschichte zu ignoriren, sobald die Ignoranz in ihren
Kram taugt. Sie, der Sie Schlözer gerne anführen, sollten nicht wissen, was das 2te Heft
seiner Staatsanzeigen von dieser Dexaner Angelegenheit meldet, davon er nur nach der Hand
soviel berichtigte, — daß der Prälat in diesem
Beitrag verläumderisch *) angegriffen wurde? Vom
tumultuarischen Verfahren mit den guten Kinderchen ist da keine Meldung geschehen. Sollten
Sie auch nicht den Prozeß und Vertheidigung des
Grafen Philipp von Kolowrath gelesen haben,
die doch zu Berlin Hr. Maurer in Kommission hat,
oder vielleicht auch selbst drukken ließ? Sie würden, hätten Sie solche gelesen, von der Kabale
der Geistlichen und Pfaffenfreunde und von der
Unschuld des würdigen Kavaliers Philipp von
Kolowrath näher unterrichtet, keine Verläumdung
in die Welt hineingeschmiert haben, welche nichts,
oder nur ihre äußerste Ignoranz entschuldigen könnte, wofern sie ja im Stande wären, uns weiß
zu machen, — daß Sie zu Ihrer Ehre kein Verläumder, sondern — ein Ignorant sind. Oder
haben Sie verläßlichere Nachrichten und Gründe,
welche, die in diesem Prozeß angeführten Aktenstü-
ke Lügen strafen können? Allein was bekümmern
Sie sich um Gründe und Wahrheit — wenn Ihnen
der Pfaffe in die Feder diktirt, — und der
Kaiser und Lascy sind Pigmäen — alles was Sie
thaten, war kindisch und lächerlich. Kaunitz ist
ein

―――――――――

*) In diesem Falle , glaub ich, steht es mislich
mit Herrn Schlözer. Wenn Pagen der Cabale
bitter, allein auch mit Recht hergenommen werden , so find't sich leicht dagegen eine Hand,
die das Recht agratiandi so wenig es ihr
zusteht, dadurch auszuüben glaubt, daß Sie
bewie-

und Religion sind so schön, als die Gedanken des
Perreyra: aber Sie sind mir beide ein Beweis,
daß ein paar Gelehrte in einem Lande über ge=
wisse Artikel recht schön schreiben, und die Na=
tion demungeachtet im dicksten Aberglauben wan=
deln könne.

Z 2   Die

ein Heuchler, der sich in die Zeiten schikt. —
Sonnenfels ein Schmierer — und Kollowrat —
Ich sehe hier Männer voll Patriotismus und
Verstand —! bald hätte ich es Ihnen übel ge=
nommen, daß Sie den Grafen Philipp Kollowrath
auf die nämliche Liste geschrieben haben. Sehen
Sie, wie man sich übereilen kann!

bewiesene Thatsachen ohne Beweise für Verläum=
dung erklärt. Diejenigen also, die mit Hrn.
Schlözern zu thun haben, wichtige Beiträge,
ohne die seine Staatsanzeigen keine Menschen=
seele interessiren würde, liefern, laufen alle
Tage für Ihre Gefälligkeit und Vertrauen die
Gefahr, von Schlözern selbst für Verläumder
öffentlich erklärt zu werden. — Versteht sich —
sobald er sich mit glaubwürdiger Hand ausweis=
sen kann! — Wie leicht ist nicht ein Kaunitz
— ein Kessel oder ein T. H. S. u. s. w.
unterschrieben! — — Allein obs auch wirklich
eigene Schrift sey? bleibt immer noch eine grosse
Frage. Sollte es nicht die natürliche Billig=
keit mitbringen, — daß, sobald der eine ge=
nannt *) wird (— und das ist hier der Fall)
daß auch der andere, der ihm widerspricht,
ihm verläumderische Absichten aufbürdet, öffent=
lich genannt werde? Oder soll diese Billigkeit
dem guten Fortgange Schlözerischer Staatsan=
zeigen aufgeopfert werden? Nun so müßten
wir, was wir von Hrn. Schlözern zu denken
hätten?

*) Siehe Prozeß des Gr. R. Berlin bei
   Maurer in Kommißion.

Die Behauptung S. 131. Oesterreich habe
durch Aufhebung des Nexus der Orden mit ih=
ren Ordensgeneralen, und durch Wiedereinsetzung
der Bischöffe in ihre ehmaligen Rechte jährlich
18,086.947 Gulden gewonnen, gründet sich, wie
Ihre übrigen Angaben auf Sätze, die theils of=
fenbar falsch, theils noch unerwiesen sind. Falsch
ist jener Hauptsatz, wie ich bereits gezeigt habe,
daß die österreichische Population zehnmal stär=
ker, als die Population von Venedig sey: und
— worauf es bei dieser Ersparung von achtzehn
Millionen jährlich hauptsächlich ankommt — un=
erwiesen ist es, daß die Klöster dem römischen
Stuhle Jahr aus Jahr ein wenigstens mit einem
halben Procent von ihrem sämmtlichen Vermö=
gen contribuable gewesen sind. Wenn es mit
der angegebenen Summe von 18,876,947 Gulden
seine Richtigkeit hätte, daß sie dem Lande jähr=
lich erhalten werden, so würde daraus folgen,
daß während der 40jährigen Regierung Theresiens
755,077,880 Gulden dem Staate verlohren ge=
gangen sind, und wer hat sie gewonnen? Rom!
Dies ist noch nicht alles: nimmt man diese Sum=
me für die dem Stuhl Petri in allen Welttheil=
len tribultäre Christenheit nur fünfmal an, so
findet sich, daß dieses Raubthier binnen 40 Jah=
ren drei tausend sieben hundert fünf und siebenz=
zig Millionen, drei hundert neun und achtzig
tausend, und vier hundert Gulden verschlungen
hat. Nach der oben gezogenen Bilanz mußte
der heilige Vater mit einem kleinen Restchen von
dreizehn hundert Millionen deductis deducendis
vorwillen nehmen: nach dieser behält er in 40
Jahren über drei tausend drei hundert fünf und
siebenzig Millionen noch zu gute, Oh jam satis
est! Ich sehe es ein, m. H., um Finanzier, wie
Sie zu seyn, muß man dazu gebohren werden.

Sie

Sie bilden Sich ein, oder erbreisten Sich
wenigstens das Publikum davon zu überreden,
daß nunmehr alle Recurse nach Rom aufgehört
haben, weil man den Bischöffen gesagt hat, was
sie bisher entweder nicht wußten, oder nicht wissen wollten, und — was das Sonderbarste ist
— was sie noch nicht wissen, nicht glauben wollen: daß nämlich jeder Bischof in seinem eigenen
Sprengel selbst Pabst ist. Allein, sind Sie denn
in Ihrer häußlichen Geschichte so ganz unwissend,
daß es Ihnen unbekannt seyn sollte, wie man
nach wie vor, selbst in den ridiculesten Dingen
nach Rom recurrirt? Die wenigsten Bischöfe
machen von den ihnen eingeräumten Rechten in
Praxi Gebrauch: die meisten, zumalen die Bischöffe, und Prälaten in Ungarn sind nicht die
größten Freunde der Reformation, und suchten,
mit Beibehaltung des äußerlichen Scheines,
durch allerlei Mittel und Wege die Befehle des
Kaisers dergestalt zu eludiren, daß man sie keiner
offenbaren Contravenienz, wenigstens geradezu
nicht belangen kann. Joseph befahl vermöge
Kanzleibefret vom 4. May 1781., daß die Bulla
Coenae aus den Kirchenbüchern auszureißen sey:
demungeachtet weis Herr Jellenz, ehmaliger öf-
fentlicher Lehrer der geistlichen Rechte auf der
hohen Schule zu Inspruck — die endlich auch
entweder aus ökonomischen Absichten, oder Eifersucht der despotischen Studiencommißion, oder
aus was immer für Ursachen im Sept. 1782.
zum größten Nachtheil der Aufklärung ihr To-
desurtheil empfangen hat — eine Pfarre, deren
Geistlichen auf die Frage: was sie denn mit
den in der Nachtmalsbulle vorbehaltenen Fällen jetzt anfangen würden? dreiste antworten: Wir bleiben beim Alten. Joseph verbat
sich alle fremde Gesetze, Bullen u. s. w. wenn
sie

sie nicht zum Voraus seiner Untersuchung unterworfen würden: (Edict vom 26. März 1781.)
wieder weis ernannter Professor in Tirol eine
Pfarre S — mit Namen, die im J. 1781. unter
Joseph den Zweiten auf Vorschub sogar eines
bischöflichen Consistorii eine Bulle ums Geld von
Rom aus erkaufte, worinn der heilige Vater alle
Raupen und Würmer aus dieser Pfarre hinaus
exorcisirt. (Schlözers Staatsanzeigen 3tes
Heft.) r) Im Vorbeigehen: ich möchte wohl wissen, wie der heilige Vater das macht, und ich
würde ihm, um nur dieser Plage meiner Kohl-
und Obstgärten einmal los zu werden , herzlich
gern mit meinem letzten Heller seine Bulle bezahlen — Im 16ten Jahrhundert gieng es ganz
komisch zu, wenn man die Raupen, Hamster,
und andere Thiere, die auf dem Felde Schaden
anrichteten, excommunicirte. Ehe man das that,
gab man ihnen einen Advocaten, um ihre Sache
gegen ihre Ankläger die Pächter zu vertheidigen:
man stritt, man beweis, und zeigte von beiden
Seiten pro et contra die Gründe an, bis endlich
der schwächere Theil — und dies waren freilich
immer die Raupen — sachfällig ward. Man
findet noch einen Sentenz des geistlichen Richters
zu Troyes in Champagne vom 9. Julii 1516.
der also lautet: Nachdem wir beide Theile gehört haben, so erkennen wir die Bittschrift der
Einwohner von Villenou für billig und recht,
und vermahnen die Raupen sich in sechs Tagen
von hier wegzubegeben: im Unterlassungsfalle
aber erklären wir sie für verflucht und excom-
municirt. " So förmlich gieng es im 16ten
Jahrhunderte zu. Herr Jellenz hätte uns eine
Abschrift von der Excommunications = und Exor-
cis=

---

r) Ecce! das dritte Heft hat er gesehen, das ite
aber nicht! der Heuchler! der Pfaffenfreund!

cismusbulle im 18ten Jahrhundert besorgen sol=
len, um daraus zu ersehen, welchen Antheil der
Diabolus und Angelus Rotae, die in der Cano=
nisationssache der Heiligen Kläger und Verthei=
diger sind, auch in der Angelegenheit der Rau=
pen etwa haben dürften. Wie dem seyn mag,
so muß ich aufrichtig dabei gestehen, daß wir
eben nicht große Ursache haben, über dergleichen
Exorcismen der römischen Kirche zu laut zu la=
chen — Kann sich doch eine von so manchen
Vorurtheilen gereinigte Kirche bis auf den heu=
tigen Tag noch nicht ganz der Exorcismen bei
der Taufe begeben, worüber unsre aufgeklärteren
Nachkommen ganz sicher eben so, wie wir jetzt
über den Exorcismen der Raupen, einst lachen
werden: denn welches von beiden ist wohl lä=
cherlicher, in einem unschuldigen Kinde den Teu=
fel, oder die Bauchwürmer und Raupen zu exor=
cisiren? Sehen Sie, m. H., ich beichte öffentlich
die Sünden meiner Kirche, damit Sie nicht glau=
ben dürften, daß ich gegen die Ihrige par=
theyisch bin.

Wenn man aber um eine Bulle gegen die
Raupen selbst mit Vorschub eines bischöflichen
Consistorii noch jetzt, da jedem Bischoffe so gut
als dem Pabste erlaubt ist, die Raupen zu ex=
kommuniciren, nach Rom refurrirt, wie wird es
in den Fällen seyn, worauf eine Wallfahrt ad
Limina Apostolorum, oder nach St. Jakob zu
Compostella steht? Dies sind ja bloße Peccadil=
len, die Jellenz mit eben so vieler Offenherzig=
keit, als Einsicht, und patriotischem Eifer für
die gute Sache gerügt hat; sollten aber ganze
Consistoria, bischöfliche Hochwürden und Gna=
den. und Eminenzen, und Excellenzen ihre Tod=
sünden gegen alle die von allerhöchsten Orten
aus emanirte Reformationsedikte beichten; so
würde

würde man daraus ersehen, ob der Nexus in
der Art aufgehoben ist, als es der Hof gewünscht,
und die voreilige Fama ausposaunt hat. Es
mag aber die Wirkung der durch Joseph hier=
über getroffenen Vorkehrungen bis jetzt noch so
schwach, und das dem Staate ersparte Geld=
quantum auch nur das Drittheil von Ihren acht=
zehn Millionen, oder noch weniger seyn; so bleibt
doch dieses Geld im Lande. Genug, man hat
durch den Reformationsplan diesen neuen öko=
nomischen Zweig dem Staate glücklich einge=
impft; mit der Zeit kann er Wurzel schlagen,
und zum Baume gedeihen, nur jetzt ist er das
noch nicht, was Sie daraus machen. Ich bin ꝛc.

Zwölfter Brief.

Respiro! Bester Friedel! Ich habe meinen
Kampf gekämpft, und mich von Ihrem 23sten
Briefe bis zum 29sten durch ein Chaos von Wi=
dersprüchen, von Gutem, Mittelmäßigem, und
Schlechtem, von Partheilichkeit, Unpartheilichkeit,
von biaisirenden Seitenblicken auf die Haupt=
und Nebenakteurs der jetzigen Reformationssce=
nen endlich durchgearbeitet. Ich sehe es ein,
daß Sie es mit Ihren Anmerkungen über Pabst,
Kardinäle, Jesuiten, und die ganze Hierarchie im
Pausch und Bogen, herzlich gut meynen, und
grundgerne Ihrer Mitbürger Begriffe darüber
aufklären wollten. Aber — vergeben Sie mir,
ich meyne es eben so gut mit Ihren Mitbür=
gern — dazu gehört ein besseres Donum, als
Sie, und der größte Theil Ihrer Reformations=
klopffechter bisher an Tag gelegt haben. Sie
reden insgesammt, wie es mir scheint, mit zu
vieler

vieler Verbitterung, mit zu offenbarer Partheilichkeit für die Absichten des Hofes, und, in
Rücksicht des noch überall ausgebreiteten, festste-
henden alten Kirchensystems, zu planlos, zu wi-
dersprechend, als daß Ihnen die Leser zutrauen
könnten, es sey Ihnen blos um Wahrheit und
Aufklärung zu thun. Wenn man auf den Vo-
gelfang ausgeht, muß man, nach der trivialen,
aber sehr wahren, vielsagenden Maxime, nicht
mit Prügeln darein schlagen; und überhaupt sollte
man mit dem Sohn Absalon etwas säuberlich
umgehen. Die Widersprüche thun Ihnen aber
den meisten Tort.

Auf der einen Seite behaupten Sie, die
Bullen des Pabstes wären ohne Einwilligung
des Landesherrn nicht rechtskräftig; und auf einer andern ist es Ihnen anstößig, daß die Väter der Gesellschaft Jesu in den Ländern, wo Clemens des Vierzehnten Aufhebungsbulle nicht sogleich
angenommen und kund gemacht wurde, sich bei ihrem Justitut erhalten, daß sie ihrem Landesherrn
mehr als dem Pabst gehorcht, und nicht vielmehr, trotz den Verfügungen der Regierung, sich
gleichsam selbst aufgehoben haben. Sie sagen,
und sagen es so laut, daß die Bullen der Päbste keine Befehle für Unterthanen fremder Fürsten sind, und doch unterstand sich Ganganelli —
dieses Idol selbst der Protestanten, und moder-
nen Katholiken — auch jene sogar zu excommu-
niciren, welche dieser Aufhebung ungeachtet den
Orden beibehielten. Es versteht sich von selbst,
daß diese Exkommunikation nur an katholischen
Häuptern ihre Wirkung äußern konnte: denn
protestantische Fürsten sind kein Subjectum capax
excommunicationis, und liegen Dank ihrem Un-
glauben — ganz außer der Sphäre des vatica-
nischen Donners. Dies ist die Ursache, warum

nicht

nichtkatholische Fürsten vor dieser Aufhebungs=
bulle nicht sogleich ihr Haupt, wie die katholi=
schen neigten, und ein Beweis, daß der Pabst
den letztern, aber nicht den erstern zu befehlen
hat. Pfalz, Baiern, und noch mehr katholische
Länder würden die Loyoliten herzlich gern bei=
behalten haben: aber der Pabst befahl, und sie
maßten als gehorsame Kinder der Kirche — sei=
ner Stimme gehorchen. Daß aber der König
von Preussen, der endlich in die Aufhebung des
Jesuiteninstituts einwilligte, seinen Sinn, wie
Sie S. 199 sagen, hinterher wieder geändert,
und den 12. Sept. 1779 in Ansehung der preuß=
sischen Jesuiten erklärt habe, daß er ihr Institut
ganz aufrecht erhalten wissen wolle, ist eine no=
torische Unwahrheit, wovon die Beweise des Ge=
gentheils in den Ländern des Königs am Tage
liegen. Die Jesuiten sind hier, wie anderwärts
nach der Vorschrift der Bulle in Gegenwart kö=
niglicher und bischöflicher Kommissarien ihres
Ordenshabits entkleidet, und ihr Institut ist
gänzlich aufgehoben worden — Die brauchbaren
Glieder des Ordens wurden zu Besorgung der
katholischen Schulen beibehalten, und ihnen die
Methode des Unterrichts vorgeschrieben: ihre
Güter sind nicht verkauft, nicht zur Kammer ge=
schlagen; sondern sie werden zum Besten der öf=
fentlichen Schulen auf Befehl des Landesherrn
nicht von Exjesuiten, sondern von königlichen
Beamten verwaltet. Wenn diese Gesellschaft
wirklich jene Pest der Staaten wäre, wofür man
sie immer und ewiglich ausschreiet, wenn sie
wirklich den Gift besäße, den man ihr Schuld
giebt, so zeigt es ja immer mehr Weisheit des
Regenten an, die Glieder des reducirten Ordens
auf ein gewisses ihrem Fähigkeiten entsprechendes
Fach einzuschränken, und sie dergestalt beisam=
men

men zu halten, daß sie der Aufseher im Auge
behalten kann, als durch ihre Anstellung in Pa-
rochien, und Zerstreuung durch das ganze Land,
wo sie unter tausenderlei Protheusgestalten her-
umwandeln können, den Gift gleichsam allgemein auszubreiten, und die Werkzeuge der päbstlichen Kabalen in allen Ständen des bürgerlichen Lebens zu vervielfältigen — Sie sind, mein
Herr, für Rußland und Preußen sehr besorgt,
wenn Sie S. 201 dem frommen Wunsch Ihres
Herzens Luft machen: „Wollte der Himmel!
„Rußland und Preußen ließen sich durch den
„scheinbaren Vorwand der Kindererziehung jetzt
„nicht täuschen, damit in der Folge ihre Nach-
„kommen nicht Ursache hätten, diese Unterstü-
„tzung zu bereuen.“

Wie in Rußland die Sachen stehen, das
weis ich nicht, mein Herr, und Sie können von
Mohilow nähere Nachrichten haben; bei uns
hat es, Dank einer gesunden Polizeiverfassung,
mit den Jesuiten noch nie Gefahr gehabt, und
wird auch in der Folge keine haben. Wollen
Sie unsre Exjesuiten daraus eine Fortsetzung
der Jesuiten nennen, so habe nichts dawider —
in verbis simus faciles — Aber alsdenn be-
haupte ich auch, daß wir freilich die Jesuiten,
aber ohne Jesuitismus: Sie aber den Jesuitismus ohne Jesuiten haben. Was Sie sonst von
den Sätzen dieses Ordens, und seinen letzten
Schicksalen — die sehr wahrscheinlich durch
Choiseuls Privatverdruß mehr als durch alle Kabalen und Königsmorde dieses Ordens beschleu-
nigt worden sind — uns zu sagen belieben, ist
wiedergekautes Alltagszeug, und geht hie und da,
besonders in Ansehung des Exgeneralen Ricci,
den sie den tollsten, dreistesten, und unverschämtesten aller Jesuitengenerale schelten, bis zur Grobheit.

heit. η) Ein Schriftsteller kann mit edler Drei=
stigkeit Fehler rügen, kann, nach Befinden der
Umstände, Horazisches Salz, oder auch Ju=
vena=

η) Auf eine Apologie der Jesuiten haben wir uns ge=
faßt gemacht. Auch auf einen Wink, daß wir
es in Absicht auf Jesuiten thun sollen, wie der
König von Preußen. Sie wissen uns kein besse=
res Mittel an die Hand zu geben, als dessen sie
sich selbst bedienen. Dabei mögen sie auch unser
politisches Wohl zur einzigen Absicht haben — ja
doch, wir erkennen Ihre Güte, und bleiben ob=
ligirt. Es ist aber in der Politik, wie in der
Religion. — Jede Sekte schlägt der andern
andere Mittel zur Seligkeit vor. Welche Sekte
hat Recht? — Welche von diesen Mitteln zur
Seligkeit zu gelangen, sind die wahren? Die
des Götz von Hamburg? Jene des Silberschlag
von Berlin? Diese des Zollikofer von Leipzig,
jene des P Wurz von Wien? diese des P. Merz
von Augsburg? Wie wenn sie vielleicht alle auf
dem rechten Wege wären, und Würtenbergs Kin=
der auf der griechischen, welschen und deutschen
Landstraße in den Himmel gelangten. Was folgt
daraus? daß die Kontroversprediger theologische
und politische ohne Nachtheil der guten Sache
abkommen könnten. Weil die Berliner recht
haben, indem sie sich der Jesuiten zur Erziehung
der Kinder im katholischen Erdreiche bedienen,
und wir — indem wir, zwar noch nicht so all=
gemein — das Gegentheil thun. Vielleicht wär
es das heilsamste, wenn man Sie insgesamt in
eine Kaserne eingesperrt, und zu tod gefüttert hät=
te; — vielleicht auch nicht. Denn nun zeigen
sie uns wenigstens die Fehler in den Normal=
schulen und der Erziehung überhaupt (Sieh die
allgem. deutſ. Bibl.) an, welche sie damals —
als Erzieher — nicht gesehen haben. Sie sagen
uns itzo mit unter die Wahrheit, welche sie als
Jesuiten ad majorem Dei gloriam verheelen
mußten.

venalische Galle gebrauchen, aber ne quid ni-
mis! Mußten nun die Jesuites sur l'echasaut,
und andere dergleichen Schriftchen, wo die
Scham dieser Väter geblößt worden, aufs neue
durch Sie geplündert werden: so hätten Sie ihren Mitbürgern, und der Regierung, anstatt die
abgenutzten Vorwürfe vom Königsmorde wieder vorzulallen, lieber die schiefen Grundsätze in
der Erziehungs = und Unterrichtsmethode, die das
Kraftgenie von Felbiger, das wir Ihnen gern
überlassen, bei Einrichtung des Normalschulwe-
sens überall beibehalten, und damit weiter nichts,
als eine Jesuitisch = Höhnisch = Felbingerische Ola
potrida zum Verderb Ihrer Schulen zu Stande
gebracht hat; — Sie hätten, sage ich, diese
schiefe Methode in der Erziehung des Bürgers,
die schwankende, unphilosophische Moral, die
päbstische Theologie, kurz das der Aufklärung,
und den fernern Fortschritten der Reformation
im Wege stehende System des Jesuitismus aufdecken, und ihnen ad oculum demonstriren sollen, daß mit demselben Ihr Schulwesen, Uni-
versitätseinrichtung, Censur = und Studienkom-
mission noch bis jetzt ganz abscheulich durchsäuert
ist. Daß ich übrigens unter Jesuitismus nicht
wie Sie, mein Herr, Cartouchenstreiche: sondern bloß schiefe Lehrmethoden, blaisirende Grundsätze in Absicht des alten Systems und was damit in Verbindung steht, verstanden haben will,
daran einen Mann von Einsicht zu erinnern,
scheint mir sehr überflüssig zu seyn.

Was der Pabst in Wien machen wollte?
ist nicht so schwer zu enträthseln, als Sie Sich
einbilden, und wenn Sie mit Ihrer schwankenden Erklärung, die überdies den Mantel zu beiden Seiten trägt, hinter Sonnenfels, und Rou-
tenstrauchs herhinken, so haben Sie gewiß nichts

Besse=

Besseres, als diese beiden Männer gesagt. Sie
zweifeln, daß der Pabst seinen Endzwek erreicht
habe — und ich auch: aber daran zweifle ich
nicht, daß seine Heiligkeit einen Geruch zurücke-
gelassen hat, der für die Gläubigen gegen alle
Versuchungen der Reformation noch lange recht-
herzstärkend seyn wird.   Es ist gar nicht wahrscheinlich, daß die Wiener, denen Sie S. 219.
bei der Gelegenheit ein ziemlich ungeheucheltes,
aber auch höchst impertinentes Kompliment gemacht haben, den Pabst nur wie einen türki-
schen Gesandten begukt, und mit ihrem guten
Herzen, nur Maulaffen, wie man sagt, feil gehabt haben.   Wie reimt sich das zu der vorhergehenden Stelle S. 218, wo Sie des Kaisers
damalige Lage aus dem Grunde für kritisch ausgeben, weil eben zu der Zeit, noch eh' seine
Vorkehrungen die dauerhafte Reife erlangt hätten, ein Pabst in Wien erscheint, den mehr
als 7achtel des Volks für das lebendige Heiligthum der Religion ansieht, und den 5achtel des
Volks gewis als die einzige und wichtigste Mittelsperson zwischen sich und Gott betrachtet.''
Bei einem Gegenstand dieser Art hat doch gewiß das Menschengewühl äusser der gewöhnlichen Neugierde, die es zu jedem Spektakel auffordert, mit etwas mehr bedeutendes Interesse,
als wenn es zusammenläuft den Bart seiner Ef-
fendischaft am Fenster zu sehen.   Dies ist noch
nicht die schlimmste Seite Ihres Kompliments.
Sie machen 7achtel der Einwohner zu Thoren,
die sich den Pabst als ein lebendiges Heiligthum
in der Religion vorstellen können: da nun die
Volksmenge von Wien auf zwei hundert fünf und
siebenzig tausend geschätzt wird — in Ihrer Ta-
belle mag sie wohl gar mit einer halben Million stehen — so verwandelt Sie zwei hundert
                                    vierzig

vierzig tausend zwei hundert und fünfzig Menschen in solche alberne Geschöpfe, und wieder
Jachtel von Wien in solche, die den Pabst als
die wichtigste Mittelperson zwischen sich und Gott
betrachten, und sich wegen dieser Wichtigkeit vielleicht einbilden, daß jede Handlung dieser Mittelsperson segenvoll sey, oder wie sich hierüber
der witzige Abbe de Lohray ausdrückte:

Un Hein d' un Pape aux Lieux est un
Dieu vous benisse.

Wahrhaftig, entweder Ihr phantasierreicher Kopf
muß hier mit Ihnen durchgegangen, oder die
Wiener, deren Verstand Sie auf dieser Art
brandmarken, müßten das alberuste Volk auf unsrer Halbkugel seyn.

Noch ist des Unsinns kein Ende. „Jedes
andere Volk, schreiben Sie S. 220, würde beim
Anblicke des Pabstes laut aufjubilirt haben —
Wir nicht.“ Wenn dies wahr wäre, mein
Herr, was würde man daraus schließen? Was
sonst, als daß Ihre Landsleute empfindungslose
Wesen sind, deren Herz beim Anblicke eines Ge-
genstandes, der ihnen so wichtig, der ihnen der
heiligste hienieden ist, nicht erwärmt, nicht zum
Ausbruch der freudenvollen Gefühle gereizt wird?
Oder daß die Sklaven an ihrer Kette nicht einmal heulen, durch keinen Ausdruck der Freude,
durch kein: Es lebe der heiligste Vater! ihren
Herzen Luft machen durften? — Aber Sie irren.
Das Volk gab seine Freude über die Anwesenheit des Pabstes in Worten und Geberden, in
Handlung und Schriften nur allzuwohl zu erkennen: und der weise, der gütige Joseph, der
da weis, daß die Menschen nach den äußerlichen Eindrücken der Dinge fühlen, und nach
ihren Gefühlen sich ausdrücken müssen — Joseph

seph hinderte sich nicht daran. Die Zettelchen, die bei Anwesenheit Pius VI. gedruckt, die Freudenhymnen, die von Groß und Klein darüber abgesungen worden, sind bekannt genug, und widerlegen gänzlich Ihre leichtsinnige Behauptung. David Hanner sang in dem für die Wiener erfreulichen Osterfest, als Se. päpstl. Heiligkeit Pius der Sechste dem häufigen Volke den Segen ertheilte den 31. März 1782 (Ein Lied in dem Tone: Mein Herze verbleibet bei allem gelassen.)

Erfreue dich heute, glückseliges Wien!
In dir löset Pius der Sechste darin
Durch Allmacht des Höchsten die Bande der
                  Sünden,
Heut soll deine Menge die Nachlassung finden.
                  u. s. w.

Und das Volk sang es aus Herzensgrunde, wie eine Opernarie, nach.

Eine andere Schrift, betitelt: Die neue Ehrensäule Ihro päbstlichen Heiligkeit Pius des Sechsten zu seiner höchst erfreulichen Gegenwart in Deutschland, zeichnet sich hint und vorn durch lebhaften Mönchswitz in einem Chronobistichon aus:

           PIVs VI.
       trIbVs CoronIs ornatVs
   In feDe PetrI fpLenDesCat DIV.

Dann fängt sich folgendes Gedicht an:
Ewiger Vater vom himmlischen Throne,
Sitzer zur Rechten und göttlicher Sohne,
Lieblichste Taube, pur heiligstes Wesen,
Einzige Mutter ohn Sünde erlesen. u. s. w.

Die Anfangsbuchstaben, womit sich jeder Reim in dem ganzen Gedicht anfängt, enthalten die Worte: Es lebe Seine Heiligkeit, Pabst Pius der Sechste. Fiat!" Zum Beschlusse:

                            Ista

Ifta

De nobIs reftaVrata ftatVa
gLorIosIfsIMo nItItVr sCeptro
CæfarIs IofephI II

Ich könnte, wenn ich sonst Lust hätte, das Papier zu verderben, noch mit einem Dutzend solcher Sächelchen aufwarten. Freilich ist es Volksgut und Knittelreime, welche wahrscheinlich die
zwanzigtausend, so Ihrer Vermuthung nach
an Eibels Wort: was ist der Pabst? sogleich
gläubig geworden sind, nicht mitgesungen haben;
aber die 7 und 5 Achttheil der Einwohner, die
an Pius ein lebendiges Heiligthum, und die
größte Mittelsperson zwischen sich und Gott erblickten, drückten ihr innigstes Wonnegefühl nach
ihrer Weise damit aus.

Die Farce mit dem päbstlichen Pantoffel
haben Sie vortrefflich aufgestutzt. Um ihr ein
destomehr auffallendes Ridicule zu geben, entlehnen Sie die bei Ueberbringung eines Kardinalhuts gewöhnliche Ceremonie, und lassen den
Pantoffel zu den kränklichen Kavalieren, die sich
das Glück ausbaten, daß er ihnen in ihre Häuser möchte geschickt werden, auf goldenen Tassen, unter Vortretung aller Hauslivreien, mit
Fackeln begleiten, und von Zimmer zu Zimmer
transportiren, wo er, wie Sie uns heilig versichern, beküßt, beleckt — und Gott weis, was
alles ward. Wenn man gewisse Dinge in abstracto betrachtet; so sehen sie freilich ganz anders, als in einem bestimmten Zusammenhange aus.
Es mag immer seyn, daß das auf dem Pantoffel geheftete Kreutz den Päbsten ehemals ein bequemes Vehiculum geschienen, sich die niedrigsten Ehrerbietungen vermittelst eines so frommen
Vorwandes von Hohen und Niedern anzumaßen:

A a   da

da man aber nach der Hand einen besondern
Ablaß mit dem Kuße des Kreutzes auf dem päbstlichen Pantoffel verbunden hat; so liegt ja wenig
daran, ob man den Handschuh, den Pantoffel,
oder was immer am heiligen Vater beküßt und
beleckt, — wenn sich nur der Küssende davon
überzeugen kann, daß er den erwünschten Ablaß
gewinnt. ¿) Es giebt tausend Thorheiten dieser
Art, die, so wie sie der Glaube, der alle Dinge
bestättiget, geheiliget hat, in einem ganz andern
Lichte erscheinen. Allein, diese Materie, wenn
ich

¿) Was vertheidigt hier der Lutheraner? den päbstlichen Pantofel? — oder ist's nur einer von den
geistlichen Beiträgern? Ja — das wäre anders!
Er vertheidigt ja den Pantofel nicht? Er lacht
ja hinterher selbst — daß die Wiener im Jahr
1782. noch immer die alten Wiener gewesen.
Darinn besteht eben seine Kunst. Er weis immer
beide Partheien für sich zu interessiren. Der
Katholik sagt: ja seht, ich hab den Pantofel auch
geküßt — allein nicht den Pantofel sondern das
Kreuz. Es liegt wenig daran, ob man den Handschuh, den Pantofel oder was immer am heiligen
Vater beküßt, — wenn sich der Küssende überzeugen kann, daß er den gewünschten Ablaß gewinnt. — — Hier hat der Katholik seine Por-
tion — um das, was daraus folgt, bekümmert
er sich nicht, denkt allenfalls, „so muß ein Lutheraner schreiben!‟ Er giebt mir aber nicht
ganz Unrecht, er zeigt mir doch den Grund,
warum es nicht lächerlich ist, den Pantofel zu
küßen. Weiter! „Es giebt tausend Thorheiten
dieser Art‟ Hier hat nun wieder der Freigeist
wie man aufgeklärtere Christen nennt, für sich etwas.
Beide geben dem Berliner Recht, und, Er? lacht
sich eines ins Fäustgen. So aber hat man nur
das Publikum zum Besten. Man bestättigt beiderseitige Irrthümer, und ist ein schändlicher
Verräther an der Wahrheit.

ich sie ausführen wollte, würde mir eine ganze
Abhandlung koften. Diesmal beweiset die überaus große Sehnsucht der Wiener nach dem päbstlichen Pantoffel, — selbst der Wiener vom Stande, bei welchen man wegen ihrer Erziehung doch
mehr Einsicht, als bei dem gemeinen Manne
voraussetzen muß, nichts anders, als daß Wien
im J. 1782 — noch das alte Wien gewesen ist.
Ihr sechs und zwanzigster Brief ist ein kla-
rer Beweis meines obgedachten Satzes: daß der
Jesuitismus auch ohne Jesuiten bei Ihnen zu
Hause ist. Ohne diesem herrlichen Hülfsmittel
würden Sie wohl nie so fein zwischen Braschi
und Pius dem Sechsten den Menschen und Pabst
diftinguirt, und subdistinguirt haben. Von jeher
ist in Rom diese Art, Pabst von Mensch zu unterscheiden, die Basis der päbstlichen Politik, und
der große Mantel gewesen, mit dem man jede
doppelsinnige Handlung zu bedecken gesucht hat.
Folgende zwei Beispiele beweisen es deutlich. Urban der Achte kam einst wegen des bekannten
Streites über die unbefleckte Empfängniß Mariä
gewaltig in Kollision; denn außer den Franzis-
kanern und Dominikanern hatten sich auch zwei
heilige Jungfrauen Brigitta und Katharina von
Siena in diesen Streit gemischt, und jede hatte
aus unmittelbaren Offenbarungen der Jungfrau
Mariä selbst das pro oder contra behauptet.
Der untrügliche Richter sollte nun entscheiden:
als Pabst, sagte er, glaube ich, wie St. Brigitta, die unbefleckte Empfängniß Mariä; als Maf-
feus Barberini aber, halte ich es mit St. Katharina von Siena. Man bediente sich sogar
dieser Formalität, wenn man selbst dem Statthalter Christi zu Leibe gehen wollte. Dies geschah
in den Zeiten Ludwig des Vierzehnten. Er hielt
damals den geschickten Molinos selbst im Vatican.

Aa 2   Dieser

Dieser Hammer der Jesuiten, wie man ihn nannte, wurde von der schwarzen lojolistischen Garde
überaus gehaßt, und dessen Lehren für ketzerisch
und fähig ausgegeben, den ganzen Grund der in
der Kirche üblichen Ceremonien zu untergraben;
da alle Pfeile der Verläumbung an ihm stumpf
geworden, und es mit den Jesuiten ein schlechtes Ansehen zu gewinnen schien, brachten sie endlich den Kardinal d'Etrées, Molinos ehemaligen Ausleger, auf ihre Seite, der die Sache so
zu karten wußte, daß Ludwig — der immer den
Mantel nach dem Winde drehte — durch den
Pere la Chaise aufgemuntert, Seiner Heiligkeit
den Vorwurf machte, daß sie selbst einen Ketzer
bei sich hielten zu einer Zeit, da sie ihn zu Vertilgung der Hugonotten ermahnten. Das Santo
Uffizio machte sich diese Beschuldigung so weit zu
Nutze, daß es, nicht zwar von dem Pabst, als
Statthalter Christi, sondern nur von dessen Person als Benedict Odescalchi ein förmliches Glau-
bensbekenntniß abforderte: wodurch der heilige
Vater dergestalt in Verlegenheit gerieth, daß er,
um sich zu retten, den Molinos der Inquisition,
wie ehemals die Israeliten ihre Kinder dem Mo-
loch, aufgeopfert hatte. Das that er aber nicht
als Odescalchi, sondern als Benedict, nicht
als Mensch, sondern als Pabst und Statthalter
Jesu Christi auf Erden.

Ich habe diese Beispiele etwas weitläufig zu
Ihrer eignen Rechtfertigung angeführt, damit
man Ihnen nicht etwa Schuld gebe, als ob Sie
der erste gewesen, der zwischen Pabst und Pabst
so künstlich distinguirt hat. Nein, die Jesuiten
haben das schon lange vor Ihnen gethan, und
Sie haben nur das Verdienst, daß Sie sich
diesen Unterschied zu Nutze gemacht, um uns die
paradoxen Schritte, die der Bischof von Rom in

dem

dem einen Falle als Braschi, in dem andern als
Pius der Sechste in Wien gethan hat, zu er=
klären; die Widersprüche in dem Karakter dieses
Pabstes zu heben; und ihn wechselweise bald be=
schimpfen, bald mit einer Lobrede beehren zu
können. Liest man das päbstliche Schreiben an
den Exjesuiten Aloysius Merz (Wien den 4. April
1782), und das an den Bischof von Brünn
Grafen Korinzky (Wien den 12. April 1782),
so erscheint Pius als Aufrührer mitten in dem
Staate, und an der Seite eines Kaisers, der
ihn als Gast so gütig aufgenommen hat. Man
sieht, wie er einen Merz, der von allem, was
Ihr Monarch unternimmt, das Gegentheil be=
hauptet, auffordert, neuen Muth zu fassen, und
die zu Vertheidigung der Hildebrandischen Hierar=
chie ergriffene Waffen nicht nieder zu legen —
„dis, sagt der heilige Vater, wird nicht allein
Dir selbst sehr rühmlich, sondern auch Uns sehr
erfreulich seyn, und Du wirst überdies eine rei=
che Belohnung im Himmel davon tragen" — Be=
dürfte es wohl mehr zu einer andern Zeit, um
wider Joseph den Zweiten das Kreutz zu predi=
gen? Und was schreibt Seine Heiligkeit an Ko=
rinzky? Die aufgehobene Mönche sollen das
Zeichen ihres Ordens zum Beweise, daß sie ge=
waltthätig behandelt worden sind, unter ihren
Kleidern tragen, oder, wie Sie das selbst er=
klärt haben: ein Zeichen der ewigen Rache im
Busen tragen, und alle aufmuntern, gemeinschaft=
liche Sache zu machen. — Darf man sich nach
allem diesem noch wundern, daß es in Oester=
reich Mönche, oder Mönchsgenossen gegeben,
die selbst den theuren Namen Josephus in Jesep=
huß zu verwandeln die Unverschämtheit hatten?
Was wagt der Katholicke nicht, wenn der hei=
lige Vater den Segen dazu spricht? —

Auf

Auf einer andern Seite erscheint Pius in
Ihrem Briefe bei der Behandlung des Bischofs
von Görz blos als politischer Heuchler. Eben
dieser Pabst, der in den oberwähnten Schreiben
seine Gesinnungen über die gegenwärtige Ver=
fassung Ihrer Staaten so deutlich zu erkennen
giebt, der, so viel an ihm ist, die Rache durch
seinen apostolischen Segen anzufachen, und die
Streiter der Kirche gegen die Reformation auf=
zumuntern sich bemüht, versagt einem würdigen
Bischof die Audienz, und läßt ihm sagen: „Er
„habe mit ungehorsamen Unterthanen des Kai=
„sers nichts zu thun."   Und wer war dieser
Bischof? Nach dem einmüthigen Geständniß aller
Görzer, und aller Fremden, die ihn kennen, der
würdigste Bischof, der je seinem Sprengel als
wahrer Seelenhirt vorgestanden, und seine Schafe
mit Sanftmuth und Liebe geweidet hat. Ein
Greis, der von allem bischöflichen Luxus weit ent=
fernt, sein ganzes Vermögen unter den Nothlei=
denden vertheilt, selbst Kranke besucht, prediget,
Beichte hört, und die Jugend unterrichtet — ein
vollkommen moralischer guter Mann, der bloß
aus Eifer für den apostolischen Stuhl, weil er
keines Bessern überzeugt ist, bei der raschen Ein=
führung der Reformation gezaudert, und aus
Einfalt des Herzens gesündiget hat — diesen
Israeliten, diesen ganz apostolischen Prälaten
weiset Braschi zurücke? In jenen Fällen mit
Merz und Korinzky könnte man vielleicht sagen,
daß er als Pabst gehandelt; und da ihm die
Macht und das Ansehen der Gregoruisse fehlte,
so that er so viel, als ein Pius in den so ge=
waltig veränderten Zeitläuften noch zu thun im
Stande ist, als ein Pabst, der seinen letzten To=
deskampf kämpft, nur immer thun konnte. Aber
hier bei einem Bischof von Görz? Hier handelt
er

er als kriechender Höfling, heuchelt dem Kaiser,
um sein Freund zu scheinen, oder, wenn Sie
lieber wollen, er handelte als Gast, der nach
dem Sprichwort der Italiäner, den Esel anbin-
det, wo es der Hausherr verlangt, lega l'asino
dove vuol il padrone.

Alle diese Data, und noch andere mehr,
die Sie in diesem, und dem darauf folgenden
Briefe gegen den Pabst wohlbedächtlich zusammen getragen haben, machen Leuten, die Heuchelei und Doppelsinn verabscheuen, eben nicht
den herrlichsten Begriff von dem jetzigen Bischof
von Rom. Und von Ihnen, m. H., was soll
man von Ihnen denken? Der Sie in einem
Athem ein paar Dutzend Sottisen gegen ihn ausgestoßen haben, und alsdann sich zwischen dem
Hierarchen und Braschi, gleich einer Schlange,
herumkrümmen, um alles wieder gut zu machen,
und endlich mit dem vortrefflichen Epiphonem zu
schliessen: „Alles was das Herz Großes und
„Edles, der Geist des Menschen Einsichtsvolles
„und Erhabenes besitzen kann, besitzet Braschi
„wirklich.“ Jener Kardinal sagte zu dem neuer-
wählten Pabst, eh' er ihm noch die Adoration
leistete: Ich weis es, du bist ein Unwissender,
ein Stolzer, ein Blutgieriger, und Blutschänder
— aber jetzt bist Du Pabst; und ich adorire
Dich. Sie, m. H., führen eine ganz entgegen-
gesetzte Sprache: denn Sie beschimpfen den Pabst,
und adoriren den Braschi. Ob dies etwa einer
der geheimen Artikel der Reformation des 18ten
Jahrhunderts ist?

Weit besser, als Ihr ganzer Witz, den Sie
am Pabste ausgelassen, und Ihre Heuchelei,
die Sie an Braschi verschwendet haben, gefiel
mir das, was der vortreffliche Ketzer in wenig
Zeilen gesagt hat. Kam Pius nicht in der ehrlichen

lichen Abſicht, die ihm der Dichter beilegt, zu
Oeſterreichs Monarchen, ſo zeigt er doch durch
eine der feinſten Wendungen, wie er hätte kom=
men ſollen, nämlich:

——— entfernt von Liſt
Kam Pius nur Thereſens Erben,
Der vieler Völker Vater iſt,
Der dir Verfolger, Chriſt! zur Strafe
Die Juden wieder Menſchen werden hieß;
Der, ſeiner Kirche Sohn, nicht Sklave,
Betrogne Mädchen aus dem Kerker riß,
Und Mönche, für die Welt verloren,
Zu Bürgern machte — halb der Menſchheit Gras
Vertilgte; Böhmens Volke, frei gebohren,
Wie ſeine ſtolze Herr'n, die Freiheit wieder gab;
Der, wie einſt Gott, die Menſchen nach dem
Werke,
Nicht nach dem Glauben mißt:
Als Pabſt Dich, Joſeph, ſegnen; Deiner Rei=
che Stärke
Als Fürſt bewundern, und als Fürſt und Chriſt
Dich und Dein Volk beneiden. So kam Pius;
kehrte
Auch ſo nach Rom zurück, und lehrte
Selbſt Schwache nun, daß Rom für einen Staat,
Wo Neſtor Kaunitz wacht, nichts Fürchterliches
hat.

Ihren acht und zwanzigſten Brief habe ich
mit wahrem Abſcheu geleſen. Bei allen Fehlern,
die der Kardinal Migazzi haben kann, hat er doch
ein entſchiedenes Verdienſt um die öſterreichiſchen
Staaten; Verdienſt ſelbſt um die Erziehung Jo=
ſephs, wo er den jeſuitiſchen Anlagen ſich oft mit
männlichem Muthe entgegen geſtemmt, und dem
Prinzen ſelbſt die Lektüre der beſten Bücher, die
einen künftigen Regenten bilden, und von welchen
einige ſeiner jeſuitiſchen Lehrer wenig zufrieden

zu

zu seyn schienen, nachdrücklich empfohlen hat.
Dieser würdige Greis hat sogar wahres Verdienst
um den Anfang der Reformation in Oesterreich,
der allerdings unter der glorwürdigsten Regierung
Theresiens schon gemacht worden ist. Unter
diesem Erzbischofe sind die Vorurtheile des Volks
wegen Verminderung der Feiertage gemildert, manche abergläubische Gebräuche ausgerottet, der bessere Unterricht der Geistlichkeit zur Seelsorge veranstaltet, Kochems Alfanzereien aus den Gebet-
büchern weggeschaft, und unzählige gute Dinge
zur Ehre der Religion, und allmähliger Aufklärung des Volks ins Werk gesetzt worden. Hätte
man den Plan der Reformation mit und durch
ihn ausgeführet, so würde er wahrscheinlich kein
Gegner, sondern vielmehr Beförderer der guten
Sache, und in der Qualität eines Erzbischofes
das beste Werkzeug dazu gewesen seyn. Jetzt
ward er hintergesetzt, und mit Machtsprüchen behandelt. Wer kennt die Menschen nicht? Sie
werden oft in dem Augenblicke, als sie glauben,
daß man Ihre Rechte und Ansehen verletzt, die
stärksten Widersacher in Dingen, die sie unter andern Umständen mit dem größten Eifer würden
betrieben haben: man nehme ein andere Wendung — und man macht alles aus Ihnen. Der
Souverain hat das freilich nicht nöthig: Sic volo
sic jubeo — und die Sache muß gehen — das
ist wohl wahr; aber sie gedeihet auch darnach.
Sie sagen diesem guten Prälaten, der mit
seinem Silberhaare schon am Rande des Grabes
steht, und in den Sphären des Lichts bald besser, als wir alle den Werth oder Unwerth unsers
Reformationssüchtigen Zeitalters einsehen wird,
so viel unbescheidenes Zeug vor, daß Sie Sich
schämen sollten — Was hilft es, daß Sie zum
Beschlusse alle Schuld auf die Verführungsgabe
des

des römischen Hofes werfen, da doch der Kardinal und Erzbischof vom Pabste nichts mehr zu
hoffen hat? Was hilft es, daß Sie dem Andenken des jesuitischen Ottergezüchts fluchen, das
selbst noch bei seiner Zerstückung die würdigsten
wie Sie sagen, und erhabensten Männer zu be-
geifern frech genug ist? Wer mehr als Sie be-
geifert das Andenken des würdigsten Migazzi?
Sie machen es mit ihm, wie mit dem Pabste:
stellen ihn erst an den Pranger, und den — halten Sie ihm eine Lobrede. a)

Die Stelle S. 227 wo Sie Sich darüber
aufhalten, daß Migazzi, Erzbischof von Wien, und
zugleich Bischof von Waitzen ist; wo es Sie
Wunder nimmt, wie ein Bischof zwo Diöcesen
zugleich besitzen könne: Diese Stelle hätten Sie,
um kein Aergerniß zu geben, ganz weglassen sollen; sie könnte leicht die Veranlassung zu einer
sehr verfänglichen Frage werden: nämlich, ob der
jetzige Coadjutor, und künftige Erzbischof von
Cöln zugleich Bischof von Münster seyn könne,
oder

a) Ich glaube selbst, wenn ich die gedrukten Predigten des Kardinals Migazzi durchlese, —
(man will zwar behaupten, daß Er sie nicht
selbst verfaßt habe, allein, wenn dieß auch erwiesen wäre, so hätt es nichts zu sagen, —
weil es hier nur darauf ankam, daß wichtige
Wahrheiten von Migazzi öffentlich als Wahrheiten
erklärt werden,) wenn ich seine übrigen Verdienste um die Kirche und die Erziehung Josephs mit
den Beschimpfungen gegen einander halte, die
alle Tage den grauen und würdigen Greis treffen,
wenn ich überlege, wie wenig der Wahrheit gedient wird — — so möcht ich Ihnen fast Recht
geben. Allein ich fürchte mich vor Ihnen —
Sie sind mir so verdächtig geworden, daß ich
Ihnen nicht gern meine Hand reichte, nicht gern
2 Schritte weit Hand in Hand gienge!

oder ob man ihm im Ereignungsfalle, salvo jure Canonum, etwa Würzburg und Bamberg pour la bonne bouche noch zuwenden dürfte? b) Es ist vieles-nach den Kirchengesetzen nicht erlaubt, was doch in Praxi geschieht; und jenes Gesetz, daß kein Bischof zwei Diöcesen zugleich besitzen soll, ist in Non usum gekommen und schläft, Lex Julia de Adulterio. Lassen Sie indessen die Mehrheit der Beneficien immer statt finden, wer weiß, wozu das Ding in der Zukunft noch gut seyn kann: die Zeiten können sich ändern, der Cölibat auf=

b) Wie wohl ist mir, daß ich mich bei Zeiten zurük zog, wo hätten Sie mich sonst hingerissen. Es ist nichts mit Ihnen, wo sies am ehrlichsten zu meinen das Ansehen haben — da steckt just die ärgste Schurkerei dahinter. Man hat über die Mehrheit der Bißthümer unter einem Hute allerlei geschwäzt, was in jure Canonum nicht ganz unbegründet seyn dürfte. Allein die jura Canonum hätten erst erweisen müssen, daß die Bischöfe Fürstenthümer besitzen dürfen — und daß ihr Reich von dieser Welt sey. Durch die Pflichten, welche ihnen als Landesfürsten obliegen, verabsäumen Sie eben so sehr — die bischöflichen Pflichten zu erfüllen — als ob sie mehrere Bißthümer hätten. Unsere Meisten Bischöfe glauben, ich weis nicht, ob sie auch so sehr Unrecht haben, daß es so schwer nicht sey, auch mehrere Heerden Schafe in den Himmel zu befördern. Gott ist barmherzig! Die Besorglichkeit der Conzilien verdiente also heute zu Tage weniger in Betracht gezogen zu werden; und man lasse immerhin Migazzin seine doppelte Pfründe, und Gönner den armen Kölnern pp. einen Regenten, der, von Oesterreich aus unterstützt, im Stande seyn wird, ihr zeitliches Wohl zu verbessern. Was das ewige anbetrift — — so ist ja wie gesagt, Gott gütig und barmherzig! und gewiß wird auch daran nichts verabsäumt werden.

aufhören, und wenn alsdenn ein Bischof auch nur
eines Weibes Mann wäre, wie Paulus schreibt
oder es seyn soll; so würden Beneficien dieser
Art für appanagirte Prinzen und ihre Familien
ganz herrliche Versorgungsquellen sein. Denken
Sie Sich einmal den Fall — Wenn eher? Wer
weis das? Vielleicht im Jahre 2240 — daß ein
Erzherzog von Oesterreich noch einst regierender
Fürst=Bischof von Rom werden dürfte — würden ihm alsdenn die Annalen nicht wohl thun,
um den Glanz seines Hauses zu behaupten? Würde nicht der Gemahlin seiner Heiligkeit ein Wie-
geband von den Klöstern in der ganzen Christen=
heit herzlich willkommen seyn? Jetzt reden wir
davon im Scherze, und nur gleichsam im Traume:
aber mit was für Dingen ist es nicht selbst bei
Ihnen schon Ernst geworden, die Sie noch vor
drei Jahren, wenn Sie Ihnen im Traume erschienen wären, würden gebeichtet haben?

Ihr Raisonement über die aufgehobene Leibeigenschaft S. 277. ist windschief Und diese
Handlung Josephs bleibt immer, selbst in Rücksicht der gegenwärtigen Generation, eine der glän=
zendsten in den Annalen der Menschheit. Sie
karakterisirt ihn als wohlthätigen Menschenfreund,
weisen Oekonom, und allgemeinen Vater des Volks.
Die Paradoxie, und der Scharfsinn, den Sie affektiren, indem Sie behaupten, der jetzige Land=
mann leide Schaden durch seine erhaltene Freiheit — ist leidiges Geschwätze, daß Sie einen
Linguet und Werkherlin seinem deutschen Nachbeter, nachgelallt haben. Nicht erst der freige-
borne Enkel — wie Sie vorgeben — wird Jo=
sephs Wohlthat dankbar empfinden; auch der
jetzige freigelassene Sklave fühlt, daß er entfesselt,
daß er ein freier Mensch, und nicht blos
Eigenthumssache seines hochgebietenden Despoten
ist.

ist. Sie mögen sagen, was Sie wollen, so läuft
Ihr afterphilosophisches Geschwätze von der an=
gebohrnen Trägheit des Leibeigenen von seiner
von Kindsbeinen an gewohnten Denkart u. s. w.
auf eitle Sophisterei hinaus, der die Stimme
des Menschengefühls nur allzulaut widerspricht:
die Thiere selbst fühlen den Werth der Freiheit,
und ein denkendes Geschöpf sollte ihn verkennen?
Jener hülfloser Zustand, worin Sie uns den frei=
gelassenen Landmann schildern, wenn durch Feuer
und Wasserschaden, durch feindliche Einbrüche,
oder sonst auf irgend eine Art seine Nahrung
geschwächt, und seine Haussorgen vermehrt wer=
den, ist eine Vorstellung, wodurch Sie Sich, mei=
nes Erachtens, dem gesammten Landadel nicht
zum Besten empfehlen: denn können wohl Grund=
herren, wenn sie nicht ganz Barbaren, wenn sie
nicht Thoren sind, die ihre eigenen Vortheile auf=
ser Augen setzen, den Unterthann, der ihnen doch
immer wegen seiner zu leistenden Dienste und
Contribution unentbehrlich bleibt, in oberwähn=
ten Fällen ohne allem Vorschusse, ohne aller Un=
terstützung dem Elende und der Gefahr, sammt
seinen Kindern zu verhungern, überlassen? Wenn
sie das ungestraft können, wenn die Regierung
durch keine zweisen Regulative auf solche Fälle
gesorgt hat; so sieht es freilich um Ihre Bauern
nicht zum Besten aus, und man würde es ihnen
bei so bewandten Umständen nicht ganz verden=
ken können, wenn sie, trotz den wohlthätigsten
Absichten des Landesvaters, alles menschliche Ge=
fühl verläugnen, die Freiheit verabscheuen, und
um nicht ganz umzukommen, das lang gewohnte
Joch ihrer hochadelichen Treiber sich wieder am
Hals wünschen müßten — Aber was wären als=
denn diese glänzende landesherrliche Wohlthaten?
Was anders, als blos Wohlthaten in Edikten,

Wohlthaten auf dem Papiere? Ja der freigebohr=
ne Enkel wird einst glücklich seyn — wie kann er
das: wenn Vater und Großvater Bettler waren?
Werden ihm in alleweil gedachten Unglücksfällen
nicht aus eben dem Grunde die Erwerbungsquel=
len versiegen, aus welchen sie bei seinen bedräng=
ten Voreltern vertrocknet sind? Und endlich, welch
ein herrlicher Trost für den Nackten und Hungeri=
gen, zu wissen: daß einst in fünfzig Jahren seine
Enkel bekleidet und gesättiget werden!

Als ich Seite 290. auf die Stellen kam, wo
Sie unserm Dohm Ihren jungen Keppler an die
Seite setzen, vermuthlich um uns darauf aufmerk=
sam zu machen, daß auch Wien einen Keppler
hat; wo Sie sagen, Dohm und alle übrigen,
die über die Duldung der Juden geschrieben,
hätten doch den wahren Gesichtspunkt, wie der
Staat mit ihnen — auch von der politischen
Seite verfahren sollte, unberührt gelassen, so
sehr sie sich auch auf ihrem moralischen Stecken=
pferdchen müde getummelt haben — ward ich sehr
begierig die Kunststücke zu sehen, die Sie uns
auf Ihrem politischen Rosinante vormachen wer=
den: aber, siehe da, sie bestanden in nichts, als
in ein paar kränkelnden magern Ideen, denen man
die Geburtsangst, unter der sie zur Welt gekom=
men, sehr deutlich ansieht. Erstens: Die Ju=
den, sagen Sie, verheirathen sich nur unter ein=
ander, folglich stellen sie eine abgesonderte Ge=
sellschaft im Staat vor, geben den Gewinn, so
sie machen, dem Staate nie wieder zurücke, die=
ses Geld ist also in Beziehung auf den ganzen
Staat ein todes Kapital — Ich antworte: todt
würde das Kapital nie seyn, wenn es auch nur
von Juden zu Judenhand wanderte, und dazu
beitrüge, Industrie und Betriebsamkeit in diesem
Theile der Nation zu erhalten, folglich ist es
falsch)

falsch, daß der Gewinnst des Juden, der gleich
andern Bürgern ein Theil des Staats ist, für
den ganzen Staat verlohren sey: aber überhaupt
entreißt niemand das Geld dem Kreislaufe weniger, als der Jude, niemand wuchert mit seinem
Mamon mehr, niemand vergräbt und verscharrt
ihn weniger — als der Jude. Es ist in der
That lächerlich, bei Leuten, deren ganzes Gewerbe im Handel liegt, die Tag und Nacht auf
Procento ausgehen, tode Kapitalien zu behaupten — Sie verbinden sich nur unter einander,
ergo sollen, nach Ihrer Finanzrechnung, 30000
Juden, vorausgesetzt, daß jeder derselben nur
200 fl. reines Vermögen besitzt, dem Staate 6
Millionen entziehen, weil diese 6 Millionen nur
unter ihnen circuliren. Ich verstehe nicht genug,
was Eure Weisheit mit allen dem sagen wollen.
Sie werden doch nicht voraussetzen, daß der Jude diese 200 fl. reines Vermögen unter dem
Schlosse behält? Er nähret sich damit im Staate,
kauft, und verkauft, lehnt auf Zinsen aus, kurz
sein Vermögen dient, wie das Vermögen jedes
andern Bürgers, dazu, seinen Nahrungs- und
Erwerbungszustand so viel möglich, zu vervollkommen. Die Consequenz ist ganz sonderbar:
weil der Jude wieder eine Jüdinn heirathet, so
entzieht er das Geld der übrigen Gesellschaft:
ist dies vice versa nicht eben der Fall mit den
Christen, weil sie keine Jüdinn heirathen, so
entziehen sie das Geld einem andern Theile ihrer
Mitbürger, nämlich, den Juden? Ja sie entziehen sich es unter einander selbst, wenn die Partheien verschiedener christlicher Bekenntnisse aus
Vorurtheile mit keinen andern, als ihren eigenen
Glaubensgenossen in eheliche Verbindungen sich
einlassen: Sie hätten also hier mit eben dem
Rechte die vielen Millionen, die wechselsweise
die

die Katholiken, den Protestanten, und diese den
Katholiken, die sich wie die Juden, größtentheils
nur unter einander verheirathen, entziehen, uns
vorrechnen, und daß diese in Beziehung auf den
ganzen Staat eben so viele tode Kapitalien sind,
den Schluß machen können — wahrlich ein von
allen Politikern bisher vergeßener Gesichtspunkt,
der nur Ihrer Entdeckung vorbehalten war!
Zweitens: Die Juden sollen sich nicht auswärts
verheurathen — dieß sagen Sie uns so ganz oh=
ne Einschränkung, als ob nichts dabei zu erin=
nern wäre. Um arme Mädchen reiset kein Ham=
burger Jude nach Prag! Das wissen Sie ja nicht,
mein Herr! Die Prager Jüdinnen sind wegen
ihrer Artigkeit und Schönheit überall berühmt,
und man hat Beispiele, daß sich christliche Sul=
tane, wie der Großherr die Georgianerinnen,
ins Serail genommen haben; aber vorausgesetzt,
und nicht zugegeben, daß kein Hamburger Jude
um arme Mädchen nach Prag reiset: so werden
doch wohl Prager Juden um reiche Mädchen
nach Hamburg reisen dürfen? Was Sie ferner
von Emigriren, Faßioniren und Konscribiren der
Israeliten sagen, ist eine so grosse Armseligkeit,
daß ich mich noch immer lieber mit unserm Dohm
auf seinem Steckenpferdchen Wochen lang herum=
tummeln, als auf Ihrem Rosinante nur drei Mi=
nuten lang mitreiten will. Leben Sie wohl!

Dreizehnter Brief.

Daß Sie doch auch an dem guten Hauptpastor
Göße zum Ritter werden mußten! Freilich soll=
ten sich Leute, die mit ihren eigenen Hausgößen
vollauf zu thun haben, um die fremden gar nicht
bekümmern: aber Sie wollten uns durch diesen

Seiten=

Seitenblick ein bißgen zu verstehen geben, daß
man auch in Wien Eberharts Apologie des So-
krates von der Seligkeit der Heiden, und Leßings
Streitschriften, seine Debatten über das Frag-
ment: der Zweck Jesu und seiner Jünger, mit
dem Pabst Hammoniens gelesen hat; recht gut:
aber verstehest du auch was du liesest? — Sie
reden bei dieser Gelegenheit recht viel von Toleranz, die schon gar vor des Kaisers Toleranzedikt bei Ihnen über und über florirt haben soll:
denn in dem dreißigsten Briefe S. 298. schreiben
Sie an Ihren Freund: „Ueberhaupt kann ich
Sie versichern, so wenig wir auch über Toleranz
schrieben, so wenig wir selbst das Wort kannten — so stark übten wir sie wirklich aus."
Die Beweise dieses Satzes vermisse ich zwar in
Ihrem Briefe; allein sie können sehr füglich aus
den Akten von der Behandlung der protestantischen Oesterreicher, die, so viel ich mich besinne,
vor ungefähr 30 Jahren nach Siebenbürgen
transportirt wurden, und der Hußiten in Böhmen und Mähren ergänzt werden. Ich mußte
mich selbst wundern, daß sich gewisse Leute über
diesen Punkt doch gar nicht wollen belehren lassen, wenn man ihnen auch tausendmal sagt: daß
man in Oesterreich für Protestanten keine Scheiterhaufen angezündet, keine Auto da fe, und
auch keine Autillo veranstaltet; daß man mitten
in Wien die Niederlagshäuser der Protestanten
geduldet, und den holländischen, schwedischen und
dänischen Gesandten den Privatgottesdienst in ihren Kapellen erlaubt hat. Die Leute müssen etwa glauben, daß es ein gewisses heimliches Ver-
folgungsfeuer giebt, welches stärker als Scheiterhaufen, stärker als das Feuer von Sodom und
Gomorrha brennt — dies erfährt nur der einhei-
mische Protestant: der Fremde, der durchreiset,

B b   oder

oder auch bei einem vieljährigen Aufenthalt in Wien herumschmauset, ein bisgen bonjour macht, und alle Parties de plaisirs mit vollen Zügen genießt, fühlt das freilich an den wollüstigen Tafeln und in den Armen der Schönen nicht: letztere sind ganz besonders tolerant, und man hat kein Beispiel, daß eine österreichische Delila ihren lutherischen oder reformirten Simson in die Hände der Philister überliefert hätte. Diesen und dergleichen Umständen muß man es zuschreiben, wenn gewisse Leute, die sich eine Weile in Wien aufgehalten, ein Langes und ein Breites von der ehmaligen Toleranz der Oesterreicher in die Welt hinein schreien (Videantur Wekhrlins Chronologen 1. B. 3. Stück.) Dieser Ehrenmann ist ganz enthusiastisch von dem ehmaligen Duldungssystem der Oesterreicher eingenommen, und läßt sich darüber mit vieler Wärme aus. Auffer seinen individuellen Bewegungsgründen, die mich nichts angehen, scheint ihm auch der in Zeitungen gemeldete Umstand ein sehr einleuchtender Beweis der Toleranz gewesen zu seyn: daß nämlich Herr Wolstein zum öffentlichen Lehrer der neu errichteten Vieharzneischule in Wien mit einem Gehalte von 1200 fl. von der Kaiserinn angestellt worden ist. Dies ist eben nichts Besonders: aber dieser Wolstein ist ein Protestant aus Schlesien, ist von der evangelischen Kirche; dieß ists, sagt der Verfasser der Chronologen, was man wissen muß, was die Regierungsgeschichte Marien Theresiens erhebt, was das dumme Vorurtheil widerlegt, so man von der Lage der Protestanten auswärts zu fällen gewohnt ist. — Wer beugt nicht seine Knie vor diesem mächtigen Beweis der Toleranz, wenn er lieset, daß man in Wien, wo man die Gesundheit der Menschen nicht nur protestantischen, sondern auch jüdischen Aerzten anvertrauen würde, sogar einen Lutheri-

lutherischen Schlesier als Vieharzt, und Professor
der Ecole Vetcrinaire anzustellen kein Bedenken
getragen hat? — Diese wichtige Bemerkung, und
darüber gemachte Eloge hätte wohl verdient, wie
Schirrachs Biographie Karl des Sechsten belohnt
zu werden, und ich ward sehr aufmerksam, wenn
eher ein Herr von Wekhrlin, wie itzt ein Herr
von Schirrach in der Matrikel der gelehrten Re=
publik paradiren würde.

Ich gestehe es, ich habe schon oft bei mir
selbst über das Heroische der Künstler und Hand=
werker, und das Kriechende der Schriftsteller
meine Betrachtungen gemacht, und mich heim=
lich recht geärgert; oft an dem Manne, der
meinen Stiefel flickt, mehr eigne Würde, mehr
Adel und Freiheit des Geistes zu finden, als an
manchem Schriftsteller vom Range, den sein Pu=
blikum fetirt; am verdrüßlichsten aber machen
mich jene Augendiener, die sich mit der Hoff=
nung schmeicheln, daß sie selbst in Ansehung no=
torischer Dinge die Welt blind schreiben werden.
Oesterreich war intolerant, was auch die Kom=
plimentmacher von Skribenten immer sagen mö=
gen, aber freilich auf eine andere Art, als es
Spanien und Portugall ist: man hat keinen ein=
heimischen Protestanten verbrannt, und keinen
fremden gesteinigt: dafür war durch Theresiens
Güte und Menschenliebe gesorgt. Ich zweifle
auch nicht, daß eine gewisse Art von Duldungs=
geist jenen Grossen und Hofleuten, die sich früh=
zeitig mit Voltairen, dem Vater der Toleranz
in katholischen Staaten, bekannt machten, eigen
gewesen sey, denn was jener Edelmann von
Parma wider den Grafen von Corke sagte: Mon=
sieur, pour vous dire la verité, nous sommes
tous de bons Catholiques: mais pour la Reli=
gion, nous n'en avons point, ist eine Wahrheit,

Bb 2   die

die wohl der grössere Theil von Hofleuten und
Grossen, von welcher Sekte sie seyn mögen, mit
gutem Gewissen behaupten kann. Diese Art
Menschen verfolgt nicht: sie bekümmert sich aber
auch eben so wenig um c) den Lauf der Dinge ;
dreht den Mantel zu allen Zeiten nach dem Hofwinde, und läßt überall in Wien wie in Paris,
in Madrit wie in Pekin, Fünfe gerade seyn.

Ich kann mich itzt nicht darauf einlassen,
wieviel die Protestanten in österreichischen Staaten in und ausser Ungarn gelitten oder nicht gelitten
haben,

c) Um den Lauf der Dinge. Von nun an Gottlob
nicht so ganz zu Wien wie in Paris, Madrit, Pekin 2c. 2c. Die Denunciation, wenn sie gegründet ist, wird zu Wien belohnt. Jeder subalterne
Beamte, jeder Kanzellist wird gegen den Minister
geschützt — wenn der Minister Unrecht hat. Wir
haben Beispiele, daß der Hauch solcher Männ-
chen, solcher Pigmäen stark genug war — Kolosse
von Ministern von Staatsruder hinweg zu blasen —
und auf die Art ist es hier gefährlich, sich nicht
um den Lauf der Dinge zu bekümmern. Sie
drehen den Mantel allerdings nach dem Hofwinde,
dieser Hofwind aber ist, in Absicht auf Toleranz
— ein lieblicher Zephir. Daß dieser Zephier unter der vorigen Regierung zuweilen mit Boras
abwechselte — daran ist nicht das Herz M. Theresiens Schuld. Er hat sich meistentheils aus
den Klöstern entwikkelt. Sind die einmal aufgehoben, — haben die Menschen, besonders der
Adel, richtige Begriffe vom Monachismus erlangt,
dann wird auf eine Wiederherstellung der Klöster
nicht mehr gedacht werden. Der Monarch selbst,
ist er auch noch so bigott, kann wohl eher eine
Armee Soldaten als ein Regiment Pfaffen
ohne Beihilfe des Adels auf die Beine setzen,
und dieses bestättigt jene Hoffnung noch mehr,
daß, wenn auch Ferdinande wieder kämen, die
Intoleranz jenen hohen Gipfel wie im 17. Jahrhundert nicht mehr erreichen werde.

haben, und wünsche ihnen zu der neuen Toleranzepoche herzlich Glück. Aber auch jetzt, lieber Friedel
— recht offenherzig gesprochen — auch jetzt ist das
Schiff der Intoleranz in Oesterreich) noch lange nicht
mit Mann und Maus untergegangen —Und so lange
man nicht nach Grundsätzen, sondern blos nach
Absichten tolerant ist, Hußiten als Verbrecher,
und Abrahamiten wie Missethäter behandelt; so
lange Duldungs = und Nichtduldungsmaximen in
Praxi sich kreuzen; Prediger auf Toleranz und
Ketzer schimpfer; öffentliche Lehrer der Weltweis-
heit (der Edle von Richtenburg im k. k. There-
siano) die Conferenzen eines Beurrier überse-
tzen, der geradezu behauptet, daß Intoleranz
ein Karakter der Göttlichkeit sey, welcher der wahren Religion ausschliessungsweise zukomme; mit
einem Worte, so lange selbst der Schöpfer der Reformation, und Verleiher der Toleranz, Joseph II.
in seinen allergnädigsten Rescripten und Dekreten
von seiner alleinseligmachen Mutterkirche spricht,
werde ich keinen Protestanten in Oesterreich um
das Glück der Toleranz beneiden. d)

Daß

d) Daß nicht hie und da ein Prediger brüllen, ein v.
Richtenburg quaken sollte — wäre ein Wunder!
Und Wunder thut weder Joseph noch Friedrich.
Daß Hußiten, weil sie Hußiten waren, als Verbrecher wären behandelt worden, ist mir unbekannt. Was die Vertreibung der Abrahamiter
anbetrift, so verweis ich Sie auf die Offenbah-
rungen über Deutschland, darinn dieses Faktum
beleuchtet wird. Es abzuschreiben wäre zu weitläuftig. Alles, was Kranz zu Berlin und Schlözer zu Göttingen in Ihre Schriften dagegen ein-
gerükt haben, ist widerlegt worden. Daß man
in den Dekreten von der allein seligmachenden
Religion nach dem alten Kanzlei = Style spricht,
so wäre daraus schwerlich — österreichische Into-

leranz

Daß es in Ungarn, wie Sie melden, mit
des Kaisers Reformation gar nicht recht fort will,
befremdet mich nicht: denn eben diese Bewandniß
würde es mit Böhmen, Oesterreich, und andern
Erbstaaten haben, wenn der Monarch eben so
wenig, wie in Ungarn, befugt wäre, durch Be=
fehle und Machtsprüche zu reformiren. Was
aber die Protestanten anbelangt, so bedürfen sie
in Ungarn so wenig eines Toleranzedikts, als im
römischen Reiche: denn sie sind daselbst — wie
Sie ganz richtig bemerken — zufolge den Landes=
gesetzen, und besonders errichteten Landespakten,
nicht geduldet — nein, mit allen Rechten und
Vorzügen der übrigen Bürger bestättiget, und ha=
ben gleich den Katholiken eine gesetzmäßige Exi=
stenz. Niemand als der österreichische Hof selbst
hat sie während der langen Regierung dieses Hau=
ses, entweder unmittelbar, oder mittelbar durch
die Bischöfe und katholische Magnaten an der Aus=
übung ihrer Rechte gekränkt, unterdrückt, und
durch die schreiendsten Usurpationen seit Ferdinand
des grossen Reformators Zeiten den Katholiken
jene Vorzüge und Privilegien eingeräumt, die itzt
die stärksten Waffen sind, deren sich der katholi=
sche

leranz zu erweisen. Die Dulbung der Sekten
besteht, glaub ich, nicht darinnen, daß der Lan=
desfürst ein Indifferentist werde, oder sich zu allen
Sekten zugleich bekenne? Wenn man nur ihnen
dagegen auch nicht zu glauben verbietet — daß
die ihrige die alleinseligmachende, und unsere eine
irrige Kirche sey.

Demungeachtet aber sind die Katholiken in
Menge von ihrer Kirche abgestanden! die Protestan=
ten haben ansehnlich Proseliten in Oesterreich
gemacht — das ist eine bekannte Thatsache — —
Und wo in der Welt existirt eine so weit aus=
gedehnte Toleranz? — Ob sie uns darum be=
neiden oder nicht, — ist uns sehr gleichgültig!

sche Adel und die Bischöfe gegen die Macht des neuen Reformators bedienen: dazu kommen noch die wenigen Funken der Freiheit, die in dem Busen des Ungarn glimmen; und bei einer nicht so phlegmatischen Nation, als, Ihrer Vorstellung nach, die Oesterreicher sind, sehr leicht in helle Flammen auflodern dürften, wenn sie nicht mit dem äussersten Glimpfe behandelt wird. Aber vielleicht sind dieß auch die letzten Zuckungen einer schon lange agonisirenden Freiheit, einer Freiheit, die mit jedem Ordensbande, das einer der Magnaten anlegte, ihre allmählige Zunahme empfand, und die vielleicht, nach geendigten Unruhen mit der Pforte, die in Bereitschaft stehende hundert tausend Krieger vollends zu Grabe tragen, und auf deren Ruinen das Monument der ewigen Souverainität aufrichten dürften. e)

Ob die Reduktionen der Staatsbedienungen und Pensionen in eben dem Maaße, als sie der Schatzkammer vortheilhaft, auch wirklicher Gewinn für den Staat sind? ist eine Frage, die sich nicht anders, als nach der lokalen Verfassung jedes Staats, und der individuellen Beschaffen-

heit

---

e) Der Kaiser hat Ihnen bei Antretung seiner Regierung die Versicherung gegeben, daß er Ihnen Ihre Freiheiten erhalten, wo nicht vermehren werde. Dadurch wird er sich ein dauerhafteres Monument in den Herzen der patriotischen Ungarn errichten, als wenn er sie kränken sollte, die — — man erinnert sich leicht des Jahres 1741. Allein er ist ja schon Souverän? — denn er verlangt es in keinem andern Falle zu seyn, — als wo es darauf ankömmt, seine Staaten glüklich zu machen. Wer wird aber seinem Glükke im Lichte stehen, und sagen wollen: — das ist nicht Recht!

heit der Subjekte entscheiden läßt. f) Ihre Landsleute werden es am beßten wissen, ob Theresiens
Regierung alle die Vorwürfe verdient, die Sie ihr
in Rücksicht der an Unwissende und Taugenichts
vergebenen Stellen, und an Schurken und Unwürdige (lauter Komplimente, womit Sie Ihre
Bürger beehrt haben) verschwendeten Pensionen,
in Ihren Briefen gemacht haben. Ich habe Ihnen bereits meine Gedanken über die Täuschung
der Fürsten, und den daraus erwachsenden Miß-
bräuchen anderwärts gesagt: sie finden bei jeder
Einrichtung statt, und diejenige ist die glücklichste,
die deren am wenigsten hat. Heil Ihnen! wenn
Sie das letztere von Ihrer gegenwärtigen Verfassung als Wahrheit behaupten können. Allein,
man kennt Sie schon, mein Herr, man weiß,
wie Sie gewohnt sind, den Pinsel zu führen, wenn
Sie uns die Portraite Theresiens und Josephs
entwerfen; dem einen geben Sie so viel Schatten,
wie möglich, um desto stärker das Licht des andern
zu erhöhen. — Aber sind denn Josephs Einrichtungen nicht an und für sich lobenswürdig genug?

Können

f) Und die zu bezweifeln, nur Sie fähig seyn konnten.
Die Menge der Staatsbeamten erschöpft erstens
das Aerarium, mit andern Worten liegt den
Kontribuenten zur Last, und zweitens wird das
Geschäft oft noch mehr in Verwirrung gebracht,
durch je mehr Hände es läuft. Sie, als Preuße,
müssen es selbst wissen, wie gut es ist, wenn
der Modus agendi & procedendi simplifizirt
wird. Bei Ihnen nimmt sich der König die
nämliche Freiheit aus; oder hat es schon vor
40 Jahren gethan. Denn nun bleibts im Alten.
Es ist nur bei der ganzen Sache sehr sonderbar,
daß sie uns auch da nicht wollen Gerechtigkeit
widerfahren lassen, — wo wir, so zu sagen,
brandeburgisirt sind.

Können nicht die gegenwärtigen Zeitläufte andre Maaßregeln als die Zeiten Theresiens erfordern? und müssen denn die pupenda matris immer entblößt werden, um uns den Sohn in seiner Glorie und Herrlichkeit zu zeigen? — wenn mich nicht alles trügt, so kann, so muß dieser unverschämte Ton Ihrer Schriftsteller — aber freilich wenige haben ihn noch in dem Grade, wie Sie, gebraucht — dem Kaiser, der Regierung, und der gesammten Nation, die sich mit dankbarem Herzen Theresiens Andenken zurücke ruft, höchst mißfällig seyn.

Wie weit Sie es in Karakterschilderungen gebracht haben, beweiset Ihr 32. und 33. Brief. Die Wiener werden Ihnen vermuthlich vielen Dank wissen, daß Sie sie zu wahren Orgonen umgeschaffen, und ein pflegmatisches Volk aus ihnen gemacht haben: quorum Deus venter est. Diesen Begriff schicken Sie pro captatione benevolentiae voraus: und zählen hintenher ein Paar Nationaleigenschaften auf, die, wenn man sie etwas analysirt, am Ende sich immer in den zuerst gegebenen Begriff wieder auflösen lassen. Ihr ganzer Panegyrikus auf die Wiener, der ziemlich wässerig ist, sieht einer Satyre so ähnlich, als ein Ey dem andern: um aber selbige noch einigermaßen zu verstecken, haben Sie freilich im Gegensatze Kultur und feineres Gefühl gesitteter Völker für Empfindeleien, Urbanität und zuvorkommende Höflichkeit für eitle Windbeutelei ausgegeben, und die Originale zu ihren Gemälden aus ein Paar abgefeimten Romanen entlehnen müssen.

Bei der Vergleichung zwischen Wien und Berlin im 36. Briefe: Obstupui steteruntque comae! Sie konnten es warlich nicht besser machen,

wenn

wenn Sie mit allem Fleiße darauf ausgiengen, sich durch Ihre Unwissenheit in der Architektur, und durch Ihren schlechten Geschmack vor aller Welt zu beschimpfen. Es kommt mir nicht zu, unserm Berlin eine Lobrede zu halten: aber fragen Sie, ruhmrediges Geschöpf, fragen Sie Männer von architektonischen Kenntnissen; Fremde, die mehr als Wien, mehr als Berlin gesehen, und ihren Geschmack auf Reisen gebildet haben; ihr Urtheil, nicht das unsrige mag entscheiden, ob die Baukunst an irgend einem Orte in der Welt, bey dem Mangel und äussersten Kostbarkeit der Materialien, wodurch sie hier eingeschränkt ist, etwas ähnliches geleistet, und ein Berlin zu Stande gebracht habe? Sie begreifen, wie Sie S. 550 sich äussern, um so weniger, warum bei uns nicht eben so massiv gebauet wird, als bei Ihnen, da doch der König selbst bauen läßt. — Das begreifen Sie nicht? Bei uns begreift es jeder Maurergesell: weil wir nicht so steinreich, wie Sie, sind; weil der König durch kein Machtwort die Backsteine in Werkstücke verwandeln kann. Ich würde den Berliner für einen Thoren halten, der nicht begreifen könnte, warum die öffentlichen Plätze in Wien nicht so schön und weit, wie in Berlin, die Gassen nicht so breit, die Häuser nicht so nach der Schnur gezogen sind; warum man in Gassen, die kaum 4 Klafter breit sind, Häuser 30 Klafter hoch aufstellt, und die prächtigsten Paläste in einem Cul de sac hingebauet habe — Wenn man nur bei Beurtheilung der Dinge den rechten Standort erwählt, von dem man sie betrachten muß; wenn man sich überall die dabei zum Grunde legenden ersten Veranlassungen, Hilfsmittel, und andere lokale Umstände hinzudenkt, so läßt sich manches, das sonst noch so unbegreiflich scheint, ganz wohl begreifen. Auf diese Weise erkläre ich

mir

mir ohne Schwierigkeit den schlechten Geschmack, der in so manchen Ihrer öffentlichen überaus kostbaren Monumenten herrscht. Z. B. die von Erz gegossene Säule zu Ehren der unbefleckten Empfängniß auf dem Hofe; die Dreifaltigkeitssäule auf dem Graben; das marmorne Werk auf dem hohen Markte, welches den heiligen Joseph mit der Jungfrau Maria, und, eine Stufe höher, einen jüdischen Hohenpriester vorstellt, den man wider alles Kostum in der Stellung erblickt, als ob er — wie unser Nikolai (in seiner Beschreibung einer Reise durch Deutschland) sich ausdrückt, dieses heilige Paar auf christliche Art trauen wollte. Ich habe freilich diese Meisterstücke nicht gesehen: aber nach den vielfältigen Beschreibungen, die mir davon vorgekommen sind, nach den mündlichen Erzählungen und Abbildungen läßt sich nicht anders schliessen, als daß vieles daran äusserst dürftig, geschmacklos, colifischet, und nichts weniger als schön ist. Mehr als ein Kenner hat das Urtheil bestätigt, was Nikolai von der Dreifaltigkeitssäule fällt, und mir versichert, daß, obgleich einige Figuren an dieser Piramide erträglich seyn dürften, das Ganze, als Kunstwerk betrachtet, doch immer eine Armseligkeit sei, die der Kunstverständige ohne Widerwillen nicht ansehen könne. Wie unterstehen Sie sich also, unsern Architekten Dummheiten und Abderitenstreiche — so nennen Sie den Thurmbau auf dem Gensdarmenplatze — vorzuwerfen? Hätten sie es ja worin versehen: gut — der Plunder, wie Sie sagen, stürzte zusammen, noch ehe er seine Höhe erreicht hatte — und die Kunst setzte etwas Besseres an die Stelle. Aber Sie — Sie haben die Denkmale Ihrer Schwäche und Ihres schlechten Geschmacks auf Erz und Marmor gegründet, damit sie unvergänglich

gänglich seyn und in Saecula Saeculorum peren-
niren mögen.

Alles, was Sie über den Luxus und seine
verschiedenen Zweige, über Moden und Moden-
erfinder, Galatage, Petitmaitres, geschminkte Damen u. s. w. auf beinahe hundert Seiten sagen,
ist geplündertes wiedergekäutes Zeug, schriftstel-
lerischer Luxus, oder vielmehr luxurirender Witz,
mit dem es nicht recht glücken will — das Wenige, wo man es der Minerva ansieht, daß sie
aus Ihrem eignen Kopfe gekommen, ist weder
moralisch noch politisch richtig gedacht, und beweiset, daß Sie immer eh schreiben, als Sie
denken, da Sie doch, der Ordnung nach, eh denken sollen als Sie schreiben. Ich kann mich aber
jetzt, da dieser Briefwechsel schon mehr, als ich
wünschte, unter der Feder angewachsen ist, nicht
darauf einlassen, überall das Schiefe, das Inconsequente in Ihrem Raisonnement und Verglei-
chungen zwischen dem römischen und österreichischen
Luxus Stück vor Stück anzuzeigen.

Also nur noch eine kleine Anmerkung über
die witzige Holzprobe, die Sie zur Ehre des deutschen Theaters vorgeschlagen haben, um, wie Sie
glauben, allen Schauspieler = Fehden auf einmal
ein Ende zu machen, und Friede und Einigkeit
zwischen Thaliens und Melpomenes Klienten zu
erhalten. Als eine starke Empfehlung Ihres Vor-
schlages stellen Sie das Beispiel des Landgrafen
von Hessen = Cassel auf. Dieser soll wirklich den
Streitigkeiten und Kabalen seiner französischen
Schauspielergesellschaft dadurch abgeholfen haben,
daß er zwei Schauspieler auf die Wache bringen,
und jedem derselben 25 ad posteriora habe auf-
zählen lassen. Sie haben uns, m. H., schon zu
viele

viele Unwahrheiten in Ihren Briefen gesagt, als
daß man Ihnen diese Anekdote auf Ihr Wort,
und ohne Bürgen glauben könnte. Ist das Faktum wahr, so sind gewiß ganz andere Umstände,
als die Sie angeben, die Veranlassung dazu gewesen. Uebrigens, ich sage es frei heraus, kommt
mir das Mittel gar zu heroisch vor, und wenn
es tausendmal ein deutscher Landgraf gebrauchet
hätte. In unsern bis zu einem hohen Grade der
Politur verfeinerten Zeiten würde die Methode,
Leute, die Fait von schönen Wissenschaften und
Künsten machen — und dahin gehören doch die
Schauspieler — mit Stockprügeln zu behandeln,
etwas gothisch, und beinahe ein eben so ausser-
ordentliches Phänomen seyn, als wenn unter uns
die alte Sitte wieder auflebte, Fürsten, Bischöfe
und Grafen, wie in den Zeiten der Ottonen,
Hunde tragen zu lassen. Aber, mein Herr, wie
wollen Sie es denn auf den Fall, wenn etwa
Schauspielerinnen an den Ränken und Kabalen
der Männer Antheil nähmen, oder wohl gar das
vornehmste Werkzeug davon wären: wenn Madame Sacco oder Mademoiselle Jaquet die ältere
— die erste im Tragischen, die andre im Naisen
des Lustspiels unnachahmliche Aktrizen — jezuweilen Vapeurs und dem Theater sehr nachtheilige
Kaprizen hätten, wie wollen Sie, frage ich, es
mit den Töchtern des Parnasses gehalten wissen?
Sollen sie auch mit ≥5 ad posteriora durch einen
Grenadierkorporal zurechte gewiesen werden, oder
etwa am Pranger 12 Stunden im Halseisen stehen? Denn in Ansehung der Männer haben Sie
den Fall schon entschieden, und Schröder, Brock-
mann, Stephanie, u. a. — der Himmel bewah-
re sie, daß sie jemals mit ihren Kollegen, oder
dem Theateraufseher in Streit gerathen — wissen
ihr Loos. Ich will das schriftstellerische Decorum

nicht

nicht verletzen, ich will nicht beleidigen — Aber ich kann Ihnen auch nicht bergen, daß ich bei dieser Stelle, und bei Ihrem faden, witzlosen

Recipe: Grenadier-Corporal lb. CL
Haſslinger lb. j ſ;
Tactus ad poſteriora ad Libitum

ganz aus meiner Faſſung gekommen, und in dem Augenblicke gewünſcht hatte, Stephanie oder Salz=mann zu ſeyn, um auf Sie in einem Luſtſpiele unter dem Titel: der Theaterſergeant, die blutig=ſte Satyre zu ſchreiben. Wie kann aber auch ein Mann, der die Künſte ehrt, gegen ihre Freunde ſo raſen? Wiſſen Sie nicht, wie gefährlich es iſt, Satyrenſchreiber, Schauſpieler, und überhaupt Leute, die ihr Talent in ſchönen Künſten üben, zu beleidigen? Dieſe Menſchen ſind ſelten Phi=loſophen genug, um die Beleidigungen zu ver=achten: ſie finden leicht Mittel, ſich zu rächen, die, da ſie in ihrer Art witzig und treffend ſind, beinahe nie ohne Wirkung ſind. Wie leicht würde es den Schauſpielern ſeyn, Sie durch eine ein=zige Scene in einem Nachſpiele bei dem ganzen Publikum lächerlich und verächtlich zu machen? Die Komödien des Ariſtophanes ſind freilich in unſern Zeiten unterſagt; aber einen Mann auf die Bühne zu bringen, und ihn in den Augen des Publikums von der rechten Seite kennbar zu ma=chen — dazu findet ſich Rath. Ei ei, lieber Frie=del, daran haben Sie gar nicht gedacht, als Sie in Ihrem Eifer das ſchimpflichſte, Sie wahrhaft entehrende Rezept ſchrieben.

Aber freilich, Sie müſſen wiſſen, wie Sie mit den Ihrigen daran ſind; denn wenn ich den Gang Ihrer Briefe vom Anfange bis zu Ende be=
trachte,

trachte, so kommt mir es vor, als ob Sie sehr
darauf rechneten, daß Ihre Landsleute, wie Sie
immer zu sagen pflegen, die gutherzigsten, das
heißt, die indolentesten, die geduldigsten Menschen
unter der Sonne sind, denen Sie die unverschäm=
testen Grobheiten ungestraft sagen, und sie als=
dann mit ein Paar Impertinenzen, die Sie ge=
gen die Ausländer, vornämlich aber gegen uns,
ausstossen, sogleich wieder gut machen können.
Ein neuer Beweis davon ist Ihr 41. Brief, ein
wahres Gemengsel von Unwahrheiten, Großspre=
chereien, und Impolitessen, die Sie vermuthlich
sammt und sonders unter die Rubrike der Frei=
müthigkeit bringen. Eben so sind die Briefe über
den Augarten, Prater u. s. w. beschaffen, wo Sie
Ihre Nation als das üppigste, materiellesie Volk
von der Welt vorstellen, aber doch immer etwas
freilich nicht allzufeine Schmeichelei beimischen,
von welcher Sie im voraus überzeugt seyn müs=
sen, daß sie bey Leuten, die nicht die feinsten
Empfindungen haben, ihre Wirkung thun, und
wenigstens für den grossen Haufen Speis und
Trank seyn werden.

Warum haben Sie uns nicht, anstatt so vie=
ler Bagiolen, woran sich das Publikum schon
lange satt gelesen hat, etwas Bestimmteres von
den neuen Anstalten des Kaisers zur Aufnahme
der Künste und Wissenschaften; von Aufmunte=
rung und Beförderung der Handlung, Fabriken
und Manufakturen; von Verbesserung des Justiz=
und Finanzwesens; und besonders von der bes=
sern Erziehung des Bürgers gesagt, diesem ein=
zigen wahren Mittel, wodurch der Staat zu ed=
lern, grössern Endzwecken umgeschaffen, das Re=
formationssystem gegründet, und auch für die
Zukunft gesichert werden kann? Von den Skrib=
lern

lern dieser Zeit, die ihren Verstand für 7 und 10
Kreuzer feil bieten, kann man freilich so etwas
nicht erwarten: aber Sie, ich sage es Ihnen mit
eben der Aufrichtigkeit, mit der ich mir die Freiheit bisher genommen, Ihnen das Anstößige in
Ihren Briefen zu zeigen, Sie mit Ihren Talenten, mit Ihrer Freimüthigkeit, die Sie an vielen Stellen als ein edler Deutscher geäussert haben, konnten, sollten dieß thun, und haben es
nicht gethan — Gott vergebe Ihnen die Sünde!

Abschied

Abschied

des

Verfassers der Anmerkungen

vom

Verfasser des Textes.

Mein Herr! Sehen Sie nicht auf Kleinig-
keit und auf Druckfehler — ob Saecula oder
Secula geschrieben steht! ꝛc. ꝛc. sondern auf die
Sache. Ich glaube nicht, daß ich Sie schi-
kanirt habe — wenigstens war es nicht meine
Absicht, thun Sie desgleichen. Wenn ich
Ihnen Unrecht gethan haben sollte, widerlegen
Sie mich — und ich bin bereit, mit eben der
Herzenswärme, Ihnen eine Ehrenerklärung

zu

zu schreiben, mit welcher ich die Injurien an-
grif, womit Sie so viele Biedermänner gebrandmarkt haben.   Wählen Sie in Berichtigung Ihrer Briefe, diese sind Sie der Welt
und Ihnen selbst schuldig, — einen gesetzten
philosophischen Ton — und meine Replik, wofern Ihre Berichtigung dieselbe erheischen
sollte, wird gleichfalls ohne Persiflage geschrieben werden.   Schriftsteller, welche die Natur
mit vorzüglichern Talenten auszeichnete, sollten
die Sachwalter der Rechte der Menschheit und
alles dessen seyn, was ihr Glück erhöhen und
dauerhaft machen kann.   Sie sind eines jener
glücklichern Talente, und Sie gesellen sich zu
Quinards oder Damiens? Sie reden die
Sprache der Heuchler, — Sie lassen sich von
Pfaffen inspiriren? daß Sie ein Berliner sind,
beweiset Ihr Thon, Ihre Sprache, — die
unverkenntbarsten Berlinerischen Redensarten
— und daß Sie Beiträge von übelgesinnten
Oesterreichern (Jesuiten oder nicht? — ich
will

will es nicht hartnäckig behaupten, —) erhielten, bemeisen die Partikularitäten, welche einem
Berliner nicht bekannt seyn konnten. Das
ist einerley, Berliner oder nicht — nur kein
Heuchler! — — —

Die Kürze der Zeit, welche mir übrig
blieb, diese Noten zu schreiben, verhinderte mich,
sie zu vermehren. Vieles, dacht ich, wird dem
stupiden Leser selbst auffallen — da sparte ich
meine Mühe; und da müssen Sie nicht glauben — Recht zu haben. Es könnte seyn, daß
wenn Sie noch einmal auftreten sollten, ich
das übrige nachholen dürfte. Damit will ich
Ihnen keineswegs gedroht haben, wer so stark
ist, wie Sie, läßt sich nicht ins Bockshorn jagen. Aber man muß sehr stark seyn, wenn
der andere, der Muth genug hat, sich zu stellen, — und der die gute Sache auf seiner Seite hat, in die Pfanne gehauen werden soll.
Der Fall hat doch schon existirt, können Sie
als Preuße — mir, einem Oesterreicher, ent-

Cc 2 gegen

gegen ſetzen. Zudem hab ich, wenn ich gegen Oeſterreich losziehe — ſehr viele Oeſterreicher gewonnen — — Auch darinn können Sie Recht haben. — Es giebt zu meinem Glücke manche fromme Seele in Preußen, welche, wenn ſie den theuren Kaffee trinkt oder viſitirt wird, ſo oft ſie ſpazieren fährt, oder den Wiener Artikel in der Zeitung ließt — ausruft: vive l'Impreur! Indeſſen was geht uns beide eine Untreue dieſer Art an? Was bekümmern wir uns in dem Augenblicke, wenn dem Lichte und der Wahrheit nachgeforſcht wird, insbeſondere um Berlin oder Wien?

So, mein Herr! mit dieſen Geſinnungen ſetzen Sie ſich an Ihren Pult, miſchen Sie in Ihr veni ſancte ſpiritus — nicht ſancte Ignatius und Familie! wenn Sie Ihre Briefe werden berichtigen wollen; — und wir treten in dem nämlichen Augenblicke zuſammen.

Weber

Weder Joseph noch der alte Friedrich
können Ihre Freude daran haben, wenn einer
auf Unkosten des andern kanonisirt wird.

Was gieng Sie Herr Friedel an? Seine Briefe würden ohne die Ihrigen weniger
gewirkt haben; sie hätten in Oesterreich den
Patriotismus hie und da erwärmt — (soviel
Verdienst hätten sie immer ohne Ihre Briefe
gehabt,) und Sie — hocherleuchteter Berliner
— — — Ich fühle, daß ich noch nicht ganz
ruhig bin, um Ihrer Pudenda zu bedecken, bevor sie uns nicht Gerechtigkeit wiederfahren
lassen.

Bis dahin leben Sie wohl! Es hängt
nun beides von Ihnen ab, Friede oder Krieg!